金角湾側から見たトプカプ宮殿遠景（訳者撮影・以下同）

上／スレイマニエ・モスクの学林（クッリーエ）（モスクの東北側の囲壁越えに）

スレイマニエ・モスク（東側正面）

ファーティフ・モスクの廟内のメフメト二世の棺

アホル・カプの跡（北東側）

インジリ・キオスクの跡（南東側）

下右／アライ・キオスク（南東側）
下左／ワズィール・サライ（宰相の館，別名高貴な門）

中央の門・戸口上縁の聖句「アッラーのほかに神はなく，ムハンマドはアッラーの使徒である」

下右／厨房・調理棟の外壁と煙突の列（西南側）
下左／ディワーンの塔（西南側）

上／セリム二世の浴場と遠征の広間（東側．丘の下の海浜より望む）
左／アフメト三世の図書館の東南階段前の泉水盤

下／神聖な外套の御殿の入口（中央の柱の陰の部分）

上右／列柱の広間と神聖な外套の御殿の東北側の壁
上左／神聖な外套の櫃（絵葉書より）

ムスタファ・パシャ・キオスク（手前）とバグダード・キオスクの東南側

バグダード・キオスクの南側

上／アブデュル・メジトのキオスク（丘の東側中腹より望む）

左／列柱の広間とレヴァン・キオスクの西北の一角およびハウーズ（池）など（北側より望む）

イフタリエ（南側より見る）

上段／ボスフォラス海峡の中部を扼するルーメリ・ヒサル
中段右／西部城壁南端のエディキュレ城壁
中段左／セラーリオ岬の東方に立つレアンダーの塔

西部城壁中央部のエニ・メヴレヴィ門（三重の城壁が見とられる）

N. M. ペンザー

トプカプ宮殿の光と影

岩永 博 訳

法政大学出版局／イスラーム文化叢書 8

THE HARĒM

AN ACCOUNT OF THE INSTITUTION
AS IT EXISTED IN THE PALACE OF THE
TURKISH SULTANS WITH A HISTORY
OF THE GRAND SERAGLIO FROM
ITS FOUNDATION TO THE
PRESENT TIME

By
N. M. PENZER

吾が友にて、同行いただいた
オスワルド・ウェーゲリン・グリーン氏の
霊に捧げる。

メフメト２世（征服者）

序

本書は、扉頁で述べているように、トルコのスルタン達のハレムを論じるものであるが——ただハレムを論じるだけではない。本書は、さらに大セラーリオ全体を論じるものである。従ってただ一つの宮殿とただ一つのハレムを扱うのである。コンスタンティノープルには数ケ所の宮殿が存在し、そのどれにもハレムがあるので、この点を明白にしておく必要がある。実際、これらの宮殿の大多数は一九世紀に建てられたものであり、また一四五三年の入城後、征服者が最初に建てた宮殿は、本書に扱う宮殿ではなく、都の別の地域に建てられた全く違った宮殿であった。読者は、この二つの宮殿の名称が示されれば、総ての錯綜が解消すると考えられようが、あいにくこの二つの宮殿は違った時期に建てられながら、全く同じ名称がつけられた。本書が叙述しようとする、ハレムを擁するこの宮殿は、征服者メフメト二世が、一四五九年から一四六五年の間に、セラーリオ岬に建てたものなのである。

この宮殿の叙述に使った種々の用語の正確な語義は、1章に詳細に述べてある。ここでは、トルコ人と関係を持った最初のヨーロッパ人であるイタリア人が——ハレム、土地、キオスクなどの——宮殿の建築物の総体を一括できる単一の名称を案出しようとしたと述べるだけで足りよう。この用語としてセラーリオという言葉が採用された。宮殿の建っている岬で、古代のビザンティウムの都の故地は、セラーリオ岬と呼ばれた。セラーリオの短縮形のサライは、単に〝宮殿〟を意味するだけである。本書の主題である宮殿を呼ぶ現代のトルコ語は、「トプカプ・サライ」、すなわち「大砲の門のセラーリオ」である。もっともその門と大砲の双方は遙か昔に消失している。

私は以下の諸賢に深謝申し上げたい。トプカプ・サライ博物館長タフシン・ウズ氏。氏は、私が広汎かつ充分にセラーリオを調査することを許されたうえ、著述の印刷進行中にも多量の貴重な情報を供与され、自らセラーリオの平面図を訂正され、他では追加しえない事項を知らされた。私の友人で、ノーフォーク連隊のH・バートン大尉には、イスタンブルで数ケ所に紹介をいただいた。イスタンブルのロバート・カレッジのK・L・スコット博士は親切にも氏の貴重な図書の自由な利用を許されたうえ、数種の方法で私を支援された。イスタンブル大学図書館長は二三五頁と三四五頁の挿絵の復製を許された。大英博物館の諸局は、あらゆる可能な支援を与えられた。その他（衣裳関係著作に通暁した）ブライトン公立図書館。極めて難解のイタリア語の写本や原著の一部を翻訳して大変助けて下さった友人のフランシス・ウェルビー嬢。私のノート原稿や粗草稿から苦心して平面図を書き上げたヒース嬢（アハーン夫人）。進んで私の原稿をタイプして下さったW・ローリンソン嬢、などである。

N・M・P

訳者序文

本訳書の原本はN・M・ペンザー著『ハレム』(N. M. Penzer ; *The Harēm : An Account of the Institution as it existed in the Palace of the Turkish Sultans with a History of the Grand Seraglio from its Foundation to the Present Time.* J. B. Lippincott Company, Philadelphia, 1937) である。書名『ハレム』はやや煽情的風俗書のように聞こえるが、内容は副題で「建設以降今日までの大セラーリオの歴史と、トルコのスルタンの宮廷における諸制度の物語」というとおり、多岐の問題にわたる考証的な学術書である。内容はスルタンの「妃妾の御殿」の秘話を語ろうとするものではない。一五世紀中葉から五世紀間、オスマン・トルコ帝国の首都であったイスタンブルの東隅を占めたスルタンの諸宮殿の配置や構造、建造物の卓絶した美術的特色を考察する一方、宮廷の秩序を支える政治・軍事・官僚諸組織・制度とその運営状態などを跡づけ分析するとともに、宮廷生活の細部を考察し、宮廷生活頽廃の元凶であるハレムの中で、スルタンの妃や側室の演じた政治的役割を検討し、奴隷的女官、黒人奴隷の宦官などの機能を社会学的・民俗学的に分析するものである。訳書名を『トプカプ宮殿の光と影』としたが、この訳名がむしろ内容をよく反映していると考える。

五世紀にわたるトルコ史の著作中でも、スルタン・カリフの東洋的専制政治の象徴ともいえる、華麗な宮廷とその活動の実態を描いたこのような著作の類書は少ない。

スルタン政府を倒したケマル・アタテュルクの共和政権は、その標榜する共和主義・革新主義の立場から、反スルタン制・反イスラム主義の方針をとって、革命政権通有の激しさでスルタン・カリフ帝国の遺制を厳しく排撃した。もっとも、周知のようにスルタンの住居はすでに一八五三年以来、近代的なドルマ・バフチェ宮殿に移されている。したがってトプカプ宮殿については、過去の遺物として扱われたが、その公的部分は、革命直後から、民族的文化遺産、すなわち伝統的な美術建築・工芸品の宝庫として逐次公開され、これとは逆に、スルタンの私生活区域（セラームルクとハレム）の公開は忌避され、そこだけは閉鎖され続けた。こうしたスルタンの私的生活区域が公開されるのは、ようやく第二次世界大戦後ケマル時代の一党独裁制が崩され、政治の自由化が拡大された一九六〇年代においてである。この禁止時代にN・M・ペンザーが、スルタンの私的生活区域について丹念な調査を実施したことは、彼の調査結果に隔靴搔痒の部分が少なくないにしても、少なからぬ成果であった。彼のときも、ハレムとセラームルクには、荒廃に委ねられるとか、調査を忌避される部分が大幅にあった。今日でも、公開されたハレムやセラームルクの見学は、指定された短時間に、案内人の指示下でごく一部が許されるだけである。今日まで、ペンザーの著作の内容を凌ぐものがさほど現われていないのも故なしとしない。

訳出にあたっては、内容の理解の便を考え、次の配慮を加えた。

1　節と小節の添加と平面図の分割

原著は特別の場合の他、章区分を設けるにとどまっているが、訳者は事項と内容の把握を容易にするために、節区分を加え、さらに必要な場合小節を加えた。

また末尾の平面図を冒頭の「訳者解説」の部分に移すとともに、宮殿域ごとに分割して5、6、11、12の各章の冒頭に挿入した。各章での参照の便を図るためである。

2　訳語の補足

著者は初出の場合のみ、トルコ語の原語に英文訳語を付しているが、爾後はすべて訳語を省いている。訳者は再出以降でもカッコ内に邦語訳を添付した。原文に無い場合は上部に＊印を付した。また、文意脈絡の不足を補うために語句を追加し、年代感を満たすために君主の在位年代を添記し、さらに度量衡単位のメートル値を付記し、それぞれ＊を頭記した。

3　表音法

(イ)　一部の表音是正

原著は、トルコ語のローマ字化が行なわれた直後刊行されたため、綴音が現在の形と異なる場合がある。原著の表音は必要なものに限り、現在の形に是正した。トルコ文字のı（新トルコ語特有で、iの・を欠くもの、ウの音）、ğ（gでなく喉音のア、ウ）、c（新トルコ語独特のもので、英語のjの音）などである。したがって原文のkapiはkapıと直し（カピをカプ）、oglan（オグラーン、少年）はoğlan（オウラーン）などとした。原著名のHarēm（ハレーム）もHarem（ハレム）とした。ただし、アラビア語源で著しく慣用化されている語、例えばアガ、またアラビア語ないしイラン語源で長母音が慣用化されている、例えばハーン、ダール、……などは別とした。

(ロ)　スルタン名の表記

原著はトルコ人の人名、とくにスルタン名の綴をトルコ・イスラム関係歴史書の慣用とするアラビア語風に綴っているが、トルコ語訛を加味している場合も多く、統一を欠くので、原文にとらわれず新トルコ語綴に統一した。原文との相異の大きいのは、ムハンマドをメフメト、マフムードをマフムト、ムラードをムラトとした、などである。ただし、預言者など純粋なアラビア人の名についてはこの限りではない。

(ハ) 建築物、職名などの複合語の場合、単語毎に区切ってあるので、訳文では中黒で区切りを示した。しかし新トルコ語では多用されるものから区切を廃して一語としており、統一を欠いているが、原文にならって中黒を挿入した。トプカプ（大砲の門）やオルタカプ（中央の門）と異なって、ギュルハーネ・カプ（薔薇館の門）、アルズオダス（玉座の御殿）と異なってハズィネ・オダ（財宝の間）やキレル・オダ（食器の間）のように。その他にも新旧の混淆がみられるが、概ね原文によった。

(ニ) 引用文中の表音

原著は一七－一八世紀の欧文の著作よりの引用文が多く、引用文中では人名や事項名に訛った音綴を使い純トルコ語と異なるものが少なくない。その場合は引用文のまま表記した。すなわち、サライがセライ、キスラル・アガがケスラル・アガ、ハレムがカレムなどのように。さらに預言者のアラビア語名ムハンマドも多くマホメットと記されている。

4 訳語の多様化

同一用語が幅のある内容を指す場合が僅少みられるので、実状に即して訳語を変えた。第一に章名中の court は、庭部分を示すときは「前庭」、建造物を含めた区域を指す場合は「宮殿域」（熟せぬ訳語であるが）とした。また oda （トルコ語の室）、hall または chamber も「間」「部屋」「御殿」のほか「隊」など、実態に応じて訳語を変えた。

5　訳者解説と口絵写真

トプカプ宮殿といえばオスマン・トルコ帝国の一部の限定された区域であるが、これを取り巻く首都全体の環境の中で理解することも必要と考えたので、全首都の概観を「訳者解説」として、最初に添付した。また、これを補足するため、宮殿、モスク、旧城壁などの、訳者が最近撮影した写真を少数巻頭に掲げた。これらが些かでも原著の理解に役立てば幸甚である。

翻訳の依頼をうけてから、訳出に二年以上の歳月を要した。編集部の方々にご迷惑をかけ恐縮に堪えない。訳出を終えて、トルコの政治史、社会史の理解にいささか寄与することができたのを慰としている。しかし変更の急速なトルコ語の表記や微妙な美術用語の訳語等の不備は少なくない。大方の叱正を仰ぎたい。

訳出にあたって、法政大学出版局の稲　義人氏・秋田公士氏に多大の御尽力をいただいたことは感謝に堪えない。この場を借りて厚く御礼を申し上げたい。

平成三年一二月　　岩　永　博

目次

序 ⑤
訳者序文 ⑦
訳者解説 ㉕
イスタンブルの歴史と主要遺跡 ㉕
トプカプ宮殿の構造と主要殿館 ㊳
1 序章 1
ハレムの問題性 1
セラーリオの語義 5
少ないセラーリオの参入者 9
ハレムの終焉 11
トプカプ宮殿の公開個所 15

2　**セラーリオの探究者の歴史**　23

ニコラス・ド・ニコライ　23

ドメニコ・ヒエロソリミターノ　26

トマス・ダラム　29

オッタヴィアノ・ボン　33

エドモンド・チシュル　41

オーブリ・ド・ラ・モトレー　45

ジャン・クロード・フレーシャ　48

サー・アドルフス・スレード　55

マキシム・ド・キャン　57

二〇世紀の参観者　58

3　**セラーリオの丘と城壁とキオスクの歴史**　61

初期の歴史　61

城壁とキオスク　68

4　**第一宮殿域**　107

陛下の門と前庭の静寂　107

メリングの挿絵に見る第一宮殿域　111
ジャニサリの歴史と組織　119
メリングの絵　128

5　**第二宮殿域——ディワーンの前庭**　133
中央の門　133
国政庁の館と宮廷金庫　142
死者の門、厩舎、槍斧兵の兵営　156
大厨房　161
幸福の門　169
白人宦官頭　173
柱頭装飾の様式　177

6　**黒人宦官**　181
彼らの館と任務　181
トルコでの宦官の使用とその風習の起源　198
生理的・心理的様相　207
文献　221

7　ハレム　I　223
ハレムの諸館　223
衣　裳　240
8　ハレム　II　261
スルタン・ワーリデの権力　261
黒人宦官頭とハレムの幹部女性　265
スルタンの寵を得る途　268
女性の支配　281
9　セラームルク　291
陛下の談話室と玉座の間　291
オスマン三世のキオスク　294
ムラト三世の広間とアフメト一世の図書室　297
王子の幽閉所　299
接見室と割礼の間　307

10　**浴　場**　311
セラーリオの浴場　311
市中にあるその他の陛下の浴場　322
公衆浴場　324
ブルサの温泉　349

11　**第三宮殿域**　361
玉座の御殿　361
アフメト三世の図書館　366
宮廷学校　370
遠征の広間の美術品　378
食器の広間と財宝の広間　380
預言者の外套の御殿　382

12　**第四宮殿域**　393
第四宮殿域の概観　393
レヴァン・キオスクとバグダード・キオスク　396
プールと庭園　402

ムスタファ・パシャ・キオスクとヘキムバシュ・オダス　403
アブデュル・メジトのキオスク　405
チューリップの祭　407

索　引　・巻末・

図版目次

メフメト二世（征服者）……前付④頁
画家は不明であるが、ジェンティル・ベッリニとコンスタンツォ・ダ・フェッラの両者の作とされている。バーシル・グレー著『バーリントン』誌第五九巻（一九三二年）四頁以下を見よ。
セラーリオ図書館所蔵の絵画より。トプカプ・サライ博物館長の好意による複製。
屋根から見たセラーリオ。セラームルクとの隣接諸館を示す……一三頁
著者撮影の写真より。
ハレムの建物を示すセラーリオの屋根……一九頁
著者撮影の写真より。
マルモラ海から見たセラーリオ。旧海辺城壁、製粉所の門（デイルメン・カプ）、小モスクなどを示している。
……四三頁
鉄道は城壁のすぐ陸地側を通っている。セラーリオ自身では、第二宮殿域の煙突の列が左寄りに見える。中央は遠征の間、セリム二世の浴場、財宝庫（平面図103、104番）などで占められている。右寄りにはアブデュル・メジトのキオスクがある。E・N・A撮影の写真。
ガラタから見たセラーリオの丘……六四―六五頁
グレロ著『コンスタンティノープル旅行の新物語』（パリ、一六八〇年）より。
セラーリオ岬の平面図。メリング著『コンスタンティノープル絵画旅行』より……八〇―八一頁

一七七六年と一七八六年の測量に基づくFr・カウファーの平面図とJ-D・バルビエ・ド・ボサージュの加筆　⑳
（一八一九年）より。

セラーリオの第一宮殿域……一一二―一一三頁
A・I・メリング著『コンスタンティノープル絵画旅行』（パリ、一八一九年）より。

セラーリオの第一宮殿域。左手に聖イレネ教会堂と中央遠方にオルタカプを示す……一一七頁
右側に、一列の煙突と城壁に近接した送水場屋舎（平面図5番）がある。左側には高いディワーンの塔（平面図22番）がある。塔は周辺のハレムやセラームルクの丸屋根や煙突より遥かに高い。

バイラムの祭日の行列……一三〇―一三一頁
A・I・メリング著『コンスタンティノープル絵画旅行』（パリ、一八一九年）より。

中央の門。セラーリオの第二宮殿域への入口……一三七頁
E・N・A撮影の写真。

ディワーン（国政会議）の広間（クッベ・アルト）。スルタンの覗き格子窓をも示す……一四三頁

乳母頭のバルコニーからの眺望……一四三頁
下方の建物はハレムの病院。著者撮影の写真。

セラーリオの第二宮殿域……一五〇―一五一頁
A・I・メリング著『コンスタンティノープル絵画旅行』（パリ、一八一九年）より。

槍斧兵兵営への入口と黒人宦官の宿舎への入口……一五九頁
右側の入口は「御車の門」（アラバ・カプス）（平面図30番）と呼ばれる。著者撮影の写真。

槍斧兵の食堂。二種類の戸棚と中央の大火桶……一五九頁
著者撮影の写真。

黒人宦官の館の廊下……一八九頁

E・N・A撮影の写真。
キスラル・アガすなわち黒人宦官頭……一九〇頁
W・ミラー著『トルコ国の衣裳』（ロンドン、一八〇二年）より。原本はオクタビエン・ダルビマルト版。
陛下のハレム……二二四―二二五頁
A・I・メリング著『コンスタンティノープル絵画旅行』（パリ、一八一九年）より。
ハレムの女奴隷の館の中庭……二三一頁
著者撮影の写真。
ハレムの出産……二三五頁
ファーズィル著『ザナーン・ナーメ（女性史）』（イルディズ、二八二四―七三）の写本より。イスタンブル大学図書館所蔵。図書館長の好意による。
スルタン・ワーリデ……二四八頁
ニコラス・ド・ニコライ著『東洋の航海と旅行記の第一部』（リヨン、一五六七年）のドイツ語訳（ニュルンベルク、一五七二年）。
カドンの屋内着……二五三頁
W・ミラー著『トルコ国の衣裳』（ロンドン、一八〇二年）より。
陛下の談話室……二七六頁
E・N・A撮影の写真。
噴水の前室……二七七頁
E・N・A撮影の写真。
オスマン三世のキオスクと中庭……二八〇頁
ムラト三世の広間……二八三頁

E・N・A撮影の写真。
オスマン三世のキオスクの城壁側部分。セラーリオの外城庭園より見たもの……二九三頁
アフメト三世の食堂……二九五頁
食堂（平面図89番）のこの外見は、花模様の木製羽目板壁とスルタンの客間（平面図77番）に入る入口を示している。E・N・A撮影の写真。
オスマン三世のキオスクの小部屋……二九五頁
カフェス（幽閉所）の建物の北西隅……三〇四頁
著者撮影の写真。
カフェスへ通じる〝ジンの協議場〟の廊下……三〇四頁
著者撮影の写真。
幽閉所（カフェス）の中庭と南東側の建物……三〇五頁
著者撮影の写真。
女性用公衆浴場……三二六—三二七頁
ドーソン著『オスマン帝国全史』（パリ、一七八七年）より。
女性の浴場……三四五頁
ファーズィル著『ザナーン・ナーメ（女性史）』（イルディズ、一八二四—七三）の写本より。イスタンブル大学図書館所蔵。図書館長の好意による。
ブルサ近郊のチェキルゲにあるエスキ・カプリジャの浴場……三五二頁
E・N・A撮影の写真。
ブルサに近いムダニア街道に沿ってあるエニ・カプリジャの浴場全景……三五三頁
E・N・A撮影の写真。

玉座の御殿……………………………………………………………………………………………三六三頁
E・N・A撮影の写真。
遠征の間……………………………………………………………………………………………三六三頁
この部屋は現在陶磁器の収集庫（チニリ・ハズィネシ）の一部をなしている。
レヴァン・キオスク。神聖な外套の御殿に続く……………………………………………三六七頁
E・N・A撮影の写真。
バグダード・キオスク。スルタン・イブラヒムのテラスから望む……………………三九九頁
E・N・A撮影の写真。
バグダード・キオスク。内部の景観………………………………………………………四〇一頁
E・N・A撮影の写真。
ムスタファ・パシャのキオスク。第四宮殿域内……………………………………………四〇四頁
E・N・A撮影の写真。
セラーリオの平面図と凡例…………………………………………………………………前付㊵—㊶頁
『トプカプサライ博物館報告（レフベリ）』中の平面図に基づく。著者の製図。註・写真によって作成。
ただし、本訳書では「訳者解説」の項に移して挿入。
同右の分割平面図
第二宮殿域……………………………………………………………………………………一三四—一三五頁
ハレムとセラームルク………………………………………………………………………一八二—一八三頁
第三宮殿域……………………………………………………………………………………三六四—三六五頁
第四宮殿域……………………………………………………………………………………三九四—三九五頁
訳者補図

インタンブル全図……前付㉖—㉗頁
トム・ブロスナハン著『トルコ——旅行用遺跡一覧』（一九八七年）九四—九五頁より作成。
スレイマニエ・モスクと周辺施設配置図……前付㉜頁
ブルー・ガイド『イスタンブル』（ロンドン、A・&C・ブラック社、一九八七年）一八四—一八五頁より作成。
エニ・ジャミと周辺施設……前付㉝頁
ブルー・ガイド『イスタンブル』（ロンドン、A・&C・ブラック社、一九八七年）六八頁より。
聖ソフィア寺院……前付㊱頁
F・スチールラン著、神岡武夫訳『イスラムの建築と文化』（原書房、一九八七年）二一八—二一九頁より。
スレイマニエ・モスク……前付㊲頁
F・スチールラン著、神岡武夫訳『イスラムの建築と文化』（原書房、一九八七年）二一八—二一九頁より。
公衆浴場の平面図（ジャアルオウルの浴場）……三二五頁
ブルー・ガイド『イスタンブル』（ロンドン、A・&C・ブラック社、一九八七年）七〇頁より。

訳者解説

イスタンブルの歴史と主要遺跡

イスタンブルの歴史

シルクロードの西の終着駅であるイスタンブルは、「世界最大級の政権が一五世紀にわたって君臨した古都」といわれるように、イスラム諸国の古都中の珠玉といえる。トプカプ宮殿は、そうしたイスラム諸国の古都の中で往時の輪奐《りんかん》の美をほぼ完全な形でとどめる稀有の宮殿である。

中東の旅行者が、イスタンブルのほか、カイロ、ダマスクス、バグダード、イスファハーンなどの古都を訪れたとき、史上の王朝の生活の息吹きがなお十分に残っているような幻想を懐かされることで、トプカプ宮殿以上のものはなかろう。ここでは旧イスラム政権の重厚な伝統が街区の隅々まで偲ばれる。

イスラム諸国の古い都会の多くは、旧市街（マディーナ）を残存していて観光客を楽しませるが、どこでも旧市街は近代化する新市街に侵蝕されて大幅に縮小している。イスタンブルでは、その変化はすこぶる稀薄である。イスタンブルの近代的市街は、金角湾を隔てて、城郭区画の対岸にあるガラタ地区で

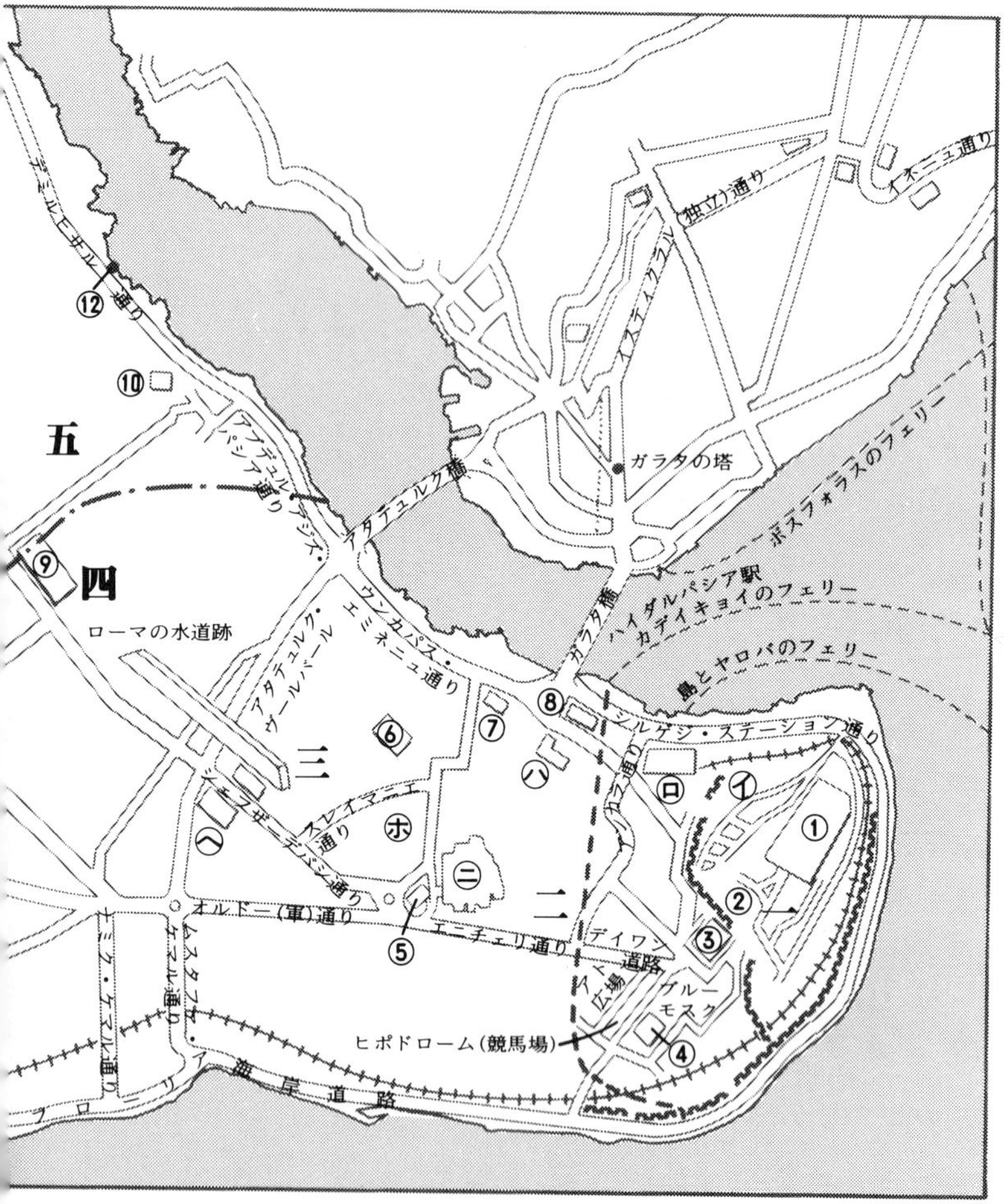

デミルヒサル通り
イスティクラル
(独立)通り
イネニュ通り
ガラタの塔
ボスフォラスのフェリー
ハイダルパシア駅
カディキョイのフェリー
島とヤロバのフェリー
ガラタ橋
アタチュルク橋
五
四
三
二
ローマの水道跡
ウンカパヌ・エミネニュ通り
アタチュルク・ブールバール
シルケジ・ステーション通り
アンカラ通り
スレイマニエ通り
オルドー(軍)通り
エニチェリ通り
ディワン道路
ブルーモスク
ヒポドローム(競馬場)
海岸道路
①
②
③
④
⑤
⑥
⑦
⑧
⑨
⑩
⑫
イ
ロ
ハ
ニ
ホ
ヘ

イスタンブル全図

① トプカプ宮殿
② 聖イレネ教会
③ 聖ソフィア寺院
④ アフメト（ブルー）・モスク
⑤ バヤジト・モスク
⑥ スレイマニエ・モスク
⑦ ルステム・パシャ・モスク
⑧ エニ（新）・モスク
⑨ ファーティフ（征服者）・モスク
⑩ セリミエ・モスク
⑪ カリエ・モスク
⑫ 聖ステファン寺院

㋑ ギュルハネ公園
㋺ シルケジ駅
㋩ エジプト・バザール
㊁ カパル・チアルシュ（大バザール）
㋭ イスタンブル大学
㋬ 市庁舎
㋣ トプカプ門
㋠ エディルネ門

一　二　三　四　7つの丘の順序
－－－－－－－　セプティミウス・セヴェルスの城壁
－・－・－・－・　コンスタンティヌスの城壁
ЛЛЛЛЛЛЛ　旧城壁
┼┼┼┼┼┼┼┼┼┼　鉄道

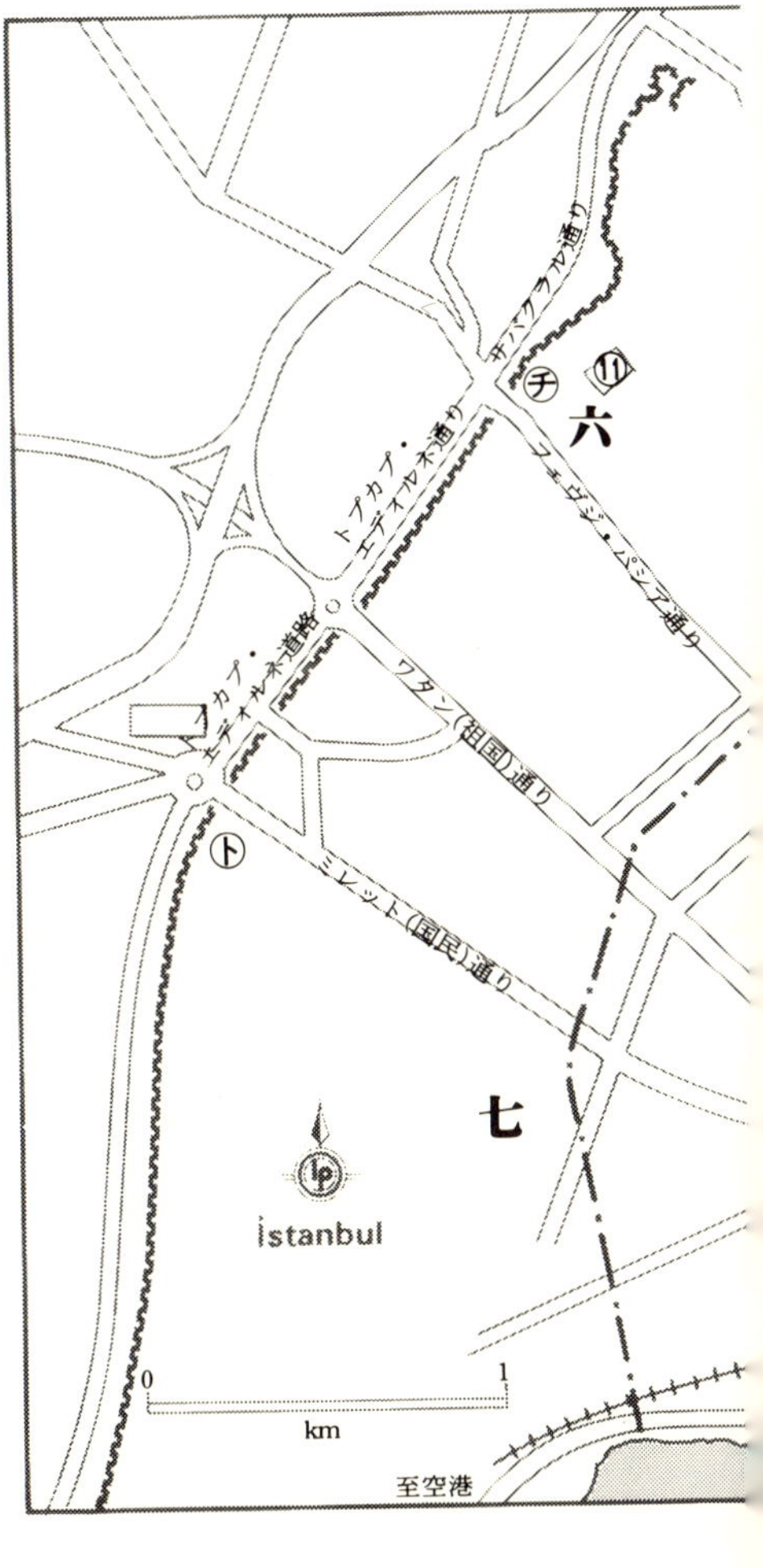

㉗　訳者解説

発展してきた。ここは一三世紀以来、主としてキリスト教徒の外国商人が商館を構え、活動した、祖界的地区である。現在はずいぶんと近代化し、外国公館、古い著名なホテルも近代的ホテルもほとんどガラタにある。ガラタの日本総領事館、ヒルトン・ホテル、マルモラ・ホテルなどからはボスフォラスの美観をほしいままにできる。しかし、都のモスクや宮殿を観光するには、ガラタ橋とかアタテュルク橋を越えて、イスタンブル半島の旧市街に出かけねばならない。

イスタンブルの旧市街を見ての印象の核心は次の諸点であろう。第一に大国の首都として史上に類がないほど永い生命を保ったことを偲ばせる、伝統色の強さである。第二には、「二大陸に跨って所在する世界唯一の首都」といわれるとおり、アジア・ヨーロッパ二大陸の架け橋、東西文化交流の中心という役割のもたらした、文化的複合性、経済的繁栄である。第三は、交通の要衝が担わされがちな国際闘争の歴史の爪跡である。海峡を跨ぐ新設のイスタンブル大橋で結ばれたアジア大陸の突端にかすんで見えるウシュクダルの市街を眺め、黒海と地中海を結ぶ水路のボスフォラス海峡やマルモラ海の明媚な風光を見渡すたびに、この水域や市街をとりまいて繰り返された国際抗争と世界貿易戦争の歴史を瞼の裏に思い浮かべないではいられない。トプカプ宮殿には、この都の長い歴史と伝統が集約されている。

イスタンブルの都は、紀元前六六七年にメガラとアテネの市民がビザスに率いられて、ここに植民地を拓いたときに始まるとされる。場所は現在のイスタンブルの東北隅の（現在の鉄道駅の辺）金角湾に面したところで、建設者の名に因んでビザンティウムと呼ばれた。植民地は、ボスフォラス海峡の南端に臨み、アジアとヨーロッパ、黒海と地中海を結ぶ交通の要衝にあたったので、交易の中心として繁栄する運命に恵まれた。その当初の歴史は本書の3章の「初期の歴史」の節に掲げるように、西進したペルシア帝国（BC五二九－三三二年）、東進するアレクサンダー帝国と継承諸王朝（BC三三一－BC一二九とAD三〇年）、ローマ帝国の東方発展などの過程の中で、国際抗争の波に揉まれて浮沈の運命を繰り返したものであった。しかしローマ共和国の頃からアジア征服の拠点として漸次安定と重要性を高めた。ローマ帝国（BC三〇－AD四七六年）のコンスタンティヌス帝がAD三三〇年、ここにローマの都を遷したのは十分の根拠をもった。改称してコンスタンティノープルとなったこの都は、爾来大帝国の首都として、世界屈指の都会に発展することとなった。ローマ帝国が東西に分裂した（三九五年）後も、バルカン半島の他、小アジア、シリア、エジプト、北アフリカを含む大版図を擁する東ローマ（ビザンツ）帝国の都として続き、没落した西ローマの都と反対に殷賑を極め、一〇世紀頃には人口八〇万人を擁していた。「イスタンブル全図」（㉖－㉗頁）で見るとおり、市域も逐次西方に拡大し、三世紀までは、「第二の丘」の東方にあった陸側城壁が、四世紀初めのコンスタンティヌス帝のとき、「第四の丘」と「第五の丘」の中間に移された。六世紀東ローマのテオドシウス二世のとき、「第六の丘」と「第七の丘」の西方にあたる現在の線に堅固な城壁が築かれ、この城壁がイスタンブルの都の発展の西の限界となった。

七－八世紀、シリア、エジプト、北アフリカをサラセン帝国に奪われた後も、バルカンに領土を延ばして衰えを知らなかった東ローマ帝国は、一三世紀に東方のセルジューク・トルコ人によって小アジアを奪われた頃から衰退に向かい、コンスタンティノープルは一四世紀オスマン・トルコ人によって背後のバルカン地域を奪取されて孤立させられ、急速に衰微を深め、一五世紀には人口も一〇万人を割るほどに荒廃した。一四五二年メフメト二世（征服者）が新兵器の大砲と一五万の大軍を擁して都の征服に乗り出すと、堅固な城壁による抵抗も空しく、圧倒的戦力の前に陥落するのを避けえなかった。

オスマン・トルコ帝国が、交通の要衝である東ローマ帝国の都を、直ちに自らの都に奠《さだ》めたので、古 ㉚都は不死鳥のように蘇った。コンスタンティノープルのアラビア語訛であるイスタンブルが都の称呼となった。イスタンブルの都は、テオドシウス帝の築いた陸側城壁と、金角湾とマルモラ海に臨む海岸城壁とに囲まれた東ローマ帝国時代と同じ区域に、ギリシア正教の教会堂を残しながら再興された。新首都はブルサやエディルネなどの旧首都をはじめとする国内各地からイスラム教徒を吸引、流入させて、一世紀も経たぬうちに、人口五〇万を越える殷賑な都会に復活した。

首都の目玉であるスルタンの宮殿は、最初「第二の丘」の上に建てられたが、すぐ手狭となったため、「第一の丘」の、ローマ帝国時代の王宮の跡地に新築され、一四六五年に竣工した。宮殿と並んで代々のスルタンは、経済交流の拠点となる市場（チァルシュ）と多数の隊商旅舎（ハーン）、信仰と社会福祉の中心となるモスクを各所に建設した。新施設で最も多いのはモスクであり、征服者（ファーティフ）のモスク、スレイマニエのモスク、シャフザーデ（王子）のモスク、アフメト・モスク（〝青のモスク〟とも呼ばれる）など、枚挙に暇がない。これらのモスクは、礼拝堂の他、学林、病院、商人旅舎、給食所など広汎な社会・文化施設を併設して、この都の興隆とイスラム的性格形成の基盤となった。

七つの丘と遺跡

イスタンブルもローマと同じように、起伏する「七つの丘」を囲んで形成されていて、上述の諸建築は、それぞれの丘に分散している。トプカプ宮殿はイスタンブル半島の最東端に近い「第一の丘」の頂上に築かれている（「イスタンブル全図」）。この丘からは東にボスフォラス海峡と小アジアの陸地、南にマルモラ海など、最も明媚な風光を見晴らすことができる。「第二の丘」をめぐっては北方に大市場(ビュユク・チァルシュ)、東方にヌール・オスマニエ(オスマンの光明)のモスクが設けられた。「第三の丘」にはその北寄りに首都のモスクを代表するスレイマニエのモスクとその総合施設がある。「第四の丘」の頂上に征服者(ファーティフ)のモスクが建てられている。「第五の丘」には北寄りに、セリム一世のモスクがある。「第六の丘」は陸側の城壁のエディルネ門を見下ろす要害をなし、「第七の丘」はシリヴリ門から東に延びるシリブリ通りを睥睨する戦略要地をなしている。

七つの丘と建造物の調和した景観はイスタンブルの一大特色であろう。スレイマニエのモスク、ファーティフのモスクなどが丘山に聳える輪奐の遠景は、夢幻の美しさがある。こんなモスクが日没時に茜色の夕空を背景にシルエットを浮かばせる光景は、誰もが写真などで馴染んでいよう。

もちろん初期に建造された施設は、今日までにかなり変貌しているが、今も往時の面影を大幅にとどめている。たとえば大市場(ビュユク・チァルシュ)は、現在も世界に著名な「イスタンブルの大市場(トルコ名でカパル・チァルシュ)」に発展して残っている。バザールの中央の「旧ベデスターン」は最初の市場の跡である。現在の大市場は当初のものの一五倍くらいに拡大している。大市場に並んで隊商旅舎(ハーン)が設けられた。メフメト二世時代の代表は、市場をすこし離れて北東部に立つ「マフムト・パシャのハーン」である。拡大された現在の大市場中にも、主として周辺に二〇近くの隊商旅舎(ハーン)が断片的に面影を残している。

有力なモスクは、総合的社会施設を包含しているのが目を惹く。バヤジト・ジャミ(ジャミはモスクのトルコ語)、アフメト一世ジャミ(青のモスク)のように、火災でそれを失ったものもある。現在昔の面影を

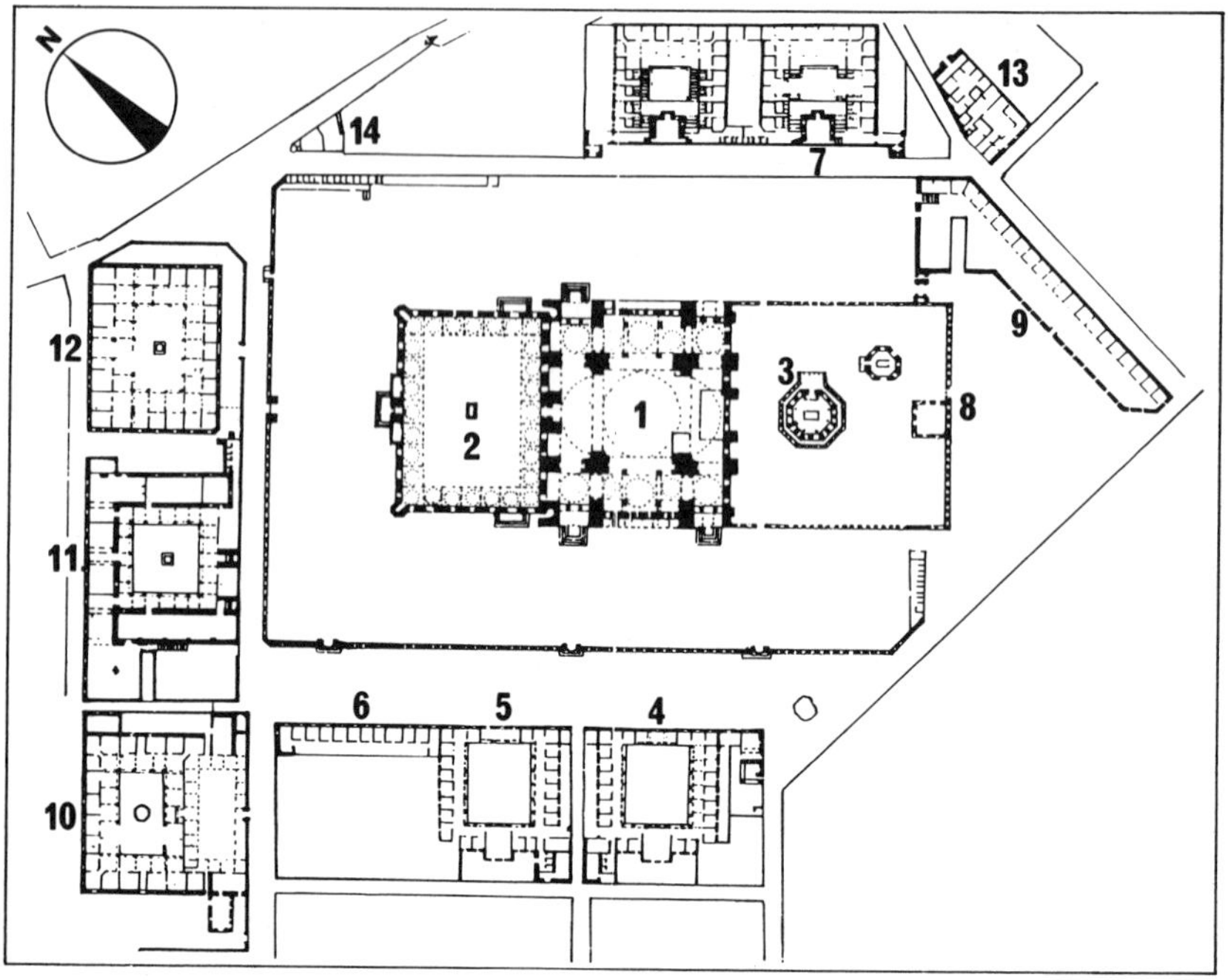

スレイマニエ・モスクと周辺施設配置図

① モスク本堂
② モスクの前庭
③ スレイマン大帝の廟
④ 第１の学林
⑤ 第２の学林
⑥ 医術の学林
⑦ 第３，４の学林
⑧ コーラン学校
⑨ ハディース学校
⑩ 病院
⑪ 給食所
⑫ 隊商旅舎
⑬ 浴場
⑭ シナン（本モスクの建築家）の廟

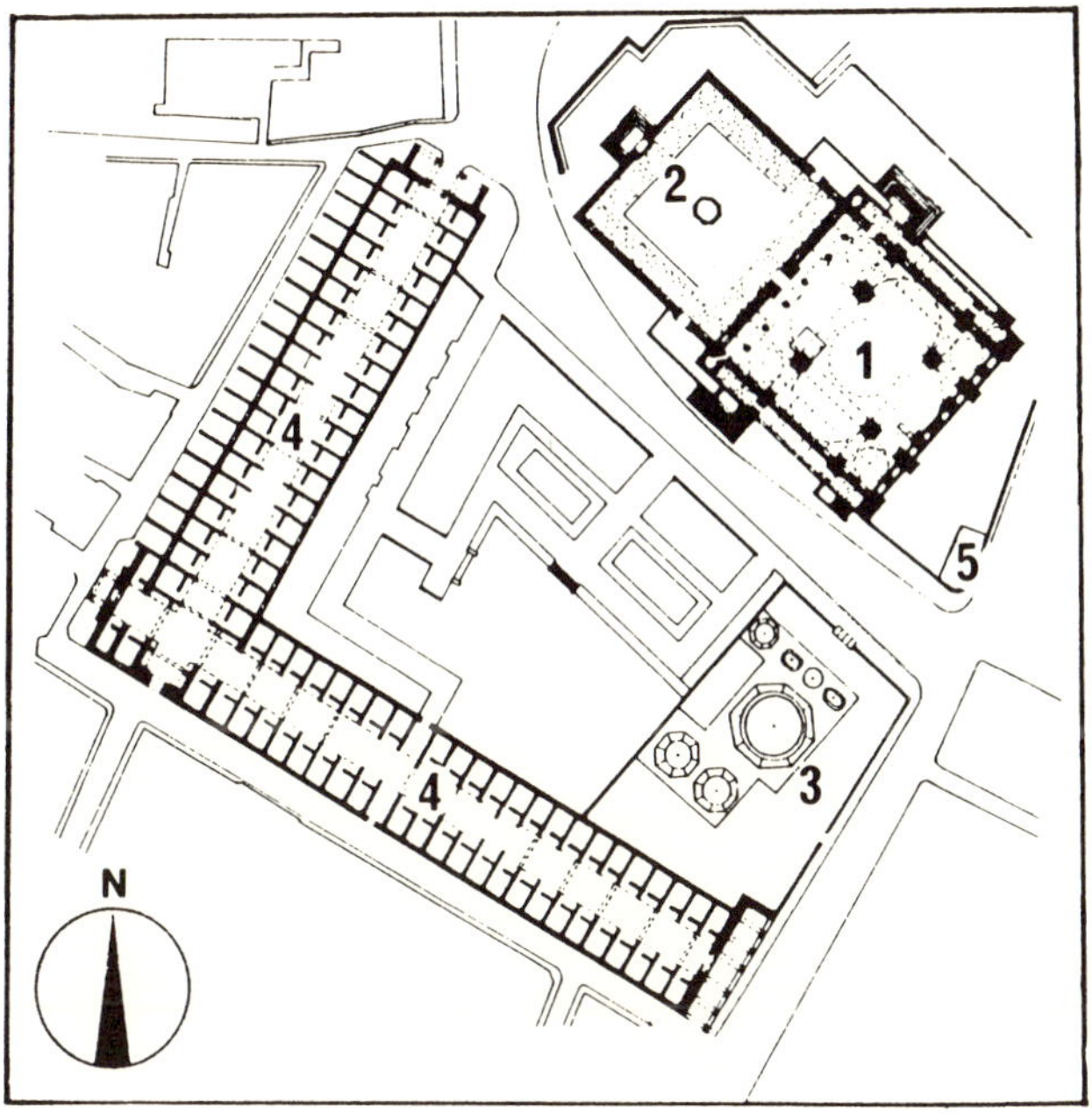

エニ・ジャミと周辺施設

① モスク本堂
② モスクの前庭
③ トルハン・ハディージェの廟
④ 香料の市場（現在のエジプト市場）
⑤ ミュネッジム（天文学者）の館

とどめる代表的なものはスレイマニエ・ジャミ、ファーティフ・ジャミ、「女性の支配」時代にスルタンの母后たちが建てた、ガラタ橋の袂に近いエニ・ジャミ（新モスク）などであろう。㉞

スレイマニエのモスクは、礼拝堂、前庭、スレイマン大帝の墓廟（テュルベ）の他、スンナ派の四学派の教義を教える別々の四棟の学林、医術の学林、病院、隊商旅舎、給食所などから浴場までが整然と配置されている（「スレイマニエ・モスクと周辺施設配置図」）。もっとも今日では、旧「医術の学林」は産院、「給食所」は「トルコ・イスラム博物館」、病院は「軍印刷所」、第一・第二の学林は「スレイマニエ図書館」などに転用されて、外観は旧形態のままに近いが、内容では近代的機関に変わっている。いわば共和政権下の政教分離政策の影響は大きいが、十分往時の勢威を偲ばせるものがある。

エニ・ジャミ（新モスク）の現状も別の興味がある。このモスクは、一五九七年に母后サフィエによって着工され、一六六三年母后トルハン・ハディージェ（8章「スルタンの寵を得る途」の節参照）のとき完成し、工事にとくに長い歳月を要した。平面図（「エニ・ジャミと周辺施設」）でみるように、トルハン・ハディージェの廟を擁するが、八八個の丸屋根付きの店舗をもつL字形の、付設されたバザールに特色がある。市場は多数の香料店・薬草店が高名で、西欧人には「香料の市場」の名で知られていたが、現在は多様の商品を扱いミスル（エジプト）・バザールと呼ばれている。

建造物の美術的価値

これらのオスマン朝時代の建造物が、美術工芸的価値においても、東ローマ時代のものや他のイスラム諸国の建造物を凌ぐ規模と美観で目を見張らさせられることも指摘しておかねばなるまい。何よりも顕著なのはモスク建築である。モスクの礼拝堂がもつ中心の大ドーム、それが多数の半ドーム、小ドームで支えられて盛り上がった聳立感の高い総合的構成美は独特といえる。モスクのドームと聳立する数本の鉛筆形ミナレ（光塔）とが形成する諧調も絶妙である。装飾はさらに美しい。天井、すみ折り上げ、壁面などを飾る文字・草花・幾何文様は、秀れた製造技術の生んだ色彩美に富むタイルの組み合わせで表出されて、イラン様式とも一味違った典雅さと華麗さを示している。建築の構造は、生涯に三三〇余点の作品を残したと伝えられる天才的建築家ミマル・シナン（スレイマン大帝とその子の時代に建築長官として活動）の活動で高い水準に引き上げられ、それに伴って装飾工芸も発達した。

トプカプ宮殿の諸殿舎・園亭はいずれも小形ながら、代表的モスクで見たドームの技法を模し、タイル装飾の粋を凝らしている。

イスラムのモスクの場合

イスタンブルのイスラム的建築の特色は、東ローマ帝国時代の最高の文化遺産と見なされている聖ソフィア寺院（イスラムのモスクに転用されてアヤ・ソフィア寺院と呼ばれ、今日は博物館としてのみ使用されている）とスレイマニエ・モスクを比較するだけでも一目瞭然である。㊱−㊲頁の図は同一縮尺で両者の平面図、断面図、縦断面図を比較したものである。ドームの頂上までの高さはアヤ・ソフィアが五五メートル、スレイマニエが五三メートル、堂の奥行は前者が七四メートル、後者が六五メートルで、規模はアヤ・ソフィアがわずかに勝っている。しかしドームの構造ではトルコ時代のものの技術が、時代が新しいだけに、さすがに秀れている。アヤ・ソフィアは中央の大ドームの前後に半ドームが付いているだけであ

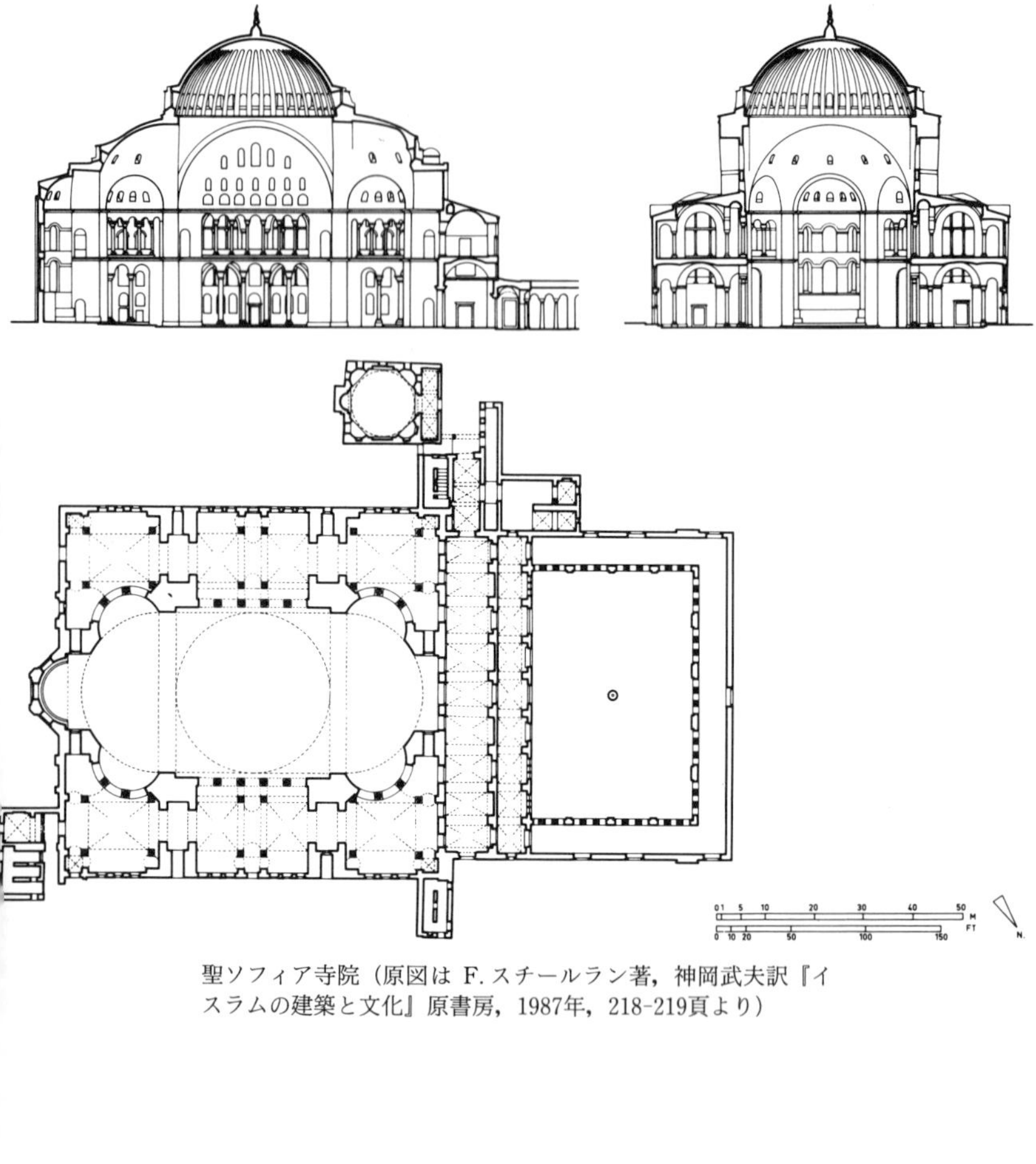

聖ソフィア寺院（原図は F.スチールラン著，神岡武夫訳『イスラムの建築と文化』原書房，1987年，218-219頁より）

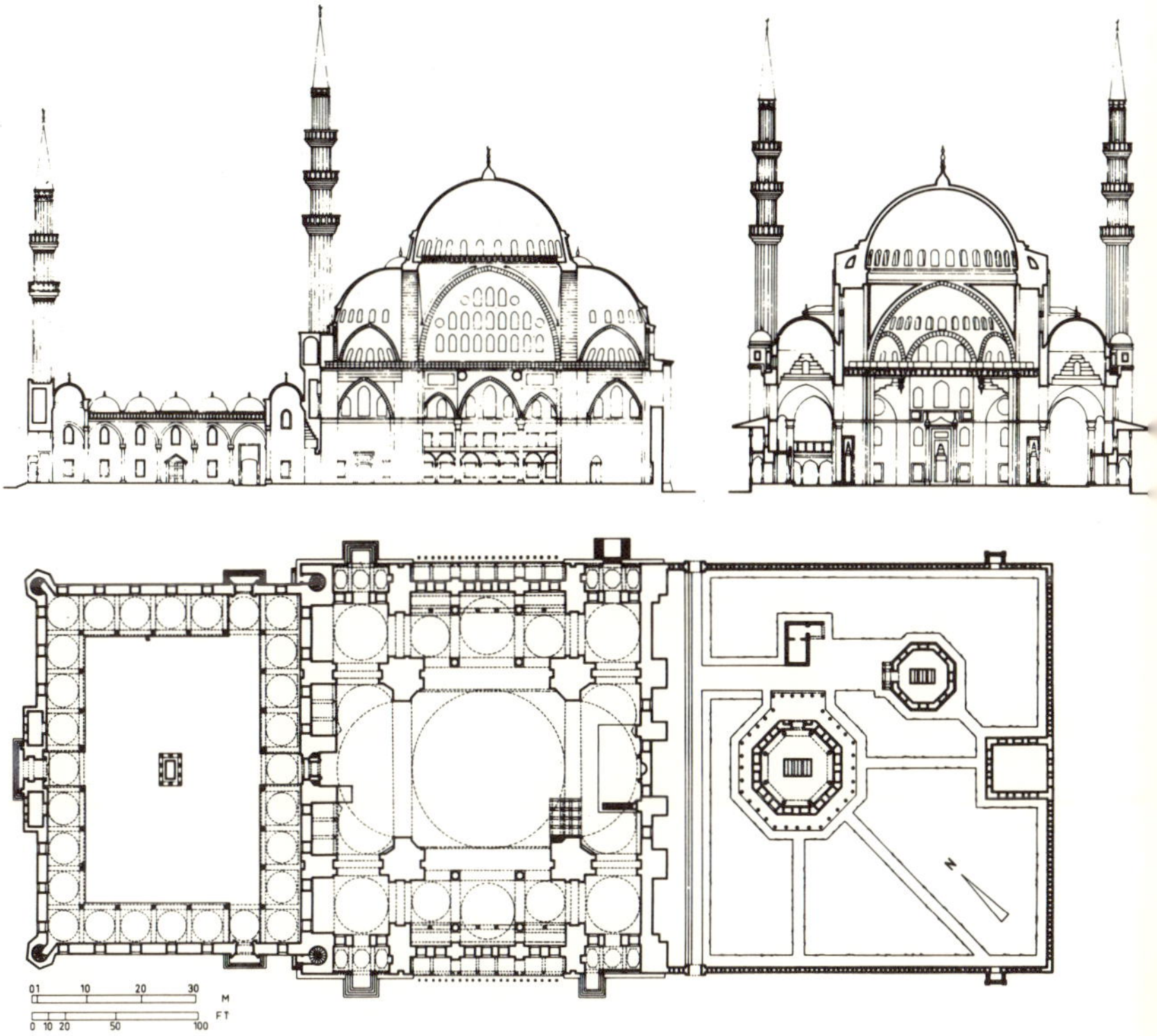

スレイマニエ・モスク（原図は F.スチールラン著，神岡武夫訳『イスラムの建築と文化』原書房，1987年，218-219頁より）

るが、スレイマニエでは大ドームと前後の半ドームの他、左右に大小五個のドームが添えられている。小ドームと半ドームにとりまかれた中央ドームの聳立感はすこぶる優雅である（因みにアフメト・モスク〔青のモスク〕の場合、さらに左右に半ドームを築き、半ドームがさらに小さい二個ずつの半ドームで支えられる方式をとっていてドームの構成美はいっそう秀れている）。

礼拝堂の内部構造も大幅に異なっている。アヤ・ソフィアでは、ドームを支える四本の主柱は前後に細長い矩形のもので、左右それぞれの支柱間には側廊とを隔てる隔壁が設けられている。スレイマニエの場合、四本の主柱は正方形の剛柱で、両側隔壁が廃止されて、全堂内が一つの広い礼拝所空間を形成していて、堂内ははるかに広闊である。アヤ・ソフィアの壁面は古い宗教画が塗り消されて装飾が乏しいが、スレイマニエではドームの天井、すみ折り上げ、主柱、壁面が多彩の草花・幾何学・文字文様で飾られ、美麗さは卓絶している。

スレイマニエの場合、礼拝堂の前庭を取り囲む柱廊の屋根も、七個ずつの小ドームを戴いており、学林、病院、隊商旅舎などのすべてが屋根に整然と列をなす多数の小ドームを戴いている。また前庭の四隅には高さ八五メートルの鉛筆型のミナレが聳立している。高いミナレと大小のドームが構成する階調はトルコのモスクの独壇場であろう。

トプカプ宮殿の原型と現状

トプカプ宮殿の構造と主要殿館

トプカプ宮殿は、メフメト二世（征服者《ファーティフ》）によって、六年の歳月をかけて一四六五年に創建され、その後増改築を重ねた宏壮・華麗な宮殿である。以後二十六代のスルタンが一八五三年まで、四世紀にわたってここに居住した。一九世紀に至ってアブデュル・メジト一世がガラタ橋の袂から約四キロメートル離れたボスフォラス海峡沿いに、ヴェルサイユ宮殿を模したドルマ・バフチェ宮殿を新築して移ってから、トプカプ宮殿は主人を失って、故宮殿（エスキ・サライ）と化した。トプカプ宮殿は本来大きく分けて、諸殿館の所在する内城部分と、庭園・園亭（キオスク）を主とした外城部分とから成っていたと言えるが、今日では外城部分は撤去・転用され、大半が一般市街地、兵営地ないし公園と化している。一番大きな影響は鉄道の建設で、オリエント特急の路線が一八七一年に建設されたとき、外城の南・東の処々と、北側全部の土地が削られ、城壁の三分の一以上と多くのキオスク、望楼が取り壊された（3章「城壁とキオスク」の節参照）。今補修されつつ旧態を保つのは、内城城壁とそれに囲まれたトプカプ宮殿の主部のみである。本来のトプカプ宮殿の全景は六四－六五頁に掲げたA・Iメリングの挿絵で最もよくわかる。しかし、現在宮殿として残るのは第二、第三、第四宮殿の部分である。それは原著末尾（本訳書では次頁）に掲げられた平面図で示される。

トプカプ宮殿の現形

トプカプ宮殿は一九二四年以来その公的部分から逐次公開されたが、スルタンの使用した私的部分（セラームルク（男性区域）とハレムリク（女性区域））とが公開されるのは一九六〇年代になってであった。

現在残る宮殿は明白に区切られた四つの宮殿域からなっている。第一の宮殿域は「陛下の門（バー

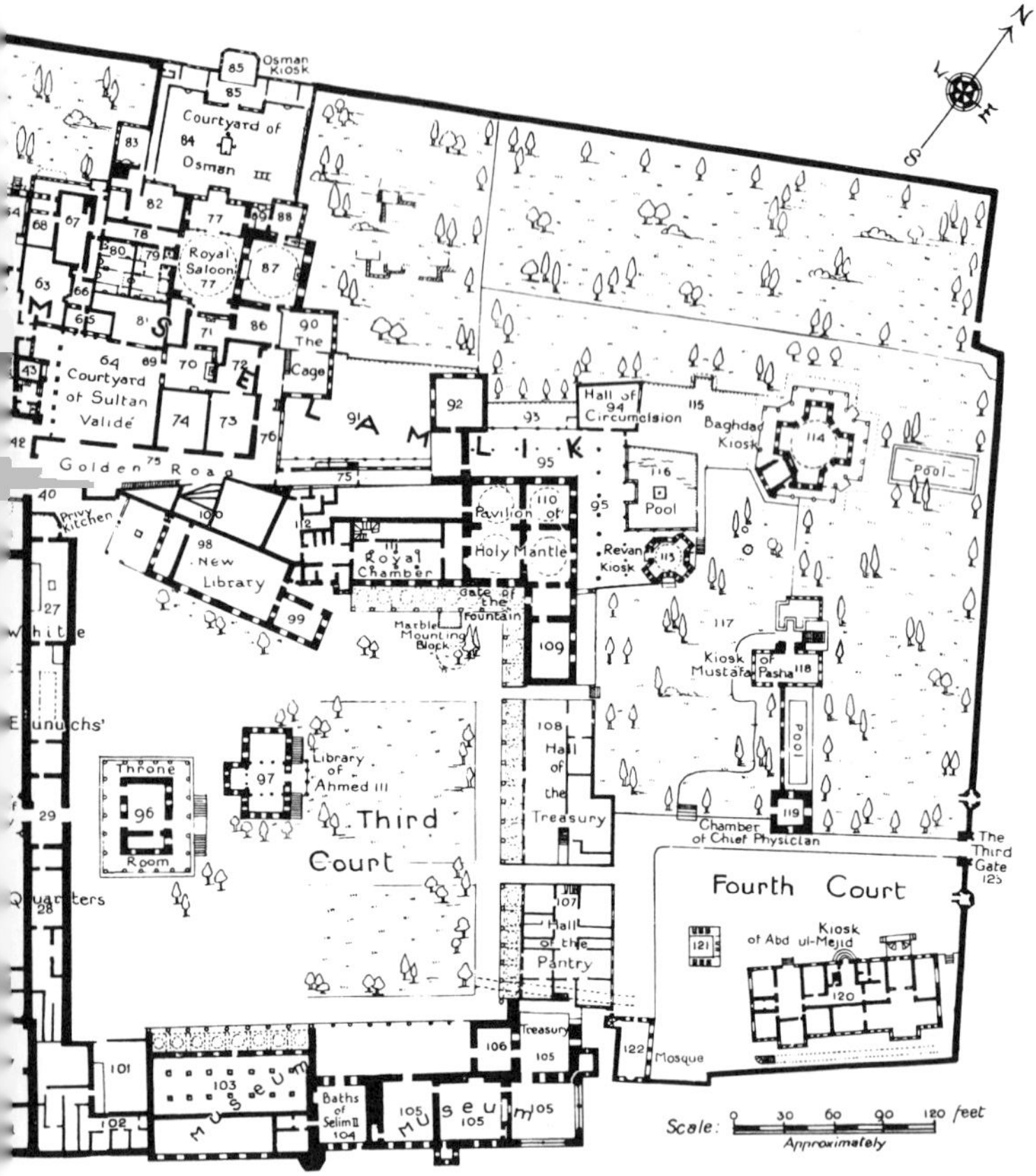

97 アフメト3世の図書館
98 武将のモスク（新図書館）
103 遠征の広間（陶磁器コレクション展示室）
104 セリム2世の浴場
105 財宝庫（現衣裳・財宝の展示室）

107 食器の広間
108 財宝の広間
110 神聖な外套の御殿
111 陛下の御殿

第4宮殿域

94 割礼の間
95 列柱の広間
113 レヴァン・キオスク

114 バグダード・キオスク
118 ムスタファ・パシャ（ソファー）のキオスク
119 医師頭の間
120 アブデュル・メジトのキオスク

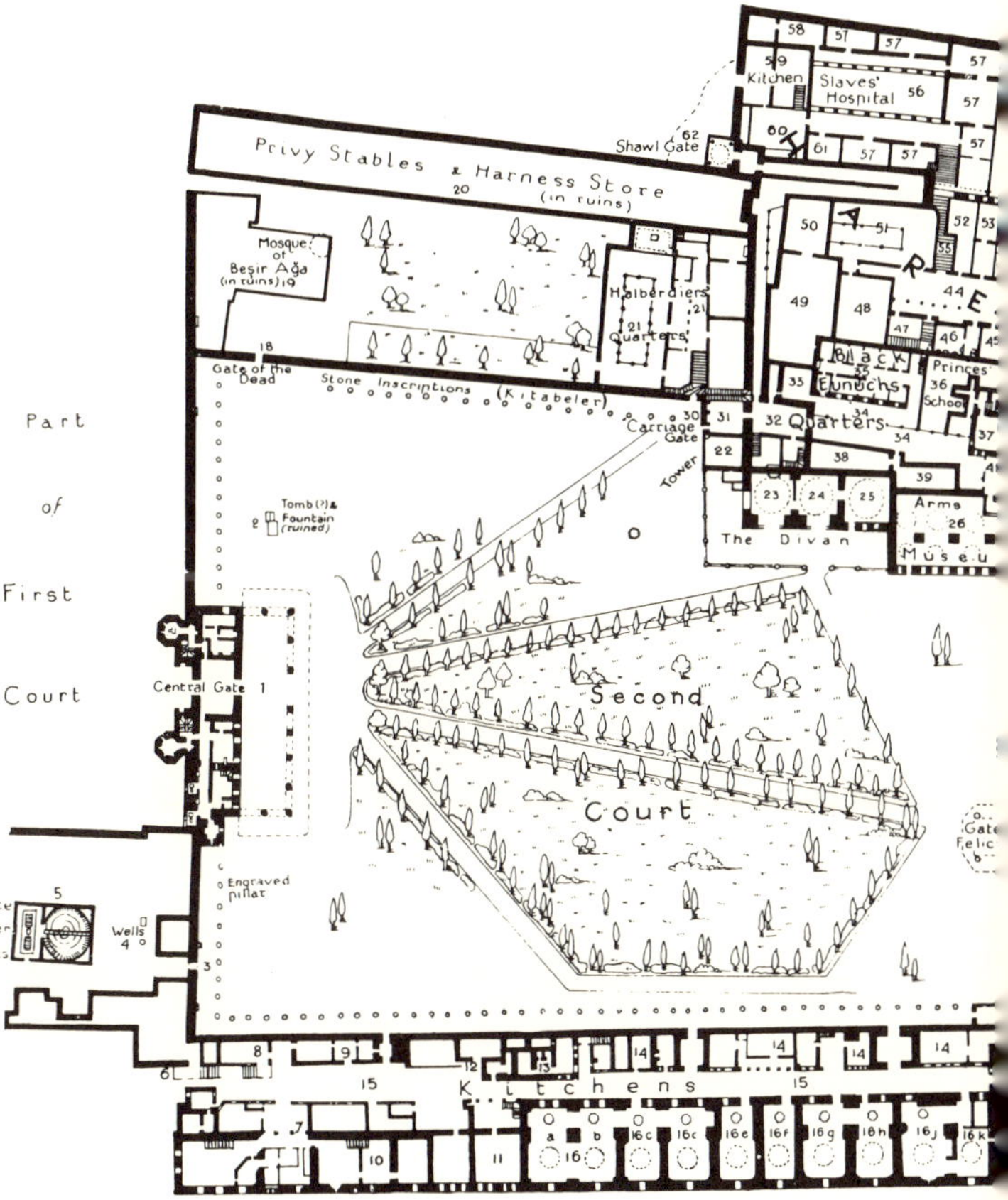

第２宮殿域

1 中央の門

8〜17 大厨房

21 槍斧兵の兵営

23〜25 国政庁

26 宮廷金庫

ハレムリク

30 御車の門

32-37 黒人宦官の館

45〜54 女奴隷の館

41 ハレムの奴隷の館の門

64 スルタン・ワーリデの中庭

セラームルク

71 噴水の前室

77 陛下の談話室

87 ムラト３世の寝室

85 オスマン３世のキオスク

92 セラームルクの接見室

第３宮殿域

27 白人宦官の館

29 幸福の門

96 玉座の御殿

ブ・イ・ヒュマーユーン）」から「中央の門（オルタカプ）」（平面図1番）までの間であるが、ここは城壁もほとんど取り壊され、建物も「聖イレネ教会」が残るだけで観光客用の駐車場などに使われる広場と化している。

「中央の門」から「幸福の門（バーブ・ッ・サアーデト）」（平面図29番）の間が第二宮殿域をなしている。ここでは、左手奥に「国政庁（ディワーン）の館」（平面図23－25番）、「宮廷金庫（イチュ・ハズィネ）」（平面図26番）、右手全面に「大厨房（ムトファカト・ヴェ・ムシュテミラート）」（平面図8－17番）など、中央政庁の機能をもつ建物がある。

「幸福の門」から奥、「食器の広間（キレル・コウシュ）」（平面図107番）、「財宝の広間（ハズィネ・コウシュ）」（平面図108番）の線までが第三宮殿域をなし、主として、スルタン個人の公的活動の場である。ここでは幸福の門を入ったすぐの前庭中に外国使臣らの謁見に使われた「玉座の御殿（アルズオダス）」（平面図96番）と「アフメト三世の図書館（キュテュプハネシ）」（平面図97番）が設けられている。前庭の左手は奥の方から「神聖な外套の御殿（ヒルカイ・シェリーフ・オダス）」（預言者マホメットの遺品収蔵所、平面図95番）、「陛下の御殿（ハスオダリラル・コウシュ）」（平面図111番）、「武将のモスク」（後の新図書館、平面図98番）がある。右手には、奥から「財宝庫（ハズィネ）」（平面図105番）、「セリム二世の浴場」（平面図104番）、「遠征の広間（セフェルリ・コウシュ）」（平面図103番）などがある。この右手の建物は今日トプカプ宮殿博物館として使われ、スルタンの衣裳、装身具、宝石類、武器、家具など、最も貴重な所蔵品の展示場に使われている。第三宮殿域の諸殿諸館は、以上の諸機能によってスルタンの公的活動の場にあてられるとともに、それを通じて、スルタンの近習（奴隷身分の兵士）を中枢の官僚・武将に養成する「宮廷学校」の場となったものであった（11章「宮廷学校」の節参照）。ペンザーの記述の頃（本文三九一頁）と大きく異なる点もある。預言者の遺品を納める「神聖な外套の御殿」の中に立入って、剣、印などを直接眺め、外套と軍旗も室外から窓越しに心ゆくまで見られ、写真の撮影も許されている。

「食器の広間」と「財宝の広間」の間の通路を抜けて進んだ奥が、第四の宮殿域である。ここの西北寄りは主としてスルタンが安息と遊楽に使った園亭（キオスク）や庭園で占められている。「神聖な外套の御殿」（平面図110番）の外の二辺を囲む「列柱の広間」（平面図95番）、「レヴァン・キオスク」（平面図113番）と「バグダード・キオスク」（平面図114番）、両者を繋ぐ「大理石のテラス」（平面図115番）とその西南を占める「割礼の間」（平面図94番）など、純東洋風の殿舎・園亭がある。庭園の南半分中には、西欧風を加味した「ムスタファ・パシャの（ソファー・）キオスク」（平面図118番）、「医師頭の間」（平面図119番）、純西欧風の「アブデュル・メジトのキオスク」（平面図120番）などがある。いくつかの池、叢林なども今日まで残っている。

第二宮殿域と第三宮殿域の左方（西北）に、スルタンの私生活の区域、すなわちセラームルクとハレムリクが集っている。この区域は革命後も長く秘匿され、ようやく一九六二年から一般に公開されたもので、好事家の関心の的となってきた。公開後も、観光客は、一日数回の定時に、専属の案内人が付いて主要部分を約三〇分の間に見て回ることができるだけなので、細部を時間をかけて確かめることはできない。かなりの部分は今日でも立ち入れない。見学は第二宮殿域の「ディワーンの広間」の西側にある「御車の門」（アラバ・カプス）」（平面図30番）から入り、まず「黒人宦官の館」（平面図33-35番）、「王子の学問所」（平面図36番）、「スルタン・ワーリデの中庭」（平面図64番）、「女奴隷の館の中庭」などのハレムリクの部分を見る。ついで「噴水の前室」(平面図70番)から、「陛下の談話室(ヒュンカール・ソファス)」(平面図77番)、「スルタンの浴場」(平面図79番)、「ムラト三世の寝室」(平面図87番)、「アフメト一世の図書室」(平面図88番)「王子の幽閉所(カフェス)」(平面図90番)などセラームルクの各所を順次廻って(ただし、各室とも一階を見られるだけで、二、三階には登れない。またペンザーの訪れたもので、公開されていないものが少なくない)、「黄金道路(アルトン・ヨル)」(平面図75番)に出たうえ、「鳥小舎の門(クシュハーネ・カプス)」(平面図40番)から、第三宮殿域の前庭へ出る。

「黒人宦官の館」は陰惨であるが、「スルタンの浴場」となると石材の豪華さや初めて見るトルコ風呂の構造に驚嘆させられよう。さらに「スルタン・ワーリデの中庭」「陛下の談話室」「ムラト三世の寝室」「アフメト一世の図書室」などの、天井・壁面の華麗な装飾、寝台・噴水盤などの豪華さなどを見ると、細緻美麗なトルコの美術・工芸技術の極致を見る思いがする。

以上がトプカプ宮殿の施設の概要であるが、文中の門・室などに付けた番号は、原著の末尾に添付された平面図によっている。しかし本書では原著の順序と変えて平面図を本項中に掲げる。読者は凡例に従って、各殿館を確認していただきたい。さらに本訳書では参照の便を図って、本文中の5、6、11、12の各章に、原著の平面図を分割・作成した、第二、第三、第四宮殿域とセラームルク、ハレムリクの各平面図を掲げる。したがって、本項中では主要部分の名称を掲げるにとどめ、各宮殿域の分割平面図中で、各室全部の名称を挙げることとした。

最後にオスマン・トルコ朝のスルタンの氏名と在位年次を次頁に表として掲げる。ただし、「訳者序文」で述べたように、原著の表記にとらわれず、新トルコ語で示す。

オスマン朝スルタンの名簿

オスマン・ガーズィ	1288-1326
オルハン・ガーズィ	1326-1359
ムラト1世	1359-1389
バヤジト1世	1389-1403
空位時代	1403-1413
メフメト1世	1413-1421
ムラト2世	1421-1451
メフメト2世(征服者)	1451-1481
バヤジト2世	1481-1512
セリム1世	1512-1520
スレイマン大帝	1520-1566
セリム2世	1566-1574
ムラト3世	1574-1595
メフメト3世	1595-1603
アフメト1世	1603-1617
ムスタファ1世	1617-1618
オスマン2世	1618-1622
ムスタファ1世(2次)	1622-1623
ムラト4世	1623-1640
イブラヒム(狂気者)	1640-1648
メフメト4世	1648-1687
スレイマン2世	1687-1691
アフメト2世	1691-1695
ムスタファ2世	1695-1703
アフメト3世	1703-1730
マフムト1世	1730-1754
オスマン3世	1754-1757
ムスタファ3世	1757-1774
アブデュル・ハミト1世	1774-1789
セリム3世	1789-1807
ムスタファ4世	1807-1808
マフムト2世	1808-1839
アブデュル・メジト1世	1836-1861
アブデュル・アジズ	1861-1876
ムラト5世	1876
アブデュル・ハミト2世	1876-1909
メフメト5世	1909-1918
メフメト6世	1918-1922
アブデュル・メジト2世(カリフ位のみ)	1922-1924

1 序章

ハレムの問題性

ハレムへの関心

東洋の諸制度のなかで、全西欧世界がその名を熟知しながら実態をよく知らないことでは、多分トルコのハレム以上のものは思い浮べられない。われわれは幼少の頃からトルコのハレムのことを聞いており、それが幾百人もの美女を幽閉して、もっぱら唯一人の君王の歓楽に奉仕させている場所である、といわれてきた。また成人になっても、この当初の知識はあまり広がっていない。われわれは、おそらく妻と側室との差異をも理解し、イスラム法上での彼女たちの地位を測定できるようになっていよう。さらに、一人以上の妻を持つトルコ人はきわめて稀であり、全家事をこなす奴婢として一人の黒人のコック以上の者を抱える人がほとんどないことさえ知っているであろう。しかし、われわれの多数は今日でも、スルタンは昔ながらの頽廃した悪徳者であり——もしくはむしろ、あったし——、幾百人の半裸の女性に取り囲まれ、濃厚な香水の香、冷たい噴水、けだるい音楽、などの満ち満ちた環境の中で、嫉妬深く性に飢えた女性たちが智恵を絞って工夫した、主人を悦ばせるあらゆる悪徳に惑溺しきって、日々の全時間を空しく送っていた、と推量している。

西欧人の心に、これほど長い間誤った観念が持続されたのには、おそらく二つの大きな理由がある。一つはあまりにも強い秘密主義でスルタンのハレムを隠した結果、信頼できる直接の情報がほとんど得られなかったこと、第二は、ハレムに関するかぎり、事実と虚偽の境界線がきわめて曖昧で、定義が誤っていたからである。結局西欧では、一八世紀初頭にはじめて多くの人がハレムの知識をもつに至ったが、当時はアントワーヌ・ガランの『アラビアン・ナイツ』が初めて刊行されて、大衆は物語の新奇さと魅力に惑わされたため、舞台装置を問い正そうと望んだり、この新発見のオリエントの創作物を深く包み隠したロマンスと誇張の雲を、吹き払おうとする者が一人もいなかったのである。

英人の家庭教師とその同行した女性の浅薄な記述、大使夫人や秘書たちの書翰や日記、それに続く旅行家の曖昧で時々誤っている描写、以外に情報源はなかった。そうした中で、賢明な一般読者は数少なかった——一方、価値の高い直接的見聞記は、まだ原稿のまま、どこかの国立博物館の埃に埋もれた多数の文書の中や棚の上で、目録も作られず、忘れられて、長い間眠り込んでいた。この種の誤解、誇張、歪曲、時々周到になされた捏造などのすべてが、ハレムについての既存の平凡で数少ない説明の間に、混乱をひき起こす結果だけをもたらしていた。

誤解は、宮廷の作法が細密すぎたからだけではなく、ハレム制度全体を理解する上には絶対必要な総合的把握を欠いていたことからも生じていた。たとえばハレムの規則の成立が、オスマン帝国の強大な時期——ムラトに始まり、バヤジト、メフメト、セリム、スレイマン大帝——にあったと信じる者が今日も多いが、実際にはハレムはオスマン帝国の極盛期に生まれたのではなく、帝国の衰微と崩壊の初期に生まれたと考えねばならないものである。トルコ帝国の初期の君主の時期には、ハレムは生まれてもいなかったし、必要とされてもいなかった。当時の君主は、多くの敵を征服し、帝国を建設する仕事に忙殺され、安定・充満した国庫と過剰の余暇の結果がもたらす、官能生活に耽ろうと望む余裕などはもたなかった。また、ハレム制度をオスマン帝国の最終的衰滅の唯一の理由と考えるべきではない。悪いのはその制度ではなく、それを管理する人間にあった。ハレムは、君主の遊興を待って大理石造りの広間で閑をつぶす女性たちがいるだけの宮殿とははるかに違って、きわめて周到細心に、一人の男性ではなく一人の女性によって管理された、それだけで一世界をなしているものであった。そこの所属員一人一人が、果たすべききめられた任務を担い、多くの点で女子修道院でのような精密・厳格な方式と規定に従わされていたのである。

ハレムの規律にスルタンほど精通している人はない。規律が守られるかぎり万事が滞りなく行なわれる。大権力者であるスルタンの母や宰相を籠絡できたとしても、スルタンはまだジャニサリ軍に依存して制度を守ることができる。しかしスルタンもそこまでは行けるが、それ以上には進めない。ジャニサリを頼れないときにはスルタンは確実に廃位され、概して死刑を免れなかった。

とはいえ、一生涯宮殿の一室にとじこめられると思われていたのが、突然幽閉から解放されて、歓呼を浴びてスルタンの位にのぼったような一人の男に、すべての責任を負わせるのは苛酷すぎる（＊具体例については9章「王子の幽閉所」の節参照）。全関係者が悲惨な結末に見舞われる大動乱の生じたことも珍しくない。鎖は強いときもあれば、同様に最も弱い環でもあるものだ。奴隷制の中で生い育ち、奴隷制に依存して存在する民族は、その機構が円滑に動いているうちは安全であるが、一個の歯車の機能が停止しても機構全体が壊れてしまうものである。同時にこの機構は綿密に検査する価値があり、そうするとあちこちで興味をそそられる部分に出会うし、おそらく教訓となるものにも出会うであろう。

たとえば、宮殿は、その広汎な生活の中で、他に一般の注意を惹くものはなくて、常にハレムに無益な好奇心が集中される所のようにみえるが、宮殿には国の強大な軍事学校、一〇を越えるモスク、一対作りの厨房一〇室、パン焼き場二カ所、製粉所一カ所、病院二カ所、数々の浴場、倉庫、競技場などを含んでいたことを忘れてはならない。

ハレムの語義

実際ハレムは、大規模なきわめて複雑な構造をもつ組織体として考察しなければ理解し難い。叙述を進めるうちに、私はこうしたハレムの正しい眺望を示したい。ハレムを曖昧にセラーリオと同義で使うのではなく、その区域を明白に画定し、詳細な平面図と所々の写真の助けを借りて極力詳しく描写したい。そのためには、ここでハレムとセラーリオという言葉の正しい意味を十分明らかにしておく必要がある。まずハレムという言葉であるが、この語はアラビア語の「ハラーム」の借用語で、〝合法的な〟というハラールの反対語で、〝不法なもの〟という意味をもっている。メッカとメディナ周辺の一定距離内の全地域がハラーム――すなわち、他所では許されている一定のことがそこでは許されない――である。したがって、この二聖地の神聖さに基づいて、ハラームという言葉は、他に〝神聖な〟〝守護された〟〝神に捧げられた〟〝不可侵な〟とか、最後に〝禁止された〟などの意味で用いられる。この語を俗世界に適用し、イスラム教徒の家屋の女性が居住する部分を指すのに用いられた。そこが彼女たちのハラーム、すなわち聖域であるからである。トルコ人はこの語を弱音のハレムと発音し、語尾に「リク」（＊または母音変化でルク、〝であること〟〝であるところ〟）を付けた。こうして婦人たちの居住する部分を示す正確なトルコ語はハレムリクとなる。この接尾語「リク」は場所を示す名詞に付けられると場所の名となり、〝神聖な場所〟はまさに妻、子女、下婢に割当てられた住居部分を表わしている。

この語を短縮したハレムは、より正しくはハレムリクに居る人々を指すのであるが、今日では短縮形が全世界で、それも各種の意味で使われている。しかし、セラームルクという語の場合は、夫の住む区域を意味していて、何の変化も生じていない。セラームは単に〝挨拶〟〝会釈〟を示すので、客を迎える住居の唯一の場所は、他所ではなく、当然セラームルクであった。

セラーリオの語義

まもなくヨーロッパ列強との関係から、ハレムリクとセラームルクだけでなく、宮殿の全建造物を一括する新用語が生み出された。ペルシア語を奇妙にイタリア語化したセラーリオ（seraglio 宮殿）という言葉が使われ始め、ヨーロッパ人とトルコ人の双方が全面的に使い馴れることとなったからである。セラーリオの語原の歴史をたどることは興味深いし、言葉の正確な意味を解明するのに必要である。現代のセラーリオはイタリア語のセッラグリオ（serraglio 野獣の檻。ラテン語のセラは閂《かんぬき》で、これに接尾辞のアクルムを付したものである）から生まれたものであるが、これがたまたまペルシア語のサラー（sarā）およびサラーイ（sarāī）と類似しているため、サラーイの訳語にあてられたのである。サラーイはもともと単に〝建物〟、特に〝宮殿〟を意味するもので、われわれは〝キャラヴァンサライ（caravansarai ペルシア語のカルワーンサラーイー karwānsarāī）、すなわち、〝らくだの休止所〟と、それから出た〝旅人の宿〟という言葉で聞き馴れている。サラーイはタタル人がその本来の〝建物〟〝宮殿〟という意味で使っていたが、ロシア人がタタル人からそれを借用したとき、下品な〝小屋〟の意味で使った。しかし、レバント地方のフランク人の言葉では、サラーイはセライル（serail）とかセラーリオ（seraglio）となった。この時点で、言葉の意味を追求する中で、この語をイタリア語のセッラト（serrato）〝閉じこめる〟と同一の語と誤解し、〝婦人の個人部屋〟と結び付けるという結果を招いた。しかし、セライルとセラーリオ（seraglio このときrが一個となった）の両語には、なお〝宮殿〟という古い観念が残っていたので、両語は古代のビザンティウムのアクロポリスの丘に建つ〝王宮〟全体を意味する語として一般に用いられるようにもなった。実際、半島そのものもセラーリオ岬と名づけられ、今日もそう呼ばれている。

　近年トルコで、西欧のアルファベットとその音綴字が使われるようになって、外見上珍妙な言葉が多数生まれてきており、語原を完全に識別することがむずかしくなっている。今日では旅行者がペラ（＊イスタンブルの金角湾の北方地域の一部）でタクシーに乗り込んでセラーリオに行こうと望むなら、トプカプ・サライへと言わなければ、すぐにはわかってもらえない。序文で述べたように、トプカプ・サライという言葉は「大砲の門の宮殿」という意味で、セラーリオ岬の突端に建っていた古い門に由来したものであり、そこが数台の大砲で守られていたからこう呼ばれたのである。この大砲は現在、旧聖イレネ教会を転用した兵器博物館に納められている。一九三三年刊行のトルコ語のセラーリオ案内書は、トプカプ・サライ・ムュゼシ・レフベリ（トプカプ宮殿博物館の案内書）と題されている。それにもかかわらず、セラーリオと、その短縮形のセライルやサライは一般的に使用されているし、とくに外国人来訪者の間で使われている。

それでも訪問者は、ホテル付の案内人から、貴方は「古いサライ」を訪ねたか、と聞かれると戸惑ってしまうだろう。すでに「旧サライ（エスキ・サライ）」がごく昔に取り壊され、その跡へまずセラスケラト、すなわち陸軍省が一八七〇年に建てられ、ついで一九二四年以後それが大学に使われていることを知っている人は、とくにそうである。

しかし、この「旧サライ」という言葉は実際はセラーリオを指しているのである。というのもメフメト二世がコンスタンティノープルを奪取すると、一四五四年に第三の丘に一宮殿を建てたが、一四五九－一四六五年の間に、第一の丘にさらに大きな宮殿を建てて、旧宮殿にとり替えたとき、以前のものをエスキ・サライ＝「旧サライ」と呼び、新しいのをエニ・サライ＝「新サライ」と呼んだ。しかし欧人の著述家は普通「新サライ」を「大セラーリオ」と称している。

そして、一八五三年に「エニ・サライ」が宮廷として放棄されると、ヨーロッパ人は「新サライ」をすぐ故宮殿と呼び始めた。しかし、トルコ人は、この故宮殿を好んでトプ・カプ（Top Capu　現在はトプカピ Topkapi と綴られる――＊と原著にあるが、今はさらに Topukapı）・サライと呼んでいる。

単にそれだけではない。一七〇九年にアフメト三世がセラーリオ岬のマルモラ海沿いに「夏の宮殿」の建造に着手した。トルコ人はこの宮殿もトプ・カプ・サライと称しているが、われわれ西欧人は唯「夏の宮殿」と呼んでいる。この「夏の宮殿」は一八六二－六三年に全部取り壊された。したがって、来訪者が、種々の名称が錯綜しているので戸惑うのにはもっともな理由がある。

私は一四五四年に建立された宮殿を旧サライ、すなわち旧セラーリオと呼び、また本著の主題をなすものを「大セラーリオ」ないし単に「セラーリオ」と呼び、一七〇九年のものを「夏の宮殿」と呼ぶことが最も明晰だと考える。こうすればすべてが判然とすると思う。

ハレム、セラームルク、セラーリオなどの真の意味を探究してみると、前の二つはそれぞれ婦人と男性の居住区画を呼ぶのに用いられ、セラーリオという言葉が、ごく便宜的に全宮殿とすべての建物を指すのに使われることは、すこぶる適切と思われる。

周知のように、東洋の諸民族は門を、都城・宮殿・私邸のいずれのであっても、建築美上・政治上最も重要視している。われわれは今知ったように、セラーリオそれ自身は、門の名によって、またオスマン帝国政府も、バーブ・イ・ヒュマーユーンすなわち「陛下の（高貴な）門」と呼ばれている。そしてまたすべての大きな建物の区分がそれぞれの門によって定められている。私は後に諸門について十分述べようと思っているが、ここでは門の名がセラーリオの平面図を知る上だけでなく、そこから入って行く前庭とか、前庭をとりまく建物とか、その近くにある建物とかの名称の起源をなしている点で重要であることを強調しておきたい。

このように、セラーリオでは、ハレムリクとセラームルクを二つの主要部分とするスルタン一家の私的な住居である建物群があったが、有名な「幸福の門（バーブ・イ・サアーデト）」と呼ばれた門から奥には、その他の建物もあった。この門から奥にあるセラーリオの未知部分が総括して「幸福の御殿」と呼ばれた。

後章でみるように、半公共的な第一宮殿域の奥側には厚い城壁が構えられ、この城壁は「オルタカプ（*中央の門）」を通って出入りできるが、この「中央の門」の通行を許されるのはディワーン（*国政庁、または国政会議）においてスルタンに謁見を求める者のみであった。またそれを騎馬のまま通行できるのはスルタンだけであった。第二の宮殿域を過ぎて「幸福の御殿」に出入りするのは「幸福の門」を通ってだけであり、ここから入れるのはスルタンの家族だけであった。

これら二、三点の細部を知ったことで、われわれは語り伝えられた昔のセラーリオの物語をよりよく理解できるし、またどの方角から宮殿を観察したらよいか、どの辺まで見物人が立入ることができるかが、よくわかったであろう。

少ないセラーリオの参入者

セラーリオにスルタン一族が居住した期間中（*一八五三年まで）に、「幸福の門」から入って内部のどこかを見たことを実証できる外国人は、片手の指で数えられるくらいしかない。さらにセラーリオの域内での業務に就くために雇われた者を加えたとしても、その数は一ダースに足らない。

これらの人の古い所伝を考える場合、それを二群に分類せねばならない。しかし、セラーリオについてのこれらの物語の伝えるところを読んでみると、宮殿内の組織の種々の単位が極度に細分されていたことと、ハレムについての既往の情報の数が、今後発見されるものを加えたとしても、すこぶる少なく質の劣ることとを、いっそう痛感させられるだけである。事実最初の三人の所伝、アンギオレッロ（一四七〇‐八一年著)、バッサーノ・ダ・ザラ(一五三〇‐四〇年頃の著)、メナヴィノ(一五四五年頃)のものは、ほとんど全部を宮廷学校(*11章「宮廷学校」の節参照)の説明に割いているだけである。しかし、バッサーノ・ダ・ザラはその他にトルコ人の一般的風俗や習慣をも論じている。彼の著書については後にふれる機会があろう。

ハレムを語った最初の明白な描写は、ドメニコ・ヒエロソリミターノの著した『大都市コンスタンティノープルの物語』(一六一一年)の中のコンスタンティノープルの叙述に見られる。この原本についても後にふれるであろう。著者はムラト三世(一五七四‐九五在位)の宮廷医師という特異な地位に就き、このことからハレム区域の知識を提供する説明を書いた。ハレムとそこで起こったことはすこぶる厳重に秘匿されていたので、一九〇九年のアブデュル・ハミト二世の廃位後までは、どんな重大なことも外部に正確には知らされなかった(ただ見るにとどまった)。またそれ以後においてさえ、この閉鎖された部屋部屋を訪れた人は一握りの数にすぎない。したがって、上述の初期の物語は明瞭な歴史的価値があるので、次章においてこれらをより詳細に論じたい。アブデュル・メジト二世が住居を空気のより澄んだボスフォラス海峡沿いに移した一八五三年以後、実際、(*セラーリオ内で)数々の「展示室」が、特別許された外国人には開放されたが、ハレムは昔ながらの秘所として除外され続けた。

高名な旅行家ピエトロ・ドラ・ヴァレは、一六一五年刊行の書で、「幸福の門」から奥にあるものは一つも知られていないと述べた。また最近の一九二六年にも権威高いサー・ジョージ・ヤングが同じように述べ、むしろいっそう秘密性を強調した。彼は「今日までもまだ」と、次のように述べている。

セラーリオのハレムとヒルカイ・シェリーフ・オダス、すなわち「神聖な外套の御殿」(*預言者マホメットの着た外套などのイスラムの各種の聖器を納めた部屋）は、地球上アングロ・サクソン人やアメリカ人がまだ立ち入ったことのない数少ない場所中の二カ所として今日も続いている。北極が探険家のためにあり――エベレストが登山家のために存在するように――スルタンのハレムとヒルカイ・シェリーフ（*神聖な外套）の部屋は観光客のためにある。*

ハレムの秘密はきびしく守られ、近年アブデュル・ハミト二世が、イルディズ宮に三七〇人の女官と一二七人の宦官を抱えていたことも、スルタンの失脚後まで、実際には知られていなかった。

* サー・ジョージ・ヤング著『コンスタンティノープル』ロンドン、一六〇－一六一頁

ハレムの終焉

ハレムの終焉は彼の失脚のときであった。廃位されたスルタンは少数の寵愛する妃妾を伴ってサロニカに亡命することを許されたが、ハレム制度は一九〇九年に完全に廃止されたからである。ハレムの処分と女性が最初で最後に公開されたことについては、幾編もの物語があるが、最も秀れたものは、フランシス・マックーラフの次の叙述であろう。

多くの没落した権勢者のもった悲惨な行列のうちの最も悲惨なものが、この数日街頭を通った。行列は前スルタンのハレムを出た女性たちがイルディズ宮からトプカプ宮殿（セラーリオ）に進むものであった。悲運の女性は、一五歳から五〇歳までの各年齢のものを含み、彼女たちと下婢の数が多いため、運ぶのに三一台の馬車が使われた。彼女たちの一部はイスタンブルの旧セラーリオ宮に送

られたが、昔のスルタンたちの住んだ故宮は修理されずすこぶる荒廃していて住むにたえぬとみられたので、再びイルディズ宮に送り帰された。最後に彼女たちは全部トプカプ宮に集められ、そこで見たことのない異様な儀式に遭わされた。周知のように、トルコのスルタンのハレムの女性たちの多くはシルカシア人であった。シルカシア人の女性はその美貌が高く評価され、すこぶる高い代価で買われていた。アブデュル・ハミト二世のハレムもこの例外ではなかったので、トルコ政府は、アナトリアのシルカシア人の村々に電報を打ち、その家族の一員で前スルタンのハレムにいる者は、その少女が両親から売られた者も、強制的に家族から引き離されて連れて来られた者（当時はそんな場合もあった）も、同様に無償で家に連れ帰ってよいと通達した。

この結果、山岳地の多数のシルカシア人が、着飾ってコンスタンティノープルに出て来、きめられた日に、一団となって旧トプカプ宮殿に案内され、トルコ政府の一委員会の眼前で、このときのためにヴェールを脱いでいた前のスルタンの妃妾、女官、部屋子などが満ち溢れていた広間になだれこんだ。それに続く光景は感動的であった。娘たちは幾年も会えなかった父親の腕に倒れこんだ。姉妹が兄弟や従兄弟と抱き合い、ときにはこれまで会ったこともない親族の者が長時間互いに話し合って、関係を確認できたものもあった。

女性の優美な容貌や衣裳と、彼女たちを連れ戻しに来た頑丈な、風雨に打たれた顔と粗末な衣服をまとった山出し男の対照は、すこぶるめだった異様な光景であったし、また、貧しい血縁者で一族の女性の美貌、優雅な物腰、豪奢な衣裳に、目を白黒させた者もあった。女性たちはすべて、立ち去るのを非常に喜び、一般にすぐさま衣裳箱を梱包して退去したし、他の同室者と長時間別れを

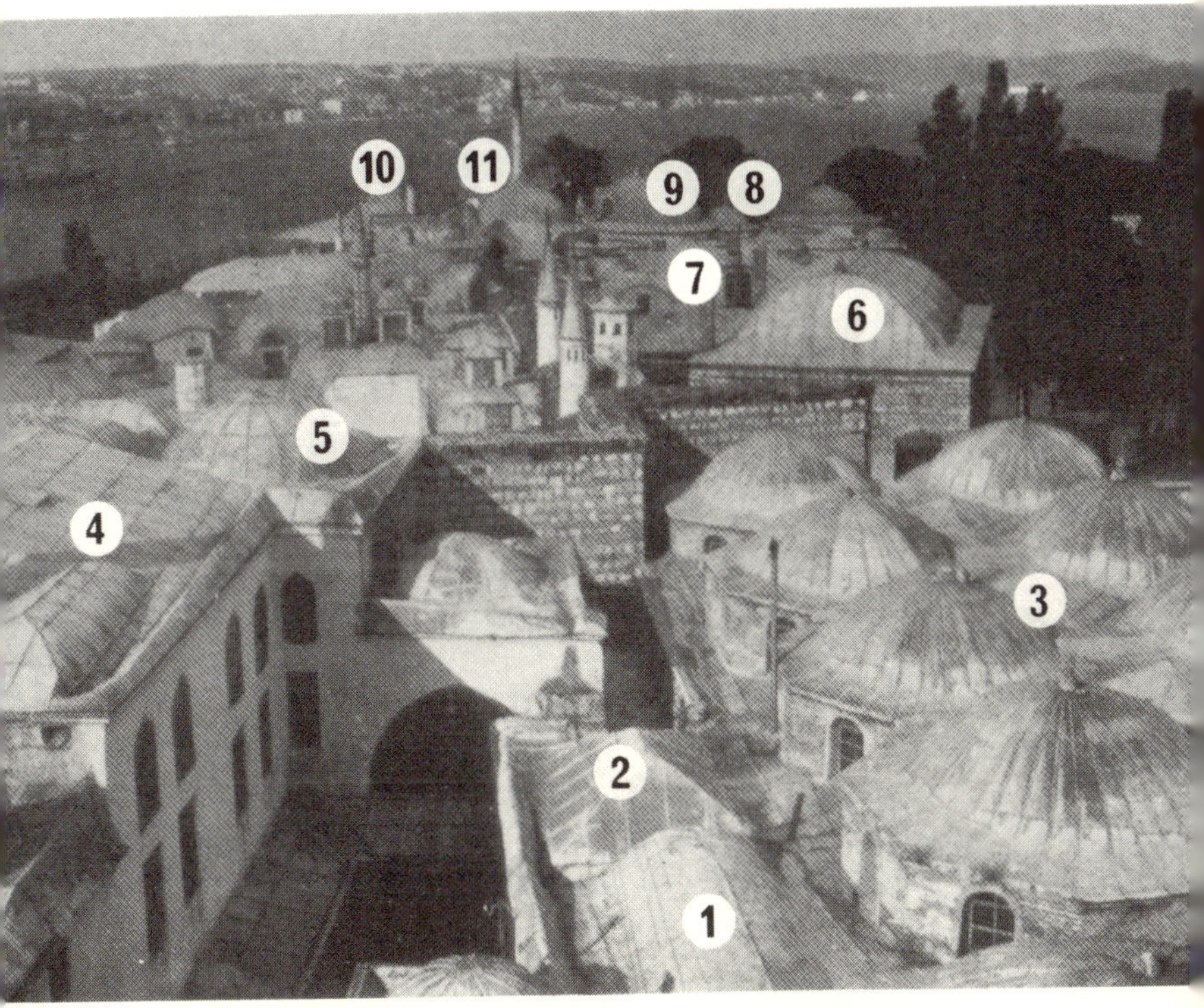

屋根からみたセラーリオ．セラームルクとの隣接諸館を示す

① 財務官のスウィート
② 侍従長のスウィート
③ 宮廷金庫（現兵器博物館）
④ 王子の学問所
⑤ 黒人宦官頭のスウィート
⑥ 宮廷学校または武将のモスク（現新図書館）
⑦ 陛下の御殿
⑧ 神聖な外套の御殿
⑨ レヴァン・キオスク
⑩ 割礼の間
⑪ バグダード・キオスク

惜しむ者もあった。こうして解放された女性の数は二一三人にのぼったといわれる。

この女性たちは、今はシルカシアの野良着を着けて、皆たぶんアナトリアで牛の乳を搾り、畑で働いているであろう。……しかし、このトプカプ宮での楽しい再会にも悲痛な面があった。目当ての女性を見出せなかった男が一人にとどまらず、女性のある者はすでに死去していたし、ある者はアブデュル・ハミトから死を与えられ、他の者はアブデュル・ハミトの没落後サロニカに連れて行かれるか、彼女たちを寵愛したスルタンの王子たちのハレムに秘かに連れ去られていた。その上、かなりの女性、とくに青春期を終えていた者は、自分を連れ戻しに来た者のないことを知って落胆させられた。明らかに彼女たちの親族は、死に絶えたか、他に転居したか、ないしは若さを過ぎ金のかかる趣味や嗜好に染まり子供時代の言葉を忘れた女性を、みじめな山の小屋に連れ帰ることを好まなかった。……この不運な婦人たちは、その余生を他の女性――故スルタンたちのハレムの残りの女性たち――とともに、老いさらばえたのであろう。こうした女性たちは、トプカプ宮殿にいっぱいおり、アラビアン・ナイツ風の最上のしぐさで、横木と格子のはまった窓辺にでて、大きく溜息をつき、一、二度は窓下の通りを歩む美貌の青年に向けて、バラの花や香水を滲ませたハンカチーフを落としたことであろう。*

＊　フランシス・マックーラフ著『アブデュル・ハミトの没落』ロンドン、一九一〇年、二七六－二七八頁

引用のごとく……、こうしてハレムは消え去った。

残ったごく少数の婦人を市内の別の住居に住み替えさせた後、セラーリオの財宝は博物館用に整理され、長い準備の後、選ばれた少数の人の観覧に供された。それからしだいに他の部屋も開放され、最後

に一般民衆に少額の料金で観覧することを許された。

トプカプ宮殿の公開個所

こうして一九二四年の夏、地元の主要な案内書に次の広告が掲載された。

さしあたり、次の場所の参観が許される

バグダード・キオスク

ムスタファ・パシャ・キオスク

アブデュル・メジトの御殿のテラス

陶磁器博物館

アルズオダス（玉座の御殿）の謁見室

次の一〇年間に開放される部屋が増やされ、一九三三年には、公開された部屋と非公開の部屋を正確に述べた官製の案内書が発行された。これまで観光客がセラーリオのどの部屋を見ることができ、どこを見られないかを判別する規則がなかったようなので、案内書は一番必要であった。これまで観光客は、手招きや指示で、一人の係員から次の係員へ送られただけであった。この指示方法は、ある程度今日も続いているが、新たに指示標や掲示が各所に置かれた。不便なのは、この案内書が現代トルコ語のものだけなことで、一九三六年にも館長はフランス語・英語の版を出したいと求めたが、実現していない。案内書の末尾には、正確な巡回路を示す立派な地図が付されており、部屋と中庭の表も付けられている。

この部屋割表は二列に作られている。左列の表は公衆に「公開される場所（ゲズィレン・エルレル）」――全部で四二カ所――を含み、右列のは「公開されない場所（ゲズィルミエン・エルレル）」――ただ三八カ所――を含んでいる。こうして、ちょっと見ると、来訪者はセラーリオの半分以上を見物できるように見えた。しかし、この表を綿密に見ると、そうではなく、ゲズィレン（見られる）場所の表は、一組の室群の各室が別々に数えられ、一方ゲズィルミエン（見られない）場所のリストはそうでないからである。さらに、地図上にはまったく空白で番号の記載されない場所がいくつもある。空白は禁止リストの部屋の数を非常に大きく膨らませている。

同時に博識な来館者は、宮殿の主要な特徴をよくとらえ、豪奢な財宝とは別に、トルコ、シリア、アラビア、ペルシア流の室内装飾の情報を直接入手することができる。しかし、来館者がセラーリオの歴史を学んでいないときは、西欧や中東の他の場所の宮殿で見かける規模や華麗さに劣る、雑然としたけばけばしい小部屋を見るに止まり、見終えても見る前よりすこしも知識を深めていまい。損失者は参観者なのである。今日、世界にここほど興味のあるものすごくロマンティックな場所はないからである。本書を著すのは、そうした必要な情報を、どんな小さなものでもまた適切を欠く方法ででも、提供しようと企てるからである。

コンスタンティノープルを描いたあらゆる著述家たちは、努めてセラーリオ全体の全般的印象を述べ、人によってはよく成功している。しかし、それらの著述は叙述に秀れていたとしても、いずれも今日の秀れた写真家ほど読者に十分真実を伝えてはいない。とはいえ写真を撮ることも、つねにすこぶる困難であった。一九三三年の案内書はごくハッキリと、入口の門より内に写真機を持ちこむことを禁じており、写真は絶対に撮ってはならないと、一再ならず掲げている。

宮殿の一部と博物館に陳列したものの大部分は、公務員写真家の手で撮影されて、その写真が一般に販売されている。しかし彼らさえも、きわめて限られた範囲だけしか撮影することを許されず、博物館当局の不動の決定によってその活動を制限されている。宮殿の全景は、ディワーン（*国政庁）の塔に登り、一番上の窓を出て、胸壁の横木に乗る危険を冒さないかぎり、撮ることはできない。その結果も、苦労に酬いるほどのものではない。ハレムの屋根は、写真そのものを見て読者もおそらく同意されると信じるが、きわめて特異なものである（一三、一九頁の写真参照）。

私は、自分が屋根の写真を公表した最初の人間でないことはよくわきまえている。しかし、これまで公開されたすべての写真は、一つの方向だけから撮ったもので、ハレムとセラームルクとの関係をわからせるのには十分でない。屋根の写真を撮っただけで、煙突と丸屋根の乗っているのはどの部屋かを識別することはむずかしい。識別は宮殿全体を知らなくてはできない。それゆえ私は写真を詳細に説明しないことの言い訳はしない。今後の説明や比較のために、私がこれらの写真を一九三四年九月二八日に撮ったことは述べておきたい。一三頁の写真は、セラーリオの丘をボスフォラスの方向に向かって撮ったものである。そこにみる建物は、実際にセラームルクの全体と、ディワーンの広間の左側の区画を含んでいる。手前中央の下手前方に、黒人宦官の館の中庭にある丸屋根が看取られる。左側には王子たちの学問所（本書の平面図の36番にあたる。*以下平面図○番と記す）の窓と屋根がみえる。左側の一番下の隅に黒人宦官の館の屋根の末端がみえる（平面図35番）。

中央の前面にはハレムの財務官と侍従長の部屋（平面図38番と39番）、右側には宮廷金庫、すなわち今日の兵器博物館（平面図26番）の丸屋根がある。ほとんど中央とすこし左寄りに、黒人宦官頭のスウィートの高低二つの丸屋根（平面図37番）がある。右側の壁のあちらに今日図書館となっている旧「宮廷学校（平面図98番）のモスク」、またその遥か彼方のマルモラ海とボスフォラス海峡の合流点の辺に、種々の建物の中で、「陛下の御殿」（平面図111番）、「神聖な外套の御殿」（平面図110番）、「割礼の間」（平面図94番）、〝幽閉所〟と呼ばれる「王子たちのスウィート」（平面図90番）、「レヴァン・キオスク」と「バグダード・キオスク」（平面図113番と114番）などを見分けることができる。

本書末尾（本訳書では「訳者解説」㊵-㊶頁と5、6、11、12の各章冒頭）に付けた平面図の参照符号は、種々の建物の識別を容易にするのに大いに役立つであろう。一九頁に掲げた写真は、（＊前の写真より）さらに西寄りの、金角湾沿いの部分を撮ったもので、ハレム全部と、最初の写真には含まれていないセラームルクの一部を示している。下辺の右隅には、写真を撮影した場所の胸壁の一部がみられる。すぐその左で、前面全部を占めているのが、黒人宦官の館である。その左に高い八角形の一本の塔が立っており、その下方の左右に、ハレムの女性の館の中庭をとりまくアーケードの屋根が見える（平面図44番）。さらにその左方に、樹木のある所まで続く女性の病院と庭園（平面図56番）、さらにハレムの乳母頭のスウィート（平面図54番）に通じる屋根付き通路がある。

外側宮殿壁に続いて、在位スルタンの母后、すなわちスルタン・ワーリデのスウィート（平面図65-68番）と、尖頭円蓋をもつセリム三世のスウィート（平面図83番）が認められる。その先に、オスマン三世のキオスク（平面図85番）の壁が見られる。三本の四角形の煙突の林は、中庭に近いスルタン母后の諸室の暖炉の上に立つもので、その左側の丸屋根は彼女の食堂の上のものである（平面図67番）。

① 黒人宦官の館
② 女性（女奴隷）の館
③ ハレムの女性の病院
④ スルタン・ワーリデの食堂
⑤ オスマン3世の間
⑥ 王子の学問所
⑦ スルタン・ワーリデの中庭の周囲の煙突
⑧ 陛下の談話室
⑨ ムラト3世の寝室

右側の黒い尖頭部をもつ細い塔は、王子たちの学問所に付いたものであり、最後に大型丸屋根とその背後の丸屋根とは、それぞれハレム中の「陛下の談話室」(平面図77番)と「ムラト三世の寝室」(平面図87番)とのものである。

ここで一言述べたいことは、なんら自慢する気持ちからではないが、本書を書いている時点で、私自身が見た以上にセラーリオの内部をよく見た人を知らないということである。この点は、外見以上に重要であろう。オリエント史家や社会学者には、土木局長宛や博物館管理官その他宛の書簡を持ってイスタンブルを訪れ、忍耐深い交渉の後、一般民衆には見せないセラーリオの諸部分を特別案内された者がいる。その人は十時間にわたって諸室・通路・中庭・厨房などを視察した後、あなたは全部を見たと慇懃に告げられるであろう。そしてそうでないといえる人は誰もいまい。このときまで、見学者の心は宮殿のラビリンス的性質にすっかり幻惑されて、自分の判断では全部を見たという気になっていよう。といっても、当局が隠したり、欺こうとしたのではなく、セラーリオの多くの場所が、種々の理由で、来訪者に示し難い状態であったからである。そして当局者が来訪者に自分たちはすべてを見せたと言ったのは、示すのにふさわしい状態のもののすべて、言いかえれば、その判断で来訪者の関心の的となると思うもののすべてを見せた、という意味であった。

私はセラーリオを訪れたとき、それまで見なかった場所を見出していた。時には、それは以前に関心をもたないとして通り過ぎた渡り廊下であったこともあり、また他の場合には、前の訪問のとき鍵が見つからなかった部屋であったりした。あるとき、私はそこに在るなどとは思いもしなかった階段のきざはしに行き当たった。それからまた、私は執拗に考えて、私の案内人がそれまで見たこともなかったかもしれない女性の病院の部分に行きついたし、また、ある戸口の前に蜘蛛の巣が三フィート（*約九〇センチ）以上の厚さで張られていて、二本の長い木の棒を使って厚い巣を取り除いて、ようやく立ち入れたようなこともあった。私がこんなことを語るのは、ただこの場所が、いかに入り組んで迷いやすく、この建物の集合体が、種々の形と大きさ、異なった時期の異なった形態をもち、最も悪いことに違った土台の上に建てられているので、その平面図をまとめるのがいかに困難かを示すだけのためである。

今日でも私はセラーリオには私の見残した場所のあることを疑わない。というのは、あるところは、床の状態がきわめて悪く立ち入りできないほど危険で、ある場所はがらくたや梱包箱や、使われない燭台などが一杯にあって、どうしても踏みこめなかったり、また他のところは今日でも私の適切に説明しえない居住者が使い続けているからである。しかし、私は（聖なる遺物の置かれた室を除いて）、私の視察しなかった部分は、セラーリオでも重要な部分ではなく、それを全部知ったとしても、私が苦労を重ねてできるだけ正確に描こうとした平面図に、ほとんど影響を与えるものではないと考えている。

2 セラーリオの探究者の歴史

前に述べたように、セラーリオを取り上げた最古の記録は、ほとんど全部が宮廷学校（*11章「宮廷学校」の節参照）の描写に終始している。その他の一六世紀の著述家のコンタクシノ、ジオヴィオ、ユニス・ベイ、ランベルティ、ポステル、チェスノー、ブスベク、ガルゾニ、サンダーソン、マロシニ*などは、オスマン人の風俗・習慣・宗教・政治などを記述しただけで、セラーリオについては簡単に触れたにとどまり、このことはすこしのことも探り出せない、と述べている。しかし、この一般的法則にも少数の例外はある。一六世紀にセラーリオをかなりにわたって見たと思われる著述家として、一人のフランス人の旅行家ニコラス・ド・ニコライ（一五一七－八三）を挙げることができる。

＊　これらの著述家のすべてについては、A・H・リビエール著『スレイマン大帝時代のオスマン帝国の政府』（ケンブリッジ、ハーバート大学出版局、一九一三年）三〇七－三二二頁を参照。

ニコラス・ド・ニコライ（来訪年一五五一年、以下同じ）

ニコライはガブリエル・ド・アラモンに随行してコンスタンティノープルの自国の大使館を訪れた。

ニコライは服飾について報告したいという強い意欲をもって訪れたものであった。われわれはトルコの服飾問題に関する最古の貴重なコレクションを、著書の『オリエントへの航海と旅行の最初の四冊の書』*から得ている。彼は大使館員であったから一定の便宜をもっていた。彼は自ら書いているように、一宦官と親密となり、著作の手助けを受けた。帝国政府についての彼の情報の多くはメナヴィノから得たものであるが、自らも独特の趣味で身につけた慧敏で周到な観察力をもって、セラーリオの諸室を十分に見て、すこぶる興味深い描写を残している。私は後章で衣服を論じるとき、彼の著述に立ち戻りたい。

* リヨン、一五六七年。初版本のあるものは一五六八年の日付になっている。

第一八章で、彼はこう書いている。

……このサライルは堅牢な高い城壁にとりまかれている。城壁の延長は約二マイル(*三・二キロ)で、小さな丘の上のこのサライルの中央には美観に富む快適な庭園がある。庭園は丘の中間から始まって海に向かって下降している。また種々の小型の園亭と、修道院型の列柱の立っている回廊をもち、その回廊に沿って約二〇〇の部屋をもつ館があり、そこでトルコ皇帝が夏の大部分を過ごしている。というのも、ここは高台で、空気は清澄、上質な水が潤沢にあり、往時この地域は聖ソフィア寺院の所領であったが、バヤゼット二世がそれを分割して中央部に主宮殿を建てさせ、その下の階の部屋で北東風を避け……そこに冬中住んでいたからである。もうすこし下方に、ガラスを錫の棒で半球形に接合してできた全部がごく透明なガラス作りの、一つの小型の館がある。その建物の下を精巧なからくりを通って清澄な湧き水が流れ、半球形の館を回って潺潺《せんせん》と流れ去って、庭園の全面に広がっている。この場所でバヤゼットは夏中休養をとり、甘い流水の音に誘われて転寝《うたたね》を貪った。しかし、今日その大部分は荒れはてており、水は道を変えて他の場所へと流れている。この区域中に、さらに〔そのうえという意味だが、フランス人は単にアンコールといっている〕トルコの大君の妃、すなわちすこぶる巨大な浴場を誇るスルタナのサラーイルがある（原文のまま）。そしてその同じ場所の近くに若い近習たちの住む館がある。彼らは奴隷と見なされていたにもかかわらず、ここで養育・教育され、トルコ人の宗教に入信し、また騎馬・射撃その他すべての戦闘技術を訓練される。訓練は、八歳、九歳、一〇歳の幼時から二〇歳までの間行なわれる。この若者の数は普通五〇〇ないし六〇〇人である。*

* 一五八五年の英訳版の五一頁と裏頁（一五六七年版の六五－六六頁）

ニコライの記述は、より古いメナヴィノの叙述（一五四八年の）と大幅に一致しているが、相当量の新規情報もある。これらの情報はニコライが疑いもなく、友人の宦官との談話から得たか、セラームルクの諸部分を自分で視察して得たかしたものである。

上述のセラーリオを描いた部分は、後年レヴァン・キオスク、バグダード・キオスク、「神聖な外套の御殿」、「陛下の厩舎」——すなわち平面図の113番、114番、110番、20番——が占めた場所にあたっている。〝スルタンの母后のセラーイル〟と宮廷学校とは、私の平面図のハレムの部分、黒人宦官の区域および第三の宮殿域の隣接部分とに、ほぼ照応していると思われる。

一七世紀にはペーター・ムンディーなど数人の旅行家が第二宮殿域まで立ち入ったが、それ以上は進めなかった。彼らの他サンディース、グリムストーン、ゲインスフォード、デラ・ヴァレ、タヴェルニエ、テベノー、グレロ、シャルダンなども、それ以上には進めなかった。

ヴェニスの使節（バイロス）の報告のいくつかは貴重な材料を含んでいたと思われるが、私はこれまで刊行された八〇冊余の本を詳細には研究していないことを自認せねばならない。しかしその中の最高のものはオッタヴィアノ・ボンの著書ということに一片の疑いももたないし、それをやがて繙《ひもと》いて見るであろう。したがって私は、バーネット・ミラーが掲げた以外の人名を典拠として付け加えることはできない。

ドメニコ・ヒエロソリミターノ（一五八〇－九〇頃）

ここで、ムラト三世（一五七四－九五年在位）の治世にその宮中に抱えられた一人のイタリア人医師に目を向けたい。その叙述によると、彼はスルタンに仕えた七人の医師の一人で、先任順の第三位であった。彼の著述から、ハレムの幾室かの叙述、とくに「黄金道路」（平面図75番）の現存する叙述の最初のものが得られた。彼は特有の役目柄、特定の黒人宦官と医師だけの立ち入りが許されたハレムの部分に行くことのできる立場にあった。彼以外の（*ハレムの）筆者が現われるまではさらに長い年月がかかっており、視察要望者はすべてセラームルクの一部と庭園を覗いてみるだけで満足せねばならなかった。

ヒエロソリミターノが自分のことを書き残したもののほかは、彼のことを書いた書物は見当たらない。彼の記述は出版されていず、「大英博物館の写本室」で見られるだけである。以前に触れた、その短縮された題名は『大都市コンスタンティノープル物語*』（*イタリア語の）である。それはセラーリオの叙述のほか、（＊都の）全体の地形描写や、主要モスク・宮殿・噴水・市場・病院などの注釈を付加していた。上述の広場から、人々は狭い回廊を通って種々の花の植えられた庭園のある別の前庭に入ることができる。ここでは、一方の側にトルコ皇帝の諸部屋があり、婦人たちがそこに伺候するときには、大君自身か黒人宦官かが持っている鍵で戸を開けて、高い廊下を通って行かねばならない。＊＊

＊　ハール写本集三四〇八番、八三－一四一頁

＊＊　この抜粋と次の二つの抜粋はハール写本集三四〇八番、一〇一b－一〇三b以下を使用した。

彼はとくに唖と侏儒《しゅじゅ》用の部屋部屋について語った後、こう続けている。

女性が奉仕している区域には、いずれも浴場と給水盤を備えた四四の別々の館があった。館は互いに他を覗いて見ることはできないし、彼（スルタン）は、他の女性に知られないで出入りできる秘密の廊下を通ってどの館へも入ることができた。婦人部屋の続きに、大君の子弟――すなわち男児――が養育される館がある。というのも、女児はその母とともに生活するが、男児は六歳になると母から引き離されて、自分の部屋を与えられ、彼を訓育する教師たちと一緒に生活させられたからである。上述のトルコの大君の部屋は、男子の館の横から女性の部屋群――すなわち、それぞれ広間・寝室・浴場・噴水・庭園・鳥小舎などの施設を備えた四〇（四四？）のスウィート――の傍まで延びている。各部屋は、人物ではなく、驚くほど精巧に草花を描いた鏡板壁をもち、種々の魅力ある錦織の壁掛けを吊し、床に絨毯を敷き、錦織のマットレスとクッション、寝台――寝台架は竜舌蘭や白檀、珊瑚の大片などを象眼した象牙作りで、その一つはヒーメン（ヒアメンすなわち中国のアモイか）からアムラートへ送られて来た九万スクーディ（＊イタリア銀貨で、一スクーディは米貨九七セント）

するもの――などが置かれていた。

男子および女性の部屋群の下に建てられた秘密の財宝庫――その痕跡も記録も今日はまったく存在しない――を描写した後、彼はセラームルクの庭園と、後日バグダード・キオスクが占めた場所のすぐ近くに建っていたと思われるキオスクとに筆を進めている。

この場所を過ぎると、芳香馥郁とした庭園に入る。庭園は周囲一マイル半（＊約二・四キロ）にのぼる次の城壁まで広がっている。次に、この向こう側の城壁を通ると、庭園に行きつく。この建物は上述の庭園の壁ともう一つの海辺の城壁とに挟まれて建っている。実際、庭園の中央には多数の美しい形の建物があるが、その一つは独特の形をして、六本の大きな柱をもった六面体のものである。柱の間には精妙に組み合わされて一枚となった固い水晶の鏡板がはめこまれ、その上方には鉛枠に金張りで波紋状の細工を施した灯明台を付けた丸屋根が載っている。この灯明台は浮き彫りを施された固い水晶の柱をもち、上部は驚くほど精巧に組み合わされた珊瑚の断片で作られている。灯明は太陽のような明るさを与え、眼にも眩《まば》ゆく、高い建物の上にあるので、人は部屋の中にいながら庭園の隅から隅までを、細部まで眺め渡すことができる。同じ庭園の婦人たちの館の背面にあたる第三の部分に、全面に宝石を鏤めた馬飾を含む、甲冑を納めた庫がある。そして、前述のように近習が訓練される建物の背後に同様の庫がある。

セラーリオの説明中の残余は、図書館、施薬所、モスク、スルタンの料理と食品、厨房、厩舎などを扱った短い叙述である。次にヒエロソリミターノは都の他の部分、とくに兵器庫とその職員、市中の造幣所、ペラの諸所などについて書いている。写本のすべては刊行の価値があり、比較的読みやすい。

実際に宮中に雇われた者でなくて、自らの観察によって、いささかでもセラーリオについて叙述した最初のキリスト教徒は、トマス・ダラムという英人のオルガン製作者であった。ここで彼の叙述をたどってみよう。

トマス・ダラム（一五九九年）

こうした人たちがどうしてセラーリオに立ち入れたかを説明するには、当時コンスタンティノープルで行なわれた外国人との交際の状況を簡単に述べねばならない。すでに早く一一世紀に、ヴェニス人とジェノア人がギリシア帝国から通商権（後に〝治外法権〟と呼ばれた）を得ていたが、トルコ人はコンスタンティノープルを占領した後、ビザンツ帝国の慣習を更新しながら通商関係を継承した。[*] 一五三五年には、スレイマン大帝が貿易権をフランス人に与え、ついでイギリス人がレバント会社を創立して同一の利権を入手した。後に大君政府へのイギリス大使となったウィリアム・ハーボーンが、一五八〇年イギリスに対する貿易権を取得して、エリザベス女王から委任をうけ、再度会社の代表者として派遣され、一五八一年に代表部を正式に開設した。

＊ ナシーム・スーサ著『トルコの治外法権制』（ジョーン・ホプキンス大学、一九三三年）、およびA・C・ウッド著『レバント会社史』（オックスフォード、一九三五年）八－九頁を参照せよ。

ハーボーンは事業を巧みに営んだが、会社の経費は大きく、競争が激しく、経営は難渋した。エリザベスの与えた経済的援助は十分とはいえなかったが、彼女はスルタンをイギリスの敵スペインに対抗する同盟者にできることを十分認識していたので、新会社の貿易取引計画について、ハーボーンに大幅な自由裁量権を許した。種々の蹉跌の後、一五九二年に新しい特許状を獲得して以降、会社の事業は隆盛に向かった。一五八八年にエドワード・バートンが代理者としてこの都に残され、一五九一年ハーボーンを継承して大使となった。

四年後スルタン、ムラト三世が死去して、メフメト三世が即位すると、会社は治外法権の更新を必要とした。それには祝詞の親書とイギリス女王の手厚い贈物を必要とした。親書はバーグレーの奔走で届いたが、贈物は会社が調達せねばならなかった。この事実は当然極秘とされ、贈物はエリザベスからとして贈呈されたが、誰にも裏面はばれなかった。* しかし、贈物の到着は長く遅延し、一五九九年まで発送されなかった。この頃にはバートンは死去しており、実際に贈物を献上したのはバートンの書記官のヘンリー・レッロであった。

＊ H・G・ローズダール著『エリザベス女王とレバント会社』（ロンドン、一九〇四年）

贈物の主体は、トマス・ダラムが特別組み立てた精巧なオルガンであった。オルガンが高度の技術の要る複雑な構造であったので、それが到着したとき据え付けて完璧に作動させるために、ダラムが一緒に出向かされた。

描写がいかにも浅薄で知的でないにしろ、われわれが初めて外国人による（＊ハレム内部の）描写をもったのは、この人によってである。

七カ月近い旅の後、ダラムは一五九九年八月中旬コンスタンティノープルに到着した。スルタンとその母后が事前に船を訪れた末、彼はその楽器をセラーリオに据え付けるように求められた。その仕事には長時日を要し、ダラムは一カ月間毎日宮殿に通った。彼がセラームルクを相当十分に観察する機会をもった点からみて、その叙述は期待ほどでないとはいえ、引用に値する部分がある。

第一一日、火曜日、われわれは楽器をスッラリヤ（＊セラーイル）と呼ばれる大君の宮廷へ運び、そこの最も宏壮な御殿に据え付けを始めた。……スッラリヤの門は固く閉じられて何人も自己の意思だけでは出入りできないにもかかわらず、門ごとにチア（カプジュ、門衛兵）と呼ばれる一組のトルコ人が、治安判事の任務か地位をもつかのように常時坐っていた。……第一の門から第二の城壁までは、やや丘を上るようで、両城壁の間は四分の一マイル（＊四〇〇メートル）か、すこし遠いぐらいである。これらの門は巨大な鉄製で、人々がジェメグラン（アジェム・オウラーン、未熟練の若者、すなわち徒弟のジャニサリ）と呼ぶ二人の男が、それを開けた。第一の門を入った中には、一つの館があるだけである。それは「ブスタンジェバシア（ボスタンジ・バシュ、庭園士頭）の館」である。彼は庭園の整備と警備とだけを任務とする一〇〇〇人のジェメグランの長である。私は、世界中でこれほど警備の堅い宮廷はないと言い聞かされた。第二の城壁の中には庭園はなく、いかめしい建物だけがあり、その多数の中庭は大理石か同種の石が舗き詰められていた。オデ（オダ、侍臣の部屋ないし事務室。別にジャニサリの「部隊」の意味がある）ごとか館ごとに、美しい果樹や樹木が植えられ、種々の甘いブドウがたくさん生えていた。……楽器を据え付けるように指定された御殿にくると、それは住む御殿というより教会のようであった。率直にいえば、居住する御殿ではなく、娯楽の殿堂のようであり、屠殺場の建物のようであった。というのもその御殿の中に、内外にすこぶる珍しい浮き彫りを施し、金張りの鮮やかな色彩をもつ、見たこともないように美しい小さな館が建てられていたが、この小さな館で、私の滞在中に、在位の皇帝が一九人の弟の命を奪ったからである。この小館は皇帝の兄弟すべてを絞首するだけのために建てられたものである。さて上述の巨大な御殿自身は、二列に並んだ大理石の柱をもち、柱の最も美しいのは真鍮製で、金の二重張りをしている。御殿の三方の壁は、庇下の半分だけが壁を付けられ、残りの半分は壁がない。……しかし、もし嵐や大風が起これば、どんな風雨でも防ぐように作られた棉毛製の垂幕が急いで降ろされるが、この幕はまたすぐ揚げることができる。四番目の壁は下まであって、他の館への通路が付いているが、斑岩や類似の岩石で作られており、人がその傍を歩くと、自分の姿が映って見える。……この御殿には、椅子もテーブルも長椅子もなく、ただ豪奢な寝台が一台ある。御殿の一方の側に魚を放した池があり、種々の色の魚が一杯いる。*

そして、彼が壁に嵌められた鉄格子越しに見た〝大君の三〇人の妃妾〟の面白い話（それは本書の別のところで再述するが）を除けば、以上がダラムのわれわれに伝えた全部である。

* 『レバントへの初期の航海と旅行』（ハクルート協会、ロンドン、一八九三年）六一－六三頁

二列の柱をもつ〝大君の御殿〟と彼がいったのは、「神聖な外套の御殿」の両側に立っている、大きなL字型の広間（平面図95番）を指すのはほぼ確実のようである。記憶しておいて欲しいのは、この時期にはバグダード・キオスクもレヴァン・キオスクも、さらにまた「割礼の間」も建てられていなかったことである。魚類の池は、ダラムの頃より後に、完全に作り直されたが、現在もそこにある。このL字型の広間のことは、自分の観察をもとに後ほどいっそう詳しく語りたいが、私の考えでは全セラーリオ中の最も美しい部分であり、教会堂に似ていると表現されやすいものであろう。その御殿には、オルガ

ンを据え、たくさんの人が入って聴くのに十分な空間がある。反響度も秀れており、わがオルガン製作者がその〃機械〃を誇示するのにこれ以上適切な場所は考えられなかったであろう。彼が御殿の一方の側が大空の風を通すのに開かれていたと述べているのは正しい。今日ガラスの仕切りが設けられているが、一瞥しただけで元の形はわかる。メフメト三世が一九人の兄弟を絞め殺したと伝えられるかの〃小さな館〃は、セラームルクの応接間（平面図92番）か、でなければ、すぐ後にある王子たちの獄舎――カフェスすなわち「格子囲いの場」（平面図90番）――となったものを指すのであろう。

以上が、われわれの知るかぎりでは、宮殿の常勤者でない人が「幸福の御殿」のことをいささかでも述べた最初の描写であり、それはダラムが第三宮殿域の側からでなく、セラーリオ岬の側から入って見た、セラームルクの東隅を語ったものである。

オッタヴィアノ・ボン（一六〇四－七年）

ヴェニスの使節のオッタヴィアノ・ボンはハレムの明確な記録を残したと見られる最初の人である。といっても、ダラムは実際にセラーリオで雇われたのではなく、そこに臨時に召使われ、自分の仕事の合間に、折りふし目についたことを記述しただけである。またヒエロソリミターノの場合とは、雇われた業務がごく特定されていた、という違いを認めざるをえない。

したがって、ボンの場合は事情がまったく違っていた。すぐ後に見るように、ボンは相当経験を積んだ外交官であり、コンスタンティノープルの任務の終わりまで、明らかに極力多量の情報を入手しようと努めていた。これらの使節はもともとは総領事と同格のものであったが、一六世紀以後は第一級の外交代表者の資格をもつようになっていた。彼らは、二週間ごとに報告を本国に送ること、三、四年後帰国したときは在任した宮廷の詳細な報告、ならびに国状とその風俗・習慣の報告を提出することを求められていた。当然考えられるとおり、これらの報告は最高の重要事項を含んでいた*。ところが、われわれの調べたかぎりでは、何か奇妙な関係で、ボンはそうした報告を作成していないが、幸いにも彼は二つの記述を書き残していて、それがヴェニスのビブリオテーカ・アルキアナ**（すなわち聖マルコ図書館）に保存されている。二つは、N・バロッツィとG・ベルヘトによって刊行されて、両者の共著の『一七世紀にヴェネツィアの大使から上院に送られたヨーロッパ状勢の説明***』に含まれている。

* その多くは、要約されたり、全文で刊行されるかしている。マリニ・サヌト著『日誌』全五八巻（ヴェネツィア、一八七九‐一九〇三年）、エウゲニオ・アルベリ著『ヴェネツィア大使の報告全文』全一五巻（フィレンツェ、一八三九‐六三年）などを見よ。詳細については、リビエール著『スレイマン大帝時代のオスマン帝国の政府』三一一‐三一三頁、ことに豪華に挿絵を加えた著作であるトマソ・ベルテーレ著『ヴェネツィアの駐コンスタンティノープル大使館とその古い報告書』（ボローニア、一九三二年）を見よ。

** 七部、五七八、九二三号

*** 第五輯『トルコ』（一八六六年）五九‐一一五頁を見よ。ボンの生涯は、第一輯『イスパニア』（一八五六年）二一七‐二二二頁に出ている。さらにルイギ・ロッリノ著『騎士爵オッタヴィアノ・ボンの生涯　G・アルキオリの所伝　アレッス・ソランゾ刊行』（ヴェネツィア、一八五四年）を見よ。セラーリオの叙述は、また別個に、『一六〇八年にコンスタンティノープルで書かれ、大君のセラーリオ、ボン・デ・ググル・ベルヘトの注釈付の、大君のセッラリオ』（ヴェネツィア、一八六五年）として刊行されている。

この二つの説明報告の最初のものは、セラーリオについてのもので、現存する報告のうち一番詳細で内容がある。第二の報告は、きわめて簡潔で、トルコ帝国の中央政府や地方諸州の行政を主題にしている。

ボンの生涯について多少述べたり、私が（友人であるフランシス・ウェルビー嬢の助力で）イタリア語から直接翻訳した彼の報告を引用したりする前に、翻訳を完成したときにはじめて〝発見した〟ことについて語っておかねばならない。

ボンの叙述の多くを、私は不思議なほどよく知っていたのだが、ロバート・ウィザースが一六五〇年に刊行した小冊子*『大君のセラーリオ、すなわちトルコ帝国の宮殿の記述』を想い出して、ようやくなぜ知っていたかを納得した。両者を比較してみると、それが同一の作品だということがすぐわかる。ウィザースの翻訳は、コンスタンティノープルで見出され、数学者で古物収集家のジョン・グリーヴスによって刊行されたものである。グリーヴスはそれがパーカス**によって出版されたことに明らかに気づいていないし、またもちろんボンについても聞いていなかった。また他にもボンとウィザースの結びつきをわかっている人はいないので、ここでこのことをこれ以上追求しないことを許していただきたい。ロバート・ウィザースについてはほとんど知られていないし、彼の名はどんな人名録にも載っていない。実際、彼がコンスタンティノープルに滞在したことを追求できた唯一の情報源はパーカスの序文中のものである。

これら（の物語）は、ロバート・ウィザース先生がコンスタンティノープルを一〇年間観察して集めたものである。彼は国王陛下の故大使の配慮と出費で、ここでトルコ人教師についてトルコ語を十

分学習し、さらに神聖でもない〝聖物〟（＊キリスト教徒の立場で）を普通以上によく見ることを許された。＊＊＊

＊ 大英博物館は、一六五二年の第二版を目録に載せているが、不幸にもその本は失われたか、置き場を間違われるかしている。

＊＊ 『巡礼』（ロンドン、一六二五年）第二巻、九章、一五八〇‐一六一一頁

＊＊＊ ハクルート協会――すなわちマックルホーズ――の復刻版では第九巻、三二一頁である。

当時、ヘンリー・レッロの秘書であったポール・ピンダーは一六一一年から一六二〇年まで大使として駐在していた。彼が一六二〇年ロンドンに帰るとき、ロバート・ウィザースは同行した。『ピーター・ムンディーの旅』＊からこのことがわかった。こうして、パーカスの報道が正しいのなら、ウィザースは一六一〇年にコンスタンティノープルに到着し、ピンダーはマンディ自身にしたと同じように、ウィザースの後援者兼保護者となった。ピンダーはコンスタンティノープルに駐在する前には、ヴェニスで一五年を送っており、当然コンスタンティノープル駐在使節の使命のすべてによく通じていた。それゆえ彼はボンの報告をみて、それをウィザースに見せた可能性がきわめて高い。英訳は両者で行なったが、コンスタンティノープルでは出版されなかったようである。ジョン・グリーヴスが一六三八年にコンスタンチノープルに着き、〝当時筆者の名が知られていない〟原稿を発見し、ついで、後にウィザースの作品であることを探り出し、最初の出版だと信じて一六五〇年に刊行した。『国民伝記辞典』が、この書はグリーヴス自身の作品だという印象を与えて、問題をさらに混乱させた。

同年（一六五〇年）彼の作『大君のセラーリオの記述』が一七三七年に再版で出版され、同時に『ピ

ラミッド記』やその他数点の作品が出版された。

＊R・C・テンプル（ハクルート協会、一九〇七年）第一巻、四二頁

ウィザースについて一言も触れられていず、ボンもほっておかれている！

ウィザースがボンを翻訳したことは、双方の文章を比較した人には明白にわかる。ウィザースは距離をイタリア語のマイル数で示したり、所々でむずかしい言葉——すなわち、ロシア語で〝皮〟を示すブルガロのような——を省略したりしている。むずかしいところは、ボンはほとんど訳していないが、ウィザースは些細なことで、本文の他のところとひどく不調和な観察を挿入している。最後にボンが、警備頭との個人的昵懇さを利用してセラーリオに入ったことを書いている全文を、ウィザースは省いている。そのことはあたかも彼（＊ウィザース）が物語を〝借用し〟、単にわずかの注釈を付加したように考えさせている。しかし、そうであったとしても、このセラーリオの叙述は、グリーヴスのでもウィザースのものでもなく、オッタヴィアノ・ボンが一六〇四年から一六〇七年の間に書いたものであり、この美しい叙述の名誉はボンだけが担えるものである。

だが、承認なしにボンを利用しているのはウィザースだけではない。というのも、ルイ一三世のお抱え歴史家のミシェル・ボーディエが一六二四年に著作の『セライルと大君の宮殿全史』を刊行して、フランスで何版も重ねたし、一六三五年にはエドワード・グリムストーンによる英訳が刊行されるなどしている。もちろん編著者として、ボーディエは他の史料も使用しているが、ボンに負うところがきわめて大きく、両者を比べればそのことは直ちに証明できる。

ボンは一五五一年ヴェニスに生まれ、パドア大学で哲学と法律学を修め、カンディアの検察官（イン

クィジトール)、フリウリとトレヴィソの知事（ポデスタ）を次々と勤め、一六〇一年全権大使となってスペイン王フィリップ三世のヴァラドリドの宮廷に派遣された。彼は翌年帰国し、一六〇四年同じ資格でアフメト一世の宮廷に派遣された。彼は三年間バリオ（大使）として母国の名誉を担ってコンスタンティノープルに駐在した。彼はヴェニスに帰還すると、プレガディ（上院）議員となり、手腕を発揮した。一六一六年彼は、サヴォイおよびヴェニス対オーストリアおよびスペインの紛争について、フランス王の仲裁を求めるためにパリに派遣された。話が紛糾して彼は召喚されたが、（*任務失敗について）完全な弁明を行なった。それから老いて体も弱っていたがパドアの知事に任命された。彼は一六二二年死去した。

ボンのセラーリオについての説明は、彼がセラームルク中で見る機会のあった特定の部屋の説明より、セラーリオ全体を詳細に説明した方に価値がある。

彼はハレムそのものには全然立ち入っていず、ハレムについて語ったのは次の点だけであった。

スルタン妃、スルタン、および大君のその他の女性と奴隷が住む女性の館がある。この女性の館は、その中に寄宿舎・食堂・浴場・居間、その他生活上必要なあらゆる種類の便宜が整った巨大な修道尼院のようなものであった。*

* バロッツィとベレヒト著、六〇頁

彼は、第二宮殿域の諸種の建物と、第三宮殿域の入口の「玉座の御殿」とについて多少述べたのち、セラームルク内のスルタンの部屋を苦心して見ることができたことから話を始めている。

ある時、ブスタンジバシ——すなわち王の「庭園士頭」——の執事であるチアイアとの個人的親交を利用して、大君が狩猟に出て不在のとき、庭園士頭の案内で、海辺の「海馬の門」からセラーリオに入る特典を得た。彼は私を連れて、王の使う種々の部屋、数個の浴場、その他の、ふんだんに金細工を施し、給水盤の数多くある、楽しくて物珍しい場所を見せてくれた。とくに私は、小高い丘の上にあり、食堂やその他の部屋が完全に揃っている、偉大な王の地位と住居にふさわしい場所にある、避暑用の一群の部屋を見た。それはディワーン（第二宮殿域の「ディワーン［*国政庁］の広間」と取り違えてはならない。ディワーンは種々の意味で用いられるが、ボンが使っているのはまったく正しい意味である）、すなわち、東側が開放されていて、すこぶる美しい列柱をもち、小さな湖を見下ろしている「広間」である。池は四角形で、三〇種の異なった噴水（池の畔にある）をもち、精巧に作られている。噴水は池をとりまいている美しい大理石作りの水路と繋がれており、噴水の水はこの水路を通って池に注ぎこまれる。この池の水は次にいくつかの庭園に流され、この周辺をすこぶる快いものにしている。水路の畔は二人の人が肩を並べて歩くことができ、それに沿って歩むと、絶えずさらさらと柔らかな音をたてて流れ出す噴水を見て楽しむことができる。湖上には、小さな船が浮かべられ、大君は道化師を伴って船で気晴らしに出かけ、道化師たちと水上で楽しんだり、またごくしばしば彼らとともに水路の畔を歩き、彼らを水路につき落とし、湖上でとんぼ返りをさせたりする。

　私はまたディワーンの窓を通して大君の寝室を見た。寝室は普通の大きさで、壁は例のように、石――すなわち一番美しいマジョリカ石――張りだが、種々の文様や多彩の花模様を描いた素晴らしい外見を示している。扉の上には、例のごとく、ブルサ産の金糸入り布地のカーテンが掛けられている。布は金糸で刺繍され、多数の真珠で飾られた深紅色のビロードの帯状装飾が付けられていた。

寝台はローマ風の天幕形だが、木の支柱（ポモリ）でなく、彫り溝のある銀製の円柱をもっている。円柱は水晶製の数匹のライオンを付けており、垂帳はブルサ産の金糸入りの緑色の錦織であるが、縁飾りはなく、その代わりに真珠製の紐を付けている。それは非常に高価で、精巧な製品と見受けられる。上掛けは床上腕尺まで垂れた金糸の錦織であり、クッションも同質である。この部屋やその他の部屋のいずれにも、床上に高さ半腕尺の長椅子（それは坐る場所に使われる）が置かれている。床には絹糸と金糸織の豪奢なペルシア絨毯が敷かれている。坐るための羽毛ぶとんや寄りかかるクッションは金糸・絹糸で織った贅美を尽くした緞子製である。

ディワーン（*広間）の中央にはすこぶる大きな円形の灯明が下がっている。下端には金で象眼をし、トルコ石とルビーを鏤めた銀製の垂飾りが付けられているが、中間部は極上の水晶で作られ、豪華な印象を与えるものである。手濯《すすぎ》用の精巧な給水盤があるが、その水差しは極上のトルコ石とルビーを鏤めた厚手の金製品で見るからに美しい。ディワーンの背後には、矢場があり、そこで美しい弓と矢を見た。私は、前君主が信じかねるほどの強い膂力《りょりょく》をもって長い矢を使っていたことから、その手練のほどを察知させられた。

ここでボンはセラームルクの瞥見を終えている。この記述は、レヴァン・キオスクとバグダード・キオスクが建てられて（一六三五年と一六三九年に）全地域が様変わりする前にあった、四角形の湖とまわりのテラスとを物語った最後のものであった。すでに述べたように、セラーリオについてのボンの記述は全体として価値が高いと思うので、筆の進むにつれて、さらに数カ所の抜粋を掲げる機会をもちたいと私は考えている。

エドモンド・チシュル（一七〇一年）

ボンの次にセラーリオを描いた記録はエドモンド・チシュルの旅行記*に見られる。この書はチシュルの死後、友人のミード博士が一七四七年に出版した。チシュルは一六七〇‐七一年ベドフォードシャーのエイワースに生まれ、一六八七年オックスフォードのコーパス・クリスティ・カレッジに入学し、ここで〝旅行者資格許可証〟を取得して、「トルコ会社」のスミルナ商館員に採用された。「レバント会社」で抜群の説教を行なった結果、彼は教会堂牧師の地位を与えられた。

* 学識高き神学士故エドモンド・チシュル師、尊敬すべき「トルコ会社」のスミルナ商館の教会牧師著『トルコ在任中とイギリスへの帰路の旅行記』（ロンドン、一七四七年）。彼の伝記については、A・チャムラース著『一般伝記辞典』と『国民伝記辞典』を見よ。彼の多数の原稿は、大英博物館が購入し、ここはたくさんの書き込み注釈のある原稿『アジア古文書』（一七二八年）の一冊を所蔵している。

彼は一六九八年二月にイギリスを出発し、一一月にスミルナに着いた。彼は一六九九年にエフェソスを訪れた後、一七〇一年コンスタンティノープルを訪ね、その年の中に本国に帰った。彼の叙述は、ボンのに遅れることほぼ一〇〇年後から始まっている。叙述はごく簡略で、自分の旅程を十分書き尽くしていないくらいのものである。

彼は、第一宮殿域と第二宮殿域を通って進んだが、続けて「幸福の門」を通って第三宮殿域に入ったのではない。彼が次に宮殿の庭園の外に出ていたからである。外に出るのに、彼は第二宮殿域のどこかの横門を使って出たようである。でなければ、彼は来た路を引き返してもう一度主城壁外の地域を一周したのであろう。そうとしても、彼はやがて「ゴート人の円柱」に到達して、今度はほぼダラムの歩いたのと同じ道をたどって、もう一度第三宮殿域に入ったのであろう。

彼は、実際にハレムの入口を見ることに成功している。たぶん彼は「黄金道路」をたどってそこに到達したのであったろう。

チシュルはその著『トルコ旅行記』で次のように書いている。

外科医としてボスタンジ・バシャに仕えている一ギリシア人との関係で、私は高名な商人のジョン・フィリップ氏に同行して、コンスタンティノープルの大セラーリオに立ち入ることを許された。立ち入るためにわれわれは宮殿への入口をなしている二つの門を通った。その一つ（＊陛下の門）は武器・弾薬を備えた小さな兵器庫をもつものであり、第二（＊中央の門）のは両側に広間をもっていて、広間の一つはジャニサリ兵が何時も食事をとるところであり、他は奥の端にディワーン（＊国政庁）への入口をもっていた。

われわれはこの二つの広間を通って宮殿の両側にある庭園に出、そこをくまなく歩き回ることを許された。彼らがセラーリオの庭園と呼ぶ全地区は、杉やその他の木が植えられ、その中に日陰をもつ歩道が作られており、その庭の中にキオスクが見出された。……セラーリオの全部を抜けて、トラキア側のボスフォラスを見渡す突端に達すると、白大理石でできた一本のコリント式円柱を見

マルモラ海から見たセラーリオ．旧海辺城壁，製粉所の門（デイルメン・カプ），小モスクなどを示している．鉄道は城壁のすぐ陸地側を通っている．セラーリオ自身では，第2宮殿域の厨房の煙突の列が左寄りに見える．中央は遠征の間，セリム2世の浴場，財宝庫（平面図103，104番）などで占められている．右寄りにはアブデュル・メジトのキオスクがある．E.N.A 撮影の写真．

かける。……この柱の近くにある、緑したたる中庭に入る門を通って案内され、この中庭から、再びかなり正規な様式を保つ庭園に導き入れられた。そこからわれわれは数歩階段を昇って二つの贅美なキオスク、魚を飼っている一つの池、一本の舗装路、一つの開放回廊などをもつ、大君の御殿に入った。われわれはここで、帝国の薄幸の王子たちが幽閉されて生涯を送った住居、イチュオウラーン（*宮廷の近習）の詰める暗い部屋、ハレムに通じる戸口などを見せられた。

上述の御殿は、さまざまな花模様の金細工で飾られ、美しい蛇形の柱をもって、贅沢さは目を瞠《みはら》されるものがある。一つのキオスクの傍には美しい斑岩でできた球形の石が三つあり、その真中の一つは、丹念に磨きこまれていて、セラーリオを写して見せる覗き眼鏡の役を果たしていた*。

＊ 同著、四－六頁

巡回路は、平面図を一瞥すればすぐわかるので、たどりやすい。唯一つ面白い点は〝開放回廊〟のことであるが、それをミラー博士がバグダード・キオスク（平面図114番）と「割礼の間」の間のテラスを指すと考えているのには同意できない。彼女の平面図は、建物の室数・大きさ・形や、前庭と建物の全般的釣合いなどの点で、描写が不十分であり、彼女がそれらを自分で観察できたとは思えない。十分明らかなのは、チシュルがバグダード・キオスクの近くの〝舗装路〟から離れて、〝開放回廊〟（平面図95番）――叙述は西側が列柱をもつ開け放しの広間であることをよく描写している――に沿ってカフェス、すなわち「王子たちの格子牢」の中庭（平面図91番）に案内されたことである。〝暗黒の部屋〟というのはどれかわかりにくいが、「君主の道」（平面図75番。*黄金道路のこと）は所々が暗くて、そこから小さな部屋に出入りできるようになっており、その道がハレムの入口に真直ぐに繋っているので、われわれは、彼がこの道を案内されたと結論してもよいと思う。彼はどこから退出したかを語っていないが、一番確からしいのは、彼が歩いた道を逆にたどって（彼は第三宮殿域へ入ることを許されていないから）、庭園を抜けて、セラーリオ岬へ帰ったということであろう。私は〝三つの球形の石〟についてはまったく説明できなくて、彼らがセラーリオの多種多様の建物がある道をたどったと要約できるだけである。しかし、われわれはまだハレムの外にいるだけである。ハレムの中にわれわれを連れて行く運命は一人のフランス人の手に委ねられていた。

オーブリ・ド・ラ・モトレー（一六九九－一七一四年）

このフランス人の旅行家兼著述家は、一六七四年に生まれたが、長年イギリスに宗教的亡命を続けていた者である。彼は広くヨーロッパを旅行し、訪れたところには、スエーデン、ラプランド、プロシア、フランス、スペイン、イタリア、ギリシア、ロシア、シルカシア、トルコなどが含まれている。彼は一六九九年始めにスミルナに着き、その年六月コンスタンティノープルまで足を延ばした。彼は一七一四年にスエーデンに行くまで、ここを本拠としていた。彼の旅行の主要な報告は、『ヨーロッパ、アジア、一部のアフリカの旅行』* と題する二冊本でロンドンから出版された。第三冊目は九年後に加えられた。伝記家** が彼のことを「文字どおりの旅行家であるが観察は皮相である」と評しているのは、正鵠を得た批判だと思われる。また彼の描写した部屋は今日存在しないことを率直に述べておかねばならないが、彼こそハレムの幾部屋かの内部を観察した初めての部外者であった。彼があれほど多くを見ることができたのは、いくつかの僥倖が重なったからであった。当時ハレムの時計を調整していたのは、ガラタとペラに居住していたスイス人とフランス人の時計製造家であった。モトレーはその誰かと昵懇となり、セラーリオの時計の振子を修理する幾種かの注文があったことを知って、知己の時計家に自分を助手として連れてゆくように頼みこんだ。

＊　一七二三年

＊＊　ル・ミショー著『世界伝記』第二九巻、四三四－四三五頁とJ・C・F・ホーファー著『新総合書籍解題』第二九巻、二七五頁を見よ。名は時にはモットレイと綴られている。

モトレーはいっている。「私は彼と同じようにトルコ風の衣裳を身につけた。（そして、幸運にも私の好奇心をいっそうそそったのは）当時大君が全宮廷人を伴ってアドリアノープルに出かけていたことであった」。モトレーは通常の道をたどり、第一、第二の宮殿域を通って入った。第三宮殿域に達すると、彼は明らかに左に曲がって、〝黄金道路〟に通じるハレムの第一室の方向へ向かった。彼が描写した諸室は、ハレムの奴隷の館の中庭（平面図44番）に続いているところか、さらに西のどこか、今はいわゆるハレムの病院があるところ（平面図56番）の、いずれかであったにちがいない。モトレーは自身は、まず自分の叙述にきわめて錯綜のあることを自覚した人であった。したがって当時の部屋が今日存在していたとしても、彼の案内図をたどることは（＊部屋を確認することは）むずかしい。

私はソファとか、ごてごて飾られた天井とか、さらに一口でいえば雑然と並べられた美しいものが非常に錯雑していることで頭を混乱させられた。私にはハレムの諸室の明確な知識を示すことはむずかしい。私は正確に記述できるほど、長時間とどまることはできなかった。

ていた。

＊第一巻、一七〇頁

彼らは黒人宦官の警護の下に置かれたが、宦官たちは明らかにいささかの情報の漏洩も許すまいとしていた。

宦官は私たちを「ハレムの広間」に案内した。それは私にはセラーリオ中で最も美しく気持ちの良い部屋と思えたし、そこに大きな箱と台をもつイギリス製の時計があり、時刻を正すための宦官の助手を求めていた。この部屋の壁は美しい陶板が張られ、丸屋根の内側とその他の屋根の裏側を飾っている天井は、黄金と瑠璃張りの豪奢なものであり、広間の中央で、丸天井の真下にあたるところには人工の泉水盤があり、それは蛇紋石、すなわち碧玉らしい高価な緑色大理石でできていた。水は当時婦人たちが不在のため出ていなかった。……この広間には数個の大形の窓があり、それはガラスを嵌め、前方に格子をもっていた。広間にはまた小さな長椅子があり、その上には色物キャラコの布を広げて掛けられて、埃の立つのを抑えていた。この長椅子の上に婦人たちが坐って外気に触れ、格子越しに屋外を眺めて眼を楽しませていた。広間で時計が修理された後、宦官はわれわれを修道院の僧や尼僧の使う小部屋のような入口を閉めた部屋を数個通り抜けさせた。別の宦官が開けたので見ることのできた唯一の部屋の内部と他の部屋の外部とから判断するかぎり、この部屋は、広間自身以上に絵画や金箔飾りで贅沢に装飾されていた。最も長身の人間の頭より高い所が下辺に当たる窓には、種々の色彩のガラスが嵌められていた。それは人間像と生物とが描かれていないこと以外、ほぼキリスト教の教会堂に近似していた。

モトレーは補足説明として、次のように書き加えている。

注意。大君の女性の部屋を、尼僧の個室と比べるのには、家具の贅沢さと使用法の規制とを除外せねばならない。そうすれば相違は説明なしでも容易に納得される。

次に彼らは〝庭園を見上げている一室〟に導かれたが、それについては一言も説明していない。ついで、ほぼ至るところで床上に敷かれている贅沢なペルシア絨毯を踏んで、〝数個の美しい広間と部屋を通り過ぎて〟からセラームルクの外に出、ゴート人の円柱を通り過ぎて、セラーリオ岬に達した。

ジャン・クロード・フレーシャ（一七四〇－五五年）

われわれはようやくハレムを含むセラーリオ全部を見た最初の外国人という誉をもつ、フランスの実業家のジャン・クロード・フレーシャまでたどりついた。彼の興味深い経験の詳細はごくわずかしか知られていないので、私がここで彼のことを全面的に述べる理由は説明するまでもあるまい。どの伝記家も彼の出生の月日や場所を語っていないが、私は彼が一七二〇年頃、リヨンの南西約二八マイル（＊三四・八キロ）でギエールとジャノン河の合流点にあたる美しい渓谷にあるサン・シャモンで生まれたといってもほぼ間違いないと思う。いずれにせよ彼の兄弟がこの町に住んでいたし、ジャン・クロードはそこで死んだし、フレーシャ家の一人は一七八九年にそこのノートル・ダム寺院の主任司祭であった。ジャン・クロードは青年のとき、レバントとインドの全地域にわたって広く旅行し、ここと貿易を行ない、また見出せるかぎりの製造技術を学んで、その成果を祖国に伝えようと考えた。フランス大使はこの計画を野心的すぎるとみて、必要な旅券の発行を拒否し、ただコンスタンティノープルに旅行し、そこに常設の本部を置くことだけを許した。結局、フレーシャは出発し、オランダ、イタリア、ドイツ、ハンガリー、ワラキア、トルコを経て、一七四〇年に目的地のコンスタンティノープルに着いた。彼はマフムト一世とオスマン三世の治世下で、一五年にわたってここに住み続け、熱心かつ根気強く働いて、あらゆる種類の製造品を大規模に取り引きしたほか、トルコ人に織機の使用、棉の染色、銅の鍍金、錫板の製造や、その他の職業技術を教えた。彼は黒人の宦官頭、キスラル・アガのハジ・ベクタシュと親交をもったことで、成功の重要な手がかりを得た。このアビシニア人の宦官頭はフレーシャの新技術に深い関心を寄せ、フレーシャを〝バセルキアン・バシュ〟すなわち「大君の筆頭商人」とした。彼は、あらゆる種類の物品をセラーリオに売り込んだが、機械装置に一番需要が集まった。実際、ハジ・ベクタシュがセラーリオへの販路として彼に吹きこんだのは、人間が太鼓を叩く自動機械、フランス人の女性や東洋人の奴隷に動かさせるその他の自動機械、いろいろな機械の図面であったが、図面については詳細は述べていない。ハジ・ベクタシュはすこぶる重要であったが、その知識以上に意義のあったのは、スルタンの不在中でもセラーリオを公然とフレーシャに見させられることであった。フレーシャは述べている。「神話の神々は、形式にこだわらないで人間に自らを示す。タルタルス（冥府、地獄）への入口は、もはや禁断ではない」と。しかし、幸運にもルイ一五世がマフムト一世に贈ったいくつかの鏡が据えつけられつつあったので、フレーシャは大君への全権大使カステラーヌ伯爵と一緒に、作業員に混じって招き入れられても、他の宦官たちの疑いを招かなかった。こうした仕方で、実際に全セラーリオを観察したが、フレーシャは鋭敏な観察者であったので、図面が許可された場合に劣らぬほど具体的説明を残している。彼の保護者が死去した直後に、フレーシャはスミルナを去った（一七五五年）。彼はスミルナでの歳月の大部分を、トルコの赤色染料を抽出する西洋茜《あかね》の根の研究に費やした。フレーシャはここでギリシア人が使っていた染色や類似の製造方法をすこぶる重要視したので、帰国した翌年多数の職人を連れて引き返してきた。フランス国王はフレーシャの努力を称揚して、一七五六年一二月二一日の参議院の勅令で、サン・シャモンにある彼の弟の工場に「王室マヌファクチア」の称号を授与し、フレーシャの連れ帰ったギリシア人の職人をここに配置して働かせ、その工場を技術を学ぶために公開し、弟子を養成すべきである旨を明白に表明した。

一〇年後、フレーシャの一五年間のコンスタンティノープル駐在の物語が、『ヨーロッパ、アジア、アフリカおよびインドの一部の地域における商業と技術の観察*』と題して上梓されたが、書名が内容の瑣末を物語るだけであったため、著作は注目を集められなかった。その上、著作はごく小部数であったので、大英博物館、ロンドン図書館、その他あろうと予想される主要図書館の、どこにも実物は見出されない。運悪く本が小型なので、機械の図面が極度に圧縮されて、微小となったため、実用的価値をもちえなかった。フレーシャの末年については何もわからないが、彼の弟のサン・シャモンの工場では、フレーシャの経験が全面的に取り入れられたと想定される。そして彼はここで、一七七五年に死んだ。

* 全二巻(リヨン、一七六六年)

しかし、フレーシャのハレムの記述に立ち戻ると、彼は、全セラーリオを最も全面的に調査したといえる。そして、彼の記述した建物のいくつかは今日跡をとどめないが、私が照合できる以上の多くのものを書き留めており、そのすべてについて彼の記述は信頼できる。彼の観察はチシュルのような人間とまったく違っており、時間をかけ、的確な方法で行なった。フレーシャは見るものすべての図面を作り、描きとろうとしたが、それは彼の友人のキスラル・アガでさえ行き過ぎだとして、これまで与えられた好意を傷つけないようにと仄めかしたので、フレーシャも示唆を尊重して、鉛筆を後のポケットに入れ、観察と記憶にとどめて、後刻書き留めた。彼はセラーリオの宮殿域を一つ一つ書き記しただけでなく、城外の宮殿のすべてのキオスク、さらに「夏の宮殿」、外城の城壁、諸門をすこぶる詳細に書き記した。実際彼は、記述の冗長さを詫びているし、地下室や地下の貯水池を訪ねたといいながら、それについて何も説明を残していない。本書の中で、私は折にふれて彼のことを述べる予定であるが、ここでは黒人宦官の宿舎とハレムのいくつかの部屋だけについての、彼の記述を挙げるにとどめたい。宮廷学校と庭園と第四宮殿域のキオスクなどを描写した後、彼はこう続けている。

読者は私がこれまで、主要な建物の外観を語ったにすぎないのに気づかれよう。これらの外観を述べることはごくたやすいが、私がこれから語ろうと思う部屋についてはそうではない。

カス・オダル（ハス・オダ、すなわち「陛下の御殿」、の近習）たちの部屋は、西寄りにある平屋の建物の諸部屋の最初の部分である。この部屋の唯一の装飾は、蠟燭を終夜燃やす直径七-八インチ（*約一八-二一センチ）の銅製の燭台を周囲に立てている、水の噴出する大型の噴水盤である。カス・オダル（*陛下の御殿の近習）たちは、そこで昼夜を問わず、警護にあたっている。私はくどくどとは述べないが、燭台が丸天井を照らしている、各部屋の屋根はすべて鉛葺きで、これらの丸天井は金張りである。人はそこを通って、丸天井の部屋が二列に並んだ黒人宦官たちが住んでいる館に入る。中庭が続き部屋を両側に分けており、各部屋の一隅には冬場に暖をとるストーブが置かれている。五つの丸天井を戴く長い廊下が南に向かって、大きな玄関広間まで延びている。この広間は大君の

第一の部屋群の控えの間となっている。ここへはキスラル・アガ（＊黒人宦官頭）の部屋に繋がってい る、より天井の高い廊下を通ってもこられる。黒人宦官たちが、スルタン陛下と協議する緊急問題をかかえた政府の高官を案内してくるのは、この控えの間へであった。多数の黒人宦官が、何時でも仕事につけるように、小さな部屋に待機している。

この部屋は二つの戸口をもつが、一つは北（スルタンの館の方）、他の一つは南（黒人宦官頭の方）にある。北側の戸口はカレム（フレーシャはいつもカレムと書いているが、明らかに喉音のhを意味し、ハレムを指している）の諸部屋がある廊下に通じている。カレムの部屋は平均的大きさの石造りのものであり、非常に高い壁でとりまかれた庭に面している。部屋部屋は明るくて、調度が整っている。調度品には、掛け毛氈、絨毯、帳《とばり》、カーテン、鏡、時計、それに部屋の四周をとりまくソファーの一隅に置かれ、昼夜その上にある宝石箱、などからなっている。これらの調度品の素材となっているものについては、後により詳しく説明しよう。

人はこの第一庭園を通って、第二庭園に進む。中央にある二階建のキオスクは美しい建物である。スルタンは、大変しばしば妃と連れ立ってここに出向かれる。セラーイルの重要な奥御殿はこの庭園の片側にある。奥御殿は四つの区域からできている。スルタンは西寄りの部屋に住まれるが、その外側の壁はすべてタイルで飾られている。スルタン妃が残りのところに住むが、その諸部屋は揃って美しいアーケードの上に建てられている。この御殿はパリの「王宮区域《ロイヤル・スクエア》」によく似ていて、幅よりも奥行が長い。部屋部屋は床上に据え付けられたストーブで暖められ、その結果婦人たちは中庭に立ち出たときも厳しい寒気を感じないですむ。人は陛下の部屋へは壮麗な階段を登って入る。

玄関ホールは正方形で、控の間はそれより大きい。（*陛下の）部屋は御殿の端まで延び、セラーイルの建物のこちら側で終わっている。人がスルタンの財富について一応の知識をもてるのはここを見てである。すべてが無類の壮麗さである。窓の枠や天井は草花文様を描いた驚くほど光沢のあるタイルで作られている。厚いタイルをつなぐ漆喰は木の葉模様を浮かべた金箔で覆われている。壁には金糸の綴れ織が掛けられている。長椅子も同じ豪華な材料で作られている。鏡（姿見）、時計、宝石箱などは、どれも素晴らしい。特異なのは、ほとんどすべての傑作が、部屋を飾るために雇われていた外国人芸術家の作品ということである。

次に一二人のスルタン妃が住んでいた御殿に進む。部屋はどれも大型で、たくさんの家具が並べられている。窓は鉄格子が付いていて、中庭に面している。部屋は庭側に張り出した小さな露台（サクニシス）を備え、妃たちはそこに坐って、外からは覗《のぞ》かれることなく、外部や庭園で起こったことは何でも見ることができる。北側の正面中央に、妃たちが、集会室的に使う前室が建てられている。あらゆる婦人たちがここに出向いて、スルタン妃に挨拶をし、その無尽蔵に豊かな才能を傾けて作り出した幾百千の新趣向の娯楽演技を次々と披露して、妃たちを楽しませようとした。この部屋から大きな浴場に入ることができる。

浴場は総大理石張りの床をもつ三室でできている。中央の部屋は装飾が一番多く、その丸天井は大理石の柱で支えられ、カットグラスを嵌めた明りとりをもっている。部屋はガラス製の扉を通って互いに行き来できるので、行なわれたことはすべてあけすけにみえる。給水盤にはいずれも二つの蛇口がつき、一つは温水、一つは冷水が出る。給水盤は同形でなく、同一目的に使われるものでもない。妃たちは、効用と審美の双方の眼力を備えている。より下位の女性たちや黒人宦官は別の浴場をもつが、いずれもすこぶる綺麗で、使い勝手が良い。

大カレムを出るときは、たいへん暗い廊下を進まねばならない。廊下は別の建物を横切っているが、ここには宦官が住んでおり、スルタンの位を窺うおそれのあるスルタンの子息たちを閉じ込めた牢獄に直接続いている。この牢獄は堅固な城塞のようである。高い壁が四周全部をとりまいている、いずれも二重の鉄の柵をもつ二つの入口から出入りできる。この場所は陰惨な外観をしている。オスマンはその壁を低くし、窓を作らせた。* この牢獄へは、宦官が内と外から厳重に警護している。しかし、そこには、潤沢に水の流れるきわめて美しい居室と浴場をもっている。王子たちは中庭をとりまいて建てられている隔離された建物の中に美しい居室と浴場をもっている。奉仕に通暁した宦官たちは非常に多数いて、皆一階に住んでいる。宦官たちは、王子たちの悲運を柔らげ、牢獄の生活を少なくとも堪えられるようにするために、労苦を惜しまない。かなり長い間王子たちに加えられた苛酷さも今は緩和されていた。女性も与えられたが、子を生めないのが事実であり、でなければ妊娠を阻む細心の注意が払われた。王子たちは、あらゆる技芸の師匠をもち、師匠たちは王子をその地位にふさわしい工芸に熟達するように熱心に教えている。いいかえれば、王子たちは自由以外のすべてのものを与えられている。しかし、王子たちの居るのは大セラーイルだけにとどまらなかった。スルタンはしばしば王子たちを別の宮殿に伴ったし、とくにベシクタシュ（ボスフォラスの左岸の第一碇泊地で、ドルマ・バフチェ宮殿を過ぎた所にある）宮殿に連れてゆき、同じ仕方でそこに幽閉した。ベシクタシュへの行楽は、王子たちにいつも嬉しい生活変化を与える、** 楽しいものである。

＊　フレーシャの第二巻、六四頁を見よ。
＊＊　第二巻、一九五 - 二〇二頁

もちろん、改造が行なわれた結果、ハレムの部屋のいくつかは失われて、今は見られないが、案内図をたどって、黒人宦官の区域（平面図34・35番）から「黄金道路」（平面図75番）に沿ってハレムに行き、フレーシャが初めて報告した王子たちの牢獄（平面図91番）の中庭に行くのは、あまりむずかしいことではない。

フレーシャをもって、ハレムを見た内密の訪問者の短いリストは終わりとなる。以後に残るのは公式に「幸福の門」の通行を許された人たちについて語ることである。しかし、彼らの数も少ない。というのも、前に述べたように、この宮廷がスルタンの住居でなくなった後、セラーリオへの立ち入りを許す規則がやや緩められたとはいえ、緩和は第三宮殿域とそれから奥にまでは及ばなかったからである。

サー・アドルフス・スレード（一八二九年）

公式に訪れた最初の人は、サー・アドルフス・スレード副提督（一八〇四 - 七七年）で、彼は一八二九年五月の末コンスタンティノープルに着き、九月に地中海艦隊提督サー・パルトネー・マルカムがマフムト二世に謁見したのを祝うセラーリオ参観団に参加した。

その後のスレードの生涯は面白い。彼はギリシア、クリミアなどを訪れる使節団に数回任命された後、一八四九年トルコ政府に貸与されて、トルコ艦隊に勤務した。その一六年後、彼はトルコ海軍の行政長官となり、ムシャーベル・パシャの名で呼ばれた。彼の書いたセラーリオの説明はさほど重要ではないが、当時要人の来訪者（スルタンはマルカムを、トルコのキャプテン・パシャと同じ、イギリス帝国の第三位の高官と考えた）が、参観を許された限界を知りうる効果をもった。参観者はウチュンジュ・カプ（第三の門、平面図123番）を通って第四宮殿域に入り、宮殿域を逆の順序でたどり、図書館（平面図97番）、アルズオダスすなわち「玉座の御殿」（平面図96番）、ディワーン（*国政庁、平面図23番）、全面的に活動していた厨房（平面図6－17番）などを訪れた。

百人分以上の夕食が、ヴルカヌス（鍛冶の神）の作業場を飾ったものに似た、炎と煙を吐く大口の竈《かまど》で料理されて、侍者の大群が山盛か空の皿を持って行き帰りしていた。

* 『トルコ、ギリシア、などの一八二九年、一八三〇年および一八三一年の旅行記録』全二巻（ロンドン、一八三三年）。第一巻、四五九－四七〇頁を見よ。一八五四年刊の一巻本の『新版』では、二四一－二四七頁にあたる。

次に、一行は庭を通って案内されたが、そこで二人の唖者に出会った。参観者は、唖者が奇麗な顔立ちをしていたのと、起こったことの全部を完全に理解しているのに驚かされた。集めえた資料でみるかぎり、一行はハレムの奥の部屋の視察は許されなかった。後に掲げる巡路案内は、彼らのような半公式参観者に役立つように作成されたものであった。

マキシム・ド・キャン（一八四四‐四五年）

次のセラーリオ訪問者は、ギュスターヴ・フローベールの親友であるフランス人の文士で美術家のマキシム・ド・キャン（一八二二‐九四年）であった。彼はヨーロッパや近東の各所に何回も旅行し、一八六〇年にはガリバルディに仕えた。彼のセラーリオ描写は、第一回オリエント旅行（一八四四‐四五年）のときのもので、その著『オリエントの思い出と風景*』に出ている。彼の一行は、必要なフィルマン（*許可状）を得て、「大砲の門」から入り、チニリ・キオスク（*タイルのキオスク）を迂回して今日すると同じように、おそらく「オルタカプ（*中央の門）」に近い、第一宮殿域に着いた。彼らは図書館、玉座の御殿、厨房、中庭などを含む通常の展示室を視察した。説明はややジャーナリスティックで、おそらく引用の価値は乏しいが、次のような「白人宦官頭」の描写は挙げてよかろう。

彼は素晴らしい立派な衣裳を着て、若者の手幅ほどの刺繍のある白いターバンを額の回りに巻いていた。彼の疲れた顔は一六歳足らずのように見え、体は非常に肥《ふと》っていて、脂肪肥りの体が衣服に収まらないので、人間の姿には見えないようだ。青白く疲れた頬には、千本もの皺が縦横に走っている。彼はすこしの髭もなく、子供のような生毛《うぶげ》が厚い唇をおおっている。二つの目はあたりをゆっくり見回しているが、開くのも苦しそうに見える。彼の手は、水晶製の水煙草具の柔らかな管を摑んでいるが、すべての指は宝石入りの指輪で光っている。彼の背後では、若い黒人が携帯用こんろの上でコーヒーを沸かしている。彼は黒人青年を呼んだが、声は女性のように、か細く、かん高く、弱々しい。

＊　パリ、一八四八年、一九七 - 二一一頁

二〇世紀の参観者

一九世紀中には、その後の来訪者の記録がほとんど見られない。あったものは前に詳述したような、公開の展示室を正式に視察したものだけである。実際、一九一〇年にコルネリウス・ガーリット教授が第二、第三、第四宮殿域の平面図を作るという未曾有の特権を与えられるまでは、特記すべきものはないし、彼の平面図はその後ベディカ＊やその他の案内書で使用された。しかしガーリット教授はハレムの中を見ることは許されなかったし、したがって彼の平面図のその部分は空白のままである。

＊　『コンスタンティノープル』（一九一四年）一五六頁

その平面図は彼の著『コンスタンティノープルの建築美術』の中に掲載されている。またこの本は素晴らしい内容の著述であり、大英博物館やロンドン図書館に所蔵されていないが＊、反面セラーリオの各部分の説明付き写真を載せているから、多少触れる必要がある。

＊　しかし、この書は、ヴィクトリア・アルバート博物館と王立英国建築研究所で見ることができる。

この書は、ベルリンで刊行され＊、コンスタンティノープルの主要なモスク、宮殿の遺跡、学校、街頭風景の全部の写真を載せた二冊の大型の写真集で、一一二頁の本文の説明に使う二二四の平面図と挿絵が、三九節に分けて載せられている。セラーリオのものは四四 - 四七頁と九三 - 九六頁に、全部で一四

枚の平面図と挿絵を添えて載せられている。図版についていえば、ガーリット教授はバグダード・キオスクとアルズオダス（*玉座の御殿）の平面図を載せただけで、セラーリオの部屋の内部は一つとして掲げていない。しかし、チニリ・キオスクの写真は数枚含まれている。その図版番号は、一二a、b、c、dである。

セラーリオの平面図は図版一二eであり、最近までは現存の一番信頼できるものであった。今日ではそれも価値を失っており、単にセラームルクとハレムの部屋は一九一〇年にも依然立ち入れなかったことを示すだけのものとなっている。普通の公開箇所（ディワーン、幸福の門、玉座の御殿、図書館、アブデュル・メジトのキオスク、バグダード・キオスク）を除いては、それは実際単に諸宮殿の平面図である。しかし、そのような平面図の作成を許されたのが、そもそも驚くべき特典と考えられる。

＊　一九〇七－一二年

最新の説明を示すために、われわれはミラー博士の『高貴な門（*トルコ政府）の彼方で[*]』に目を向けねばならない。この書は、「青年トルコ党」がハレムを廃止した後に、最初にセラーリオに踏みこんだのは――かつ、これまでに知られている最初のトルコ人は――アブデュル・ラハマン・シェリフ・エフェンディだったと語っている。彼は歴史家で、その後『オスマン史評論雑誌[**]』に八篇の論文を連載している。その論文の一つに一枚の平面図が付けられているが、それでもまだハレムの部分は空白であった。

＊　一六頁

＊＊　第五－一二巻

新政権のもとで、セラーリオを訪れた最初の外国人は、オーストリアのコンスタンティノープル駐在大使の夫人パッラヴィチニ侯爵夫人で、一九一二年に〝大参観〟を行なった（とミラー博士は述べている）。そのすこし後、アメリカ大使W・W・ロックヒル氏が参観を許されたが、この一行にはミラー博士も含まれていた。ミラー博士は再び一九一六－一九年にもセラーリオを訪れ、このとき名著『高貴な門（トルコ政府）の彼方で』*の材料を集めた。この書にはその時点で、これまでにないほど詳細な平面図を加えていた。彼女が集めた情報ときわめて重要な注釈と文献目録は、私の手引となり、本書全部の主要な情報源となった。ミラー博士は一九三三年に、『マクドナルドへの贈呈本』**に「トルコのスルタンたちの宮廷学校の教科課程」というこの上なく興味深い論文を掲載した。

* ニュー・ヘーブン、エール大学出版局、本書は一九三一年に初めて刊行された。
** プリンストン大学出版局、ニュージャージー

以上で、私はセラーリオを訪れ、われわれに説明を残してくれた人々の調査を完了した。

私が、今世紀以前には、セラーリオ全部にわたる説明はまったく存在しなかった――誰もそれをすこしも知っていなかったという世界一立派な理由から――ということに同意していただけると思う。この宮殿がいつまで存立するのか、また政治変革でどんな新規制が布かれるかを預言することはできない。こうして、私はできる間にセラーリオを詳細に視察し、その結果をありのままに読者に提供したい。

3　セラーリオの丘と城壁とキオスクの歴史

初期の歴史

歴史追跡の意義

トルコ人がスルタンの宮殿を構築して、丘上を飾った頃のセラーリオの丘の状況を詳説する前に、この比類ない丘が、それまでに果たした役割を要約して見ておきたい。

役割を見てみるのは、ここで起こった変化が大きかったとか、このアクロポリスが他に見られないほどの重要性を歴史上もったからというのではなく、丘の斜面や海浜を批判的に調査する学究者や有識の参観者が、今日も困らされる謎や障害を取り除いておかねばならないからである。彼らはいつも、半ば隠れた廃墟、折れた大理石の柱、崩れかかったアーチ、古代の城壁の礎石、埋没した水槽、放棄された井戸、等々に出遭うであろう。彼はたまたま見たものを、それが何であったのか――ギリシアのか、ローマのか、キリスト教のか、トルコ人のか――、またそれがアクロポリスの丘の歴史上どんな役割を演じたのかを、たえず究明するであろう。見たものは、そのどれででもありえよう。実際に一つの壁や塔が四時代のどれかで使われた材料を含んでいるのである。

それゆえおそらく、地域全部で建築物が重塁しているというのが一番適切らしい。最古の時代から、征服民族のそれぞれが、城壁を築き、名称を変え、宮殿を取り壊し、新建築用に以前の材料を転用しながら、ただ門だけは新しいのを建てて、それに自らの足跡を残してきた。各民族は建設を自己本位に行なってきたが、右の歴史を正しく理解したり、物を正しい年代順に整理しようとする考古学者や歴史家にとっては、終始難問が積み重ねられていたわけである。

われわれが出会う廃墟のすべてについて、その前身を解明することはきわめてむずかしい。鉄道が、惨禍を巻き散らす毒蛇のように、セラーリオ岬を回って首を突き出して、打ち壊したり、台無しにしたり、呑み込んだりする前なら、孝古学者も近代的水平掘削法を用いて、岬全部の調査を詳細に行ない、かつてここに立っていたビザンツ時代の教会堂やその他の重要な建造物を指摘することができたかも知れない。しかし、今ではそれはとてもできなく、われわれはド・ケーン、パスパテス、モルドマン、フォン・ハンマー、ファン・ミリンゲン、ガーリットなどの行なった発掘の上に、最近の研究の成果が多少とも加えられているのを見て、満足せねばなるまい。

ビザンティウムの建設

最初の植民者の有名な物語が示すように、セラーリオ岬の無比の美観は、歴史の黎明期から諺になっている。というのも紀元前七世紀にメガラからの植民者が、最良の植民地はどこかとデルフィの神託を伺ったとき、「それを盲者の都市の対岸に建てよ」という答を得た。そんな漠然とした回答にも落胆しないで、剛毅な移民集団は船を乗り出し、やがてトラキア側のボスフォラスに到着し、プリニウスが言及しているが、自分たちには何であるかもわからぬ、リゴスと呼ばれた町のあった地点に植民地を建設した。その町が立っていた丘は、その美しさと戦略的重要性から選ばれたものであるが、移住者はやがて神託の意味を究明して、数年前対岸のカルケドン（現在のカディキョイ）の海岸に建てられた植民地が〝盲者〟*と呼ばれた理由を完全に理解した。移住者は彼らの新都市を、引率者ビザスの名をとってビザンティウムと名づけた。建設の実際の年は、紀元前六六七年、六六〇年、六五七年と、いろいろいわれている。

* しかし、ケンブリッジ刊『古代史』第三巻、六五九頁を見よ。

初期のギリシア人移住者が神殿や劇場用地に美しい地点を選んだことはよく知られている。われわれがヘストム、タオルミナ、セゲスタ、セレヌンテとか、ギルゲンティに目を向けると否とにかかわらず、その場所を遠方から眺め、ついで建物の内から眺望して、我知らず嘆称したことからわかるように、ギリシア人の選択の能力は、ここで明らかに証明されている。今考察するものについても自然は明白な声で語っており、われわれが想像を逞しくしても錯誤する恐れはない。今日セラーリオ岬と呼ばれる地点がビザスのアクロポリスと同一であると考えられるのみでなく、そこがデメーテル、アフロディテ、ゼウス、ポセイドン、アポロに献じられた寺院や神殿をもって飾られた所だといっても誤ってはいない。

トルコ時代に修理・追加された中に残る当時の城郭の一部が、マルモラ海に面するセラーリオの急斜面の間に現在まで見られる。一八七一年に鉄道が敷かれたとき、キュクロープスの城壁の残部が、海の近くで発見されたが、一点の疑いもなく、ビザンツ時代のアクロポリスの外周城郭の一部と認めること

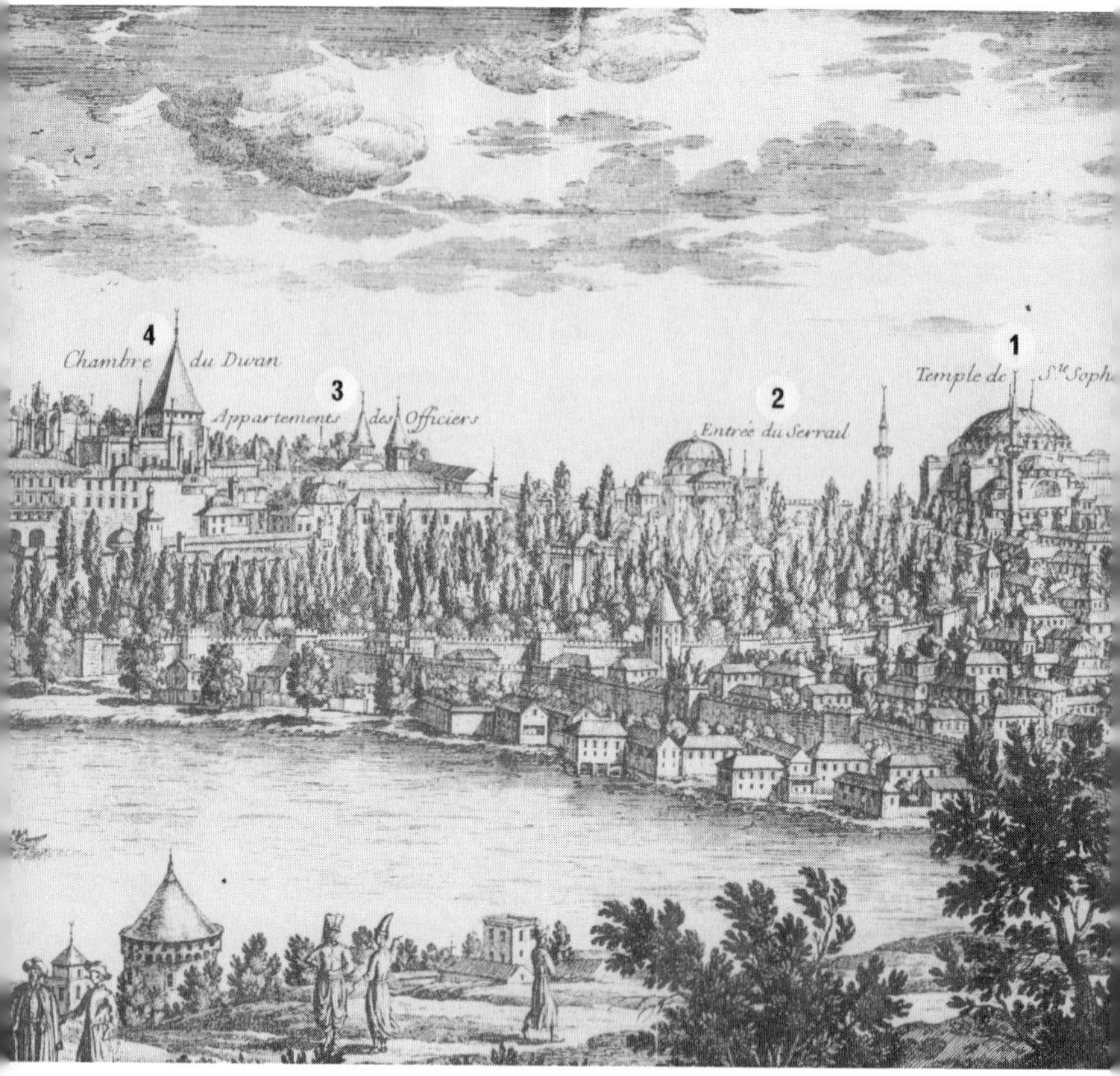
4
Chambre du Dwan
3
Appartements des Officiers
2
Entrée du Serrail
1
Temple de S.te Soph

ガラタから見たセラーリオの丘
（グレロ著『コンスタンティノープル旅行の新物語』パリ，1680年より）

① 聖ソフィア寺院
② セラーイルの門
③ 槍斧兵の兵営
④ 国政庁（ディワーン）の広間
⑤ 陛下の女性の館
⑥ ガラタ（外人居住地）の部分
⑦ 王子たちの島
⑧ 大砲の門
⑨ シナン・キオスク
⑩ ヤリ・キオスク

ができた。

ちょうどセラーリオの第三の門（ウチュンジュ・カプ）のすぐ外で、マルモラ海を見下ろす公園の中に、「ゴート人の円柱」の名で知られる古い花崗岩の柱が立っている。この柱は昔ビザスの像を上に載せていたといわれている。しかし、ここにはセプティミウス・セヴェルス（一九三－二一一年在位）の小劇場が建っており、当時柱は円形劇場の中央の低い隔壁（スピナ）の一部をなしていたものである。それはちょうど二本のオベリスクと蛇の円柱が昔ヒポドローム（競馬場）の隔壁を飾っていたのと同じであった。後年、クラウジウス・ゴシクス皇帝がニッサでゴート人を破った勝利の祝賀場にここを選んだことに因んで、それ以来「ゴート人の円柱」という名が残っている。

そんな場所なので、そこはやがて侵入者たちを惹きつけるようになり、当時から「黄金の角《つの》」は文字どおり「豊饒の角《つの》」となっていた。紀元前五〇六年の頃、この植民地はダリウス・ヒスタスペス王治下の総督オタネスによって蹂躙された。しかし、そこは四七九年の有名なプラテーエの戦*の後スパルタ王パウサニアスによってメディア人（*当時のペルシア王朝形成民族）から奪還された。その後動揺期が続き、ビザンティウムはスパルタ人、ロードス人、アテナイ人に相ついで協力した。紀元前三四〇年に町はマケドニアのフィリップ王によって包囲され、その窮地は折よく来援したアテナイ軍によって救われたが、間もなくこの町ビザンティウムはアレクサンダー大王の支配権の下に置かれた。その後もここは何世紀かの間に、スキタイ人、ガリア人、ロードス人、ビティニア人などの侵寇で、相ついで大災害を蒙った。ローマ人が舞台に現われたとき、ビザンティウムはペセニウス・ニジェルに味方してセプティミウス・セヴェルスに抵抗したので、三年間の籠城の揚句、市街は一九六年完全に破壊された。後にセヴェルスは破壊したことを後悔して、都市を再建し、ここを宮殿・劇場（上述のように）・競馬場・浴場などをもって飾り、新たにアントニナの名を与えた。しかし、市街は、コンスタンティヌス大帝が三三〇年五月一一日に新ローマに献納して帝国の都とするまで、完全には回復されなかった。このとき市街は、古代ビザンティウムの二倍の大きさとなり、城壁がまわりに築かれ、フォーラ（広場）が設けられ、宮殿と浴場が建てられ、全市が一四の区に区分された。市街はコンスタンティウス帝（三三七－三六一年在位）によって完成されたが、その後の皇帝のヴァレリウス、テオドシウス一世、アルカディウス、テオドシウス二世（彼は陸地側の城壁を築き、海側の城壁を修築した）、マルキアヌス、アナスタシウスなどの諸帝がその他の建物を追加した。こうしてわれわれは聖ソフィアを建てたユスティニアヌス帝（五二七－五六五年在位）のときに至る。またこの時代、絹が中国から伝えられた。

＊　全世界に名を知られる蛇の円柱は、この戦の記念碑としてヒポドローム（競馬場）、すなわちその大部分を今日も占めているエト・マイダーン広場に立っている。戦争に参加した三一のギリシアの都市がデルフィーのアポロ神殿に感謝を込めて献納した金の三脚台を三匹の蛇の頭が支えていた（うち一つは今日セラーリオの丘の博物館に置かれている）。都市の名は蛇のどくろ表面に昔書かれていたが、今日ではまったく消え去っている。

数々の城壁の築造が、ヘラクリウス、アルメニア人のレオ、ミハエル三世、マヌエル一世コムネヌス、その他の皇帝の治下で行なわれた。

われわれは、フン人、スラブ人、アラブ人、ブルガリア人およびロシア人が加えた際限ない包囲攻撃については措いておこう。またここは一〇九六－九七年と一一四七年の十字軍について語るところでもない。

一二世紀の終わりには、ビザンツ帝国の運命は窮まり、そして一二〇三年、すなわち第四回十字軍のときヴェニスの総督ダンドロがコンスタンティノープルを攻め落とした。市中は掠奪され、皇帝の宮殿の全財宝が奪いとられて、蒙った損害は測り知れぬものがあった。リュシッポス作の有名な青銅製の馬は(*持ち去られて)、今日もヴェニスの聖マルコ教会堂の柱廊玄関に立っている。ラテン帝国は一二六一年まで続き、この軍都はミハエル・パレオログスによって奪回され、ビザンツ帝国が復活された。しかし都の勢力は失われ、一三九八年と一四二二年のトルコ人の攻撃を撃退した後、一四五三年五月二九日トルコのメフメト二世「征服者」によって最終的に攻略され、最後の東ローマ皇帝コンスタンティヌス・ドラガセスは防塁の上で英雄的最後を遂げた。

コンスタンティノープルがオスマン帝国の都となるまでに嘗めた運命の浮沈を、駈け足で調べたところからでも、この都を襲った絶え間ない破壊と再建の概略を知ることができ、セラーリオの岬が最大の被害をうけたことを理解できる。したがって考古学者が混淆した廃墟を選別し、残存するものを正しく年代順に並べることが、不可能でないにしても、いかにむずかしいかは十分認識できるであろう。

城壁とキオスク

トプカプ宮殿の建立

廃墟の説明は以上で完了したわけではない。われわれはまだトルコ時代の建造物、その修復、利用の状況を究明しなければならない。それらを考察する上では、まず丘全体をとりまいている海側と陸側の城壁の詳細な検討に手をつけるべきである。次に宮門とキオスクにも注目の必要があろう。これらを終えれば、ちょうどセラーリオを一周して第一宮殿域のところに戻ってくることになろう。

メフメト二世のコンスタンティノープル占領は、まったくセルジューク・トルコ人の段階的西進運動と、ヨーロッパに都を置こうとする努力との終着点をなした。

オスマン・トルコの初代スルタン、*オスマン一世（一二八八－一三二六年在位）はブルサ陥落の通知を受け取り、連戦連勝を続ける息子のオルハン（一三二六－五九年在位）が、ブルサを都とし、オスマン一世自身が開始した征服事業を前進させていることを確認してから、日ならずして死去した。オルハンは父の事業を推進することに成功した。彼はビザンツ帝国人をアジア側の最後の城郭から駆逐した上、ヨーロッパまで侵入し、その子ムラト一世（一三五九－八九年在位）が都を恒久的にトラキアに移す緒を作った。ムラトは一三六三年のマリッツァの戦の三年後、アドリアノープルを帝国の新都と定めて、ヨーロッパへの遷都を実現した。この時期には、スルタンは征服したキリスト教徒の子弟で編成した親衛隊をもつのを慣習化していたが、この親衛隊保有の観念を緒として、帝国のその後の歴史に重大かつ脅威的役割を演じる宿命を担う軍団が、生み出されるのである。この軍団の創設を、ほぼ万人がオルハンのものとしているが、最近の研究に照らすと、それほど早いものとは認められない（これ以上は、後掲一一九頁をみよ）。

＊　われわれは便宜上彼をスルタンと呼ぶが、彼は実際には、小アジアに数個の領地をもつ小領主である「エミール」の称号をもったにすぎなかった。スルタンの称号を使った最初の君主はオルハンであった。

バヤジト一世、メフメト一世、ムラト二世の治世中、ヨーロッパ征服はさらに拡大され、最後にメフメト二世がコンスタンティノープルそのものを攻略した。こうして（*トルコ帝国の）都は九〇年近くアドリアノープルに所在した後、ボスフォラスの海辺に移された。

ほとんどすぐ、メフメトはアドリアノープルに引き返して、セルビア攻撃の準備を始めた。しかし、この攻撃を起こす前に、彼は帰還したときまでに完成させようと考える宮殿を建てるのに適した地点を、コンスタンティノープル中に求めようと検討した。既存の宮殿は補修が不十分であったり、位置が悪いなど、いろいろな理由で適当でないと彼は考えた。ローマと同様、この都は七つの丘の上に建てられているが、〝征服者〟は、昔の「タウルス、すなわちテオドシウス帝の広場」を、宮殿建築の場所に選んだ。この宮殿の完成の時期については研究者によって見解が違っている。しかし、あらゆる可能性からみて、翌一四五四年には住めるくらいになっていたが、おそらく完成したのは一四五七年であった。スルタンがこの宮殿に移り住んだ正確な年次にも諸説があり、その隔りは大きくて約一〇年の開きがあると思われる。宮殿は、住み始めた頃には公私の双方を兼ね合わせた住居に使うには十分な広さのないことが明白となった。新設の宮廷学校がたえず拡張されたという特殊要因と、宮殿城壁を拡大したいという欲望とが、多分に決定的要因となった。ともかく、拡大の余地の十分あり、絶対のプライバシーが保証され、強固な防塞を容易に構築できる新しい地域が探された。直ちに理想的地点として、第一の丘の上のビザンツ帝国のアクロポリスが浮上した。

工事は一四五九年に着手され、新宮殿は一四六五年に完成した。この宮殿はエニ・サライ（またはセライ）、すなわち「新宮殿」と呼ばれた。これが今日エスキ・サライすなわち「故宮殿」と呼ばれるもので、名称が時代と逆になっている。私は前に（七頁で）、新宮殿が時代によって種々の名前で呼ばれ、何回も名称上の混乱が起こっていることを指摘しておいた。

隔絶を完全にするために最初にすべきことは、宮殿が占めることになる丘の頂上の周囲に強固な内城城壁を築造することと、金角湾からマルモラ海までにわたって丘を横断する高い陸側の城壁を築いて、セラーリオ地域を市の他の部分から遮断することであった。

海側――すなわちマルモラ海側――の防衛は、古いビザンツ帝国の海岸城壁が、セラーリオ岬の端を回って走り、アクロポリスの南方の裾を過ぎるとまっすぐに延びてテオドシウスの城壁と「七塔」のところで接合されているので十分整っていた。セラーリオをかかえこんでいるこの部分の海岸城壁は、ほとんど全部がセプティミウス・セヴェルスの時代に築造され、現在の灯台のところ――すなわち、セラーリオそのものの第一宮殿域の入口にあたる巨大な二重の門、すなわち「陛下の門（バーブ・イ・ヒュマーユーン）」と一線上に並ぶ地点――まで延びていた。海側の城壁はコンスタンティヌス大帝によって灯台の地点から西方へ延ばされた。終点の七塔に近い部分はテオドシウス二世によって築造されたものである。こうしてみると、早くも四世紀には、海側は全部強固な城壁によって防御されていたことがわかる。海側の城壁には、海浪を城壁の裾まで打ち寄せるほど海に接近させて、海浜に侵入者の上陸できる余地を奪うとともに、強い海流で防衛力を増させる特別の工夫が加えられていた。海岸の防御が多年の歳月をかけて明らかに十分整えられていたので、終始恐れられた唯一の危険は、地震と暴風雨だけであった。

ビザンツ帝国の皇帝も、天災が生じたときにはつねに城壁を修理するように心がけ、ユスティニアヌス、イサウリアのレオ、テオフィルス、ミハエル二世、そしてマヌエル・コムネヌスなどの皇帝が修復を重ねていた。したがって、「メフメト征服者」が新宮殿の造築を開始したとき、海側の城壁は補修を重ねられて比較的堅固になっていた、と断定しても十分正鵠を射ていたであろう。

一五〇九年、すなわち彼の死後わずか二八年目に、地震が起こって、城壁をひどく損壊した。しかし、バヤジト二世がそれを直ちに修復したし、その後もスルタンたちは必要な場合にはさらに修復を重ねた。アクロポリスを横断する新しい陸側城壁の海へ下る部分は、聖ソフィア寺院と古代の海岸城壁を一直線で結ぶ線上に設けられた。城壁の海に接する地点は、二つの門（後に見るはずだが）――バルク・ハーネ・カプ（漁業の館の門）とアホル・カプ（厩舎の門）――のほぼ中間にあった。

ここから陸側城壁は丘を登って東方にカーブして「陛下の門」に達している。この間の城壁にある門は「カラ・カプ（*黒い門）」だけである。カラ・カプは、同名の病院に行く道をもっていて、「ギュルハーネ・カプ（薔薇館の門）」という名でよりよく知られている。城壁のこの部分には一〇基の望楼がある。陸側の城壁は「陛下の門」から丘の麓まで延びていて、道路を挟んで「高貴な門」（*「宰相の館」）に正対した魅力のある小型の「アライ・キオスク」のところで直角に曲がっている。創建時、この部分には六基の望楼があったが、その後第六の望楼が「ソウク・チェシュメ・カプ」すなわち「冷たい噴水の門」と呼ばれる門を作るために取り除かれたので、今日では五基だけ残っている。この「冷たい噴水の門」は一六四五年頃スルタン・イブラヒムが築造したといわれる。この門は、そこの公園が一九一三年にメフメト五世から戦後の政府に譲り渡されたとき、交通の円滑化を計画した知事によって取り壊されかかった。幸いにもこの措置は阻止され、二つの小さな脇門だけが、交通障害を解消するために開かれた。

しかし、われわれはマルモラ海岸に立ち戻り、セラーリオ岬自身を手始めに、順次マルモラ海側を回って「アホル・カプ（厩舎の門）」に至り、ついで丘を越えて、金角湾まで回り、再びセラーリオ岬に戻る（*城壁を一巡する）道順をとりながら、諸々の門とキオスクを観察してみよう。

大砲の門（トプカプ）と庭番の門

岬の突端（*「サライの岬」〝サライ・ブルヌー〟）から出発して最初に考察する門は、トルコ人自身が今日も使う、セラーリオという名称の起源となったトプカプ、すなわち、「大砲の門」である。今日はその跡も、またその近くに立っていたキオスク（*園亭）の跡もみられない。しかし、これについては私はすこし後に述べたい。推定されることは唯一つ、何かの種類の門が一つ、終始この重要な岬に建てられていたということである。古代にもこの地点に立って光輝を放っていたに違いない門、古代の「プラピラエウム」の詳細はまったく知られていず、当時の名さえわからない。キリスト教支配の時代、甲冑と鉄砲鍛冶を庇護した聖者――聖バルバラ――に献じられた門がここにあった。彼に向かって、とくに稲妻から守るように神の加護が祈られた。聖バルバラの門が半島のその地点を占めていたかどうかは定かでないが、トルコ時代にはトプカプ（大砲の門）はかなりマルモラ海寄りに建てられていた。実際、このトプカプの門について伝えられているのは、金角湾からは塔の頂上が樹木の間を透して望見できたということだけであった。トプカプの建立の時期は、おおむね一五世紀中葉と見られる。あらゆる古地図に門の形が描かれているが、望楼塔も装飾もなくて、単に城壁の通路をなしているすこぶる簡素な姿である。トプカプは、ピエール・ギーユが（一五五〇年）〝セラーリオの北に、湾に面して*〟立っていたと述べている門と思われる。

＊ ミラー博士（『高貴な門［＊トルコ政府］の彼方で』一四四頁）が、ギーユがその著『コンスタンティノープルの古蹟』（ロンドン、一七二九年）の三九‐四〇頁で、トプカプを描写していると考えたのは間違いなく誤っている。ギーユはこう書いている「第二の（門）は丘の峰に立っている。それはすこぶる大型で、前面にアーチの屋根をもつ入口は金張りで、色彩の素晴らしいペルシア様式で飾られ、輝緑岩の大理石の柱に載って、ボスフォラスを見下ろしている」。この文章は、トプカプの隣のマルモル・キオスクを指しているように読みとられる。この文章は、精巧な門という印象、とくに「陛下の門」のように、その上に相当大きな部屋を載せたいく階建てかの門であったような印象を与える。

門は、西北方をもう一人の戦の聖者である聖デメトリウスの教会に守られているので、トルコの征服時にはギリシア人によって「聖デメトリウスの門＊」と形容されていた。この門は市の東部海浜にあったので「東の門」とも呼ばれたし、数種のイタリア人の地図では、それが王子の島に面していたので、「島の門」とも書かれている。一七世紀以降、この門は円錐形の屋根を戴く二つの円形の塔を両側にもっており、セラーリオの第二宮殿域の入口のオルタカプ（平面図97番）すなわち「中央の門」に近似していたように見える。グレロの時期（一六八〇年）には、この門は海辺に近い下段の正面に、六四‐六五頁に掲げた彼の秀れた版画に見るような、柱廊玄関（ポルティコ）をもっていた。彼の叙述はここに引用する価値がある。「水面と同じ高さに並べて設けられた多数の大砲」を詳細に描いた後、彼はこう続けている。

これらの巨大な大砲の中央にセッラリオの四門の一つ、すなわちセッラリオに属するボスタンジ・

カプと呼ぶ門が立っている。門の脇に、いずれも付属するキオスク（*園亭）をもつ二つの塔が立っている。キオスクはセッラリオの城外の海浜に生える杉の大木の陰にあたっている。この塔の下方には、カプジュ、すなわち「門衛兵」であるボスタンジ（*庭園士）が歩哨に立っていて、その許可なしにはどんな物資も搬入できない。彼は搬入をセッラリオの役人でないかぎり、たやすくは許さなかった。その上この門は、スルタン妃たちが、大君のしばしば出かける黒海の水路上での行楽に随行したり、この門のすぐ向かい側に建つスクタリのセッラリオに行くときに、通行する門であった。**

* アレキサンダー・ファン・ミリンゲン著『ビザンツ期のコンスタンティノープル』（ロンドン、一八九九年）二四九頁

** 『コンスタンティノープル旅行の新物語』（パリ、一六八〇年）。この文は、一六八三年の英訳本の七三頁と、一六八〇年のフランス語版の八六頁からとった。そこで彼はさらに、番人は〝ボスタンジ、すなわち庭園士〟だといっている。

こうして、その門は一時ボスタンジ・カプすなわち「庭園士の門」という名で呼ばれていた。これは全然驚くにはあたらない。約四〇〇人のボスタンジがただ庭園整備に使われるだけでなく、マルモラ海の海浜であらゆる筋肉労働に従事したからである。その頭のボスタンジ・バシュはすこぶる重要な人物で、その権力は大きく、熱心に彼の歓心が求められた。ボスタンジは、すべてアジェム・オウラーンすなわち「外国人の未訓練の若者」で、非常に多くがジャニサリ軍団から抜擢されていた。彼らが使われた衛兵、庭園士、船漕ぎ、樵人《きこり》、料理人などの役は、将来軍隊生活に堪えるようにする肉体の強化訓練

や、戦時に必要な任務の修練の一部であった。ジャニサリ軍団はその最強の時代、世界でも最も秀れた軍隊であり、ローマ時代以降ヨーロッパで現われた最初の常備軍であった。スレイマン大帝の時代、その数は四万人にのぼった。しかし厳しい規律はやがて弛緩し、彼らに結婚が許され、子供が隊員に認められるようになると、彼らは権力を邪道に利用した。反乱、強請、奢侈などが深まり、（*その暴虐は）マフムト二世が大虐殺を敢行して、軍団を廃止するまで（*一八二六年）根絶できなかった。これらのすべてについての詳細は別章（*4章「ジャニサリの歴史と組識」の節）で扱うことにして、本題に戻ろう。

夏の宮殿

「大砲の門」の前面には陛下の帆船が常時二隻繫留されていた。船の中では、スルタンをボスフォラスや王子の島や、またスルタンの望む行楽の旅に運ぶ漕ぎ手として、ボスタンジが待機していた。大砲の門の金角湾側のすぐ隣には、ガーリットによると、一五一八年にデフテルダール（*財務官）のアブデッ・サラームが造営した「大理石のキオスク」が建っていた。造営の年月は明らかでないが、このキオスクはトルコ人がセラーリオ岬に儀式用に建てた最初の建物であったと思われる。メリングの挿絵*によると、キオスクはアーチ付の柱を使って建てられた矩形の建物で、二段並びの窓をもち、屋根は平屋根で、丸屋根などの装飾はなかった。同書の文章ではキオスクは緑色蛇紋石の一二本の柱をもっていたと書かれてある。

＊『コンスタンティノープル絵画旅行』（パリ、一八一九年）、本文本の二四番、図版本の九番

このキオスクはシュール・ド・ロワールの残したもう一つの描写に非常に似ており、ロワールはその

名称を挙げていないが、次のように書いている。

そこには、トルコ人がキオスクと呼んだ一つの館が海に面して建っていた。キオスクは一二本の上質の大理石の柱をもち、ペルシア風の絵の描かれた壮麗な天井（ランブリス、それは平天井か円形天井、ならびに羽目板か腰羽目を意味した）で、豪奢さを加えていた。大君は清風に吹かれたり、港の景観を楽しむために、ときどきここに足を運ばれた。*

私はそれの取り壊された月日を知りえなかったが、一八四〇年のコンスタンティノープルの地図にはまだ見えている。このキオスクは「夏の宮殿」が一七〇九‐一八〇九年の間に建造されたとき、おそらく大幅に改築された。一八六二‐六三年の火災でその宮殿全部が焼失し、八年後に鉄道が敷かれたので、火災を免れたものも、鉄道建設のために全部取り除かれた、と要約してもよかろう。

＊『旅行記』（パリ、一六五四年）四三頁

マルモラ海側の岬を回ったすこしのところに、ボスタンジ・バシュ（庭園士頭）用に建てられたキオスクがあった。それを描いたグレロの絵の中*──この書中には掲載されていない、マルモラ海側を描いた彼の別の絵の中──では、有名なセラーリオの塔と同じ四角形で、ただ中央部に遥かに小型の塔を築いてつけた凹凸で平板さを破られたキオスクの正面が描かれている。主な部屋は二階にあり、塔の両側に二つの窓が付いている。セラーリオ岬のこの低地の部分は、一七〇九年にアフメト三世がここに「夏の宮殿」を建てることを決めたとき、大変化が起こった。「夏の宮殿」は「大砲の門」のごく近くにあったので、きわめてまぎらわしいトプ・カプ・サライ（七頁参照）の名で呼ばれた。「夏の宮殿」はマフムト一世（一七三〇‐五四年在位）にも続けて使われたが、その後はほとんど使われていない。しかし、「夏の宮殿」はアブデュル・ハミト一世（一七七四―八九年在位）によって新装と増築を加えられ、セリム三世（一七八九―一八〇七年在位）の治世中に、アントワーヌ・メリングの手になる数個の建物を追加している。それゆえ、彼の描いた平面図が現存中のものでは一番正確だと認められる。

＊『新物語』英訳版の七一―七二頁

夏の宮殿の最も秀れた描与は、疑いもなくオーストリア人の庭園士頭とM・メリング自身という、老練な案内人を伴って訪れたF・C・プークヴィーユ＊のものである。メリングの平面図を手許におくと、以下に抜粋をするプークヴィーユの説明をやすやすとたどることができる。彼は「製粉所の門」（ディルメン・カプ、それについてはさらにすこし後に触れるであろう）を通って導かれて、新庭園に入った。新庭園は造園師ヤコブ・エンスレ、すなわちプークヴィーユが〝ジャック〟と呼んだ造園師によって、シェーンブルン宮殿風に設計されていた。一行は海浜沿いに新キオスクに到達し、庭園側に突き出した半円形の三個の階段を登って中に入った。

キオスクの入口を塞いでいるのは扉ではなく、屋根からカーテンのように垂らされた絵を描いた大形の幕で、キオスクのこの部分に天幕の外観を与えている。われわれは天幕の横を開けて入ったが、内部の優雅さにごく快い驚きを覚えた。キオスクは楕円形をしており、入口の幕から窓までの、直径の最長部分は三六フィート（＊約一〇・九メートル）あり、窓から海を見渡せた。各壁面の絵はヨーロッパ人の手になり、絵は一つの列柱を表現しており、軒蛇腹は豪華に彩色され、風情深い金張りである。円柱の中間にはガラスが嵌められたり、保存のよさそうな草花の絵が掲げられていた。……スルタン用の長椅子は海側に置かれていたが、それには特別目を惹くものはなかった。また水晶製の噴水盤があり、そこから清らかな水が流れ出し、沐浴に使われていた。

* 『モレア、アルバニアおよびオスマン帝国のその他の部分の旅行』の、アンネ・プラントルによるフランス語版（一八〇五年）からの翻訳（ロンドン、一八一三年）、三二四—三三五頁。原文の長い梗概については、ブーシェ・ド・ラ・リシャルデリー著『世界の航海記双書』、第二巻、二四二—二六七頁をみよ。

床には色物の布が敷かれていたが、メリングによると、セラーリオ中での新様式であった。ついで一行は長さ五〇フィート、幅一二フィートぐらい（*長さ一五・二メートル、幅三・六メートル）のテラスを通ったが、その末端は港の美観とハレムを見渡せる眺望台となっていた。庭園の階段の一つを降りると、新キオスクの下部になっていて、非常時にマルモラ海に遁れ出るための小さな鉄の門をもった地下のキオスクに出た。庭園の北端には「黄金の門」があり、ここから右にたどればだらだら坂を下ってハレムの門に行け、左をたどれば高台になった庭園テラスに入る鉄の門に行ける。このテラスはメリングの平面図にいう、「静かな階段」を降りて行ける、下方のより大型の庭園を見下ろしていた。テラスの末端には「ハッサン・パシャのキオスク」と呼ばれる展望亭が建っていた。

キオスクの東面は、縦横とも一杯に開放されていた。天井は全面金張りで、周囲の全方向の対象を映し出す鏡がその中に嵌められていて、素晴らしいものである。

しかし、このキオスクは今は使われていなく、雀がその軒下の蛇腹部に巣を作っていた。

最初に失望させられた後、プークヴィーユはハレムの中に入ったが、ハレムの門を通って踏み込んだとき、

巨大な鍵と門の蝶番のきしる音とが、その場所の静寂さと神厳性とを高めて、われわれ全部に一種

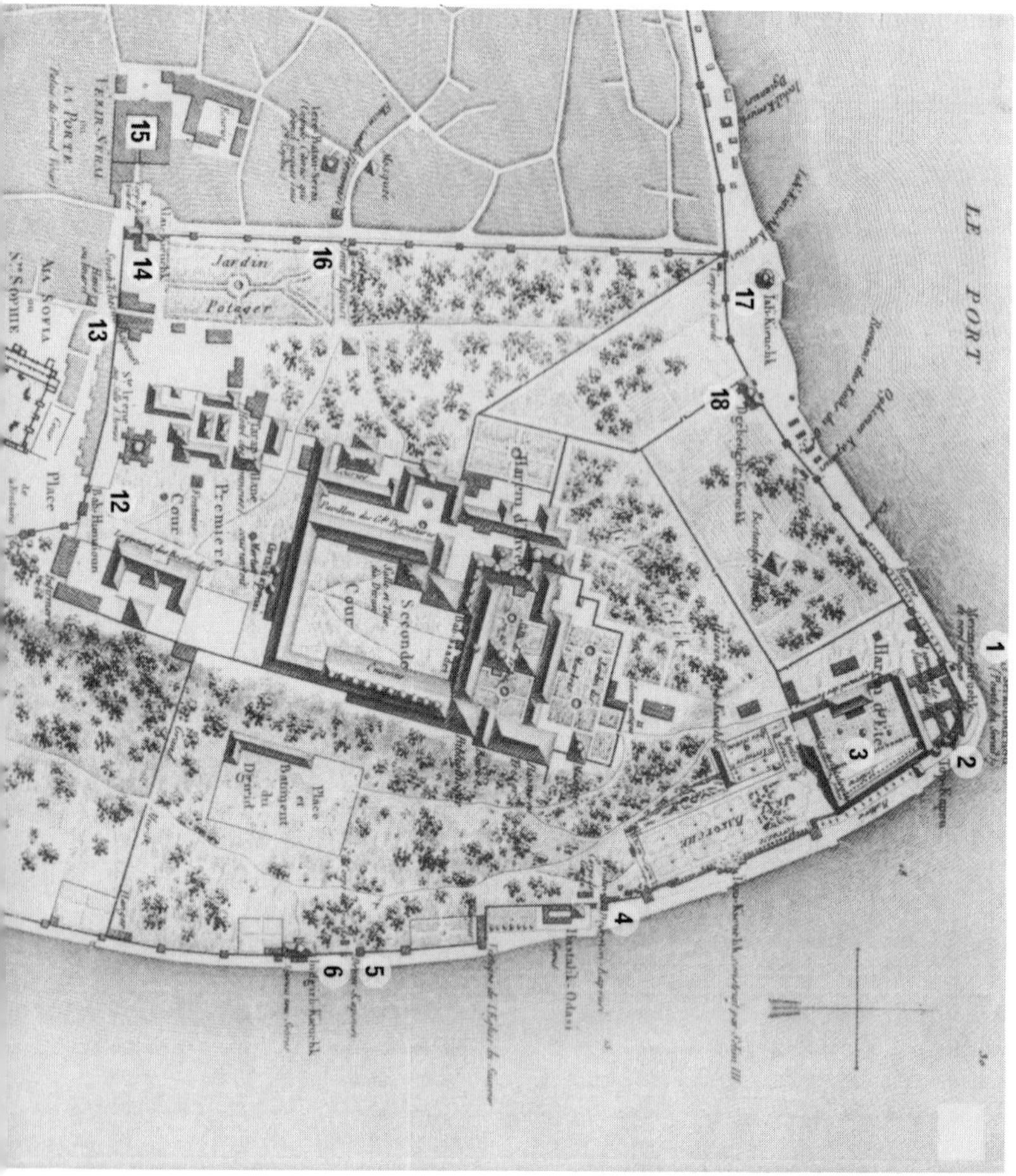
LE PORT
1
2
3
4
5
6
12
13
14
15
16
17
18
Jardin
Potager
Premiere
Cour
Seconde
Cour
Place

セラーリオ岬の平面図（メリング著『コンスタンティノープル絵画旅行』より．1776年と1786年の測量に基づくFr.カウファーの平面図とJ-D.バルビエ・ド・ボサージュの加筆（1819年）より）

① セラーリオ岬
② トプカプ（大砲の門）
③ 夏の宮殿
④ デイルメン・カプ（製粉所の門）
⑤ デミル・カプ（鉄の門）
⑥ インジリ・キョシュキュ（真珠のキオスク）
⑦ バルク・ハーネ（漁業の館）
⑧ アホル・カプス（厩舎の門）
⑨ ビュユク・アホル（大厩舎）
⑩ カラ・カプ（ギュルハーネへ入る門）
⑪ 聖ソフィア寺院
⑫ バーブ・イ・ヒュマーユーン（陛下の門）
⑬ ソウク・チェシュメ・カプ(冷たい噴水の門)
⑭ アライ・キオスク（行列のキオスク）
⑮ ワジール・サライ（宰相の館）
⑯ デミル・カプ（鉄の門）
⑰ ヤリ・キオスク（海浜のキオスク）
⑱ セペトジレル・キョシュキュ（籠作り人のキオスク）

の畏怖感*を抱かせた。一二フィート（*三・六メートル）先に、木製の門があり、二つの門の間には、二階が女奴隷の部屋になっている住居（平面図の「女奴隷の館」）があった。それは奥行き三〇〇フィート（*九一メートル）、幅四五フィート（*一四メートル）、高さ二〇フィート（*六・三メートル）あり、両側に一列の窓が連なっており、上下二重になった戸棚が並んで、館の奥の端までを二分していた。戸棚は、赤・青・白などの色塗りのもので、上下が明瞭に区分された列をなしており、奴隷たちはすべての持物をこれに納めている。窓のまわりは高さ三フィートの手すりでとりまかれ、長椅子を置いた狭い空間があったが、一五人一組のオダリスク（*部屋子、すなわち女奴隷）たちが、その長椅子の上で眠りをとった。

備品は全部で女性三〇〇人分のが備えられていた。廊下の一端から、折りたたみ式の落し戸をもつ階段が下の中庭に通じていた。ハレムのこの部分にも厨房があった。中庭は海に面した柱廊をもって北東方向に延びており、スルタン妃たちの居館は反対側にあった。中庭の最も奥の端には、黒人宦官全員を統轄するキスラル・アガ（*黒人宦官頭）のスウィートがあった。そこには奥の中庭があり、一番遠い地点で「マルモル・キオスク」および「大砲の門」に繋っていた。この中庭が第一カドン（*寵妃）とスルタン・ワーリデ（*スルタンの母后）の住む諸室への入口をなしていた。「軒蛇腹は金張りで、壁はガラス作りであった」が、調度品は大部分南部のボスフォラスにあるベシクタシュの新宮殿に移されていた。浴場の美麗さはプークヴィーユに強烈な印象を与えた。浴場は私が後に「冬のハレム」のところで述べるものに似ていたように見える。

* 私は彼の感受性を全面的に評価する。そのことを私も、ハレムそのものの磨り減った木の階段を昇って、ハ

レムの女性たちの重厚な手すり付きの寝室を声もたてず眺めたときに経験したものであった。そこはすこぶる神聖でロマンスに溢れた地点であるので、私が自分の声を出したのに気がついてみると、それは呟《つぶや》きにすぎなかった。

私は「夏の宮殿」に相当の頁数を割いた。というのも、これについての著述はほとんどなく、[*] プークヴィーユの叙述も、私がとくに原寸大に複製したメリングの平面図を手引きにして読まねばならぬほどであったからである。そのうえ、「夏の宮殿」をいくらかでも説明しなければ、セラーリオの歴史の理解は十分にはできないであろう。

* 鉱物学者でかつ旅行教育者のE・D・クラーク著『ヨーロッパ、アジア、アフリカ諸国旅行記』（ロンドン、一八一二年）二部、一章、一三‐二八頁と比較せよ。またハンマー・プルグスタール著『コンスタンティノーポリス』第一巻、三〇六‐三二一頁を三〇八頁の対向頁の通常の平面図とともに参照せよ。C・ガーリット著「コンスタンティノープルのサライ」（『オリエント学論考』一九一五年、一二章、三一‐六三頁）を参照せよ。

デイルメン・カプ（製粉所の門）

われわれはここで海辺の城壁に眼を転じ、いろいろな門とキオスクの調査を続けねばならない。私は次に最近発見されたマンガナ、すなわち「帝国の兵器庫」の遺跡をもいくらか説明したい。

前に見たように、プークヴィーユはその南約三〇〇ヤード（*二七四メートル）にあるデイルメン・カプ（*製粉所の門）から「夏の宮殿」に入った。私が今述べようと思うのは、この門である。これはビザンツ時代まで遡る小さい貧弱な門で、元のギリシア語名や建造目的のいずれも詳らかではない。トルコ時代には、この門は城壁に接して建てられていて、その近くのモスクとともにセラーリオの職員が使った病院の入口に充てられていた。（*モスクと病院）双方とも、現在は鉄道線路によってアクロポリス上の建物からはっきりと隔絶されてしまったので、たいへん哀れな荒廃状態となっている。ここにはかつて宮廷用の製粉所とパン焼き場があって、一六一六年までセラーリオの全居住者用に広く使われていた。一六一六年にアフメト一世が第一宮殿域に製粉所とパン焼き場を建てたが、それはメリングの興味ある挿絵に描かれており、その絵を本書は一一二－一一三頁に掲載しておいた。この門は、当時ハストラル・カプ（またハスタラル・カプースー、ハストラル・カプスなどとも書かれている）、すなわち「病院の門」、それからデイルメン・カプ（デイルマン・カプ、デイルメン・カプスなど）、すなわち「製粉所の門」と呼ばれていた。「病院の門」とモスクを中心点としたこの長い城壁の印象を十分心に刻みこむためには、ゴート人の円柱の下方のセラーリオのテラスから見るだけでなく、新橋のほとりですぐ借りられる小舟に乗って海側から視察する必要がある。

ハストラル・カプ（*病院の門）の陸地側では、城壁とアクロポリスの麓との間に、往時キュネギオン（*猟場）があった。これは二世紀末にセプティミウス・セヴェルスが建造した円形劇場で、主として野獣の見物場に使われ、その後の皇帝たちに処刑場として使われたものである。こうして、ビザンツ期のアクロポリスは、ちょうどアテナイのアクロポリスが南の斜面を背景にディオニソスの劇場とヘロドトス・アッティクスの音楽堂をもったと同じように、東側の急傾斜面を背景に建てられた二つの劇場をもっていた。

現在キュネギオンの跡地は、海側を鉄道線路にとりまかれた別区画になっている。

デミル・カプ（鉄の門）

ここから南方に、わずか離れてある次の門は、現在の形からみてもともかくトルコ人の建てたものと思われる。しかし、われわれがコンスタンティヌス大帝の建てた軍の兵器庫であるマンガナ（＊兵器庫）の区域に近づいていることから考えると、これがビザンツ時代の門の跡に建てられた可能性が高いと思われる。（＊ローマ時代の）門の跡は今日まったく残っていず、ごく最近まで、その場所は推測されるだけのものであった。しかし、一九二一－二二年に行なわれた多少の発掘の結果、われわれはそれが、「デミル・カプ」すなわち「鉄の門」と呼ばれるトルコ期の門のごく近くにあったと考えうるようになった。この「鉄の門」は、セラーリオの庭園の西側の入口をなす、同名の門（＊後述「デミル・カプ」）と混同してはならない。アレクサンダー・ファン・ミリンゲンはその名著といいうる『ビザンツ期コンスタンティノープル』の中で、マンガナは「聖バルバラの門」と「病院の門」との間に立っていたにちがいないと述べている。彼が挙げられる唯一の根拠は、ビザンツ帝国の政治家で論争史家のニケタス・クロニアテス（アコミナートス）が、〝マンガナは対岸のスクタリ海岸沖の今日「レアンダーの塔」が建っている岩石の島に面して立っている〟と述べていることである。ニケタスが〝面している〟という表現で何を意味したかがわれわれにはまったくわからないので、ミリンゲンのような推論はあまり価値がない。結論は、あなたがたまたまどんな風に立って見ているかによって決まるということである。レアンダーの塔は、セラーリオ海岸の最先端に対しても正確に直面してはいないし、南方の諸門にはいっそう正対してはいない。しかし、他面レアンダーの塔は、現代の灯台までの間の近くの海岸のどの地点からでも明白に見られ、この地域のどの門や建物も塔に〝面している〟ということができる。単に人がボスフォラスの方へ向いて眺めれば、塔は屹立して地上の目標になりやすい地点にあるからである。ニケタスはさらに、（一二世紀に）マヌエル・コムネーヌスが二本の塔を、一つは岩石上に、他は「マンガナの修道院にごく近い」対岸の本土上に建てたと語っている。塔は、ボスフォラスを防衛するために鎖で結び合わされていた。

アクロポリスの塔は今日デミル・カプの近くに残っており、マンガナの聖ジョージという修道院の跡は、一九二一年にその南方の鉄道線路に沿ったすぐ傍の陸側地点で発見された。ここでは、一連の地下室と、多数の石造の巨柱に支えられて一六の丸天井を戴いた広い水槽とが見出された。隣接する丸屋根に描かれる鳥の文様はビザンツ人石工の作であることを証示している。この教会堂は、南端の修道院とともに、コンスタンティヌス九世モノマルクス（一〇四二－一〇五四年在位）によって建立され、マンガナに近接しているところからそう名づけられた。修道院のすぐ南に「マンガナの宮殿」が建っていたが、その礎石が一九二一年に発見されている。基部はきわめて精巧で、大理石と花崗岩の列柱が二列になって支えている三〇の丸屋根を戴いた大形の中央水槽をもっていた。この礎石の異常な高さは、高い海側城壁越しに海を眺望するために必要であったと思われる。この宮殿はバシル一世（八六七－八八六年在位）によって建立され、一二世紀末イサク二世アンジラスが、取り壊して自分の建造物の資材に使った。

しかし、マンガナそのものはどこにあったろうか？　われわれは、すでにマンガナの塔、修道院、宮殿の場所を確認したので、地図を調査することによってマンガナの場所を確定できよう。「皇帝の兵器庫」を収容できるほど広い場所で、最近の発掘のすべてを包含できた所は、塔と修道院の間にあるものなので、求める場所をわれわれは躊躇なく（マンバリー教授とともに）ここと考えねばならない。そう考えることは、デミル・カプに近い海側城壁に小さな密集した数個のビザンツ期の門が存在した、という主張の傍証となる。

インジリ・キョシュキュ（真珠のキオスク）

われわれがさらに城壁に沿って進むと、やがて崩れかかった建物の正面が現われる。その正面は扉の上方に窓をもち、両側に一つずつ壁龕をもっている。この建物は、レキシウス・コムネーヌス（一〇八一―一一一九年在位）の建てた聖救世主の教会堂の残滓のすべてである。そのすぐ南に、ムラト三世の宰相シナン・パシャが一五八二年に建てたキオスクの廃墟がある。このキオスクはヨーロッパ人が常に「真珠のキオスク」*（インジリ・キョシュキュ）と呼んでいるものである。廃墟は、城壁の外面に向かって建っていて、数個のアーケードを形成していた建物の基礎部分である。城内にあった「神聖な泉（アギアスマ）」の水が、これらの扶壁を抜けて城壁外に流れ出て、水の治癒力の恵を得ようと望むギリシア正教徒に、汲みとられていた。この水が、トルコの征服**のごく以前から「健康の水」として名を轟かせた「聖救世主教会」の聖泉である。多数の文人が***、「変容祭」の日に見た珍しい光景を書き残している。スルタン自身も、治療のために病人が首まで砂中に埋まっている光景を、たびたび眺めている。一八七一年に鉄道線路で破壊されたキオスクの南側では、名も知れぬ小さな門の傍で城壁が崩れ落ちていた。城壁の内側には、城壁内への通路となっていた大きな地下室への入口がある。干潮のときには、海浜に沿ってすこし歩くと、聖ラザルスと聖マリ・ホディギトリアの教会堂を最重要聖堂とする、多数の僧院の使っていた六個の門が見出される。アフメト一世の時代に建てられたトルコ式の小泉亭が立ちはだかって、門の方向に近づくのを阻んでいる。****聖ラザルスの僧院の近くに、座席の列の残骸が（おそらくセプティミウス・セヴェルスの劇場の）見出される。大宮殿のポロ競技場（チュカニステリオン）もその近くにあり、コンスタンティヌスの宮殿の東限がこの辺であったことを示している。最後に、有名なアルカディウスの浴場とアークアンジェル・ミハエルに献じられた教会堂がトピの近くに立っている。こうしてこの地域全部が実際に、いくつもの建造物の重層をなしている！

* 「真珠のキオスク」の秀れた版画はショワシュール・グーフィエ伯爵著『ギリシア絵画旅行』（パリ、一七八二－一八二二年）第二巻、図版七二番に見られる。またメリング著『コンスタンティノープル絵画旅行』（本文本の七番）およびA・L・カステラン著『モレア、ヘレスポント、コンスタンティノープルからの書簡』（第二版、パリ、一八二〇年）第二巻、図版四〇番を比較せよ。

** ファン・ミリンゲン著『ビザンツ期のコンスタンティノープル』二五三頁

*** ギーユ著『コンスタンティノープルの古蹟』四〇頁、テベノー著『レバントへの旅行』（ロンドン、一六八七年）二三頁、グレロ著『新物語』英訳版、七一頁。より新しい時期については、フォン・ハンマー著『コンスタンティノーポリス』第一巻、二三六頁以下、コンスタンティウス著『古代と近代のコンスタンティノープル』（一八六八年）二六頁

**** E・マンバリー著『コンスタンティノープル旅行案内』（コンスタンティノープル、一九二四年）四六二頁、またファン・ミリンゲン著『ビザンツ期のコンスタンティノープル』二五六－二五七頁を見よ。

ジェリードの広場

インジリ・キョシュキュ（*真珠のキオスク）とセラーリオの第二宮殿域の外側城壁との間には、メリングの平面図で「ジェリードの広場と建物」として区画されている大きな矩形の空地がある。これはジェ

リードすなわち「木槍投げ」ゲームの競技場であり、ネア、すなわち「マケドニアのバシルの新教会堂」の跡地の近くに位置している。メリングは競技の光景を描いた挿絵を載せているが、その場所はとくにここではなく、金角湾から遠い奥にある「ヨーロッパの清水（キアト・カーネト）」の近くの矢場（オク・マイダーン）のものである。* この絵やその他の当時の絵画からみて、** 槍は大きさと形が普通の木製の箒の柄に似て、長さは三フィート八インチ（*一・一メートル）ほどのようにみえる。不断の練習によって騎士（投槍者は皆騎馬であった）は相手の頭を狙って百発百中で当てることができ、しばしば相手に重傷を与え、時には死に至らしめている。絵の示すように、重要な試合には強い関心が寄せられ、精巧な天幕が多数競技場のまわりに張られ、ジャニサリやその他の群衆が見物した。馬丁・奴僕・医師などを含めて観衆は膨れあがり、約二〇人の演技者の一団を見て、見物人は歓声を挙げた。ミラー博士はこの競技についていくつかの内容に富む情報を伝えている。*** 競技は、騎士が木槍を投げ合う模擬戦のようであったと述べている。競技は、すでに早く一六世紀後半にはヒポドローム（*競馬場）での大君の催し物の重要な行事となり、一六五〇－一七〇〇年の間には最高の人気を集めていた。この競技は、一八二六年マフムト二世によるジャニサリ軍団撲滅とともに最終的に廃止された。たいへん興味をそそられるのは、ミラー博士は述べていないが、ジェリード競技の敵・味方両チームに付けたトルコ語の名称と、昔ユスティニアヌス皇帝時代ビザンティウムのヒポドロームで使った名称との間に関連の見られることである。ビザンツ時代には両チームが青隊・緑隊と呼ばれ、皇帝はどちらかの隊を応援していた。

＊　『コンスタンティノープル絵画旅行』本文本の二四番と、図版本の一七番

＊＊　たとえばショアシュール・グーフィエ著『ギリシア絵画旅行』第一巻、図版一一〇番と、本文の一七〇－一

七一頁、ドーソン著『オスマン帝国全史』（全三巻、パリ、一七八七－一八二〇年）第三巻の三三二頁と三三三頁の間にある両面図版一七一番

*** 『マクドナルドの贈呈本』三〇五－三二四頁。またウィリアム・ハーボーン著『トルコ』中のミラー博士の引用した公文書館の公文書、外交、第一巻の一五八二年七月二五日の記事。

トルコ人はチームの名称を野菜名――バフミアすなわち緑色の果肉状の莢《さや》と、ラハナすなわちキャベツ――からとっており、対抗するチームはバフミアジ（*緑の莢組）およびラハナジ（*キャベツ組）と呼ばれていた。スルタンも一方の応援に回っていた。マフムト二世は前者、セリム三世はキャベツ組を応援した。* 多くの政治的意味を帯びた緑組と青組の血湧き肉躍る勝負の歴史は、プロコピウス** について見るよう読者に申し上げたい。

* C・ホワイト著『コンスタンティノープルの三年間』（ロンドン、一八四五年）第一巻、三〇一頁

** とくにレーブ古典文庫で刊行（一九三五年）のH・B・デューイングの秀れた翻訳。

バルク・ハーネ・カプ（漁業の館の門）

「漁業の館の門」は、「真珠のキオスク」を挟んで「大砲の門」と同じぐらい離れた反対側にあり、陸側と海側の城壁の出会う地点のセラーリオの城壁のすぐ内側にあった。その名からすぐわかるように、「漁業の館の門」すなわち「バルク・ハーネ・カプ」は、セラーリオに仕える漁夫の宿舎への入口であった。漁夫の宿舎は海に臨んでここに建てられていた。R・ウォルシュの著した『コンスタンティノープルと小アジアの七教会堂の景観』* には、T・アッロムの描いた「漁業の館」の挿絵が載っているが、そ

れは魚の大群を捕えるために建てられた漁撈桟橋をはっきりと描いている。絵の手前側に、数人の漁夫の乗った船が、網ではなく死体を引っ張っている光景が描かれている。ここは反逆者が海に投じられた場所であったからである。陛下の漁業区がなぜちょうどここに選ばれたかの理由は推量できかねる。ミラー博士はアブデュル・ラハマン・シェリフ氏（エフェンディ）**の論文を引用して、この門に関係した興味ある慣習のことを語っている。博士によると、罷免された宰相と黒人宦官頭とが、官位を剝奪された直後、秘かにここに連行されたという。***死刑を宣告された場合、処刑人頭である庭園士頭と被告との間で——文字どおり生死をかけた——競走を行なうという異様な習慣があった。もし、宰相が漁業の館の門に先に到着するのに成功すれば、彼は門内での庇護権を与えられ、宣告は亡命に変えられる。この方法で死を遁れた最後の人に一八二二－二三年の宰相ハジ・サーリフ・パシャがある。その代わり、もし罷免された官吏が庭園士頭に先行され、門の所で待ち受けられたときには、彼は即座に処刑され、遺体は海に投じられた。

* ロンドン、一八三九年（?）四〇頁
** 『オスマン史評論雑誌』五号
*** 『高貴な門（*トルコ政府）の彼方で』一四五頁と、二五〇頁の注三二

バルク・ハーネ・カプ（*漁業の館の門）は、コンスタンティヌス・ドカスが九一三年に帝位を奪取しようと企てたとき進入路に使ったといわれる「ミハエル・プロトベスタリウスの裏門」であると、コンスタンティウスが述べているものである。*しかし、この仮説が認められるまでにはずいぶんと疑問が出されていたにちがいない。**

*　『古代と近代のコンスタンティノープル』二三頁
**　ファン・ミリンゲン著『ビザンツ期のコンスタンティノープル』二六〇－二六一頁

アホル・カプ（厩舎の門）

すこし南方で、陸側の城壁内側からバルク・ハーネ・カプまでの距離と同じぐらい離れた城壁の外側に、アホル（アシュール、アフール、アヒルなどとも綴る）・カプ、すなわち「厩舎の門」がある。その古代の名は知られていないが、ミハエル三世（八四二－六七年在位）の建てた大理石の厩舎が近くにあるので、少なくともビザンツ帝国時代にもここに「厩舎の門」があったろうと思われる。スルタンの厩舎がすこし離れた陸寄りにあって、メリングの平面図に描かれている。それは、セラーリオの第二宮殿域にある王室の厩舎と区別して、ビュユク・アホル、すなわち「大厩舎」と呼ばれていた。ここに飼われた馬の数は時期によって変化があったが、二〇〇〇頭ないし四〇〇〇頭にのぼった。馬は主として「宮廷学校」の生徒用のものであった。

バーブ・イ・ヒュマーユーン（陛下の門）とアライ・キオスク（行列のキオスク）

丘へ上る道をたどると、ギュルハーネ・カプ（*薔薇館の門）（これについてはすでに七二頁で述べている）に達するが、そこから城壁の外側に沿って進み続けると、さらに七基の望楼の傍を通り過ぎて、最後に頂上で「陛下の門」、バーブ・イ・ヒュマーユーンに到達する。私は次章で第一宮殿域を論じるとき、この門について簡単に描写しよう。

城壁に沿って北の方向へ進み続けると、セラーリオの庭園へ入る主門が間もなく見えてくる。前に述べたように、この門は「冷たい噴水の門」——現代トルコ語でソウク・チェシュメ・カプ、以前にはスグク（またはスーク）・チェスメ・カプス（またはカプ）——と呼ばれた門である。この門は一七世紀中葉イブラヒムによって建てられ、アブデュル・ハミト二世の治世中に補修された。この門は建築学上の特別な重要性はないが、時代を経るうちに、きわめて大幅に改修されている。この門を入って急角度に右に曲がると、アライ・キオスクすなわち「行列のキオスク」に降りる坂道が見える。この建物が「冷たい噴水の門」に近いため、この門には「行列の門」の別名も与えられている。

「アライ（*行列の）・キオスク」はセラーリオの城壁の一番西寄りの角に建てられており、城壁はこの地点からほぼ直角に東に曲がって、金角湾の方向に延びている。私は最古のキオスクがこの地点に建てられた年代を知ることはできなかったが、ここには一六世紀の初期から、規模と全体構造が現在のと同一だが、形が多角形でなく、円形のキオスクがあったように思われる。キオスクの内側からは四方の美しい眺望をほしいままにすることができるが、ここから前方に石を投じると——往時「高貴な門」と呼ばれた——「宰相の館」に届く。キオスクは言葉の真の意味で〝見晴らし台〟であり、行列の通行を展望するのにここ以上に恰好な場所を見出すことはむずかしかったであろう。今日このキオスクは種々実用的に使われており、前回私が訪ねたときには全壁面に近代画が展示されていた。往時このキオスクが使われた目的については種々の物語が残っている。実際最初は、スルタンとその随員が毎週金曜にモスクに詣でる前に落ち合う場所であったし、ムラト四世は通行人に向け火縄銃の技倆を試す絶好の地点として使った。スルタンの特異な娯楽に対して民衆の怒りが表面化したとき、陛下の弾薬袋のなかは一日一〇個に限定された。

このキオスクは、また重大な訴願の行なわれる非常時に対面室として使われた。訴願者は安全な間隔を保ちながらキオスクの下方の街頭に集まるのであった。一六五五年のジャニサリの反乱のとき、スルタンはアライ・キオスクの窓から顔を覗かせて兵士たちの不満を聞き取り、自分の首を路上に落とすのを免じられた代わりに、黒人宦官頭と白人宦官頭双方の絞首死体をまっさかさまに路上に投げ落とした。しかも震え上がったスルタンは、翌日和解申出の印として、全員に近い大臣の身柄をジャニサリに引き渡した。

ヤリ（海浜の）・キオスクとの混同

ミラー博士は、もう一つのより古いアライ・キオスクが、陸側と海側の城壁の接合する「金角湾の海辺に*」あったという誤った考えをもっていた。彼女の論拠は、引用文の誤読から生じているようにみえる。誤読はおそらくグレロと同じく（後述を見よ）、アライとヤリを混同したことであろう。彼女が昔アライ・キオスクのあったとして選んだ地点はすべての地図と図表では、ヤリ・キオスク、すなわち「海浜のキオスク」が占めていた地点であった。まずその言葉そのものを取り上げてみよう。近代トルコ語では、行列はアライであるが、他に alaj, alai, aylai, aylay とも綴られる。

* 『高貴な門［*トルコ政府］の彼方で』一四七頁

ところでヤリの場合の綴りにはより多くの変化がある。近代トルコ語での綴はヤリである。その他の形では ialy, iali, jaly, yalli, ialai などがあり、メリングは著書の本文中で Yaly 平面図で Iali と綴っている。こうして二つの言葉が時によってはきわめて近似したものになったことがわかろう。ミラー博士は問題の節の注釈で、メリングの平面図では「行列キオスク」が消えて、ヤリ・キオスクだけが示されていた、と明らかに驚きながら述べている。私は、後者（*ヤリ・キオスク）だけがそこに建てられていたと考える。彼女は別に、グレロ、ヒル、ド・ロワール、チシュルを引用しているが、これらの著述家は一人として文章中にアライ・キオスクを書きとめていない。グレロはその地図にAlaikioscの位置を示しているが、——それはIalaikiosc か Yali kiosk という類似語形の明らかな誤記である（*ヤリ・キオスクである）。彼女はガラタに面するものとしては他に唯一つ「シナン・（*アガ）キオスク」の名を挙げている。それゆえ、誤りはただ名称だけで、建物の数ではない。かつまたショワシュール・グーフィエ、[*] ドーソン、[**] メリング[***]などの挿絵においても同様である。他の一人の信頼できる著述家のコミダス・ド・カルボニャーノが、セラーリオの丘のすべてのキオスクを数え挙げているが、ガラタに面するものとしてはシナンとヤリの二つを挙げているだけである。しかし、Alaiを語るときは、彼はそれをすこぶる明白かつ決定的に述べている。

　それはセラーリオの仕切城壁の上に立つ塔で、（*高貴な）門から約一〇〇歩離れていて、そこから大君は唯一人で公式の行列や騎馬行列を閲見している。

これ以上に明白で正確なものはない。なぜなれば、「陛下の門」を指す「ポート（門）」は数分間歩いて丘を登ったところにある。もし「ポート」が「高貴な門」と呼ばれた道路の向こう側の「宰相の館」を指していたとしても、挙げられた距離は合致する。というのも、アライ・キオスクを出た人は「冷たい噴水の門」を経て「宰相の館」に行くことができたからである。ここで私は、城壁巡回の途中でたどりついたヤリ・キオスクの問題に戻りたい。アライ・キオスクを過ぎてから城壁は東方に延びて金角湾まで続いている。「鉄の門」に着くまでに、二つの小さな裏門があるが、簡単にふれる価値がある。その一つは高名な宰相ソコリの名をとったもの、もう一つは「スルタン・スレイマンの門」と呼ばれるものである。後者は宰相イブラヒムがスレイマンを訪れるのに一三年にわたって使ったものである。イブラヒムはロクセラーナ（*スレイマン大帝の妃）の命令で絞首刑にされた宰相である。

* 『ギリシア絵画旅行』図版七七番
** 『全史』第三巻、図版一七二番
*** 『コンスタンティノープル絵画旅行』本文本の二九番、図版本の九番

デミル・カプ（鉄の門）

やがて上部に銃眼をもった正方形の重厚な構造の「鉄の門」、すなわちデミル・カプが道路の端に見えてくる。今日この門から先の城壁は壊されていて、それ以上は進めない。というのも、鉄道所属の車庫や駐車場を目隠しする新式の壁が建てられて道路を塞いだからである。「鉄の門」はまたボスタンジ・カプ、すなわち「庭園士の門」とも呼ばれている。というのも、ちょうど「大砲の門」が別名をもつと同じ理由で――門はセラーリオの庭園へ通じており、主として、ボスタンジ（*庭園士）が通っていたからである。門はまたスルタンを訪問する大使たちにも使われた。大使たちはペラから船で来て、普通この門を通り、随員を従えて「陛下の門」まで進み、さらにセラーリオの第二宮殿域へ入るオルタカプ（*「中央の門」）へと進んだ。

ヤリ・キオスク（海浜のキオスク）の門

陸側と海側の城壁が出会う角にヤリ・キョシュキュ・カプ（*海浜のキオスクの門）があるが、それはビザンツ時代のエウゲニウスの門、聖パウロの教会堂、エウゲニウスの塔などのあった場所か、あるいはその近くに立っている。この門の真正面の海浜には、ヤリ・キオスク（*海浜のキオスク）そのものが立っている。今日までに著された挿絵や叙述でみると、このキオスクは、天幕風の低い八角形の大理石造りの建物であり、多数の（いく種類かの叙述では五〇本という）大理石の柱をもち、海際まで降りる階段を付けていた。その建立の年代については多少意見の相違があるようにみえる。ある建築家は、建造者は既述のように、「真珠のキオスク」の建立者であるシナン・パシャ（ムラト三世の宰相）で、建立年は一五八九年であるとしている。他方で建立はスレイマン大帝（一五二〇‐六六年在位）の治世まで遡るという意見がある。いずれにせよわれわれは、このキオスクが一六世紀の建立で、スルタンが艦隊の観閲、提督の謁見、その他類似の用務に使った儀式用のキオスクとして建てられたと考えることができる。

ジョージ・サンディースは一六一〇年の航海記で、ヤリ・キオスクのことを次のように簡潔に述べている。

豪華な避暑用の館で、彼がセラーリオから来るために臨時に蠟引きのリンネルを敷いた専用の道路を設け、しばしば種々の目的からここへ来て、人を避け、寛ぎの時を過ごし、ここから屋形船に乗って隣のアジアの行楽地へ出かけた。*

*『一六一〇年からの旅の物語』（ロンドン、一六一五年）三三頁

サンディースはこの記事の次の頁に載せた挿絵で、このキオスクが六角形の構造をし、頂上に丸屋根

をもったことを示している。水辺から数フィート離れたところに、一一の大形のアーチと数列の階段が並んでいる。当時ここにあったにちがいないシナン・パシャのキオスクの姿はまったくない。ヤリ・キオスクのこれ以上十分で内容のある説明は『アラビアン・ナイツ』ほど有名なアントワーヌ・ガラン*の『日記』に見られるが、ミラー博士はその抜粋を載せている。** ほぼ同時期にグレロの説明が出ているが、それには次のように述べられている。

しかし、スルタン妃のキオスクのこうした装飾には、（すなわち、後にみるシナン・アガの）他のキオスク（すなわちヤリの）の大広間や部屋でも比肩できるものはない。その大理石、柱、人工的給水装置、高雅な掛毛氈、その周囲の柱廊、どの側からも眺められる魅力ある眺望、またえもいわれぬ力を感じる透し彫りのある高価な金張りの天井などの、どれをみても、世界にこれ以上の典雅で豪華なものは考えられない。***

彼は「その魔力を一口飲もう」としたが、叶わなかった。

* シャルル・シェーファー編『彼のコンスタンティノープル滞在（一六七二―一六七三年）日記』（全二巻、パリ、一八八一年）第一巻、一八六―一八八頁を見よ。

** 『高貴な門（*トルコ政府）の彼方で』一四八頁

*** 『新物語』英訳版、七四頁

このキオスクのことを、一〇〇年以上も後にカルボニャーノが次のように描いている。

前述のもの（シナン・アガの）からすこし離れて、天幕型に建てられ、全側面を多数の列柱で飾り、また頂上に美しい丸屋根をもった第五のキオスクがある。これも同様にスレイマン一世の建立とされる。スルタンは、バイラム（*祝日の意、断食明けの祭）、クルバン・バイラム*（*犠牲祭、巡礼時の最後の祝祭）のとき、キャプテン・パシャ（*海軍提督）の艦隊の入港、出港のとき、**スルタンの血を受けた王子や王女の生誕のとき、とくに夜間海上で花火をあげて祝うとき、***などに侍臣も伴わないでキオスクへ出かけた。

* イスラムの二大祭日。第一は断食の月、ラマダーンの終了したことを祝う。第二は一二月（ズ・ル・ヒッジャ*巡礼の月）の一〇日にイスマイルの救命の償に雄羊を捧げた行為を偲んで行なう。

** ドーソン著『全史』図版七一番で描いている光景である。

*** 『コンスタンティノーポリの現状を描いた地形図』（バッサノ、一七九四年）二五頁

メリングも類似の描写をしており、*彼の挿絵はサンディースやグレロのものに似ている。コンスタンティウスによると、**このキオスクは一八六一年に取り壊された。

* 『コンスタンティノープル絵画旅行』本文本の図版九番

** 『古代と近代のコンスタンティノープル』一一頁

シナン・アガのキオスク

ヤリのすぐ近くに、「シナン・アガのキオスク」がある。これは一六世紀に主としてスルタンが金角湾内やボスフォラスを通航する船舶を眺め渡すための、避暑用の館として建てられた。

もう一度グレロに戻って見てみよう。

これらのキオスクの第一は、彼が多数もっている婦人用のものであった。それは他のものより高く

作られ、セラーリオからそこへ行くときは往来する姿を見かけられないようにされている。端から端までアーチ路が付き、美しい三部屋があった。部屋はいずれもが敷布団と座布団を置き、色リンネルや紗布の豪奢な上掛けを掛けた長椅子や、低い寝椅子の置かれた数個の金張りの壁龕で飾られていた。これらの長椅子や低い寝椅子は格子窓の近くに置かれていた。婦人たちは格子を透して外を眺めたが、彼女が見られることはなかった。というのももし彼女たちが姿を見かけられたら、見かけた者でなく、見かけられた者の罪が重いとされていたからである。*

＊『新物語』英訳版、七四頁

コミダス・ド・カルボニャーノは、キオスクが八つのアーチをもち、丸屋根を戴いていたと語っている。

このキオスクの取り壊しの記録は一片も見出されていない。これのすぐ近くにセラーリオの艇庫があった。そこには金張りで精巧な彫刻を施した陛下の帆船《セイク》や大型の船が多数浮かべられていた。

籠作り人のキオスク（セペトジレル・キョシュキュ）

「シナン・アガのキオスク」と艇庫との間に、もう一つのキオスクが、水辺近くでなく、セラーリオの城壁上の高所に建てられていた。当時この地点の城壁はかなり陸側にひっこんでいた。これは「籠作り人のキオスク（セペトジレル・キョシュキュ——メリングの平面図のジェベドギレル・キオシュク）」と呼ばれ、主として艦隊に信号を送る施設に使われた。このキオスクは一六四三年にスルタン・イブラヒムによって建てられたが、遥か後の一九〇七年刊のムレーの案内書中*のスタンフォードの地図にも見えている。しかし、グロヴナーは一八九五年に〝それは黒ずんで名状し難いほど汚れていて、往時の優美さや高貴さを物語るものは一片としてなかった**〟と述べている。

* 『コンスタンティノープル、ブルサ、トロアドの観光者案内書』

** 『コンスタンティノープル』七一一頁

このキオスクの名称はすこし説明の必要がある。セペトという言葉は「籠」を意味し、穀物・果実・薬種店の商品などを盛るのに見かけられる籠を指していた。また、職人たちが道具その他小さな品物を容れて運ぶのに使った籠をも指していた。籠はアメリカン・フットボールの肩のプロテクターのような形で、棗椰子の葉の割いたのや幅広い旗のような葉で作られていた。したがってセペトは、屋内の家庭用に使う蓋と柄をもった軽い籠であるゼンビールとも違い、いわんやハレムで米・コーヒー・砂糖・煙草・綿糸などを容れるのに使う小型バスケットのキュチュク・セラとはさらに違っていた。これら各種の籠のすべてが、下記の理由から名称をつけられた城壁上のキオスクのすぐ下で、昔店舗を張っていた籠作り人たちによって作られたと考える理由は充分ある。スルタン・イブラヒムは自分が籠作りを趣味としていたので、籠作り人の組合を保護し、種々の特権を与えたといわれている。このことが組合側にも相応の礼心を呼び起こし、一六四三年にスルタンがキオスクを改造したとき、籠作り人たちが費用の一部の負担を認めてほしいと、恭々しく請願した。この献上がキオスクにその名のつけられる素因となった*。

* ホワイト著『コンスタンティノープルの三年間』第一巻、二八九頁

オドン・カプ（木材の門）

再び「大砲の門」に立ち戻る前に挙げる唯一のものは、艇庫の東北隅のすぐ近くにある小型の「木材の門（オドン・カプ）」である。その名の示すように、この門はセラーリオの中で、浴場・厨房、その他全般の暖房用に使う莫大な木材を運びこむのに使われた。木材は、一部は遥かに黒海まで広がるベルグラードの森林から、一部は地中海から供給された。私は後で第一宮殿域を説明するときに、タヴェルニエによりながら、〝牛一頭で曳ける最大量の木材を載せた荷車四〇〇〇台余りの木材〟を運び込んでいた場所を示すであろう。ホワイトによるとまた、セラーリオで処刑された者の死体を運び出し、海へ捨てたのも、この門からであった。

* 『コンスタンティノープルの三年間』第三巻、三一四頁

この海岸の磯の部分にあるのは、一つの井戸と砲台だけで、これを過ぎて、われわれは再び、半島の岬のサライ・ブルヌー（サライの岬）と「大砲の門」に着くわけである。

チニリ・キオスク（タイルのキオスク）

セラーリオの第一宮殿域の考察を始める前に、城壁からまったく離れている二つのキオスク——チニリ・キオスクとギュルハーネ・キオスク——について述べておかねばならない。チニリ、すなわち「タイル」のキオスクは、セラーリオのキオスクすべてのうち一番興味をそそられるものである。というのは、このキオスクは考古学的や陶芸的関心とは別に、疑いなくメフメト二世（*イスタンブル攻略者）の時代に築かれて現存する唯一の建物だからである。これは金角湾側のセラーリオの地域内にあり、博物館

の建物の一部をなし、「冷たい噴水の門」を通って行くのが一番都合がよく、門を右手にして、斜面を登ったところにある。キオスクはそこの左側に、東向きに建っている。続けて右手に進むと、あなたはセラーリオの第一宮殿域の、有名なジャニサリの木の切り株の近くに行き着く。このキオスクの最良の絵図と平面図はガーリットの大著『コンスタンティノープルの美術建築』に見出される。図版一二aは、一部と平面図を載せ、図版一二b、一二c、一二dは内部と外部双方の景観を載せている。一二aを観察してみると、キオスクの平面はギリシア十字架形であり、凹角はすみ折り上げをもった丸天井を戴いている。凹角のそれぞれには丸屋根をもった一室があり、北側の袖は六角形の後陣で終わっている。(*キオスクの)東側には建物の幅一杯の柱廊玄関が広がっており、それは、一四本の円柱で支えられているが、円柱はタイル張りの軒縁を戴き、その上に星形の刳り貫きをもつ石造りの蛇腹を付けている。この正面は平屋造になっているが、柱廊玄関は地上八フィート(*二・四メートル)くらいにあり、両側に段をつけた中央階段から登る。玄関の下は倉庫となっていて、正面に付いた入口から直接入れた。後方は二階建となり、各階に二層の窓がついていた。

キオスク全体が、第一時期のトルコ式タイルの独特の展示物と見られるので、博物館通有の陶器やガラスなどの展示物とはまったく別に、なによりもタイルの観点から検討する必要がある。

セラーリオ博物館長のタフシン・チュクルは、トルコ・タイル研究の専門家で、この題目についての私との討論の中で、『東洋陶磁器協会会報*』の中の彼の論文のことを私に語った。私は、ハレムとセラームルクのいくつかの部屋を論じる際に後にふれるであろうが、ここではチニリ・キオスクに張られたタイルについての彼の抜き書きと短評を述べるにとどめたい。

* 一九三四年、四八 - 六一頁

トルコのタイル産業

トルコ風タイルの生産は一五世紀に始まっており、製品が高い完成度に達したのは一六世紀中であり、一八世紀前半には死滅してしまった。コンスタンティノープルとブルサはタイル製造業の始めから終わりまでの全歴史を例証することができ、ブルサのモスク、墓廟（テュルベ）、学林（マドラサ）、キオスクなどの研究と比較は、興味深く有益で楽しく、研究は完成しやすい。トルコ・タイルの歴史は三期に区分するのが便利である。第一期は一五世紀始めから一六世紀後半までである。第二期は一八世紀始めに終り、このとき以後タイル産業は衰微した。一七二五年にこれを復活させる努力がなされ、テクフール・サライに建てられた新工場で色タイルが生産されたときが第三期をなした。第三期のものはそれ以前のものとは比較できないくらい劣っている。

チニリ・キオスク（*タイルのキオスク）のタイルは第一期に属するもので、タイルの形態や装飾はブルサで創始され、ここに有名な「緑のモスク（エシル・ジャミ）」や隣接するメフメト一世の「緑のテュルベ（*墓廟）」を残している。色彩は緑、トルコ石の青色、濃青色など、形は方形、矩形、六角形、三角形などがあった。タイルによる銘文は、タイルのモザイクで作るのと方形タイルに書かれたものの二種類がある。両種類の文字は濃青色の地に通常白や黄色で書かれ、銘文の間の空間はトルコ石の青色、黄金の黄色、緑色で埋め、縁どりには白、黒、濃青色を用いていた。タイルは建物の外面と内面の双方に用いられ、ちょうどガラスのモザイクが石への嵌め込み細工であったと同じように、石細工の中に嵌められた。鏡板も、陶器を混えたタイルで作られた。

第一期のタイルのあらゆる種類がチニリ・キオスクで見出される。タフシン・チュクルはそれをこう述べている。

第一にわれわれは回暦八七七年（西暦一四七三年）に作られた入口の上方につけられたタイル細工の銘文が目につく。年代を書き入れたタイルの板はモザイク作りになっている。入口のアーチ形通路の両側には〝テベッケルト・アラッラー（汝のアッラーへの信頼）〟の伝説が、トルコ石色の淡青色と白色の方形のタイルの組み合わせで作られた幾何学文様で書かれている。入口と銘文の上方の表面を飾っている濃青色と淡青色と白色のタイルの中に、星形の文様がある。〝アッラー〟という言葉は、アーケードを斜に縁取りしているタイルのモザイク細工の花模様の中にも見出される。正面の両側にも類似の装飾が見られる。キオスクの部屋部屋も同様に、濃青色と淡青色と白色の六角形、方形、三角形、矩形のタイルを組んだ、すこぶる優美な装飾で飾られている。建物の他の側面もまたタイルで飾られている。

第一期のトルコ・タイルのその他の例は、ブルサのチェキルゲ・モスク（後の章で述べるはずの浴場の近くにある）、イスニクのチニリ・モスク、征服者のモスク、メフメト・パシャのテュルベ（＊墓廟）、セリム一世のモスクとテュルベ、ハッセキのマドラサ（＊学林）、スレイマンの子メフメト王子のコンスタンティノープルにあるテュルベで見出されよう

ギュルハーネ・キオスク

第二期のタイルはハレムとセラームルクの章で述べることにする。この章を終わる前に「ギュルハーネ・キオスク」に触れておかねばならない。このキオスクはセラーリオのマルモラ海側で、第二宮殿域の城壁の南方隅の、厨房の近くの下方にある。このキオスクには讃えられるほどの美麗さはすこしもない、というよりもなかった（今日は取り壊されているから）が、ただ一八三九年アブデュル・メジトが国家改革の大計画を述べた「ハッティ・シェリーフ」（*尊い勅令）の発布の場となったことで有名になったものである。勅令の文章は、過去一五〇年間に生じた帝国の衰退が公正と法を無視したために生じたものであり、したがって全能の神の扶助と預言者のとりなしとに頼って、スルタンは新制度をもって諸州に善政の恩恵を与えようと冀うものである、と声明している。文書は、万人の生命、名誉、財産の安全、平等で公正な租税制度、徴兵と軍役の均等化（*イスラム教徒と異教徒の市民間の）を保証し、輝かしいスレイマン大帝時代を復活しようとする、この高貴で誠実な努力の成果の達成が、民族の遅鈍さと偏見によって妨げられたのは遺憾なことであった*、と述べている。

* より以上の詳細を知るには、この説明の引用源であるグロヴナー著『コンスタンティノープル』七一二-七一三頁、ホワイト著『コンスタンティノープルの三年間』第一巻、一一〇-一一三頁、およびサー・H・ルーク著『近代トルコの建設』（ロンドン、一九三六年）四九頁以下の参照をお勧めする。

キオスクの名（ギュルは「バラ」を意味する）は、往時ハレムで使うバラの砂糖菓子を、菓子作り頭がここで直接監督して作ったという事実に基づいている。

4　第一宮殿域

陛下の門と前庭の静寂

セラーリオの丘上の陸側城壁の中央に「陛下の門（バーブ・イ・ヒュマーユーン）」がある。この門はヨーロッパ人からは、しばしば「ジャニサリの前庭」とも呼ばれる「第一（*宮殿域）の前庭」へ入る正面の入口をなしている。「陛下の門」は、白大理石で輝く巨大な凱旋門風のアーチ門で、ほぼ一五ヤード（*一三・五メートル）離れて内側と外側の二つの門扉がある。当初、門は二階建の構造で、全正面にわたって上下二列の窓をもっていたが、現在は大理石に切り込みを付けた胸壁があるだけである。この胸壁は、第四宮殿域にある池と王子のカフェスすなわち「幽閉所」をとりまいて建てられている胸壁と、寸分違わぬほど似ている。グレロの時期には、二階の上に〝単に装飾用に作られ、陛下の宮殿の入口である門を示す、丸形煙突に似た四つの円形の小塔〟[*]が載せられていた。次の世紀には塔の数は二つに減り[**]、フォサッティの挿絵では（そのことを私は後に述べるが）まったく消え去っていた。

＊『新物語』英訳版、八〇頁

＊＊ ドーソンの版画を見よ。

二重アーチ門の両側には留め継ぎ作りの壁龕があり、ここに高官の首が晒されたものであった。内側のアーチの上には建立者の花押が書かれ、またメフメト二世が残したとされる次の金文字の碑銘が掲げられている。〃神よこの建設者の栄誉を永遠となし給え。神よ彼の事業に力を与え給え、神よ彼の創めたことを扶け給え〃と。

日中は五〇人からなるカプジュ（門衛兵）の警備隊が任務に付き、夜間はジャニサリ兵が加わって警備が強化された。〃ジャニサリ兵は車輪付きの木造の小舎に乗って移動し、哨兵として万事を監視し、事があれば城壁内にいる同僚を起こし、必要な警告を与えることができた＊〃。

＊ ボン、六〇頁

第一宮殿域の前庭は半公共的性格を備《そな》えており、地位と信条の別なく、何人《なんぴと》でも立ち入ることができた。おそらく丘の形と聖イレネ大教会堂の占める位置のため、前庭の形は歪んだものとなっており、「陛下の門」から入った者が前庭の中央まで行くには、かなり左寄りに途をとることとなる。

前庭の右側には病院・宮中製パン所・送水所があり、左側には広い木材置場・聖イレネの教会堂＊・帝国造幣所・宮廷金庫（＊税収貯蔵用の）・宮廷倉庫・宮廷外の勤務員用の二棟の館などがあった。中央の左寄りには、馬匹の飲用噴水と有名なジャニサリの木があり、「オルタカプ（中央の門）」の近くに、時々斬首された首が晒された〃見せしめの石〃二個と、「首斬り人頭」とその補助人が血で汚れた手を洗った「首斬り人の泉水盤」とがあった。

＊ 最も興味深いこの教会堂（これは最後までモスクに変更されなかった）の詳細で多角的な説明については、

ファン・ミリンゲン著『コンスタンティノープルのビザンツ期の教会堂』（ロンドン、一九一二年）の四章を見よ。

厳しく守らされたのは静粛の規則であった。ほとんど全部の旅行者が異常な静寂さについて語り、静粛さが次々と宮殿を奥に進むに従って高まり、最後に第三宮殿域では、墓場の幽寂に似たものとなったと語っている。一五五一年にニコライはこう書いている。

あらゆる所から出て来て、多くの人が集まるにもかかわらず、深い静けさが保たれている。立っている人が唾を吐いたり咳をすることもほとんどないといってもいい。*

そして一七〇〇年頃著されたトゥールンフォールの著書でもこう読まれる。

セラーリオの第一の前庭には誰でも入れる……が万人がきわめて静かにしているので、いわば「蝿の動く音」さえ聞きとれたし、すこしでも声を立てるとか、陛下の御殿という場所にふさわしい尊敬の欠ける態度を示した者があれば、かれは直ちに巡邏《じゅんら》中の将校から剣を浴びせられた。いや、馬匹さえも場所柄を弁えており、疑いもなく彼らは市中よりは静かに歩くように教えられていた。**

* 『四冊の重要な書』の英語版の五一頁の裏面と、仏語版の六六頁

** 『レバントへの航海』（ロンドン、一七四一年）第二巻、一八三頁

ジャニサリが実にしばしば反乱の皮切りに、その下で〝釜〟をひっくり返したり、その枝にたくさんの首を吊したりした有名な「すずかけの木」――ここでほんの数年前まで立っていた空洞の巨木の実際の一部――は、今日では石の支柱に支えられたただの切株に化している。一八九五年にはこの木はグロヴナーの著書『コンスタンティノープル』*の写真が示しているように、深く枝を茂らせた美しい木で

あった。

＊七一六頁

前庭は、種々の門や各所の建物の入口に通じる丸石を敷いた道以外は鋪装されていなかった。大使とか内廷の高官などの貴人は、騎乗のまま門を通れたが、誰といえども「オルタカプ（＊中央の門、すなわち第二宮殿域への入口）」の前では下馬せねばならなかった。

メリングの絵を語る前に私はもう一度ボン（一六〇四‐七年）を引用したい。

このセラーリオに威厳と静寂をもたらしたものは建物の配置の秩序正しさであり、この事実を語らないで話を進めるわけにはいかない。第一にその下部にごく広い列柱をもったきわめて宏大で典雅な門と、正式の武器——すなわち、火縄銃、弓矢、十分の数の彎月刀——を持った約五〇人の門衛兵で警備する入口がある。門はパシャや要人は馬上で通れるが、ここを過ぎると、奥行が約四分の一イタリア・マイル（＊英マイルより一二〇ヤード短い、一四七四メートル）で、幅もほぼ同じぐらいある前庭になっている大広場に出る。この広場は雨の日に馬と従者を雨宿りさせる柱廊を左手にもっている。前庭入口の向かって右には、セラーリオの全員を治療するあらゆる必需品を備えた病院、または付属診療所といえるものがあり、それは一宦官の管理下にあり、もっぱら患者の加療にあたる各種の職員を抱えていた。それに正対する左手には、セラーリオで消費されたり、使われたりする、木材、荷車、筋肉労働に使われるその他の物品を保管する、すこぶる広い場所がある。その階上に一つの大広間が設けられて、そこは古来の兜、鎖帷子《かたびら》、ザッチー（籠手《こて》？）、火縄銃、槍などを収蔵している。これらの品はジャニサリ、兵器庫の要員、セラーリオのその他の居住者が、王ないし総パシャ（宰相）がコンスタンティノープルの市中に威儀を正して入城するのを出迎える時、武装するのに使った。*

* 六一頁

メリングの挿絵に見る第一宮殿域

今、一一二－一一三頁に掲げた、メリングの第一宮殿域を描いた絵を見てみよう。われわれは前庭内の右側にいるが、陛下の門も、病院も、木材置場のどれも見かけられない。しかしそれらは全部一八五二年頃描かれたフォサッティの絵*（二枚で）には現われており、それはミラー博士の著した種々の建物についての秀れた説明を再構成した平面図**とともに見出される『高貴な門（*宰相の館の門を指し、トルコ政府をいった）の彼方で』***の中に再録されている。

* G・フォサッティ著『アヤ・ソフィア』（コンスタンティノープル、一八五二年）長方形のフォリオ判。版によっては色刷りのもある。

** 一六〇頁の対向頁

*** 一六六頁

宮廷病院

メリングは宮廷の日常生活を描写してわれわれに伝え、また、セラーリオでの種々の職務や慣習や衣

第 1 宮殿域

裳をわからせるように、人物像を描いている。たとえば、（*この挿絵では）誰か騎馬の重要人物に仕える侍者の数グループの人が見受けられる。それは国務大臣たちが拝謁の時に急ぐところで、その地位の程度が従者の数で示されている。彼らはオルタカプ（*中央の門）に着くと下馬するが、侍者は馬の番をして、主人がディワーン（*国政庁）に赴いて業務を処理する間、馬を完全に取り鎮めている。前面中央部には病人が担架で病院に運ばれているが、運搬人たちは病院に向けてまっすぐに進んでいる。テベノーは（一六八七年に）いっている。病人は〝二人の人間が曳く狭い小車に乗せられており、何人《なんびと》でもその車を見かけたときは、脇に寄って道を譲り、宰相でもたまたまそれに会えば道を譲る〟*と。診療所は白人宦官頭の管轄下にあり、荷物運送人、付添人、担架運搬人などもまた白人宦官であった。診療所はもっぱら宮廷学校の近習たちが使い、宮廷外の職員はマルモラ海岸の病院を使った。

*『レバントへの旅』二三―二四頁

診療所の組織や一般的運営は秀れていたようで、J・B・タヴェルニエは近習があれこれの理由をつけてここに入院しようとした様子を語っている。

彼らはそこに一〇ないし一二日もとどまった。彼らのやり方で、歌声や楽器の音で気を晴らした。音楽は朝早くに始まり、夜間まで続けられた。他の場所では絶対できない飲酒の許可をここでは得られることが、音楽以上に強い誘因となって彼らはここへ来た。*

しかし、これとは別に、皮袋に容れた酒を秘かに持ち込むことが広汎に行なわれ、宦官が任務を怠る手段に使われた。そうしてここでは、セラーリオそのものの中ではできないある種の不品行な慣習に、臆面もなく耽ることができた。

メリングの絵を見直すと、二人のジャニサリが診療所の方から〝湯沸し釜〟を吊した棒を肩に担いで出てくるのが見える。湯沸しのことは後に立ち戻りたい。二人の前を柄杓を持った下士官が歩いている。

＊『大君のセラーリオの内廷の新物語』（ロンドン、一六七七年）二二一頁

製パン所

セラーリオの種々の職員が見受けられる。一人は宮廷製パン所の壁沿いに、皿を乗せて蓋をした盆を頭に戴いて（おそらく温かいパンを診療所に運ぶため）歩いており、尖ったフェルト帽子を被った他の者は、より強《きつ》い筋肉仕事にあたっている。

すでに3章（八四頁）で見たように、最初宮廷製粉所と製パン所はデイルメン・カプすなわち「製粉所の門」に近いマルモラ海海岸にあり、一六一六年にアフメト一世が第一宮殿域に新製パン所を建てるまで盛んに使われていた。パンは質の良さを厳しく求められたので、パンの不足したときでさえ、宮廷用のパンは純白さがちょっと損なわれただけでも弁明は許されなかった。ボンはパンには数種の区別があったという。陛下、パシャ、その他貴人用の純白もの、中級人用のやや上質のもの、アジェム・オウラーン（＊外国人の青年近習）用の黒いものというふうに。宮廷の嗜好について、彼は続けている。

スルタン妃用には、オスマン帝国の先祖伝来の領土であるビティニア州産の小麦で作ったブルサの粉が使われた。その年産は七〇〇〇ないし八〇〇〇クリロ（キログラム）、すなわちおそらく約三〇〇〇ヴェニス・スタラほどあり、小麦はブルサ市の製粉所で完璧な質のものに作られた。その他についていえば、すべての小麦は、前述の皇帝の先祖伝来の領地のあるギリシアから運ばれたが、こ

の穀粒は常に軍隊用に使われた。ビスケットはこの粉を使ってネグロポンテで製造され、そのいくぶんかは支払手形（コマンダメント・イン・マノ）を貰って粉の積み込みに働いたラグサン人にも売られた。ここの小麦は、三万六〇〇〇ないし四万クリロすなわち一万五〇〇〇スタラが毎年コンスタンティノープルに運ばれ、セラーリオで使われた。政府がこんな大量を消費したことも驚くにはあたらない。というのも政府は、通常宮廷で使用する他に、娶ったスルタン妃、パシャ、顕臣などの全員とその他多数の者に、倉庫（チリエル）ないし他の王の補給所から、毎日配給のパンを与えていたからである。——こうしてスルタン妃二〇個、パシャは一〇個、ムフティーは八個などと、宰相の意志で決められる下位者ほど一人当たりの量が少ないパンが与えられた。それぞれの割当の分配は倉庫番に委ねられていた。パン一個の大きさは上質のケーキくらいの大きさで、柔らかくふくらせたものである。*

＊ 九六頁

造幣所

前庭の反対側には、造幣所の丸屋根が見えるが、これは（一一二‐一一三頁の複写では見えていない聖イレネ教会堂を別として）第一宮殿域で現存する唯一の建物である。造幣所は、従来の第三の丘の上の場所から、一六九五年のやや以前にここに移築されたものである。造幣所には金細工人と宝石職人が抱えられていて、この中でハレムやセラームルクの各室を飾る、精巧な装飾品ならびにカドン（＊側室）たちの宝石が作られた。美術館長タフシン・チュクルは最近セラーリオの文書の中で、一五三六年に雇われてい

セラーリオの第1宮殿域．左手に聖イレネ教会堂と中央遠方にオルタカプを示す

た職人のリストと彼らの給与表とを載せた書物を発見した。職人の数は五八〇人で、次のものを含んでいた。

金細工人	五八人	刀剣鍛冶	一八人
銀糸作り	四人	刃物師	一八人
彫版師	九人	銅細工人	一九人
金浮彫り師	五人	甲冑師	一六人
紋作り師	八人	白檀細工人	三人
刀剣のダマスクス飾り師	二二人	彫刻師	一四人
絹織物師	四人	楽器師	一一人
裁縫人	一六人	家具師	一五人
陶工・タイル工	一二人	手袋作り	三人
浮彫装飾師	二二人		

彼らの作品の見本はセラーリオの博物館で見られるだけでなく、ハレムやセラームルクの通路、壁面、食器棚、長椅子、天井、部屋の床などに施された化粧張りや象眼の中で見ることができる。

水源施設

この宮殿域ではまだ給水施設の検討が残っている。水源の井戸は前庭のはるか右手の奥にあり、高い城壁の背後に隠されている。そこへの通路は第二宮殿域の厨房の建物が始まる隅（*西南）に近い小さな戸口を出たところからついている。戸口を出ると正面城壁の下の斜面となるが、斜面の底に丸形と長方形の二つの井戸がある。両井戸とも、ほぼ五〇歩離れたところにある元井戸に連結されている。工事は偉大なシナン（*建築家）の行なったもので、明らかに厨房と同じ時に作られた。井戸は今も実際に使われており、発電機も補足的に使われているが、全部が新しい煉瓦作りの建物内に収められている。電力棟の中を進むと、前方の部屋に、直径が一二ないし一四フィート（*三・六‐四・二メートル）ある井戸そのものがある。それは頑丈に築かれた井戸である。水面を跨いで狭い鉄の橋が渡されている。壁面には電灯が点々と付けられていて、一六世紀の住居建築のこの興味ある見本を限なく照らし出してくれる。

ジャニサリの歴史と組織

この章の冒頭で述べたように、第一宮殿域前庭はしばしばジャニサリの前庭と呼ばれているが、理由がなくはない。この軍団は、この宮殿域で起こった流血の歴史のすべてにかかわって、セラーリオと不可分に結びついていた。

このトルコの最初の常備軍（*ジャニサリ）については、最近の研究の光の前で、長く讃えられた伝承が崩壊・褪色しかねないときなので、その発生と発展の歴史をある程度知っておいてもらいたい。この軍団の起源、名称、服装などを説明する昔の絵のような伝説があまりにも魅力的なので、永久に忘れ去られる前に、それを伝えておかねばならない。

ハジ・ベクタシュと軍団の起源

伝承によると、オルハン（一三二六-五九年在位）が、捕虜となった者のうちから多数のキリスト教徒の青年を選んで、アマシアの近くに住んでいた高名な修道僧（デルヴィシュ）のハジ・ベクタシュのもとに送って神の加護を求めさせた。整列した青年たちの前に立って、ハジ・ベクタシュは最前列の兵士の頭上に自らの衣の袖を広げて、次のような言葉で加護を与えた。「彼らをジャニサリ（エニ・チェリ、すなわち新しい兵士）と呼ばせよ！　彼らの顔色が永遠に輝き、手が常に勝利を捷《か》ちとり、剣が鋭くあるようにさせ給え！　彼らの槍を常に敵の頭上に突き立てさせ給え！　彼らが何処に赴こうとも、白い顔で帰還させ給え！」。

この聖者がその手を挙げて僧服の厚い袖を二重にたたんで垂れたので、ジャニサリはこの祝福を記念して、以後袖の形をした垂れ布をその帽子に付けるようになった。真の起源はどうであれ、一三〇-一三一頁の挿絵を一瞥してわかるように、頭飾りはたしかに珍しい形である。

この伝説には注釈すべきことが数点ある。第一に、軍団の起源が実は一六世紀後半――すなわち、加護の行為が物語られた時から二世紀おくれて――に始まっていることである。第二に、その事件をどのスルタンと結びつけるかはすこぶる恣意的になされたことである。たしかにオルハンは人望があったが、彼の前のオスマン一世、後のムラト一世とムラト二世もジャニサリの制度の制定者と語られている。軍団の組織が完成するまでには長い歳月を要したので、相つぐスルタンのそれぞれが、自分の考えで改善ないし組織改変を行なった（*ので制度と結びつけられた）と推断する方がごく自然である。

しかし、この問題は故F・W・ハスラック*によって十分検討されており、彼はこれまでオルハンないないしムラト二世まで起源を遡らせるのを拒否し、組織の編成が一四七二年以後に行なわれたと見なければならないことを証示した。

＊『スルタン治下のキリスト教とイスラム』（オックスフォード、一九二九年）第二巻、四八三－四九三頁

この結論を出した証拠は次のように要約できる。ジャニサリ制度の明白な特徴は、帝国のキリスト教徒の児童を徴集して、彼らに改宗を強制し、この職のための特別訓練を施した者を兵員として、軍団を構成したことである。さて一七世紀の著述家のエヴリヤなどは、ジャニサリについて述べているが、イブン・バトゥータ、シルトベルガー、ベルトランデン・ド・ラ・ブロキールのような高名で観察力の鋭い旅行者が一四、五世紀に残したジャニサリについての説明では、キリスト教徒児童の組織的徴集のことをいささかも述べていない。それゆえ初期のスルタンは、戦場で捕えた捕虜や戦利品の五分の一を取得する権利があるとするイスラム法に従って獲得したか、購入したかした、当然大部分がキリスト教徒である奴隷をもって編成した一種の親衛隊、すなわちエリートの軍団を保有したのである。

これらの軍隊がオルハンの時代以後再編成された。説得を受け容れて、マホメット教に改宗し、完全な軍事訓練を受けた捕虜たちが軍団を構成した。一五世紀のビザンツ人の史家シャルコンディルとドカスはこの軍団の兵士を、スルタンの門の傍に立っていたことを推測させるポルタないしシューラ（＊ギリシア語の〝戸〟）という名で呼んだ。彼らはその後「門の奴隷」と呼ばれている。キリスト教徒子弟の徴集兵はまだ（一五世紀には）前述のように明らかに組織化されていなかった。でなければ、ギリシア人の歴史家が必ずやこれについて述べていたにちがいない。別の史家キッピコは一四七二年にもまだ、ジャニサリをスルタンの戦時捕虜の五分の一の中の者で大部分編成した、と述べている。ハジ・ベクタ

シュとジャニサリの結びつきについていえば、われわれはハジ・ベクタシュがもともとただの一部族の聖者であったが、後に捕虜となり、フルフィ派の教義を信奉するに至ったものであり、フルフィ派が自らの教義をハジ・ベクタシュの教理として後の弟子に教え込んだものであったと推測する。この宗派が勢力を伸ばすと、部族の昔の聖者は漸次尊崇を集め、多数の伝説が彼に結びつけられていった。この宗派は間もなくジャニサリ全組織の〝神父〟たる地位にたち、ハジ・ベクタシュはジャニサリの守護聖者に選ばれ、この関係が一五九一年以来公式に認められた。この直前に聖者の軍団を祝福した物語がはじめて現われた。しかし、この物語は全般的には認められていないのみならず、ベクタシュ派の普及しているる地方出身者一人を含む現在の歴史家たちからも強く否認されている。それゆえ、これらの証拠からみて、われわれは、聖典視されているハジ・ベクタシュ、オルハンおよびジャニサリに関する初期の伝説は、まったくの捏造であり、同時に初期の伝説は爾後の軍団の歴史、慣習、全般的組織といささかの関連もないとすべきと考える。

規律・装備

ジャニサリの兵員は征服地のあらゆる地方から得られたが、多くはアルバニア、ボスニア、ブルガリアから出ていた。彼らには直ちに教育と訓練が施され、彼らの大多数はアジェム・オウラーン（*外国人青年）となり、後に必要となるいかなる肉体的困苦にも堪えられるような、苦しい筋肉活動に従事させられた。少数の選抜された者が宮廷学校に収容されて、その教育課程を完璧に履修させられた。修了後彼らは、どこかの国境駐屯地の司令部に派遣され、必要に応じて州から州へと移動して勤務した。

最初規則はきわめて厳格で、絶体服従、軍団内での完全な親和、各種の奢侈の禁止、婚姻その他のあらゆる家庭的関係の禁止、ハジ・ベクタシュ派の全宗教規律の遵奉などを厳しく守らされた。軍団の構成員は、いかなる商取引もしてはならず、着装・服装について一定の規則を守らねばならず、兵営を離れられず、平和時には給与はまったくなく、戦時にのみ兵器を与えられるものであった。彼らの糧食の配給がきわめて不十分であったので、いくばくもなく規律がすこしずつ破られるようになった。漸次種々の腐敗が加わるが、それについてはすこしく後に見てみる。一五五一年にニコライはジャニサリの武装を次のように描いている。〝小形の手斧を帯に下げ、短剣を身につけ、すこぶる巧みに操る長い槍を使った〟と。ジャニサリは顎鬚を生やしてはならないが、〝顔面をごく残忍・勇猛に見せるように口髭を長く大きく濃く生やした〟。衣服は、濃青色の布製の外套を着、高齢のベクタシュ兵の中には、儀礼服の帽子を極楽鳥の毛をたくさんつけた羽根で賑やかに飾り、それを背後に折り曲げて膝近くまで垂れさせているものがあった。ニコライはこのことやジャニサリのアガ（将軍、軍団長）が着た縁飾りのついた外套、長く垂れた袖、大型のターバンを精密に描いている。靴の色は着用者の地位を端的に示すもので、地位が下がるに従って赤・黄・黒と色が変わっていた。

隊章の釜

将校の呼称はすべて料理技術と関係をもつものであった。アガ（*将軍、軍団長）はチョルバジュ・バシュすなわち「スープ分配長」と呼ばれ、その下はアシュチュ・バシュ「料理長」、次がサッカ・バシュ「水運び人頭」であった。彼らの隊旗は大きなカザン（湯沸し、または釜）で飾られていた。釜のことは詳細に考察する価値がある。これらの大釜が正確にいつから軍団の歴史に重要性を占めるようになったかを語るのはむずかしい。しかし、それが軍団創設時からあまり後でないことは明らかなようだ。最初の関係は単なる敬意から出ていたが、後に〝大釜〟は反乱と流血の印として恐怖の的となった。変化は軍団がスルタンの掌握から離れ始めたときから生じた。事実は、〝大釜〟が食事の分配に使われた蓋付きの料理釜であったからである（＊食べ物の怨は恐ろしい）。

伝説によると、最初に授与された〝大釜〟はベクタシュ派の修道僧が日常使用したものを手本にし、メフメト二世がコンスタンティノープル攻撃（一四五三年）に先立って、各オダ（兵営、すなわち部隊）*に贈ったものであった。そのときまでは、兵士は自分の糧食を自分で調達せねばならなかった。このときから、各オダは所属の兵站将校を通じて、毎日の糧食としてパン・塩・米・羊脂の配給を受けるようになった。そこからパンと塩をもって忠誠の誓をする作法が生まれた。各オダは連隊用の大形の銅器を持っていたが、ジャニサリ兵二〇人毎に一つの割合で普通の大きさの釜が分配された。前にメリングの挿絵でみたように（一一二－一一三頁）、大形の柄杓を下士官が別に運んでいるが、兵員個々は自分の帽子の前部に真鍮製の受け口をつけて、普通の釜用のスプーンを容れていた。

＊　オダは文字どおりでは〝室〟または〝部屋〟を意味し、拡大して〝宿所〟〝家〟（イギリスのパブリック・スクールでこの言葉が使われるのと同じ方式で）の意味に使われた。こうしてセラーリオでは、この語は近習がいる部屋かハレムの職員のいる部屋を指すのに使われ、軍隊用では〝兵営〟となり、最後に一単位の軍団（オジャク、〝竈〟）を指した。この言葉と密接に関連するのがオルタ、〝中心〟とか〝中央〟という言葉で、オジャク（軍団）中の〝大隊〟を指すのに使われた。

こうして〝大釜〟はしだいに軍人の誇の象徴となり、ちょうどわれわれの太鼓のように、ジャニサリが宿営したときには、アガ（*軍団長）の天幕の前面に積み上げられた。進軍の際には、〝大釜〟は新兵たちの手でリレーして運ばれ、それを戦闘中に奪われることは、オジャク（*軍団）のオダ（*連隊）の拭い難い恥辱とされた。連隊の大形銅器は長老たちが携えており、その喪失も、きわめて勇敢な武勲でなければ雪《すす》げない重大な恥辱と見なされた。平時にはジャニサリは毎金曜日の正午の礼拝の後に、第二宮殿域の前庭に集まって、当然の手当としてピラフを受け取った。スルタンはディワーンと「幸福の門」の間のキオクスに待機して、ジャニサリの進行に気持を集中して注目していた。〝大釜〟の担い手が所定の合図とともに厨房から米を運んでくれれば万事順調であるが、彼らが隊伍の間に停止して、釜をひっくり返したときは、それが不満の表明、すなわち革命の合図となった。不服従と反乱を防止するのは、不満の適否にも左右されないスルタンの即座の行動と、そのときのスルタンの個人的能力にかかっていた。防止の結果は、しばしば凄惨で、迅速であった。ボスタンジ（*庭園士）が呼び集められ、首謀者と釜の運搬者は捕えられ、いつもすぐ山ほどの首がオルタカプ（*中央の門）の外に晒された。

ジャニサリの終焉

他方で、一七世紀以降ジャニサリの勢力が巨大なものとなり、六人以上のスルタンがジャニサリの行動で廃位されるか、殺害されるかした。この状態がどのようにして惹き起こされたかを手短にたどっておきたい。当初の軍団は、キリスト教徒の捕虜で編成されており、兵士はスルタンが自らの新しい父親であること、彼らが持つものも将来の地位もすべてスルタンの掌中にあることを自覚していた。したがって、スルタンが彼らを率いて戦場に出るのを常とし、初期のスルタンの戦闘精神が持続されていた間は、軍の士気は保たれ、軍団はヨーロッパでの最強の常備軍となっていた。しかし、スルタンが戦場をハレムに取り替えたとき、規律は弛緩し、軍団の当初の精神は忘れ去られ、この秀れた人間集団があらゆる種類の腐敗を生んで、オスマン帝国の苦悩や害悪を増大した。ムラト三世（一五七四年即位）の時まで、ジャニサリ兵の総数は二万人を越えなかったといわれるが、彼の治世の中葉から規定違反が始まり、この世紀の末にはジャニサリの総数は四万八〇〇〇人をこえた。この変化には、いずれも軍団にとって有害な数個の要因があった。オダはキリスト教徒だけで補充されるのではなくなり、民衆と結びついた純粋のオスマン・トルコ人で、スルタンを自らの父とは尊敬せぬ者によって補充された。永い平和時代が独身のジャニサリにあらゆる悪徳と悪慣習を浸透させていた。ジャニサリ兵は自らの力の強大化を悟ると、結婚をするようになり、それまでになく我儘《わがまま》となった。金銭や糧食が不足すると、気安く砲火を弄んだし、その時は当然大量の虐殺が続いた。アフメト三世（一七〇三－三〇年在位）の治世中には、一四〇回を下らぬ火災が生じた。結婚したジャニサリは営外居住が許され、やがて彼らの子供だけでなく、友人・親威なども軍団員として兵員に加えられた。こうして、やがて軍団にはまったく無用の人間や無頼漢が増えて、兵員がすこぶる多数となり、一八世紀始めには給与受領者の数は一三万人という厖大な数となった。セリム三世は新式軍隊を組織しようと努力したが失敗し、一八〇六年にバイラクダール・パシャはそれよりやや成功を収めたが、その時も新式軍隊は再び圧殺された。ジャニサリ軍団を一挙にかつ完全に殲滅する仕事はマフムト二世（一八〇八－三九年在位）の手に残された。彼のとった措置は、無準備の偶発的行動ではなく、一六年以上にわたる慎重な研究と準備の後行なわれた。

マフムトはすでにジャニサリの反乱のすさまじい恐怖、都が一枚の紙のように焼き払われたことも見てきたし、女子供の叫喚や絶命の呻吟を耳にしていた。こうした経験にもかかわらずスルタンは、ジャニサリが望みかつ安堵したようには、改革計画を中止しなかった。反対に、この経験が、全軍団を永遠に抹殺することと、あらゆる手段を講じてその準備をしようとする固い決意を、マフムト二世の心中に育《はぐく》ませた。ある人々には名誉と金銭が与えられ、他方反抗的人々にはボスフォラスへの道をたどらせて、その姿を消し去った。遠隔地に勤務するパシャ（将軍）の勢力は削減され、ジャニサリは不満な州の同盟者の援助をも断たれた。新たな常備兵の軍団「エシュケンジ」は日とともに増大し、またジャニサリの将校の多数は寝返りを促がされ、このためオダの兵士たちの中では相互不信が広がった。一八二六年までにマフムトは準備を終えた。政府は慎重に使嗾してジャニサリに反乱を起こさせた。ジャニサリはエト・マイダーン（*「馬の広場」の意、旧ヒポドローム）へ行進し、常の仕方で〝大釜〟を転覆し、反乱の合図をした。彼らはアガ（*軍団長）が政府側へ付いたのを知って、アガの館を襲い、そのハレムに残っていた者を罵倒した。ついで兵士たちは政庁へ進撃して文書を焼き、手当たりしだいに破壊を重ねた。しかし、彼らの命運は極まっていた。海岸線には兵が配備され、セラーリオには武装したボスタンジ（庭園士たち）が充満しており、新制軍が市中へ突入した。

預言者の使った神聖な軍旗が掲げられ、ジャニサリの永久の解体を告げる破門と宣告が布告された。この措置を宗教上から認める「フェトヴァ（*教書）」が「シェイフ・ル・イスラーム（*イスラム長官）」から下され、攻撃が開始された。新制軍は、ジャニサリ軍が「エト・マイダーン」に戻ったとき、そこに通じるあらゆる道筋を討伐軍で占拠して、任務を進めやすいようにした。時間の長さははっきりしないが、一瞬の後大砲が固有の役割を果たし、葡萄弾はジャニサリ兵の密集した狭い通りで大量虐殺を演じた。大砲と剣から逃げのびた者も、兵営の中で焼き殺された。だがマフムトはこれだけでは満足しなかった。自宅に隠れたり、市外まで遁れたものも追跡して、ボスフォラスに沈めた。総計して二万五〇〇〇人以上が殺戮され、ジャニサリは絶滅した。

メリングの絵

第一宮殿域を終える前に、一三〇‐一三一頁に掲げたメリングの挿絵を仔細に検討しておきたい。この挿絵は、バイラムの祭（*断食明けの祭）に、セラーリオから城外の一モスク——聖ソフィアかアフメト・モスク——へ向けて進む大行列の一部を描いている。行列は、ちょうどバーブ・イ・ヒュマーユーン、すなわち「陛下の門」を出て、美しいアフメト三世の泉水盤の傍を過ぎ、上述の二つのモスクの入口がある「エト・マイダーン」広場に向けて進んでいるものである。

「陛下の門」は、その上部二階の撤去される以前の形を示していて、主門の入口の幅は遠近法に従って小さく描かれているが、帝国の強大さと威厳を一点の曇もなく感じさせている。

右側の城壁は、マルモラ海の方に向かって延び、マルモラ海のところでアホル・カプすなわち「厩舎の門」に近い海側の城壁と結ばれるのである。二つの塔の上の円錐形の頂上部はずいぶん昔に失われたが、城壁の他の部分は、向かいのアフメト三世の泉水盤と同じように、今日まで変わりなく残っている。

挿絵の主題を検討してみると、この芸術家が賢明にも行列中から数人の像を選び出し、手前に描いて、彼らの装束を他より調べやすいようにしている。

一番左端の樹陰から始めると、まず侍臣を従えた馬上のパシャ（将軍）が一人見え（＊本図では馬の首しか見えない）、侍臣の何人かに前方の途を開けさせ、他は後方に密着している。

パシャの馬の前方の目だつところに、アガの次の地位のセグバン・バシュ（＊猟犬隊長）の位のジャニサリの将校が一人いる。彼の式服には、奇妙な尖った形の上向きの肩章を付けた上衣が見える。彼の右側には、麗々しい馬具と十能形の鐙《あぶみ》をつけた馬が跳《は》ねている。馬を一人のバルタジレルすなわち宮殿外勤務の槍斧兵がとり鎮めようとしている。宮殿外槍斧兵については第二宮殿域の章で検討する。

珍しい形の折れ垂れた帽子が目につき、軍団の行列の所々でそれを被った要員が目につく。彼らは他の任務もあるが、親衛兵として行動し、護衛している馬か馬車に添って歩いている。彼らは通常槍斧を携えているのだが、この挿絵ではこの特別な武器をペイク（＊使い番）が手にしているのがみえる。ペイクの任務はスルタンの前方を疾駆したり、必要なとき使者となることである。これらのペイクは槍斧兵の支隊を形成するが、その服装はビザンツの宮廷からそっくり踏襲したもので、興味がある。

それをメリングはこの絵の正面の中央辺に描いている。彼の三本羽根をたてて上部を切った高い帽子は、彼のすぐ右に立っている男の被ったとがった帽子とはずいぶん違っている。後者もバルタジレル（＊槍斧兵たち）なのだが、ズュルュフリ（＊巻き毛の槍斧兵）と呼ばれる隊に属している。この二人の右手に、二人のジャニサリがすでに述べた珍しい帽子を細かく調べられる位置に置いて画かれている。これらのジャニサリが行進行列の傍に列をなして立っているのが見られる。

二人のジャニサリの右手に白い羽根でできた大型の頭飾りを付けた一人のカプジュ（＊門衛兵）が立っ

バイラムの祭日の行列

ている。カプジュは門衛をする他、戦時にはスルタンに扈従《こ》して、スルタンの天幕の衛兵となる。

行列の中心部に、多数のカプジュの頭飾りである白羽根の大群の中に、セリム三世が浮き上がって見える。

スルタンの前方には宰相が馬を進めており、宰相の前を他の高官たちが先行している。スルタンのすぐ後には「太刀持ち」、すなわちシリフダールが、またその後には「黒人宦官頭」、すなわちキスラル・アガが従っている。

チョカダール「陛下の衣裳奉持者」、シャラブダール「コップ持ち」などの高位の侍臣は、挿絵には見えないが、おそらくどこか後方で、第一宮殿域の中にいるのであろう。

比較のために、メリングの「スルタンの供奉員」と題した二枚の色刷の挿絵が、J・M・タンコワーニュ著『一八一一－一四年のキャンディ島とその諸島の中にあるスミルナへの航海*』中に見られることを述べておく必要があろう。

* パリ、一八一七年

5 第二宮殿域――ディワーンの前庭

中央の門

中央の門の機能

これまでわれわれが見てきたものは半公共的性格の区域であった。というのも、そこでは前章で注目を促したように、一定の規則が厳しく実施されたからである。しかし、奥の宮廷勤務の役人は、第一宮殿域を真の宮殿域に含まれると考えていない。したがって奥の宮廷勤務者は宮殿域の番号を、「陛下の門」からではなく、「ディワーン（*国政庁。語義は会議ないし省庁。最高の国政会議を置く政庁なのでこういう）の館」に入る門（*中央の門）のところから始めていた。すこし後に見るように、オルタカプ（*中央の門）は君主の権威の出発点であり、そこには適切な敬意と礼節をもって接近せねばならぬことを全関係者の心に一点の疑いもなく植えつけるための、重要な規則や規程が数多く定められていた。

（*第二宮殿域である）ディワーンの宮殿域は、内城城壁と呼ばれる堅牢な城壁によって城外の宮殿域と遮断されていた。内城城壁の中央にオルタカプ、すなわち「中央の門」があった。この門は、珍しく中

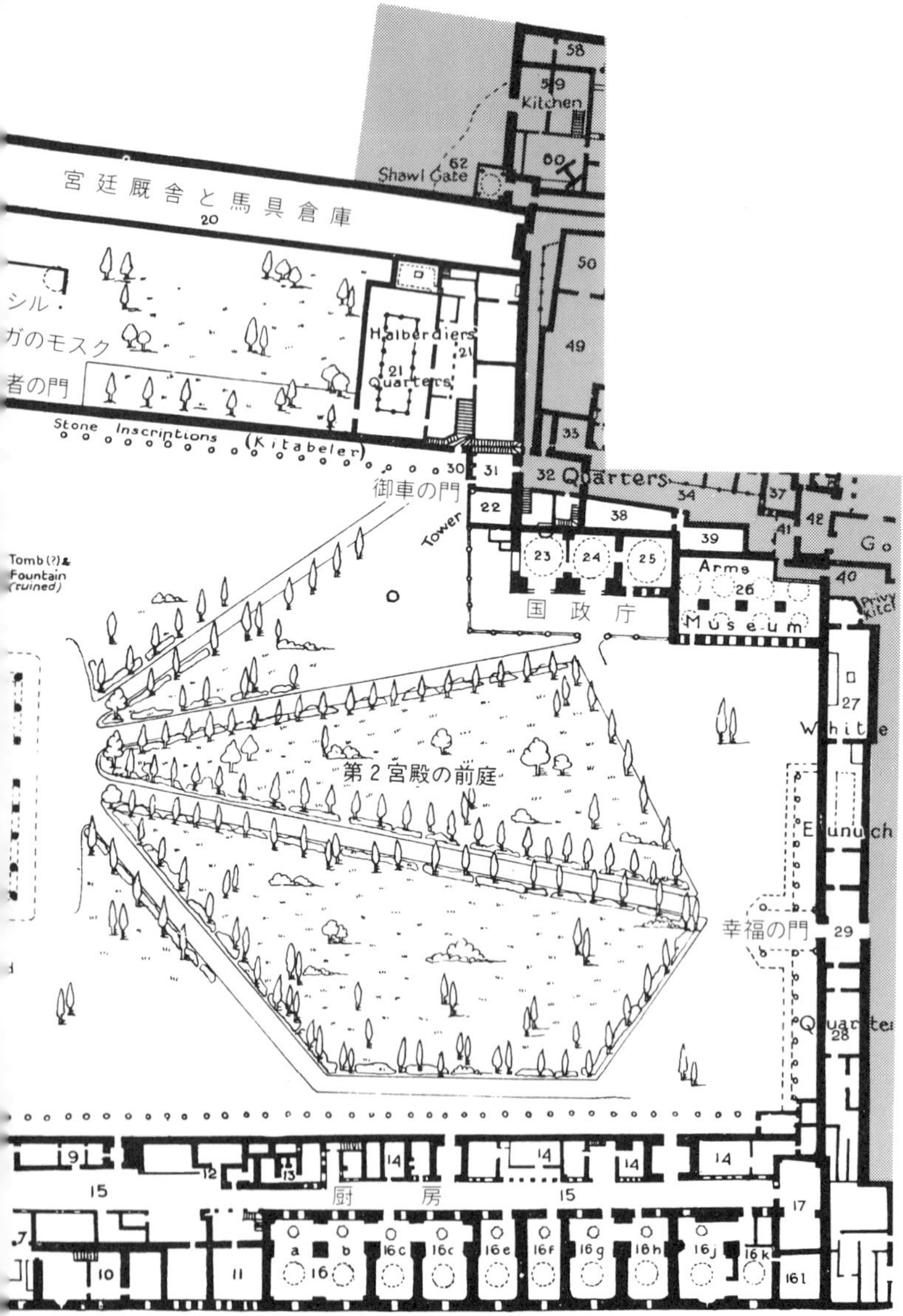

58
59
Kitchen
60
62
Shawl Gate
宮廷厩舎と馬具倉庫
20
50
49
シル・
ガのモスク
者の門
Halberdiers
21
Quarters
33
Stone Inscriptions
(Kitabeler)
30
31
32 Quarters
34
37
42
41
御車の門
22
Tower
38
39
Go
Tomb (?) &
Fountain
(ruined)
23
24
25
Arms
26
40
Privy
Kitc
国政庁
Museum
27
White
第2宮殿の前庭
Eunuch
幸福の門
29
Quarter
28
9
12
13
14
14
14
14
15
厨房
15
17
7
a
b
16
16c
16c
16e
16f
16g
16h
16j
16k
16l
10
11

第2宮殿域

1 中央の門
2 墓地と井戸の廃墟
3 送水所に至る城壁下通路の小鉄扉
4 2つの井戸
5 螺旋階段をもつ井戸
6〜17 厨房の区域
6 厨房区域への入口
7 料理運搬人の居住区
8 厨房監督者室
9 収蔵庫
10 料理人居住区
11 料理人のモスク
12 厨房器具収蔵庫
13 厨房器具の錫張り場
14 料理人助手,菓子職人等の居住区
15 厨房の通廊
16a〜16l 厨房
16a スルタン用
16b スルタン・ワーリデ用
16c カドン用
16d 門の司令用
16e ディワーンの職員用
16f 近習用
16g セラーリオの下級職員用
16h その他の女性用
16j ディワーンの下級職員用
16k 菓子職人用
16l 菓子職人の器具室
17 菓子職人用モスク
18 死者の門(メイット・カプ)
19 ベシル・アガのモスクと浴場
20 陛下の厩舎
21 槍斧兵の兵営
22 ディワーンの塔
23 ディワーン(国政会議)の広間
24 ディワーンの文書の記録所
25 宰相の私室
26 宮廷金庫(現兵器博物館)
27 白人宦官の居住区
28 白人宦官頭のスウィート
29 幸福の門
30 御車の門
31 食器棚付円蓋前室
38 財務官のスウィート
39 侍従長のスウィート

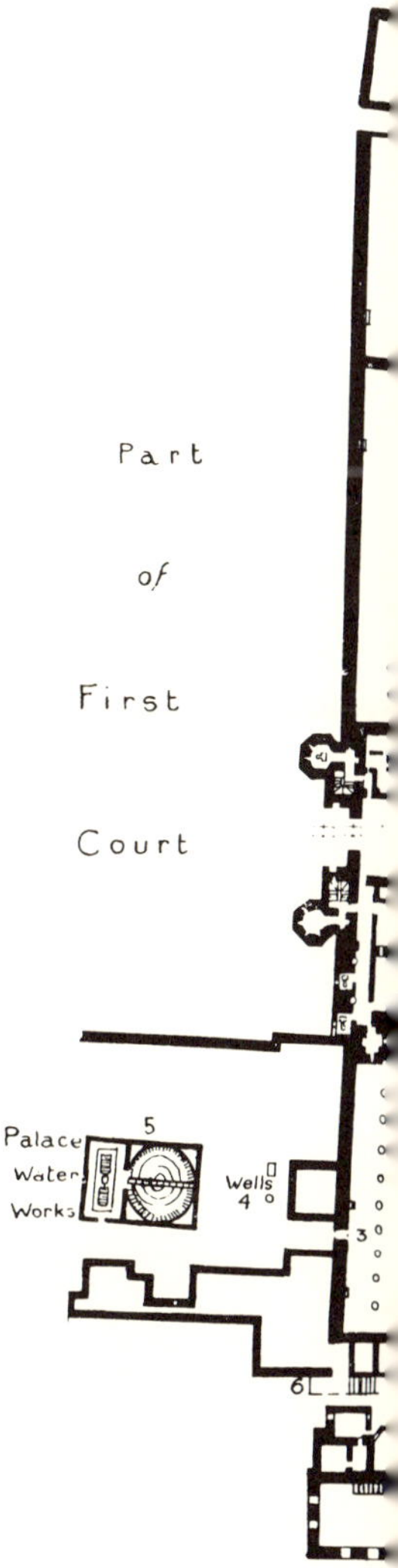

世風の外観で関心を惹くとともに、その歴史と意味をよりよく知りたいという強い欲望をかきたてるものである。

この「中央の門」がいつ建てられたかは確実にはわからないが、それがメフメト二世の建てた最初の宮殿の数少ない部分の一つと確信していい十分な理由がある。というのも、われわれがハルトマン・シェデルの著書『ニューレンベルグ・クロニクル』*の二五七頁の挿絵をみると、オルタカプ（*中央の門）が今日と同じであることをすぐ認められるからである。確かに、改修は次々と行なわれたのであろう。現在の鉄の扉は回暦九三一年——西暦一五二四 - 二五年——の日付があるが、その構造・意匠ならびに位置は、この挿絵のと今日のものがまったく同じである。銃眼をもち、蠟燭消しに似たとんがり帽子を戴いた八角形の頑丈な二本の塔が、胸壁をもつ門衛詰所の両側に立っている。銃眼間壁は、両端に小さな装飾のある屋根を上方に付け、それが二つの塔の背後にある石の階段から出入りする（*屋上の）舗道を隠しているが、その道路は必要時には大砲を置ける広さがある。門にはその内外で日夜警護にあたる五〇人の門衛兵（カプジュ）からなる強力な警備隊が駐在する。われわれが旅行者や歴史家の挙げる証拠を信じられるなら、門衛兵の数は少なくとも約三世紀間は変化していない。門衛の任務には完全な静謐が保たれるように、従臣や従僕が、拝謁者が宮中にいる間、主人の馬を静かにさせているように取り締ることが含まれている。というのも、前章で述べたとおり、「陛下の門」を経て第一宮殿域内まで馬を乗り入れることを許された宮廷の高官や大使もここで下馬し、徒歩で進まねばならなかったからである。足が敷居を越えるとすぐ始められる冗長な宮廷の儀礼の知識も、オルタカプ（*中央の門）をすでにとりまいている神秘的雰囲気を和らげはしない。また、そう時々ではないが斬られた首がここから運

中央の門．セラーリオの第2宮殿域への入口

び出されたことは、多くの人々に卑屈な恐怖心を伴わないまでも、大きな関心をそそったに違いない。

＊　一四九三年

しかし、門は依然として歓迎の場であり、それゆえ以前にはバーブ・ッ・サラームすなわち「挨拶の門」（＊アラビア語風に）と呼ばれていた。それゆえわれわれも、これを立ち入って考察をしよう。両側に座席付の壁龕のある表側の入口の軒下に進むと、重厚な浮彫りを施し、その上部にトゥグラすなわち「陛下の花押」を付けた二重の鉄扉の前に出るが、鉄扉の上方には扉の幅と同じ広さでイスラムの名号〝ラー・イラーハ・イッラッ・ラーハ・ムハンマド・ラスール・アッラーヒ〟＊、という文字が書かれている。鉄扉を入ると、奥行一五フィート（＊四・五メートル）、幅二〇フィート（＊六メートル）の広さの玄関ホールに立っていることにすぐ気がつく。この前室の壁は特別な価値もなく関心もそそらぬ紋章で飾られている。＊＊

＊　〝アッラーのほかに神はなく、ムハンマドはアッラーの使徒である〟

＊＊　かつてここにあったのより珍しい見本が、現在第一宮殿域内にある聖イレネ教会堂を転用した兵器博物館に置かれている。

中央の門の広間と諸室

今日このホールは、単に絵葉書の販売所と、カメラなどの観光客の持込み禁止品を保管する場所とに使われている。ホールの両側に暗く狭い通路があり、種々の小部屋に通じている。右側の部屋は左側のより二倍大きい。この相異は、門を通って出たディワーン（国政庁）の前庭に面した側の扉の上端から広がる張り出し庇を支える支柱を、右側は五本、左側は三本の、柱間間隔の異なる本数にさせている。

右側の大きな諸室は、謁見に訪れた外国大使や要人が待機する所に使われた。彼らは、スルタンの権力と宮殿の重厚な印象を味わわされるように、数時間ないし日暮までそこで待たされた。しかし一八世紀末になると、列強の大使への儀礼はより丁重となり、大使は（後に見るように）直接オルタカプ（＊中央の門）まで案内されて、前室中で席を与えられると、即刻チアウス・バシュ（警護兵頭）がディワーン（＊国政庁）に赴いて大使の到着を伝えた。同時に、ここには小さな洗面所や厠があるので、短期の居住にも結構事が足りた。

左側には門衛兵室とジェラート・オダス、すなわち「処刑人の間」があった。部屋は実際一室を仕切ったものであったので、皆すこぶる小さかった。このすべての部屋は、その下に牢獄をもっていて、スルタンの不興を買った悲運の人を押し込めるのに使われた。悲運の人は普通まず最初に入れられる塔の一つの小独房から牢獄に移され、ついで下の水槽、そして最後に「処刑人の間」に移される。

受刑者が高官であったときは、彼らの首は昔は門の戸口の両側に横並びにあった一列の鉄の釘に刺して据えられ、太陽光線を浴びて徐々にどす黒く変色するままに放置されたものであった。処刑者の地位がパシャ以下であった場合、数個の首が一緒にバーブ・イ・ヒュマーユーンすなわち「陛下の門」まで運ばれ、後の章で見るように、そこで主門の両側の壁龕中に置かれて衆人の環視に晒された。いずれの場合もヤフタ、すなわち円錐形の「巻物の罪状文」が横の壁上に貼り出され、大きな文字で罪人の名、犯罪の性質を〝必要な人たちへの警告のために〟表示していた。ヤフタ（＊罪状文）はそこに残され、残された縁者が門衛兵頭を買収して持ち去らないかぎり、ヤフタと首は放置され、季節の推移のなかで、どちらが遅くまで残れるかを競う結果となった。

われわれがこの陰惨な門を出て、ディワーン（*国政庁）の前庭に向かうと、前面に八本、両側に二本の、計十本の柱で支えられた張出し庇（*中央の門の裏側の張出し）の下に出る。柱は、一本が花崗岩、残り全部が大理石造りであるが、前庭の四方向に走っている列柱の中心をなしている。頭上の張出し庇をピエール・ギーユは描いて「その屋根は、金張りで誇らしげに煌《きら》めいており、ペルシア製品特有の濃い艶のある色彩で美しさを加えている」*と述べている。明らかに張出し庇には上質な素材が使われ、たえず修理されてきた。というのも、われわれはちょうど一〇〇年前にもなおジュリア・パルドー嬢が、その美しさを次のように称讃していたのを見出すからである。

屋根そのものは尖塔型で、頂上に燦然と輝く金張りの三日月を戴き、下方の屋根は、トルコ石の一枚石のように見える淡青色の表面に金の筋で格子型が描かれている。建物の下方の精巧なモザイク模様の舗道は、明らかに屋根を反射させるように、多少調整してセメントで間を埋めた稀石で造られている。稀石の舗道は現在では各部分を結び合わせるのに金の溶液を使ったようにみえる。**

しかし、張出し庇はその後いたましく変化し、その外観は色褪せてしまっており、壁面は嫌らしい現代のトルコ風壁画で台なしにされている。

* 『コンスタンティノープルの古蹟』三九頁
** 『ボスフォラスの美しさ』（ロンドン、一八三九年）七〇‐七一頁

第二宮殿域の前庭

（*「中央の門」の内側にいる）われわれの足もとから、箱形の生垣、杉・すずかけの木などの並木をもった四本の道が、前庭の各部分に延びている。これらの道についてはすぐ後で検討したい。前庭中に満ち満ちている幽寂、静粛の雰囲気や、今日まで伝えられている往時の描写から判断すると、全般的状況はこの数世紀間ほとんど変化していない。

オッタヴィアノ・ボンはいっている。〝人がもう一つの前庭に歩を進めると〟、

> 最初（*第一宮殿域）のものよりすこし小さいが、そこには種々の優雅な噴水、非常に高い杉の木の並んだ道路、一定の広さの芝生――そこの生えた草を食んでカモシカが育つのが喜びとされている――などがあって、きわめて美しい。*

* ミラー博士著『高貴な門の彼方で』一七六頁

噴水は廃墟の中に残っている唯一つのほかは消滅し、羚羊《かもしか》は散り失せているが、前庭の魅力は今日も残っているし、過去の想い出は、偉大なスレイマン時代の音もたてずに動く宮廷の職員と大差のない一〇〇〇もの幽霊のように、前庭に満ち満ちている。

ごく最近の測定によると、前庭は奥行が四五九フィート（*一三九・九メートル）、幅は最大のところで三六一フィート（*一一〇メートル）ある。最も普通に知られている呼名（ディワーンの前庭）が意味するように、中心的単位は、「国政会議」が週に四回開かれて、裁判と謁見を執り行ない、全般的に政治‐宗教事項を処理する「ディワーン（*国政庁）の館」である。「ディワーン」は国政の二大分野、統治制度と宗教制度を統合する機関である。われわれは後にこのディワーンに立ち戻り、建物をより詳細に描写し、

その中で開催される儀式について多少説明しよう。

前庭は、右手側全面を厨房で占められているが、とくに大規模な儀式の催された所であり、その長い歴史の始めから終わりまで、非常に壮観な――軍事・政治・宗教的――行事の舞台をなしてきた。戦争の開始、スルタンの即位、王子の割礼、王女の結婚、バイラム（*断食祭と犠牲祭）の祝祭、外国大使の歓迎会など、――場合によっては数週間続くこともある――手のこんだ感動的〝行事〟がもっともな理由をつけてここで催された。

ここが、またここだけが、セラーリオの中で、政庁がハレムに――ともかく表面上だけでも――優位を保ったところであった。壮観な宮廷儀式、華麗で多様な服装、ターバンと彎月刀から放たれる宝石の光、波うつ駝鳥の羽根や豪奢な頭飾り、二列に並んだジャニサリが構成する静寂で厳粛な背景など、これらすべてがスルタンの権力を証明し、オスマン帝国の力と威厳を外国人の肝に銘じさせていた。

国政庁の館と宮廷金庫

国政庁の館

確認できるかぎりでは、ディワーン（*国政庁）の場所も建築の外観も、セラーリオ宮殿の創建以来変わっていない。前庭の左手側に位置し、直角に曲がる大形の回廊をもち、回廊の外側に長く列柱の並ぶディワーンの館は、アーチ付の隔壁でほぼ同じ大きさの正方形に近い二つの部屋に分けられているが、二部屋とも丸屋根を戴いている。左手の外側のものが「ディワーンの広間」（クッベアルト、*円蓋の下の

ディワーン（国政会議）の広間（クッベアルト）．スルタンの覗き格子窓をも示す

乳母頭のバルコニーからの眺望．下方の建物はハレムの病院

意）で、他の部屋が「登録庁（デフテルハーネ）」のものであり、後者は国政会議の全文書の作成・検閲・保存にあてられた。右に入ったところにやや小さい第三の部屋があり、主として宰相の個室に充てられた。この部屋も他の二つと同様に丸屋根を戴き、外の柱廊玄関に出る別の出入口をもっていた。初期の描写からみると、これらの部屋は文字どおり壮麗なもので、金や宝石がふんだんに使われていた。

一五七四年の火災はディワーン（＊国政庁の館）に大きな災害を与えた。ムラト三世の再建とその後のセリム三世とマフムト二世による修復で往時の状態が大幅に回復されたが、装飾や掛け物の豪奢さがスレイマン大帝時代のものと同水準ではなかった、とする判断はあたっていよう。また、ディワーン自身のすぐ背後に輝く尖頂を聳え立たせている見なれた「ディワーンの塔」も、その火災で焼け、再建され、数回修理をうけた。しかし、ここでも、その全般的形態と様式と位置はすこぶるよく持続されたので、一四九三年に描かれたニューレンベルクの挿絵の中でも、すぐ塔を見分けることができる。豪華に飾った屋根をもち、美しく仕上げられた鉄扉と手摺とでとりまかれた柱廊玄関は、建物全体の重要さと威厳を感得させる。

現在の部屋部屋の内壁装飾は、――ルイ一五世風のバロック式装飾を施した普通の鏡板から、すぐに一七二五‐三〇年頃の作製ということがわかる――その簡素さに魅力がある。丸天井から裾まで延びている鏡板の下方には、部屋の四周全面にわたって長椅子が置かれている。壁面装飾の跡は今日もすみ折り上げの表面に示されている。しかし、「ディワーンの広間」で一番注目される物は、扉の正面の奥にある宰相の椅子の上方の高所に拵えられた小さな格子窓である。それは往時は壁と同一平面にあって、めだたないものであったが、現在では出窓のように突出しているとともに、部屋の他の箇所にそろえてルイ一五世様式の装飾が施されている。

初期のスルタンは自らディワーンに臨席することを不可欠の慣習としたが、スレイマンは臨席を中止し、この小さな窓を作って参会者にスルタンの存在を気づかせないようにこっそりと忍びこんだ。こうして国政会議には一定の牽制が加えられ、会議は常にスルタンが実際臨席していると同じように行なわれた。他方で、古来の伝統の放棄は失敗も伴った。歴史家はオスマン帝国の勢力の衰退がこの事実によって始まったとしている。格子窓が今日もその効果をもつことを私は自分でも保証できる。というのも、偶然私がある日その中に坐って下を見下ろしていたとき、一人の案内人が数人の観光客を連れて入室してきて、直ちに格子窓の歴史と意図を説明し始めたのを見たが、観光客は、全部が目を格子窓に向けながら、窓辺に昔のように人がおり、当時意図されたとおりの役割を演じているのに、まったく気づかなかった。

国政会議の状況

ディワーン（*国政庁）を正確に理解するには、開かれた「会議」の進行状況を知る必要がある。前に述べたように、ディワーンの会議は週に四日、土・日・月・火曜日に開かれたが、一八世紀始め頃からは火曜日一日だけとなっていた。外国大使たちの接見は、通常日曜日（*イスラム教国の休日は金曜日だから）か火曜日に限られ、接見の行なわれる日には宮廷の日常業務が最小限に縮小された。その上、一日はジャニサリの俸給支給日に一致する日を選び、特別の儀式（*ジャニサリによる）を追加して、外国人にいっそう強い印象を与えるようにしていた。

いろいろな説明*が今日まで伝えられているが、それによると会議は時代が下るにつれて冗長となり、儀礼的となった。比較ができるように、われわれはヴェニスの使節のオッタヴィアノ・ボンが語った一七世紀初頭の定例会議の説明を見て、メリングが描写したディワーンが最終的に閉鎖された直前の一八世紀末の外国大使接見の様子と対比してみよう。

＊　詳細をきわめた説明は、フォン・ハンマー著『国家統治』（ウィーン、一八一五年）四一二－四三六頁、ドーソン著『全史』第二巻、二一一－二三二頁、およびメリング著『絵画旅行』本文本の九番と図版本の一三番、などであるが、一六世紀のものとしてはJ・W・ツィンクアイゼン著『ヨーロッパのオスマン帝国史』（ハンブルグとゴータ、一八四〇－六三年）第三巻、一一七－一二五頁が見られるだけである。多数のヴェニスの使節は面白い物語を残している。たとえば、B・ナヴァゲロ（一五五三年）、トレヴィサノ（一五五四年）、およびC・ガルゾニ（一五七三年）――全部E・アルベリ著『物語』第三輯（全三巻）、フローレンス、一八四〇－六三年刊に収められている――などを見よ。他の多くの同時代の説明の中では、G・A・メナヴィノ著『概論』（フローレンス、一五八四年）一六九頁、G・ポステル著『トルコ共和国について』（ポアティエー、一五六〇年）一二二頁、およびタヴェルニール著『新物語』二九－三四頁などがある。英語文献では、R・ノールス著『一般史』（ロンドン、一六〇三年）八三三頁、ロスダール著『エリザベス女王とレヴァント会社』一二－一六頁のE・バートン、ウィザース著『大君のセラーリオ』一八－三六頁のボン、エヴリア・エフェンディ著『旅物語』第一巻、一〇五－一〇六頁などがある。

これらの説明を読んでみると、とくにメリングのそれでは、公式のディワーン（*国政会議）は「ディワーンの塔」（平面図22番）の下の――ないし、ごくこれに接近している――建物の中で開かれ、大使たちを招いた接見は通常、「幸福の門」すなわちバーブ・イ・サアーデト（*イラン風にこうも言う）のすぐ背後で、第三宮殿域内にある「玉座の御殿」とか「拝謁の間」(平面図96番)と呼ばれたアルズオダスの中で行なわれたと言っていることを記憶してもらいたい。しかし、謁見に先立つ何かの事前儀式が「公共のディワーン」内で行なわれ、ついで他の儀式が第二宮殿域の奥の「幸福の門」の前面で行なわれたので、全儀式は二つの宮殿域にわたって行なわれたと考えられる。長年の間、スルタンは公式のディワーンには現われようとせず、ただ時々行事の進行状況を見るために秘かに立ち入った出窓に身を潜め、自らは姿を現わすことなく大使を瞥見することができた。

「幸福の門」と両側にある白人宦官の宿舎の説明はこの章の後部でする。

ボンとメリングの描写は二つともあらゆる点からみて直接得た知識であると思われるので重要である。「公共のディワーン」についてボンは次のように説明している。

公共のディワーンと呼ばれる部屋は、そう古くない年代に建てられたもので、各辺八歩幅ほどの正方形の部屋で、入口に受付室があり、入口の右手の隅にも一つの部屋がある。後の部屋は、公共のディワーンとの間を、ディワーンに進むときに通る前室で隔てられている。この入口から遠くないところに大臣たちの居住用の木造の小室が二つあり、そのすこし先に商取引を行なうための一室がある。このディワーンには、前述のように公共のと呼ばれるように、あらゆる種類の人々が万般の訴えや裁判の解決を求めて、公然と無制限に集まった。彼らは金曜日で終わる一週間のうち四日集まった。会議の日は土曜・日曜・月曜・火曜であった。

〔ディワーン(*国政会議)の構成員は次のようであった〕 宰相、他のパシャの位の大臣、ギリシアと(ア)ナトリヤ両州の全カーディー(*裁判官)の首席である二人のカーディー・レスチエリ

（カーディー・アスケル）（カーディーは司法を職とする人間で、特別の許可で帝国の諸地方・諸都市を統治する者である。＊語義は軍事裁判官）、ローマのケストールに似て、陛下の地租を徴収し、国民軍や有給の公務員の給与の支払を担当する三人のデフテルダール（＊財務官）、命令や書簡に陛下の印を押すニサンジー・パシャ（＊国璽長官）や高官ならびにディワーンの入口で補佐する多数の書記官、警護兵頭で司令官といわぬまでも多数のチアウシ（警護兵）を指揮下におくチアウス・パシャ（＊警護兵頭）、などで構成されていた。チアウス・パシャは銀色の指揮棒を携えており、他のチアウシは諸国使節を迎え、案内して、隊長、護衛兵としての任務、および要するにその他のあらゆる類似の任務を果たすのを慣習としていた。すべての構成員が夜明けとともに集まった。

パシャたちは「ディワーンの広間」に入るとともに、入口に面した右手の壁に沿って置かれた椅子に次々と腰を降した。この場所は宰相の下座《しも》となっている。

同じ椅子の左側のものには、二人のカーディー・レスチエリ、第一に最も高貴で尊敬された州であるギリシアのカーディーが、ついで（＊ア）ナトリアのカーディーが席をとる。入口に近い右手には三人のデフテルダール（＊財務官）が坐り、この三人は背後にこの部屋の中で紙と筆を持って床上に坐り、起こったことと命じられたこと全部を書き留めるあらゆる書記官を控えさせていた。このデフテルダールの正面――すなわち部屋の反対の所――には椅子の上にペンを携えたニサンジー・パシャ（＊国璽長官）が補佐官をまわりに侍らせて坐っている。部屋の中央の一団の中には謁見を求める者が立っている。

このように坐ってから、彼らはまっ先に集まった訴願人から始めさせる。訴願者は事件を自分で扱うことに慣れているので、弁護人なしで宰相の前に進み出る。宰相は、自分で望めば、彼らをすべて自分で迅速に処理できる。というのも、他のパシャは、宰相から質問されるか、裁判官に選ばれるかを待っているだけで、自ら発言しようとしないからである。後の（*選ばれる）場合がしばしば生じた。宰相は事件の本質的部分を把握した後は、それ以後自分が関わるのを控えたからである。こうして、事件が民事問題であれば、宰相はそれをカーディー・レスチエリ（*軍政裁判官）の手に移し、もし経理上のものであればデフテルダール（*財務官）の手に委ね、しばしばあったように中傷であればニサンジー（*国璽長官）の手に移し、立証のむずかしい商業取引上の問題であれば他のパシャの一人の手に委ねた。このようにして宰相は、事件を一つ一つ処理し、彼自らは高度な国際的重要事件だけを残して担当した。

全員がこれらの事件の処理に正午までを費やし、食事の時間がくると、宰相が担当執事の一人に食事を出すように命じる。その時は、全員が直ちに部屋から退去させられ、部屋はすっかり片付けられ、食卓が次の順序で並べられる。一つが宰相の正面に、一つないしおそらく二つの食卓が他のパシャの正面に、同じ用意が合同で食事する他のパシャの前に整えられ、さらにまたカーディー・レスチエリ、デフテルダールたち、ニサンジーの前にも置かれる。数人の給仕人が各人の膝の上に衣服を汚さぬようにナプキンを広げ、それから人々に各種のパン――いかなる場合にも新鮮で上質の――を載せた木皿（メゾーレレ）を手渡した後に、料理を出す。料理は一種類ずつ運ばれ、タプスと呼ばれた大形の盆に載せた木皿の中央に置かれる。一種類の肉が終わると、給仕人は皿を下げ、別のを持ってくる――普通の料理は、羊肉、ホロホロ鳥、鳩、家鴨、仔羊肉、鶏肉、米を入れた

セラーリオの第2宮殿域

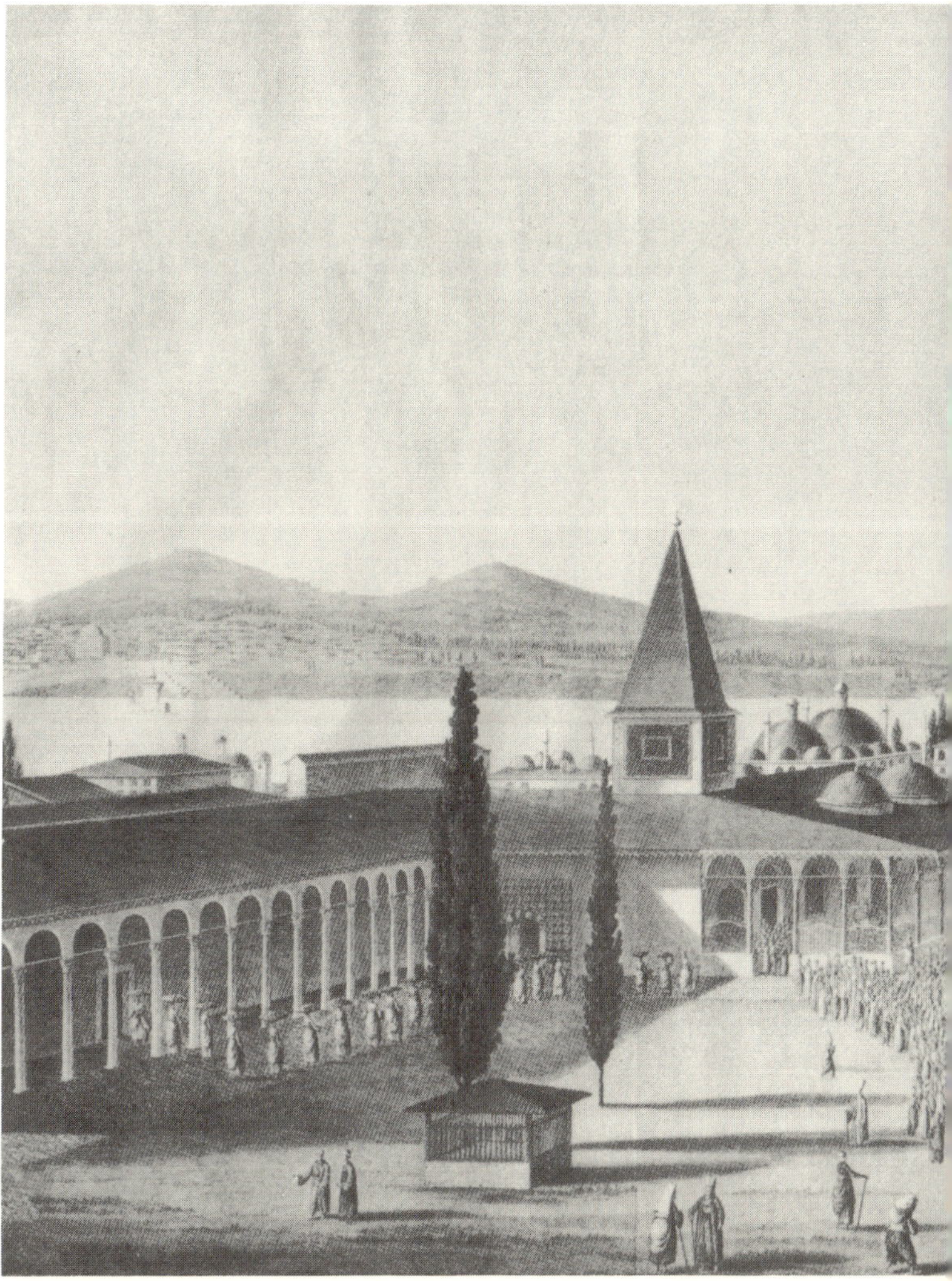

スープ、いろいろに調理された野菜、各種の菓子を盛り合わせたデザート、などであり、全部が非常にすばやく食べられた――。ディワーンのその他の全大臣もこの食卓の前で食事をとり、彼らの望むものは何でも厨房から運ばれた。パシャたちやその他の高官には飲物が一回だけ出される。それは大きな陶器の水鉢に入れ、同じ陶器の盆か金飾りのある皮製の盆に載せたシャーベットであった。その他の人はまったく水分を摂らないが、もし喉が乾けば近くの給水盤から汲んできた水を呑んだ。ディワーンの成員が食事を摂っているとき、他の全部の侍臣や将校も食事をした。その数は通常五〇〇名を下らなかったが、彼らはパンとソルバ――すなわちスープ――を出されただけであった。食事が終わると宰相は政務にかかり、彼のなすべき本来の業務を他のパシャと協議し、総括的判断を示し、それを陛下に上奏する準備を整えた。通常の慣習では、彼は四日のディワーン（*国政会議）の日のうち二回――日曜と火曜――取り扱った全事項について、許可を得て陛下に拝謁して報告を行なった。

宰相もまた、食事を終えると、自分の個室から内部の謁見室（すなわちアルズオダス、語義は謁見の間）に臨んだ。彼は席につくと、手に長い指揮棒を持ったカプギレル・チアイアス（カプジラル・キアイアス、侍従長）を通じて謁見者を次々と呼び出した。まずカーディー・レスチエリ（*軍事裁判官たち）が呼ばれ、立ち上がって、宰相の前で一礼した後――彼の前を銀の棒を握って先導するカプジレル（*侍従）やチアウス・パシャ（*警護兵頭）に従って、陛下の御前に進み、自分の役所の説明を求められるかぎり報告した。

退去すると彼らはまっすぐ自宅に帰った。次にデフテルダール（*財務官）たちが呼ばれ、同じ作法を守りながら、自分の遂行した業務を報告し、退去を願い、列をなして次々と進んでくるパシャたちと席を替った。謁見室で王の御前に出たとき、全員が手を組み頭を垂れて同じ姿勢をとったが、宰相だけは独りで語り、自分で適切と思う説明を行ない、訴願を次々と行なった。そして次にそれを紅色の繻子の手提鞄に入れて、恭《うやうや》しく陛下の傍に供えた。質問がなければ(他のパシャは沈黙を守ったので)パシャたちは退出し、以前に述べたように第二の門の外で馬に乗って、高位の重臣を一番先にし、侍者その他を従えて自分のセラーリオ(＊邸)に引き揚げた。こうして当日のディワーンは閉じられるが、閉じられるのはほぼ夕暮の頃となった。＊

＊ 六四－六七頁

外国大使の謁見の光景

ボンは記述を続けて「大使が冠を戴いた頭を下げて陛下の衣裳に口接《くちづけ》しようとしたとき」起こったことを述べている。そして、前庭には、シパーヒ(＊封建時代以来の騎馬兵)、ジャニサリ(＊新常備軍兵士)その他の軍人が、華麗な服装をし、美しいターバン、多彩の羽毛、輝く宝石を着けた壮麗な光景をなして集まっていた、と。

しかし、比較のためにメリングが一九世紀初頭の光景を描写しているのを見ておこう。彼は大使が正規の作法をもってセラーリオの第二宮殿域に入るオルタカプ、すなわち「中央の門」へ導かれた様子を語り、さらにジャニサリのピラフの食事の意味を説明した後、事前の儀式について簡単な説明をしている。

大使の到着が伝えられると、宰相は直ちに仰々しく儀礼に満ちた文書をもって謁見要請をスルタンに奏上する。宰相は回答を受け取ると、それに口と額を触れ、印をはがして、回答を読み、文書を自分の懐に収める。大使はそれから、威儀を正して食事をする。

この後に、メリングは歓迎の式を次のように述べている。

大使は、政府の首席通訳官および先導役に伴われ、供奉員を従えて、「ディワーンの広間」と「幸福の門」（バーブ・ッ・サアーデト）の中間に建てられた回廊の下の部屋に案内される。そこで式部長官が大使に黒色の礼服を着用させる。主要随員は第二級の職位の者の式服であるケレケないしカフターン型の貂《てん》の皮で縁どった礼服を与えられる。その間に宰相は、ディワーンの間から「玉座の御殿」へ移っている。大使はすぐ後ろに一二ないし一五人の主要大使館員を従えて誘導されるが、館員各人に二人のカプジュ・バシュ（侍従）が付き添っている。近習や白人宦官が「玉座の御殿」に至る廊下の両側に列をなして並んでいる。「玉座の御殿」の壮麗さは、その中で演じられる儀式の荘厳ささえ色褪せさせるほどである。しかも儀式の荘重さは、儀礼上ごく少数の人よりほかは陛下の玉座に近づけぬことだけをみても、十分と思われる。この玉座をいっそう壮麗にするために豪奢な東洋的技術のすべてが傾けられている。

玉座は古代の寝台風に見え、玉座を囲んでいる豪華な帳《とばり》は、金糸と上質の真珠で飾って壮美さを深められており、玉座の柱は銀張りである。陛下はタタル人の古代衣裳を偲ばせる礼服を着て坐り、ターバンにはダイヤモンドで飾った羽毛を立て、踏み台に載せた足には黄色の長靴を履いている。宰相と海軍提督が玉座の右側に席を占め、左側には黒人宦官頭と白人宦官頭が控えている。その他は全員起立しており、大使も立っていて、玉座に近づいて自国の君主の挨拶を伝える。大使の言葉は政府の首席通訳官がトルコ語で繰り返し、その後で宰相が大君の名をもって答辞を述べ、通訳が大使に翻訳する。大使は次に書記官から信任状を受け取って、それを（*ア）ミール・アーレム（軍旗の隊長の意、侍従長）に渡すと、それは海軍提督、ついで宰相に渡され、宰相がそれを玉座に捧げる。謁見は直ちに終わりとなり、大使は彼の随員を従えて退出する。彼は、第一宮殿域まで戻って、馬に乗り、随員も同様にして、一方の側に整列し、ジャニサリと全オスマン宮廷に注目の礼を行なった後退去する。すぐその後、大使は来た時と同じ形式で行進してペラの大使館に帰る。

ディワーンの厨房と宮廷金庫

メリングの絵をみると、ディワーンでの食事は第二宮殿域の右手にある大厨房からではなく、スルタン個人の厨房からか、左側のディワーン用にとくに建てられた厨房から運ばれていることに気がつく。もちろん大厨房は大量の食事を供給する十分な能力があるが、多くのスルタンは料理を近くの専属の厨房からとることを好んだ。したがって、セラリーリオの所々に別の厨房のあることを知っても驚くには当たらない。厨房はハレムの主玄関（平面図40番）の近くに一つあるが、第二宮殿域の左手にあるこの厨房は、たぶんスルタンの気紛れで造られたのであろう。しかし、第二宮殿域の左寄りにある長い建物の大部分は、国の高位の顕臣たちの住居に使われたので、厨房はごく小部分を占めているにすぎない。

ディワーンにすぐ接して、イチュハズィネすなわち「宮廷金庫（*税収用の金庫）」——現在シラーフ・ミュゼシ、すなわち「兵器博物館」に使われている——の建物がある。これは全セラーリオの最古の部分で、メフメト二世によって建立されたといわれる。三本の太い四角形の心柱の上に載る八基の丸屋根と、一五世紀ないし一六世紀始めに造られた典型的丸天井とを見ると、それが当初からの建物であることがすぐわかる。ここは武器を収蔵してから後、とくにハレムの正面入口から遠い隅で多少の改造が加えられたが、それ以外ではおそらくほとんど変化はない。ここにはジャニサリへの支払分を含めて、「ディワーンの館」で使うのに必要な財貨が蓄えられていた。財貨は地方州の収入で、袋詰めにして引き渡され、階下の金庫室に蓄えられた。ボンによると、宮廷の衣裳戸棚もここのどこかに収納されていた。彼はそれを金庫と並置されているように描いている。

これらはきわめて宏壮な二棟の建物で、一階と地下の階に仕切られた部屋をもっていた。部屋は大形で、大量の品物を収蔵でき、厚い壁をもつので、すこぶる安全であった。部屋はそれぞれ桟を付けた数個の小窓と最強の鉄で作られた一枚ずつの扉をもったが、扉はいつも錠がかけられ、カスナ（金庫）の扉は陛下の印で封印されていた。*

＊ 六〇頁

死者の門、厩舎、槍斧兵の兵営

宮殿域の右手にある厨房を語る前に、左手で「内城城壁」と「ディワーンの館」の間にある数個の建物のことをまだ語らねばならない。

「オルタカプ（*中央の門）」の左手になるが、遠く離れた隅に、現在では閉鎖されている小さなめだたない門がある。それは、メイット・カプすなわち「死者の門」（*平面図18番）と呼ばれ、マルモラ海とボスフォラスでいっそう不名誉な死を与えられた（*水葬）者以外の、宮廷職員の遺骸が最後に運び出されるところである。同じような連絡用の門が他の城壁にも付けられていて、屍体はセラーリオの城壁外へ運び出された。この「死者の門」のすぐ近くに、一七四六年に死んだ最も高名な黒人宦官頭の一人ベシル・アガが建てたモスクと浴場との全部の遺構が残っている。ベシル・アガが建てた建造物は他にも数点イスタンブルにある。丘の低い斜面を占める広い地域の残部は、厩舎と槍斧兵の兵営に充てられている。

厩舎は現在荒廃しているが、かつては二階に高価な馬飾りの収集品を納めた部屋をもった立派な建物であった。これらの厩舎はスルタンが自分で使う二五ないし三〇頭の馬を飼っていた陛下専用の厩舎であった。

「大厩舎」は、以前の章で見てきたとおり、セラーリオの宮殿城壁外の、海岸近くにあった。ボンは陛下の厩舎を直接見て、馬具飾りが法外に贅沢で、美しいと語っている。

深い嗜好のこめられ、宝石を鏤めた精巧な鞍、手綱、鞅《むながい》、尻当《しりあて》が多数あり、想像を絶していて、すべての参観者を驚かせた。*

* 六二頁

タヴェルニエは彼の描写に同じように熱をこめていた。*

* 『新物語』二八－二九頁

われわれはここで、一五七四年の火災後建てられた槍斧兵の兵営にたどりついたが、これは中庭、モスク、宿舎、コーヒー飲場、浴場などを備えた完全な独立の宿舎をなしていた。

槍斧兵はセラーリオ宮殿の外で勤務する従僕の一団であるが、薪割り、一般運送などの宮廷の筋肉労働を任務としたので、セラームルクおよびハレムの双方と密接な関係をもつものになっていた。その名称は、ハレムの所属者が宿舎を移るときなどに、彼らが槍斧を携えて、一種の親衛兵として奉仕したことから生まれている。この兵器は上記のように兵器博物館の中で多数見かけられる。兵士のトルコ名はバルタジレル（*槍斧兵の複数形）で、隊は二つの部分、すなわちセラームルクで働く者と、ハレムだけで働く者とに分けられていた。前者のバルタジレルは、その属する小区分によってヤカリ（襟を付ける者）、またはヤカシズ（襟のない者）と呼ばれた。ハレムに関係する者（*後者）は、カールまたは巻き毛を指すズュルュフから出た珍しいズュルュフリ・バルタジレル（*巻き毛の槍斧兵）と呼ばれた。その理由は彼らが月々補給する薪をハレムに運び込むとき、女性を見ないようにするために、偽《にせ》の巻き毛を二本垂らしていたからであった。類似の〝純粋の巻き毛〟は「太刀持ち兵（キリチュダールないしシリフダール）」、「楽隊士頭」、その他数種のセラーリオの役人が付けていた。もしハンマーが正しいとすれば、一時ズュルュフダール・バルタジレルは、白人宦官であったが、そうであれば巻き毛は不必要な付加物であったと思われる。*

＊　これ以上の説明は、ドーソン著『全史』第三巻、二九四頁を図版一五二番とともに参照せよ。

槍斧兵の兵営への出入りは、黒人宦官の館へ通じる「ディワーンの塔」に隣接した戸口からわずか数歩離れた小さな門からする。全兵舎が建っている下方の台地まで、長い一本の階段が架《かか》っている。階段は「噴水の中庭」と呼ばれる狭い中庭に真直ぐに通じている。右手には当初モスクに使われた正方形の

槍斧兵兵営への入口（左）と黒人宦官の宿舎への入口（右）（御車の門）

槍斧兵の食堂．２種類の戸棚と中央の大火桶

部屋があり、さらに降りると浴場と厠《かわや》がある。左手に立つ七本の細身の角柱の上に、隊の将校団の寝室と居間が設けられている。この列柱と並行して、さらに左寄りに回廊をもった大形の宿舎があるが、回廊は完全に部屋をとりまき、横には九本の木の柱、縦には三本の柱がある。隅の柱は重複して数えている。中庭に一番近い地階の壁はタイル貼りで、色彩はごく明るく模様も美しい。上述の回廊まで行くには、一度外側に出て、階段を登って左側の別の階段まで続くアーチ付きの道のところまでゆかねばならない。この回廊はすこぶる風趣あるもので、木造部分は薄赤色に塗られ、多数の寝台用戸棚は今日も元の位置に残っている。大きな黒色の球が屋根の中央部から垂れ下がっている。

われわれは「噴水の中庭」まで戻ったとき、左側の末端の小さな部屋が目に入る。それは明らかにコーヒー室に使われたもので、低い肘掛椅子が並んでいる。それを過ぎたすぐのところに数個の階段があって、槍斧兵の一般食堂に通じている。食堂は正方形をした天井の高い部屋で、三方を戸棚の上に坐る形の低い長椅子でとりまかれ、入口に面した壁には約三〇の長い戸棚が据えられているが、私はその戸棚の中に槍斧が納められていたのだと思う。ミラー博士は、戸棚がナルギーレ、すなわち「ペルシア式水煙草パイプ」を納めるのに使われたと考えている。しかし戸棚は水煙草管《ぎせる》置き場に使うより三倍も長いし、私には侍僕身分の槍斧兵が、そんな高価な種類の水煙草管を持っていたとは考えかねる。いずれにせよ、水煙草管は低い方の戸棚に容易に納められる。部屋の中央には矩形の大火桶が置かれ、その内側にコーヒー・ポット置きに使われた台石が付いている。窓が小さく、外には木が茂るので、太陽がさんさんと輝くときでも部屋にはほとんど明りが届かない。そのため私は良い写真をとれなかったが、この珍しい小部屋が、私の苦心して撮った時より前に撮影されたことのないのも無理はないと考える。

再び中庭に戻って、一番端まで歩くと、浴場の上にある二つの部屋へ通じる階段が目にとまる。私の確かめたかぎりでは、部屋は兵団の隊長たちのものであった。それは補修がすこぶる悪いので、中に立ち入るのは危険である。

無花果《いちじく》がきわだって見える権木や大樹が深く生い茂る広い台地が、宿舎の末端に迫っている。宿舎の末端は正面階段にごく近いところでもある。この台地は昔の「厩舎の中庭」の高い部分をなしていた。

大厨房

大厨房の建物

残っているのは、厨房だけとなった。平面図から見取られるように、厨房は第二宮殿域の右手側面の全部を占めている。それゆえ厨房は全セラーリオ中でも、際立って大きい独立した一建造物となっている。一五七四年の大火後、シナンの手で厚く堅牢な壁をもつ建物に再建されたが、メフメト二世の建てた最初の宮殿のと同じ場所に建てられた。幾世紀かの間に些少の変更が加えられ、付属建物の多くは崩壊したが、厨房そのものは堅牢な壁によって救われ――ちょうどイスタンブルの他の場所で火災や震災に耐えて残ったのは厚い壁をもつ浴場であったように――一六世紀の家屋建築の現存するものの、明らかに最も注目すべき見本となっている。

厨房の全区域は、マルモラ海を見下ろして、一〇室の炊事場が横一列に並んだ二棟の建物でできている。建物には料理長たちのスウィートと、二基のモスク、浴場、倉庫、事務所、食器室、料理人・料理運び・菓子職人・皿洗い・薪割り・氷作り・水運びなどの宿舎も含んでいる。また料理学校、音楽家の部屋、缶詰工場、沐浴用給水場、寄宿舎の遺構などもある。誰が使ったかわからなくなった多くの小部屋は、きっとおそらく種々の分野の料理人のグループが使った、談話室かコーヒー室であったろう。昔の著述家は、この人々はすべて職能別に区分されていたと主張している。それゆえ、各職分の人は専用のコーヒー部屋をもっていた——たとえば肉の調達者は缶詰職人や菓子職人とけっして同居しなかった——。しかし、これらの部屋の全部の配置はすこぶる単純であった。廊下が（*平面図15番）建物の全長と同じ長さで、中庭の列柱と並行して延びており、前庭から廊下には三カ所の別々の入口から出入りできた。

前庭に近い側は、数分野に分かれている料理場職員のスウィートと事務室が占め、一方マルモラ海側は、前者の二倍の幅をもち、一〇個の大形料理場（*平面図16番a～k）、二基のモスク（*平面図11・17番）、水汲場に一番近い端にある料理運び人の宿舎（*平面図7番）などからなっていた。

料理場がいろいろな時期にどう割り振りされていたかを非常に正確に語るのはむずかしい——またあまり重要なことでもない——。割り振りは、誰か一人の著者が一覧表を作ると、後の著作家の全部が、照合する機会を持てなかったか、確かな信頼性を感じたためかで、その一覧表を丸写しして、使っていた。こうして一覧表は疑いもかけられず認められてきた。最初の一覧表を誰が作ったかは私にもわからないが、われわれの昔の友人のボンがこの名誉を担っているようにみえる。彼の一覧表（一六〇四‐七年）は、一七〇〇年頃ボーディエとウィザースだけでなく、ルイ・ド・ヘイズ*とトゥールンフォール**らがそのまま丸写ししているし、グロヴナーとその後ムレーの案内書においても変わっていない***。

＊『レバントの航海』（パリ、一六二四年）
＊＊『レバントへの航海』第二巻、一八四頁
＊＊＊『コンスタンティノープル』

これらの一覧表に掲げられた割り振りは、次のようである。（＊平面図16番ａ－Ｊその他）

(1) スルタン
(2) スルタン・ワーリデ、時々女王とも呼ばれている。
(3) スルタナたち、カドンたちを指した。
(4) カプ・アガ
(5) ディワーンの成員たち
(6) イチュ・オウラーンたち、すなわちスルタンの近習たち
(7) セラーリオのこれより下位の役人たち
(8) その他の女性たち
(9) ディワーンのより下位の役人たち

第一〇番目の料理場については、はっきりしたことを誰も分っていなかったようであるが、ここは厨房の職員自身のために使われた可能性が大きい。しかし、時代が下ると菓子職人が使わされていた。稀に出所を調査した場合に、この一覧表に変形が見出される。

タヴェルニエは九室の料理場について述べながら、当時（一六六四年）、実際には数が七つに減っていると伝えている。割り振りの変化や数の減少は、スルタンやカドンたちが料理場をハレム中の近い所に

移すことを望んだり、時々スルタンのワーリデ（*母后）がいなかったりしたような、単なる特殊状況によるものであった。節約をはかる異例か一時的努力で、料理場のいくつかが閉鎖されたこともあったろう。疑いもなく時に屋根、煙突、丸屋根を作ったことでも変化が生じた。現在は各料理場が二区画に分けられており、部屋の中央の低い石造炉で火を焚いている内側の区画では、煙は丸屋根を突き抜いて作られている長い煙突を通って外に出る。廊下に近い外側の区画は、中央部に煙突の役も果たす穴をもつ多角形の丸天井を戴いているが、煙突はない。したがってマルモラ海側からセラーリオを眺めると、ただ一〇本の高い煙突が一列に並ぶのが見えるだけである（*四三頁の写真）。煙突と丸屋根には改変があったと思われるが、二つの異なる形の煙突が終始そのように使われていたのか、一つが換気のために使われたこともあるのかは、全然はっきりしていない。一七〇〇年にトゥールンフォールは述べている。

事務所と料理場は右手にあり、丸屋根で飾られているが煙突はない。人々は炉の火を中央で燃やし、煙は丸屋根の中央に明けられた穴から出る。*

* 『レバントへの航海』第二巻、一八四頁

料理人の編成

メリングの挿絵では、明らかに丸屋根の形で一列の煙突があるだけであるが、一〇年くらい早いだけのドーソンの挿絵では、多角形の煙突が二列みられ、ある部分では三列になっている。両著者とも信頼できる観察者なのだから、変更がたえず行なわれていたことは明らかなようである。ニコライは一五五一年の著述で、料理人は一五〇人おり、スルタンの料理を作る者が一番尊敬される、といっている。

宮廷の料理場の料理人は自分の炉を独立してもち、煙の臭を出さないで、材料を切り整え、煮て調理した上、陶器の大皿に載せて、われわれが肉切り人と呼ぶ「セシグナー」のところへ運ぶ。後者が御前で味付けをして、大君に供する。

その数年前に（一五三四年）、ランベルティは料理場の要員として次の一覧表を掲げている。

アシュチュ・バシュ、すなわち料理長。彼は五〇人の料理人を従えている。彼は一日四〇アスペルを支給され、部下の料理人は四、五または八アスペルを支給される。

ヘルヴァジ・バシュ、すなわち菓子職人長。彼は一日四〇アスペルを支給され、一日五ないし六アスペルを支給される部下を持っている。

ハスニジル・バシュ（味見頭）。すなわち食膳長で、八〇アスペルを支給され、朝と夕に自ら陛下の料理を運ぶ。配下に一日三ないし七〇（七の誤か）アスペルを支給されるハスニジル（*味見役）一〇〇人を従えている。

ムトバフ・エミニ（料理場の執事）。四〇アスペルを支給され、一日二〇アスペルを支給される書記一人を従えている。

一〇〇人のアジェム・オウラーン（*外国人青年）。彼らは宮殿で使う薪を車で運び、三－五アスペルを支給され、衣服を与えられる。

一〇人のサッカ（*水運び人）。彼らは皮の袋に入れた水を馬の背で運び、一日三ないし五アスペルを支給される。*

* リビエール著『スレイマン大帝時代のオスマン帝国の政府』二四五－二四六頁

料理の材料

ボンは食料の供給一般について遥かに面白い報告をしている。

エジプトから棗椰子の実、すもも、乾すももが大量に送られて来て、その全部が料理番と料理人の処理に委ねられ、——焼くか煮るかして——調理に供される。蜂蜜は、トルコ政府があらゆる料理に使い、下層民がシャーベット用に使うので、大量に消費されるが、ワラキア、トランシルバニア、モルダヴィア（ルーマニアとハンガリーの一部）から送付され、またヴァイヴォデス（モルダヴィアの公爵）たちから陛下に献上される。しかし、陛下の料理場には、ごく純正で珍味のカンディア産のものが蓄えられている。彼らが大量に使う油はギリシアのコロネとモドネ*から来るが、そこのサンジャク・ベイ（*県知事）がセラーリオの求める量を供給する義務を課されている。しかし、陛下の厨房にはカンディア産の無臭のものが送られてくる。

大量に消費されるバターは、黒海経由でモルダヴィア、タナ、カッファ（アゾフ海近くの）から、大量の牛皮に梱包されて送られてくる。バターは倉庫に貯蔵されるが、そこに必要以上の在庫があるときは、政府が大きな利幅を稼いで市中に販売する。トルコ人は酪製品にやかましくなかったので、新鮮なバターはほとんど食べられなかった。

肉についていえば、毎年秋宰相は陛下の料理場に使うパストロマニ（叩いて平たくした肉）を注文する。その肉は非常に味が良く、塩味のあることが必要なので、仔牛からとられた。肉は乾燥され、ソーセージやこまぎれにされ、樽の中で一年間寝かされ、セラーリオのみでなく、各家庭で使われる。しかし、この作業はパシャの管理下におかれ、これには通常四〇〇頭の仔牛が使われる。

セラーリオで毎日使われるその他の肉は次のようである。

若い羊	二〇〇頭
頃合いの仔羊や仔山羊	一〇〇頭
宦官用肉仔牛	四頭
若家鴨(つがい)	三〇羽
ギネアの鶏(つがい)	一〇〇羽
家禽(つがい)	一〇〇羽
鳩(つがい)	一〇〇羽

魚は普通食べられないが、もしアガ(*将軍)たちが望むなら、どんな種類の魚でも手に入った。ここの海には魚が多くおり、漁撈は個人の家でたやすくできる。

果実は大量に贈られたので、陛下やセラーリオの人たちはこと欠かなかった。かつ近辺にふんにある陛下の果樹園から、大籠に詰めた極上で美しい果物が毎日供給された。ブスタンジバッシ(ボスタンジ・バシュ、*庭園士頭、母音uはしばしばoに近い発音となる)は、余った果物を、陛下の果物だけを売る場所とは、違った場所で売らせねばならなかった。販売の利益は週毎に陛下のブスタンジバッシに納入され、彼はそれを陛下に渡した。この金子《きんす》は〝陛下の小遣い銭〟と呼ばれていたが、陛下はこれを数えもしないで、召使いや道化者たちに与えた。

料理場の器具は一見に値する。というのも、壺・鍋、その他必需用具はすこぶる大形の上、全部銅製で、この種のものとしては他所では見られぬほど美しくまたよく手入れされたものである。皿一式は錫貼りの銅製で、たえずよく手入されているので、一点の汚れもなく驚くばかり輝いている。器具は莫大な数にのぼり、政府にとってもひどく多額の経費を食うものである。とくに料理場は宮廷内外の多数の人たち用の食事、とりわけディワーン**（*国政会議）の開かれる一週中の四日間はすこぶる多量の食事を作らねばならなかったからである。だからまた盗まれるものも驚くほど多い。デフテルダール（*財務官）は、器具を銀製にして、会計官の所管にさせようとしたが、莫大な経費が要るため、計画倒れに終わった。料理部で使う薪も数えきれぬペシ（薪はコンスタンティノープルでペソ単位で売られている）にのぼるが、一ペソは重量四〇ポンド（*一八キログラム）である。三〇人の大カラムッサリ（トルコ人大商人）が政府の御用達となっていて、大（黒海）海を渡って陛下の御料林に出かけて薪を調達することだけは述べておきたい。材木を伐り倒し、薪を積荷するのは奴隷であるから、商人たちが会計官にかける負担は僅少にすぎない。***

*　ともにペロポネソスのメッシナ州にある。二州はバヤジト二世によって一五〇二年トルコに併合された。

**　日の一〇〇〇食の上に、ディワーン開催日には別に四〇〇〇ないし五〇〇〇食が供された。

***　九七‐九八頁

トルコ料理——ピラフや類似の民族料理、種々のシャーベット、オスマン人にとってはきわめて高価な無数の砂糖菓子など——の材料処理や調理を説明した資料には事欠かないが、本書は料理法の著述ではないから、結局これらの資料として、私は読者に対して、料理について多くの頁を割いているタヴェルニエと、より新しい料理法を述べたホワイト著『コンスタンティノープルの三年間』*の名を紹介するにとどめる。

＊第三巻、八一－九七頁

エヴリヤ・エフェンディはセラーリオで需められる大量の氷を調達した方法をきわめて興味深く語っている。＊雪を詰めこんだ大きな氷室、作業の日に雪人足たち全部が凍った雪作りのターバンを被り、丸屋根大の雪を載せた車を曳いていたこと、またオリンパス山の純白の雪を背負った七〇頭から八〇頭の二列縦隊のロバがあることなどを、彼は語っている。彼はまた、魚料理人、砂糖菓子職人、菓子職人、多種多様のアーモンド、ピスタチオ、生姜、ハシバミの実、オレンジの皮、アロエ、コーヒーなどについて述べている。

＊『旅物語』（ロンドン、一八三四年）第二巻、一五六－一五七頁

しかし、世界中に高名なトルコ風砂糖菓子は、もちろんトルコ人の愛好品である。輸出も年に七五〇トン以上にのぼっている。砂糖菓子は、白葡萄、いちご、粗い小麦粉、蜂蜜、バラ水、あんずの核などからできている。これは「ラハト・ロークム（喉を休めるもの）」という魅力あるトルコ名で喜ばれている。

幸福の門

以前に見たように、第二宮殿域から第三宮殿域へは、「幸福の門（バーブ・イ・サアーデト）」を通って入る。この門の背面の左右には白人宦官の宿舎があるが、これは往時の宮廷学校用の「大小の広間隊」をなしたところである。

まず「幸福の門」を見てみよう。この門は、宦官の宿舎に近いためか、スルタンの私的居室群に入る門であるためか、別の名称ももっている。別名はアクアガラル・カプス、すなわち「白人宦官の門」であるが、ボン（一六〇四‐七年）はまた「王の門」「陛下の門」という名も聞いていた。

この門の建立年次はわからない。だが、一七七四‐七七年に全面的に修復されたにかかわらず、その全般的形態——豪華に飾られた丸屋根を載せ、両側に大理石造りの列柱の立っている二重の門——には、少なくとも一六世紀始めに建てられたと考えられる痕跡が各所に残っている。フレーシャ*（一七四〇‐五五年）は、この門が斑岩すなわちヴェルド・アンティーク作りの一六本の列柱をもつ美しい柱廊玄関を備え、上に戴く丸屋根のアーチ型丸天井は、基部を金張りにし、草花文様の浮き彫りで飾られていると述べている。門の正面自身は、柱に調和した磨製大理石の広板で飾られていた。しかし、その後この大理石板はあいにく近代的壁画に取り替えられ、オルタカプ（*中央の門）の内側壁面のものと同様に、ひどく俗悪化された。柱廊玄関には六本の円柱があるが、正面の四本だけが壁を付けていない。両側にも六本ずつの円柱が屋根を支えており、円柱は総数で一八本ある。往時この門はセラーリオの一番私的で崇敬された部分であった。ここから宮廷の私的部分が始まり、この門で代々のスルタンの即位が宣言され、たち入る人はすべてこの門の敷居に吻《くちづ》けした。他方この門から最高位の高官の遺骸が、閉めきった玄関の前に押し寄せて怒号するジャニサリの大群の中に投げ出された。また騒擾や反乱のときにも、殺されたスルタンの遺骸が時々ここから運び出された。しかし、「幸福の門」が主役を演じた陰惨な光景を述べなくとも、この門が常に閉ざされた陛下の神聖な門で、その内側のことは公式には何もわからない、と考えられていたことを述べるだけで十分であろう。この門がまっすぐアルズオダス（玉座の御殿）

に通じているというのが公衆の知識の限界であった。こうして、ボンはその説明で次のように述べている。門は、セラーリオの中の陛下の個人生活と陛下に仕える奴隷たちだけが使うように留保された部分への入口であり、〝そして何人《なんぴと》も立ち入ることを許されない〟と述べて、以下のように続けている。

陛下の望まれた者（重要な人物たちについて述べて）の他、医師、食器室や料理場を司る人々のような陛下の側近に奉仕する人々だけが、これらの人々の監督を委ねられている執事の長であるカプ・アガ（門の司令）の許可を得てこの門を通ることができた。門の司令は、彼の部屋が「宦官のアガ（頭）」の部屋の近くにあって、常時陛下の傍ら近くに控えていた。この区域までは万事が秘密であり、この門の彼方で何かが起こったと噂されたにしろ、大部分は単なる推測の域を出なかった。というのも、何事もまったく見られたことはないし、なにか些細な事が見られたとしても、それは陛下の不在の場合に、誰か寵臣によって「海の門」から案内された者が見たにすぎないからである。*

＊　六三頁

バッサーノ・ダ・ザラは、警備隊は三〇人の宦官によって編成されているといっていたが、一六世紀の記述によるとそれはディワーン（＊国政会議）のある日だけで、通常は二〇名ないし二五名であったという。白人宦官の宿舎は第二宮殿域と第三宮殿域の双方を見渡せる位置にあった。カプ・アガのスウィート（カプ・アガス・ダイレシ）は右手側にあり、その他の宦官の宿所は左手にあった。今日では右手のスウィートの構造を想定することはまったく困難である。その諸室は現在電気機械室とその付属品室に転用されているからである。私がいいうることはただ、小さな中庭を通過すると、左手に三室が並んだ長い廊下に入り、右手の遥か末端には菓子職人用のモスク近くに水汲場と洗濯室があり、すべての部屋は長方形にならざるをえなかったし、装飾の痕跡のすべては遠い昔に消失した、ということである。

門の左手の一般の宿舎の場合は、私ははるかに運がよかった。宿舎がよく保存されていたのみでなく、その全室が現在の博物館員の誰かの宿所に充てられていて、住人たちは私の訪ねたとき、眠ったり、研究したり、コーヒーを容れるなど――事実、そっくり白人宦官がしていたとおりのことを――していた。宦官頭のスウィートの庭にあたる小さな中庭を通っているとき、怒った侏儒《こびと》が乱暴に私に飛びつき、全力で私の立ち入りを止めようという意思を手真似で示した。しかし、私の身元証明書はすこぶる有力であったので止めることはできず、彼はすねたまま離れてゆき、私をなすがままにさせた。私は第一にともかく槍斧兵の部屋に似た、しかしそれより小さい大形の部屋へ入った。広いバルコニーが部屋の周囲にめぐらされていて、ここは護衛兵の宿所になっていた。バルコニーの全部にマットが広げられるか、丁寧に巻きあげられていて、広げられたものはぐっすり寝入った者が占領していた。一階は数室に区切られ、右手の遠くの隅は高くなった部屋で、明らかに高位の宦官によって使われていたものである。

進んでゆくと一般の食堂に行き着くが、私の訪ねたときは、部屋の中央に置かれた大形の火桶で食事が煮焚きされていた。左手側のずっと奥では数人の者が沐浴用の給水場にうずくまっていた。給水場は第二宮殿域側（*西北側）の壁に面して一列に長く並んでいた。そこにはまた倉庫に使われる小形の第三の部屋がある。

白人宦官頭

セラーリオでの白人宦官の任務は、「宮廷の奥の業務」ですこぶる重要な役割を担う近習たちの五つの部屋（*隊）と、主として関連をもった。ちょうど黒人宦官の任務がハレムに関係する全事項を管理したのと同様に、セラームルクとその多様な活動に関与するのが、白人宦官の任務であった。通常の侍臣は「幸福の門」から奥に入ることを許されないので、白人宦官と宮廷の近習の任務は現実に、宮廷学校での教育と、陛下の家族の一員としてのスルタンの身辺の世話をすること、とに分けられていた。一六世紀と一七世紀には、宦官頭が四人いたようであるが、その後五人目が加わっている。

五人の宦官頭とは、カプ・アガ（*門の司令）、ハズィネダール・バシュ（*財宝庫頭）、キレルジ・バシュ（*厨房員頭）、サライ・アガ（*スルタン不在中の宮殿の司令）と、第五のハス・オダ・バシュ（*陛下の御殿隊頭）とであった。白人宦官頭（カプ・アガ、*門の司令）の地位は最高で、黒人宦官が台頭するまで、最高の権力を揮っていた。黒人の台頭後も彼の地位は、キスラル・アガ（*黒人宦官頭）と同格で、ただ白人宦官頭の権限の一部がライバルの黒人宦官頭に移されただけであった。

＊ショバール著『ミニアチュールでみる世界』（ロンドン、一八二二年）の第三巻の「トルコ」の一七六頁以下を見よ。これはカステランのフランス語訳から英訳されたものである。本書の色刷りの頁はまことに美しい。

第一に、まずカプ・アガは、宮廷勤務者の頭領であった。頭領とは当然彼がスルタンの個人的に信頼する者で、宮廷学校の長であることを意味した。彼はまた城門警備の総司令官、宮廷付属病院の長、セラーリオの諸儀式の総指揮者であった。初期には、彼はスルタンに宛てた書簡、訴願、国家文書のすべてを処理し、唯一人スルタンと直々話すことを許されていた。後の章で見るように、これらの特権の多くが黒人宦官頭に大幅に移管された。カプ・アガの服装は、まず長く垂れた袖を付け、また房々とした毛で縁どりした緞子《どんす》かビロード製の、ゆったりと体に合った外套であり、その下に同じ材料製のより短い上衣を着ていた。これに加えた一本の帯、黄色い靴、リンネルか絹の下ばき、円錐形の白色ターバン、が彼の衣裳の一揃であった。

「門の司令」の次席のハズィネダール・バシュ（*財宝庫頭）は、財宝庫を管理し、ハズィネ・オダ、すなわち近習達の第二の部屋（*隊）をなす「財宝の広間隊」に所属した集団の長であった。彼は陛下の財宝庫の全体に責任をもち、宮廷業務の支払いをし、支払い全体の詳細な計算書を管理していた。

第三位の高官のキレルジ・バシュ（*厨房員頭）はスルタンの食事を監督し、料理場要員の全部の取り締りにあたった。

第四に、サライ・アガ（*宮殿の司令）は、スルタン不在中のセラーリオの管理に責任をもった。彼は宮廷学校の次長であり、セフェルリ・オダ、すなわち「遠征の広間隊」の長であった。

スルタンと直接接触するのはハス・オダすなわち「陛下の御殿隊」付の選ばれた職員だけであった。スレイマン時代にはこの室の長は近習頭であったが、その地位と義務が拡大したのに伴って、任務はハス・オダ・バシュ（*陛下の御殿隊頭）と呼ばれる白人宦官に委ねられた。陛下の御殿隊の長はスルタンの個人的要望を扱う任務の他、指輪にはめられた陛下の三個の玉璽の一つの保管にあたった。この玉璽は

「陛下の御殿」に置かれる最も貴重な品々、たとえば預言者の衣の一端を浸した「聖水」の瓶、などを封印するのに使われた。彼はまた、外国大使やその他の顕官に授与される「栄誉の服」の保管にあたった。

その他の白人宦官は、種々の資格で前記の役人を補佐した。付属病院は全部彼らの手で運営され、彼らは御輿かつぎとなり、また監視者や物資補給者の配属を決めた。

白人宦官の充員状況をみると、オスマン・トルコ人の権力が隆盛を極め、ハンガリー人、スロヴェニア人、ドイツ人など男女双方の捕虜が都に流入しつづけていたときには、当然十分都合がついていた。しかし、この時期に養成された白人宦官の数はきわめて少数であって、(*宦官ではなく)武器を揮いうる者をトルコの軍隊へ供給することがより重視されていた。コーランが去勢を禁止していたため、(*宦官の)手術は普通コンスタンティノープルの市外で施され、新入りの去勢者は手術してからセラーリオに送られ、仕事を教えこまれた。

ボンの書いた一七世紀初期の叙述によると、場合によって手術はセラーリオの中で施されたようにみえる。こういう文が読みとれる。

すべてが去勢され、きれいに切断される。(*被去勢者には)私がすでに述べたように王に贈物として与えられた改宗した少年の何人かが選ばれるが、彼らの意志に反して去勢されることはない。儀式の長はそのたびに、彼らに死の危険がきわめて大きいことを告げているからである。危険を自覚しながらも、若者たちはもし生き延びれば、やがては確実に非常な有力者となれるという誘惑に押されてた。彼らは確かに去勢されたが、他の者と一緒に教育を授けられ、然るべき時に第四番目のオダ

（*隊）から移されて、去勢されていない者と同じように陛下の近習とされた。*

* 八九頁

もう一つの奴隷の調達は、アルメニア、ジョルジア、シルカシアから――最初は征服の権利によって、また後には平和的取引によって――行なわれた。とくにシルカシア人の場合のような平和的取引は、黒人の場合にはまったく行なわれていない。奴隷貨物は男女混載であったが、日ならずして、ジョルジア女性の美貌が評判となり、やがてその取引が盛んとなって、商品は黒海の荒波を渡って船で運ばれた。ジョルジアからの供給がロシアの進出で一時阻害されると、コーカサスからの供給が増大し、レバノンの市場をめざして、男女を詰め込んだ小船がトレビゾントへ乗りつけていて、そこが当時の中継港となった。

シルカシアの女性に関するかぎりでは、彼女たちはまったく自分の自由意思で農村生活を捨て、パシャの妻となるとか、さらにスルタン自身の側室になることを熱望して、これに賭けて出てきた。しかし男性の場合には、宦官となった者の数はさらに少ない。というのも、ハレムの仕事をするのに使う黒人宦官はいくらでも供給されたが、スルタンの近習の数を規定どおり整えるのに求められる宦官の供給数は限界があったからであった。

一八六四年にはシルカシア人の奴隷商人が母国を逐われたが、その後彼らはその非道の商売をコンスタンティノープルに近い、ルーメリアやブルサのアジア領海岸で行なった。（*男性である）白人宦官が求められたときは、探し出して間に合わせるくらいですんだが、女奴隷の取引ははるかに多数に上った。女性の取引では、奴隷市場に供給しただけでなく、熱心な素人にも提供した。素人は入念に女性を訓練した後、彼女たちを転売して巨利を挙げた。

トルコ政府が奴隷取引を停止しようとしてあらゆる努力を重ね、シルカシア人の奴隷制を廃止する勅令を発布したにもかかわらず、奴隷取引はそれまでほど公然とではないが、衰えることなく継続された。この国の社会的・宗教的生活の一部分であったこの制度を終熄させ得るのは、需要の減退と並行した何らかの悲痛な民族的大動乱のみであった。そんな大動乱が実際に勃発し、今日の多分に西方志向の奇妙なトルコ、古い魅力と美を大幅に失ったトルコが現われたのである。今日のコンスタンティノープルは、その来訪者が得難い特権に恵まれて、おそらく世界で最も驚嘆すべきこの都の半ば秘匿された栄光を垣間みることのできないかぎり、軽薄・華美なアメリカニズムを卑俗に展示していて、思慮ある人を号泣させ、近代都市のペラに戻りたいと熱願させる、嫌悪の的だけのものである。

柱頭装飾の様式

黒人宦官の考察に移る前に、セラーリオの各所の柱の上端に見られる無数の柱頭スタイル、とくに第二宮殿域のもので、私が蓮形柱頭と呼ぶものを手短く建築学的に論じて、この章を終わりたい。その形の柱頭は、ここにあるだけでなく、セラーリオの他の多くの場所——すなわち黒人宦官の館の廊下、ハレムの奴隷たちの館と寝室、スルタン・ワーリデ（*スルタンの母后）の中庭、バグダード・キオスクのベランダ、その他——で見かけられる。

柱頭装飾は、蓮の葉の意匠の厚い浮き彫りで、すぐ見分けられた。柱頭そのものは明らかに初期ビザンツ様式に基づいており、ビン・ビル・ディレクすなわち「一〇〇一本の円柱」の池の円柱柱頭にやや似ている。ただ、ここの柱頭は、基底の角度を丸形にして、軽い膨らみをもたせている。聖ソフィア寺院では、「西側婦人室（時に来訪者の柱廊とも呼ばれる）」のところで、上方に四方に分岐したシャンデリアをつけた直線縁の柱頭が見かけられた。* この様式はトルコの建築家に強烈な印象を与えたにちがいなく、「スルタンの説教壇（マーフィル・イ・ヒュマーユーン）」を支える柱や、大円蓋の北側扶壁に沿って建てられたマスバタ（*安定用）列拱《アーチ》の中で使われている。

＊ グロヴナー著『コンスタンティノープル』五一五頁の挿絵を見よ。

ビザンツ式建築とは別に、この蓮形柱頭はコンスタンティノープルの所々にある数カ所のモスク――たとえば一五五〇年頃に有名なシナンが建てたミリマ・パシャとルステム・パシャの双方のモスク――に見出される。またそれはペラとスクタリ（*ウシュクダル）のモスクにも使われている。*

＊ ガーリット著『コンスタンティノープルの建築美術』の本文六三頁、抄節の一二五、および挿絵、G・二九b、G・二八d、G・二六c、G・二四bを見よ。

セラーリオの柱頭のもう一つの様式は、鍾乳石形と蜂窩形のもので、グラナダのアルハンブラ宮殿の各所で見出されるものに多少似ている。その例は、第三宮殿域のアルズオダス、すなわち「玉座の御殿」をとりまくベランダと「スルタンの浴場」などに見かけられる。ルスタム・パシャのモスクなどの数個のモスクにも、この型の柱頭の見本がある。

第三の、多少修正された形が、第三宮殿域の柱廊玄関で見かけられる。不必要で重厚な丸形を除くと、それはまたアルハンブラ宮殿の類似の作品を連想させるものである。

しかし、これらの柱頭はトルコ式と呼んでいいものであろうか？　その他の多くの事象と同じように、トルコ人は征服した土地の建築を模倣した。多くの借用物の中から純粋にトルコ的技術といえるものを指摘するのには、十分慎重でなければならない。ビザンツの建築家はその眼前に見本としてコリント式とイオニア式双方の柱頭をもっていた。しかし、台輪を放棄する一方で、列柱、柱頭、アーチの全体を完全に調和させつつ煉瓦をアーチ形に構築するには、まったく新しい柱頭群を案出せねばならなかった。永遠の栄光を担う聖ソフィアを訪れると、彼らがいかにしてそれに成功したかが示されている。

わかるのは、当初にはトルコ式技法などが存在しなかったということである。トルコ人は建築の意匠と材料双方を、崩壊したビザンツ時代の教会堂、個人住宅、浴場などから借用した。こうして、われわれは美しい斑岩、閃長岩、緑色蛇紋岩、花崗岩などの列柱の上部に、固有のものでない柱頭装飾を付けているのを思いがけぬ場所で発見することがある。変形されたビザンツ式柱頭やアーチが、広範囲にトルコ方式として使われた。しかし、一六世紀にはシナンが真に民族的技法を創出したので、(*変形様式の)使用はそう多くはなかった。シナンは多数のモスク、病院、図書館、浴場を建造したばかりでなく、井戸、厨房、池などをもつ小形の住宅建築も多数建てた。しかし、彼の技法は、シリアとアルメニアの設計を吸収し、これに自らの工夫を加えてトルコ式技法とした、一種の混成物にすぎなかった。その多くをわれわれはセラーリオの中に見るし、いっそう多数をコンスタンティノープル、アドリアノープル、ブルサなどにおいて見出す。

ここは、トルコ式技法が、東西双方の先人との対比の中で占める位置を詳細に論じる場所でもないし、私はそれだけの知識はもっていない。トルコ式技法が独自のものであることに疑いはないが、聖ソフィアの建造者であるアンテミウスとイシドラスのような人間にどれだけ負うかを計るのは容易なことではない。アナトリアやシリアの土地で芽生えた技法に負うところを十分に示すのは、さらにむずかしい。

6 黒人宦官

彼らの館と任務

彼らの館

平面図を一瞥すればわかるように、「黒人宦官の館」(平面図32～37番)は、第二宮殿域の左側北隅の奥寄にあり、ディワーン(*国政庁)および宮廷金庫とハレムの女性の部屋群の間に挟まっている。セラームルク(*男性区域)の中心部から始まる「黄金道路」の末端にあるハレムの正面入口(平面図41番)は同時に「黒人宦官の館」の中庭(平面図34番)へ入る戸口である。この近くにあるもう一つの入口(平面図40番)は、直接第三宮殿域の前庭に通じており、一方正面入口の反対側の端(平面図30番)には、「ディワーンの塔」の下を通って第二宮殿域の前庭に出る戸口がある。

こうしてみると、この区域が権勢の中心的位置を占め、同時にキスラル・アガ(黒人宦官頭)とこれに従う宦官たちが重大な責任を担わされていることを理解できよう。

第二の前庭から「黒人宦官の館」へ入る戸口は前庭の左手にあり、槍斧兵の兵営へ通じる入口と同じ

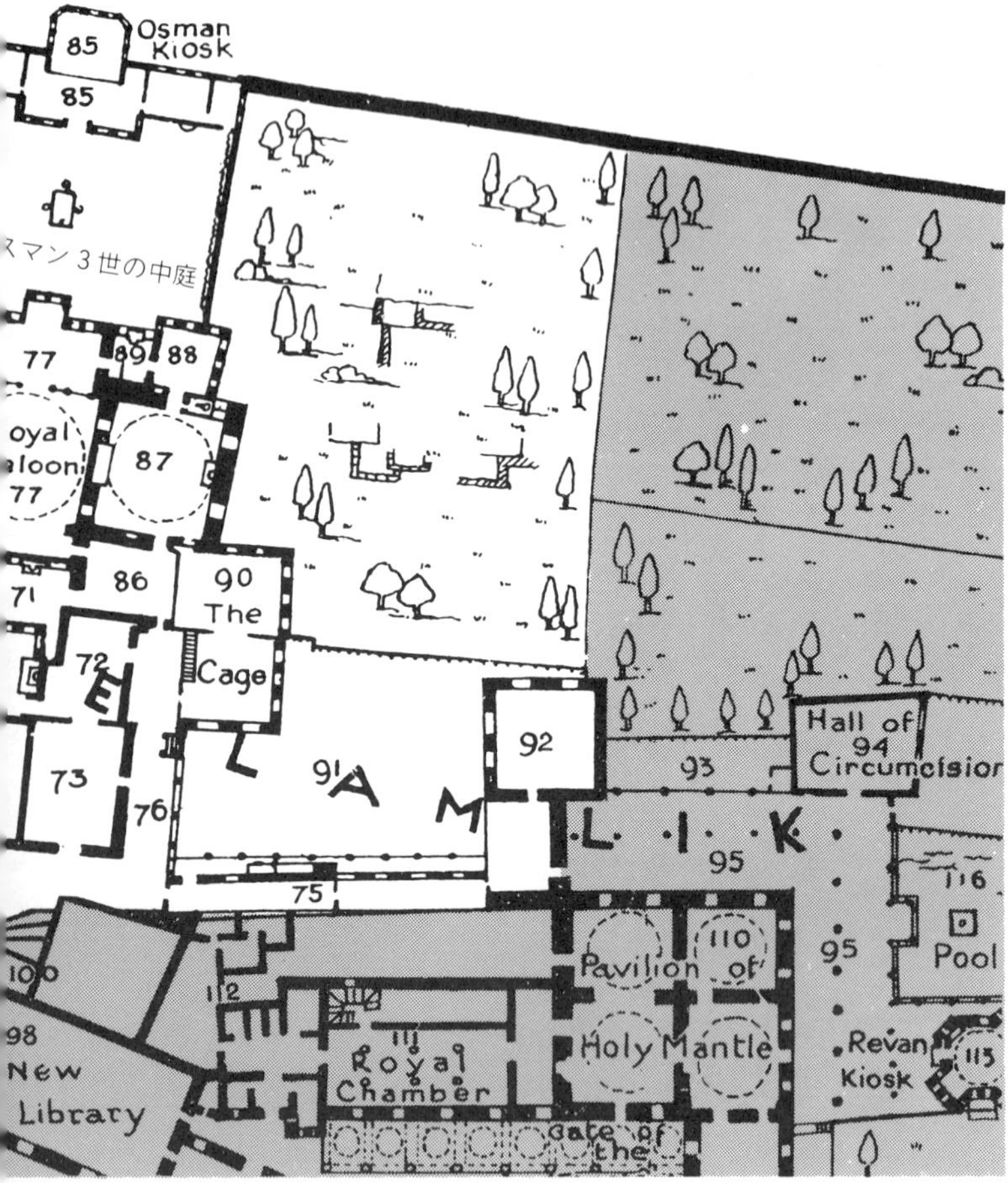

Osman Kiosk
85
85
スマン3世の中庭
77
89
88
Royal Saloon
77
87
86
71
90 The Cage
72
E
73
76
91
L
A
M
92
93
Hall of 94 Circumcision
L I K
95
75
116
Pool
100
112
110
Pavilion of Holy Mantle
95
98 New Library
111 Royal Chamber
Revan Kiosk
115
Gate of the

ハレムとセラームルク

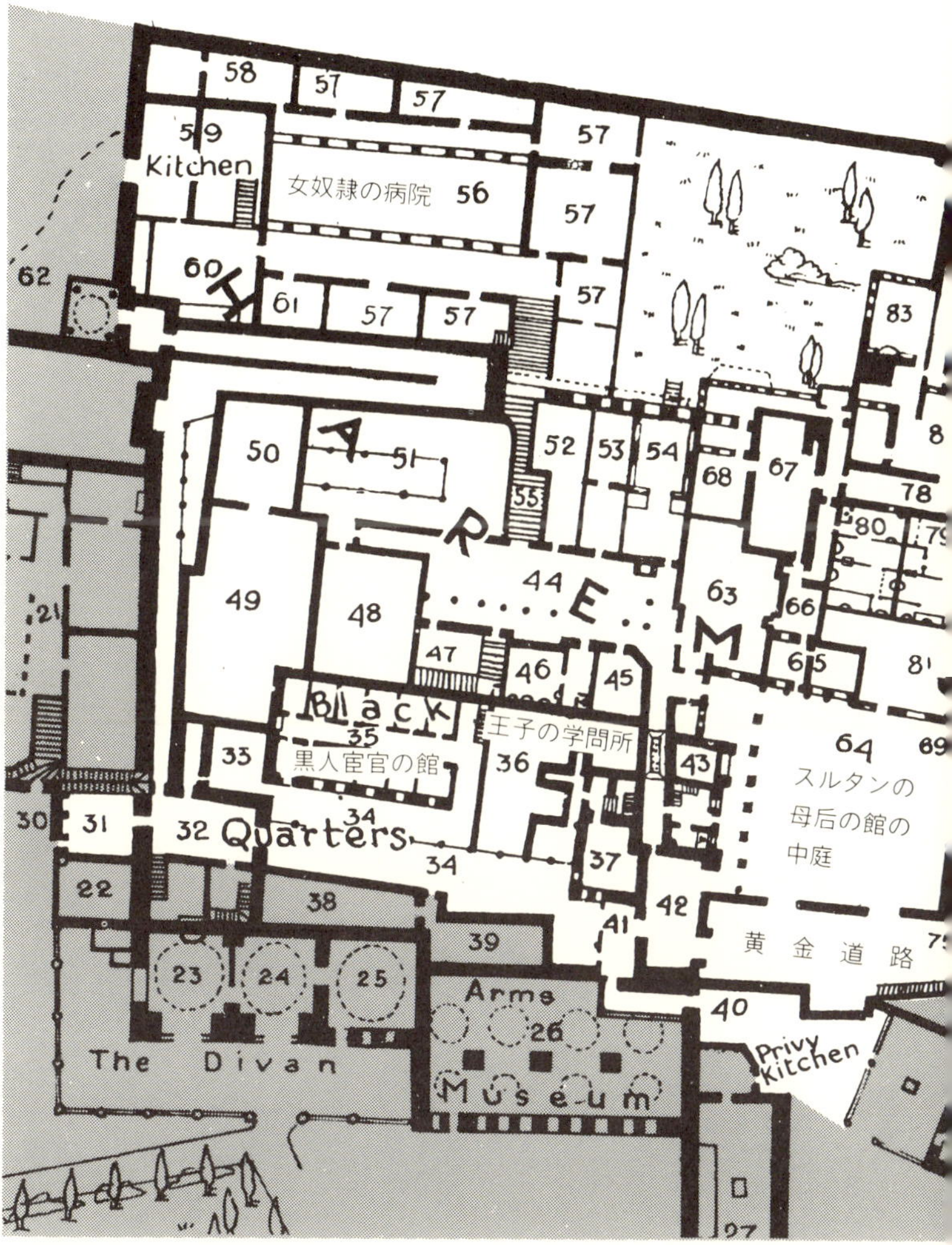

58
57
57
59
Kitchen
女奴隷の病院
56
57
57
60
61
57
57
57
62
83
50
51
52
53
54
55
68
67
8
78
80
79
21
49
48
44
63
66
47
46
45
65
81
Black
35
王子の学問所
33
黒人宦官の館
36
43
64
69
スルタンの
母后の館の
中庭
30
31
32
Quarters
34
34
37
22
38
42
41
39
黄金道路
23
24
25
Arms
26
40
Privy Kitchen
The Divan
Museum
HAREM

30 御車の門
31 戸棚付丸天井の前室
32 噴水の前室
33 黒人宦官のモスク
34 黒人宦官の館の中庭
35 黒人宦官の館
36 王子たちの学問所
37 黒人宦官頭のスウィート
38 財務官のスウィート
39 侍従長のスウィート
40 鳥小舎の門
41 ハレムの正門
42 護衛兵室（ネベティエリ）
43 ハレムの女奴隷の宿舎
44 ハレムの女奴隷の館の中庭
45 ハレムの女奴隷の館の厨房
46 ハレムの女奴隷の館の浴場
47 寝室への階段
48 調達所
49 ハレムの洗濯所
50 衣服収蔵所
51 ハレムの女奴隷の寝室，主に地階47番の入口から48番と51番に広がる
52 洗濯婦頭のスウィート
53 ハレムの女性頭のスウィート
54 乳母頭のスウィート
55 下方テラスへ至る53段の階段
56 ハレムの女奴隷の病院
57 病院の寝室
58 病院の浴場
59 病院の料理人の宿所
60 病院の厨房
61 病院の厠
62 幕の門
63 スルタン・アフメトのキオスク
64 スルタンの母后の館の中庭
65 スルタンの母后の接見室
66 スルタンの母后の通廊
67 スルタンの母后の食堂
68 スルタンの母后の寝室
69 玉座の門
70 暖炉の前室
71 噴水の前室
72 ハレムの財宝室
73 カドンたちのスウィート
74 第一カドンのスウィート
75 黄金道路
76 悪魔の協議場
77 陛下の談話室
78 浴場の廊下
79 スルタンの浴場
80 スルタン妃（あるいはスルタンの母后）の浴場
81 陛下の浴場の湯沸し室
82 アブデュル・ハミト1世の寝室
83 セリム3世の間
84 オスマン3世の中庭
85 オスマン3世の城壁キオスク
86 ムラト3世の前室
87 ムラト3世の寝室
88 アフメト1世の図書室
89 アフメト3世の食堂
90 王子の幽閉所（カフェス）
91 幽閉所の中庭
92 セラームルクの接見室

ような、小さなめだたない戸口である（一五九頁上の写真で示されている）。この戸口は「御車《みくるま》の門」（アラバ・カプス）と呼ばれる。それはハレムの女性たちがボスフォラスを遡る行楽に出かけたり、「旧セラーリオ」を訪ねる時に、ここで馬車（アラバ）に乗り込むことから名づけられた。この小さな戸口が第二の前庭から入る正面の入口にあたるので、その警備はすこぶる厳重であった。この門を入るとすぐ、高い丸天井をもつ正方形の部屋へ入る。ここは現在「ドラプリ・クッベ」――戸棚付丸天井の前室（平面図31番）――と呼ばれるが、そこには、色塗りの大きな木造の戸の嵌まった戸棚が壁寄りに据えられている。この部屋は、疑いもなく時代の推移につれて種々異なった目的に使われたが、控えの間と寝具付の警備室という二重の目的に使われた。寝具は日中は畳まれて戸棚に納められていた。女性たちは、外で待っている馬車へ案内されるまで、いつも間違いなくここへ集まっていたのであろう。

「御車の門」と同じ大きさの扉を開けて入ると、ドラプリ・クッベ（*戸棚付丸天井の前室）の約二倍大の長方形の部屋（平面図32番）がある。この部屋は深い浮き彫りのクーフィク文字の帯状文様で四周を縁どられ、中に草花文様を描いた鏡板をもつ、美しいタイル壁でできている。この部屋は実際一種の広間か前室をなしており、すぐ次に述べる多くの重要な場所への入口とか、その他多くの目的に使われるが、特定の用途はもたなかった。この部屋は二つの部分に分かれており、第一のものは、非常に高い丸天井をもち、壁にクーフィク文字の帯状文様を付けている。第二室は、部屋の横全面にわたる約一八ないし二〇フィート（*五・五－六メートル）の長さのクーフィク文字の帯状文様をもつが、それは第一室の文様に似ている。左手には上方に大きな窓をもった古い鏡板付の木造の門がある。この門からハレムと槍斧兵の兵営とを隔てている細長い路が通じており、路の末端で「幕の門（*ベルデ・カプス）」（平面図62番）

をくぐって庭園に出られるが、この庭園はもうセラーリオをとりまく城壁の外になっている。

この門のすぐ（＊右）隣に、「黒人宦官のモスク」（平面図33番）に通じるもう一つの門がある。宦官のモスクは一六六五年の大火の後に建てられたもので、部屋部屋を維持・美化するために多数の宦官が献金したことを記載している興味ある大理石の碑銘板をはめた、非常に美しいファイヤンス焼の壁をもっている。モスクには小さな前室が付いており、別の戸口から（＊黒人宦官の館の）中庭に出られるが、その中庭には繰り返し述べるように、平面図32番の部屋から入るのが一番よい。前室の第二の部分であるこの部屋は丸天井作りではなく、ファイヤンスと漆喰で雅味豊かに飾られた平天井をもっている。この部屋のモスク側には両側に段のついた大理石の大きな踏み台がある。この踏み台はスルタンが神聖なアイユーブ・モスクまで馬で出かける時に使われる。その傍に大理石造りの矩形の噴水盤がある。また反対側には（＊スルタンが）「ディワーンの広間」を覗き見できるローグ、すなわち「窓」まで登る階段の入口となる二重の扉がある。この階段は「ディワーンの塔」へ登るものでもあるが、数階に分かれている塔屋の階毎で別になっている。

次に、左側に一〇本の大理石の列柱が立っている中庭（平面図34番）に出る。ここでは左側を傾斜した柱で支えられ、こちら側の端まで延びている木造の庇が、窓やタイルを激しい風雨から防護している。一〇本の列柱はすべて蓮形の柱頭（一七七頁を見よ）をもっているが、最初の六本の柱の中間には壁がなく、柱は「黒人宦官の館」の横に並ぶ列柱となっている。六本目と七本目の柱の間に館への入口がある。このすこぶる興味ある小さな中間の廊下の両側には、一階の高さが八フィート（＊約二・四メートル）の三階建ての小部屋が向き合って並んでいるが、この廊下に踏み込むと、建物の堅牢さと、この場所に満ち満ちた修道院のような厳粛な雰囲気とに強く打たれる。ここが一六六五年の大火で羅災したとしても、復旧は容易であったたし、被害も比較的些少であったと推測される。「黒人宦官の館」は、通常宿舎といわれているが、居間も含まれていた。私の確かめえたかぎりでは、一階の部屋は上級の宦官の寝室兼居間に使われたが、その他、左側に他の部屋の二倍大の「共用の部屋」と、右側の一番奥にコーヒー沸しの部屋とがあった。部屋は右側に六室、左側に五室ある。廊下の一番突当たりに、上方に飾りタイル張りの尖頭天蓋をもつ、典型的なトルコ風の暖炉があった。暖炉の背面の壁は全面無地の色タイル張りである。

来観者は今も、笞打刑に使った足を結びつける板や手を差し込む縄の輪を見させられる。二階の廊下はバルコニー風で、そこの短く太い矩形の柱が三階を支えている。その柱は中庭のと同じ蓮の花模様の柱頭をもっている。この二階に付いているいくつかの窓は暖炉の近くにある。明らかに上級宦官はこの階で就寝したもので、一階の部屋が補充の寝室なのか、全然睡眠に使われなかったのかは、この点の報告が不確実なうえ矛盾点を含むので、断定はできない。三階には露台はなく、部屋は小さく、若い宦官が使用したものであった。もちろん数人で一室を共用したが、備品はここで使われている多数の宦官に対して十分なものとはまず見えない。同時にわかるのは、多数の者が宮殿の種々の場所で任務についているので、誰かが帰ってきてもすぐ休息できた、ということである。述べる価値のあるもう一つの事情は、トルコでは多数の人が同室で寝ることをなんら明白な苦痛としなかったこと、群れ集まって小さな火鉢をかこんでコーヒーをすすったり、水煙草管《ぎせる》を吸ったりすることに満足して、楽しい休息をとっていたなどである。私は一夜、ユダヤ人が居住するイスタンブルのバラタと呼ばれる地区をぶらついたとき、金角湾を見下ろす一軒の木賃宿に泊ったことがある。私は好奇心から跳ね揚げ戸を潜って二階に上がった。そこでは、一ダース近くの人が床の上に熟睡しており、薄い敷物（どうみてもマットレスとはいい兼ねる）は重なり合っているが、なお立ち去った人が敷物を巻いてきちんと畳んで、出て行ったあとに、十分な隙間があった。わかってほしい点は、そこには家具らしいものはまったくなく、約一二フィート（*約三・六メートル）四方の一室（*八畳の間くらい）に八人の人間が同時に寝られた、ということである。

再び（*黒人宦官の館の）中庭に戻ると、残りの三本の柱が綺麗なタイル張りの壁に密着していることに気がつく。（*柱の）背後は王子の学問所であり、ここで王子たちが八ないし一〇歳になるまで初等教育を授かった。この部屋には、最後の柱の後にある小さな前室を通って入るが、この前室からはまた「宦官頭」すなわちキスラル・アガのスウィートに行くことができる。この二組の室群、すなわち王子の学問所と宦官頭のスウィートとは、建築学上ないし教育学上密接な関係があった。というのも学問所の主要な諸室は、二階にある「宦官頭」のスウィートの上まで広がっており、この「宦官頭」が王子ならびに王女たちの教育を監督する任務を担っていたからである。

オッタヴィアノ・ボン（一六〇四―七年）によれば、男児は一一歳になるまで婦人部屋の区画で生活する。五歳から一一歳までの間、彼らには陛下が選任して教師の役を担わせたコギア、すなわち教師がつく。教師は毎日ハレムに入り、婦人たちに目を向けることなく、「黒人宦官の館」内の一室に案内される。男児はこの部屋で二人の黒人宦官に付き添われている。教師は許された時間中この部屋で教育を行ない、それから退出する。王位の相続者が初期の教育を完了し割礼をうけたとき、ないしスルタンが自分と一緒に住まわせるのが不適当と考えた時、王子にあらゆる点で完璧な一家を形成させ、主任宦官中

黒人宦官の館の廊下

キスラル・アガすなわち黒人宦官頭

の一人を監督者として付ける。この宦官はララ・パシャ（＊侍従のパシャ）と呼ばれ、王子のために教師を選定し、漸次王子の地位が必要としてくると、セラーリオの内外から選んだ侍臣を付け、王子とその他には適切と思われる手当を支給する。

この学問所はすべてが高度にロココ風に飾られた数個の部屋からなっているが、それはフランス風を流露させており、しばしば前室として使われるいっそう簡素なタイル張りの室より後の建造であることがわかる。これらの部屋の一つには、一六六五年頃の作で、全部がタイルで描き出された精細なメッカの地図が掲げられている。また扉の上方に描かれたクーフィク文字の碑銘や木製扉の組木鏡板の秀れた見本には、グラナダのアルハンブラ宮殿の類似の作品を連想させる精妙なものがある。

キスラル・アガのスウィート（平面図37番）は小さくまとまっている。スウィートは数室からなり、主なものは心地よいコーヒー室一室、寝室一室、喫煙室一室、と手洗所である。今では全室が公開され、十分来観者を満足させる。

中庭の右側は財務官と侍従長の部屋で占められている（平面図38・39番）。前述のように、中庭はハレムそのものの入口（平面図41番）までまっすぐに通っている。そこから右側の「スルタンの母后の中庭」（平面図64番）と「黄金道路」とに入ることができる。「黄金道路」はハレムの前室、すなわち「護衛兵室（＊ネベティエリ、平面図42番）」の右隅の小さな入口を入ったすぐのところから始まる。

黒人宦官頭の任務

われわれはここで、使用される黒人宦官の数や彼らの各種の任務を見てみよう。最初の頃は黒人宦官の地位は白人宦官よりはるかに劣っていた。しかし白人宦官の横領や詐取がすこぶる目に余るものとなった結果、彼らの権力は逐次剝奪され、権力は実際に対抗者であった黒人宦官にある程度移管された。一五九一年にムラト三世は「白人宦官のアガ（*頭）」からその権力を大幅に剝奪した。「白人の宦官頭」でいえば、「女性の頭」という高位のみでなく、役得の大きいナズィール、すなわち「ワクフ（宗教寄進財）」の監督者――多数の国有のモスクならびにメッカとメディナ両聖地のワクフ（*宗教寄進財）の監督者――という地位を失ったので損失は甚大であった。その時からキスラル・アガ（*黒人宦官頭）の権力は増大しつづけた。黒人宦官頭はバルタジ、すなわち「槍斧兵」軍団の司令官となり、（*帽子に）三本の尾羽根を付けるパシャの位を授けられた。彼はスルタンと宰相の間の機密の使者であり、唯一人、奴隷の宦官と女性（*女奴隷）をもつ権利を与えられ、個人で使える三〇〇頭もの馬を支給され、日夜の別なくいつでもスルタンに面会すること、すなわち〝威厳ある人〟に近づくことができ、「君主と主権者の信頼に値する役人中の最高官」と形容され、オスマン帝国全体の最も恐れられる、したがって役得の多い役人となった。当然彼は、枢密会議の一員であり、またスルタン・ワーリデ（*スルタンの母后）の諮問に与《あずか》り、セラーリオのみでなく、それ以外の欠員役職者の補任に与かった。スルタン・ワーリデを通じてスルタンの愛顧を得ようと望む者は、キスラル・アガを通じなければできなかった。前述のように、本来白人宦官の権力のもとにあった多くの栄誉と役職が黒人宦官の権威下に移ったが、また後のある治世には、この権限のいくつかが白人宦官の手中に回復されたことがある。したがって、この変化は、われわれが（*両宦官の職務について）矛盾した説明に出会う原因をなしている。ドーソンの時代には宮廷外の職務中、以下の四職もキスラル・アガに属していたと伝えられている。

(1) スルタンの「天幕と宮殿の管理人頭」（チャディル・ミフテル・バシュ）。彼は二〇〇人ずつの四中隊に分かれた八〇〇人の部隊の司令官であった。隊員のなかの先任者四〇人がヴェズィネダールすなわちスルタンの取得する「貨幣の計量者」となった。彼らはヴェズィネダール・バシュ、すなわち第一宮殿域の中に所在する「国庫の監督官」に直属した。この部隊はまた、オルタカプ（＊中央の門）の近くで命令を待機する処刑人を出した。

(2) 国庫外の財宝庫（＊ディシュ・ハズィネ）頭（ハズィネダール・バシュ）。この役人は二〇人の補佐者をもち、財政文書の所蔵所、大礼服、各庁から命令を下すとき使われる絹繻子の財布と金繡の衣服の保管所などを管理した。

(3) スルタンの一家の必要とする衣服、リンネル、モスリン、その他類似品の調達者（バゼルキアン・バシュ）。

(4) 贈呈品の保管者頭（ペシュケシュジ・バシュ）、自国の家臣や、外国の大使が自国政府を代表してスルタンに捧げるあらゆる贈物の管理人である。

スレイマン大帝の時代には、これらの役職の全部がカプ・アガ（＊門の司令）、すなわち「白人宦官頭」の指揮下にあったのである。

黒人宦官頭の服装と聖イレネ教会の肖像画集

キスラル・アガの服装は次のようであった。まず花模様のついた絹の上服を着、幅広い帯を腰廻りに締めていた。その上に普通はほぼこれら二つを覆い隠すくらいの毛皮付きの長い外套を着ていた。長い上服は青色か赤色の縁をつけ、ほとんど床まで届く長い袖をもっていた。外套は黒貂《てん》かその他の珍稀な毛皮の飾りを付けていた。帽子は大形の白色円錐形のもので、頭の後部に斜めに被っていた。[*] ここで、セラーリオの第一宮殿域に立つ聖イレネ教会堂の柱廊に展示されている肖像画のコレクションについて述べておいていいだろう。このの興味あるコレクションはトルコ帝国の種々の役人の衣裳を示しているが、アブデュル・メジト（一八三九―六一年在位）の作らせたものである。彼の時代には、（＊後世の作とはいえ）画像の衣裳は歴史的にどこからみてもごく細部まで正確なものであった。しかし、その後コレクションは何回となく外部に持ち出されて、最後に一九一四年に戻されてきたときには、肖像画の多くは傷つき、服装は混同されるか、修復しがたいほど引き裂かれ、また説明書は手のつけようもないほど取り違えられていた。キスラル・アガそのものも完全に間違った服装に変えられていた。私は彼の姿を描いた最初の絵を一枚持っているが、それは、袖が床まで垂れていないこと以外は、前述の彼の衣裳とまったく同じであった。[**] マンバリー博士は一九二四年刊の著書で、肖像を三一のグループに分けて述べているが、最初の形に遡ったり、正確なグループ分けをしようとする試みはいずれも失敗していたといえる。それらを正しく復旧し、専門家の手で服装を直すことは緊要である。ムレーは『案内書』で「マフムト二世が改革を行なって以来永久に失われてしまったあの一風変わった古いトルコ人の生活を来観者がこれほど生々しく印象づけられるところはほかにはない」といっている。[***]

＊　E・J・W・ギブ著『オスマン人の詩の歴史』（ロンドン、一九〇〇―九年）第三巻、二九五頁注二を参照。

＊＊　一九〇頁に転載したキスラル・アガの絵の他、M・ドゥ・フェリオル著『版画百枚集』（パリ、一七一四―一五年）図四を参照。これをアリフ・パシャ著『オスマン帝国の古い服装』の図二の肖像五、またとくにプ

レツィオシ著『スタンブール』（パリ、一九五八年）の図二一と比較せよ。後者では「セライルの宦官」は大きく残忍な顔と厚い唇をもつ長身の醜悪な人物の騎馬姿で描かれている。彼は河馬の皮製のむちを手に携え、一人の徒歩の従者を傍に従えている。

*** 七四頁

黒人宦官頭の役得

すぐ想像できるように、キスラル・アガは巨額な富をもつ人間なので、自ら進んで地位を抛つことはほとんどない。しかし、そんな場合も起こったし、そのどの場合にも彼はエジプトに送られた。実際、地位を抛った者のうち数人は、将来そこに隠棲し、老後を豪奢な東洋的生活で送ろうとする考えだけから、エジプトに土地を買った。スルタンはこうした財産取得に異議を差し挟まなかった。なぜならスルタン自身がキスラル・アガの資産相続人であり、いずれ全部の物が君主に戻ってくることを知っているからである。キスラル・アガは隠退すると、僅少の年金を与えられた。

バルタジ（*槍斧兵）、黒人、その他の女性が宮殿で有給で働いたが、彼らはキスラル・アガの秘書官から俸給を受け取る。この秘書官はまたモスクの収入や他の金銭の会計も預かっており、これによって主人の収入を増やすように計った。こうした尊敬される高位を占めたにもかかわらず、黒人宦官頭は概して粗野で、無知で、腐敗した人物であった。このような権力を彼らの掌中に抱えさせたことが、オスマン帝国の衰退と崩壊の大きな要因となった。

黒人宦官の諸職と人数

キスラル・アガの次に重要なのが、ハズィネダール・アガ（*財宝庫頭）で、彼はしばしば黒人宦官頭の職を継承した。彼はハレムとバルタジ（*槍斧兵）の会計を管理した。彼は四半期毎に決算をして、それをオダ（*財宝の広間隊）の計理官に提出した。彼は三本の尾羽根を付けるパシャの位をもった。その次官はハズィネ・ヴェキール（*財宝庫次長）と呼ばれた。

次に位するのがバシュ・ムサーヒブ（*侍従長）で、彼はスルタンとキスラル・アガの間の連絡役であった。彼は八人ないし一〇人のムサーヒブ（*侍従）と呼ぶ役人を従えた。ムサーヒブは二人一組で一日中任務につき、スルタンからハレムの夫人たちへの命令を運ぶ役にあたった。

その他の役人としては、オダ・ララ、すなわち「（*宦官職の）事務長」、バシュ・カプ・オウラーン、すなわち「門衛兵頭」、ヤイラク・バシュ・カプ・オウラーン、すなわち「門衛兵頭次長」などがある。スルタン・ワーリデ（*スルタンの母后）がセラーリオにいるときは、その他の役人が任用された。その場合、彼女は専属の宦官頭、会計役、イマーム（*宗教導師）、子女の教育係、「シャーベットの保管人」、その他の下位の黒人宦官を抱えたが、いずれもが緊急時に備えて多数の補佐役をもっていた。こうして極盛時にハレムで抱えていた黒人宦官の数が、ほぼ六〇〇人ないし八〇〇人に近かったといわれることも納得されよう。当初は抱えられた黒人宦官の数は小さいものであった。一五一七年頃メナヴィノは四〇人と推定したが、一方一五三七年にユニス・ベイはその数を二〇人と少なく見ている。またわれわれはハレムが目につくほど膨張するのはスレイマンの時代以後のことであったのを想起せねばならない。スレイマン当時ハレムの女性の数はわずか三〇〇人であったが、（*その子で二代後の）ムラト三世の治下で一二〇〇人に増加し、黒人宦官の数もそれに伴って増加した。一七世紀始めに、ボンはスルタン妃の館の戸口の警護だけに約三〇人の黒人宦官がいたと語っている。ドーソンは〝約二〇〇人〟という控え目な数を挙げ、以後数は時によって三〇〇人ないし五〇〇人の間を変動した。セラーリオの役人とか部屋の構造とかハレムの通路とかの知識が深まって、唯一つの門の警護に三〇人もの多数があたったとしたなら、どれほど多数の黒人宦官が抱えられていたかを推計できたのは、ごく最近のことである。その数が大幅に増減したことだけは間違いないが、それ以上のことは推測の域を出ない。黒人宦官に委ねられた通常の仕事は、主として警護にあったが、入口の内外だけでなく通路、中庭、倉庫にまでわたっていた。それ以上の身辺の仕事はきわめて若い宦官か高齢の老練な者に与えられた。黒人宦官には、アジェム・オウラーンになされたと同じように、長期の念入りの訓練が施されたことを知っておかねばならない。彼らの習練期を鮮明に説明しているボンにもう一度目を向けてみよう。

子供たちは仕事に就ける一定の年齢までセラーリオにいる他の若者たちによって監督され、訓育される。彼らはそのとき（*訓練を終えたとき）そこから転属させられて、婦人たちのもとへ送られ、彼らの長であるキスラル・アガすなわち「女性の頭」の指令の下で、スルタン妃に仕える他の宦官の下におかれた。宦官たちはかなりの手当を得ている。すなわち、一日六〇ないし一〇〇アスペリ、二枚の最善の絹製の上着、衣服、その他一年中の必需品、そのほか他の区域から彼らに贈られるたくさんのもの、などである。彼らはヒヤシンス、水仙、バラ、カーネーションなどの花に因んだ名前をもつ。というのも彼らは婦人に仕えるので、処女性、白色、芳香にふさわしい名前を与えられたからである。*

＊　九〇頁

宦官たちの職務は、またスルタンとスルタン妃の間の伝言の授受、商人との取引、男性の居室への訪問、スルタンに申達すべきカプ・アガ宛の覚え書きの持ち運び、等々の仕事がある。彼らはセラーリオに入った瞬間から、スルタン妃からの特別の許可がなければ、誰か下位の婦人から命じられても、セラーリオから外へ出ることは許されなかった。白人宦官はいかなる事情であろうとも同僚である黒人宦官を訪れてはならない。医師頭でさえ、黒人宦官が両側に列をなして並ぶ中を女性の姿に眼をやることなく通らねばならず、最大限許されたのは、病人のさし伸ばした手に触って診察することだけであった。

白人宦官の勤務所と任務については、すでに第二宮殿域と第三宮殿域の境界線上にある彼らの居所を検討した際に述べておいた。

トルコでの宦官の使用とその風習の起源

宦官の創始

婦人の護衛に宦官を使うことは、幾世紀となく中東と極東双方の習慣となっていたが、トルコ人は彼らがヨーロッパに都を打ち立て、ビザンティウムのギリシア人の多くの習慣を踏襲するまでは、その習慣を知らなかったし、必要としなかった。コンチタンティノープルでは宦官の使用は新しいものではなかった。もっとも西暦紀元の一世紀にドミティアヌス帝が禁止したことがあるが、結局ビザンツ帝国時代には日常事のように語られていた。

初期のスルタンは、ハレム、王子たちの隔離、細かな宮廷儀式、ないし奴隷政府を形成するために、専門にキリスト教徒を雇用する方式を知らなかっただけでなく、宦官のこともまったく知らなかった。

トルコで宦官の使用が始まったのは、どう早く見ても一五世紀中葉を遡ることはない。アドリアノープルは一三六一年に首都となり、徐々に真の首都の性格を整えた。都ではそれに城壁をめぐらし、公共建築とモスクを設け、宮殿も建造された。時を経るにつれて、陛下を隔離するビサンツ人の風習が征服者に影響を与え、陛下を護衛するこの地域の伝統的方法も踏襲され、やがてしだいにハレムと宦官が使用されるに至った。この二つの事柄（*ハレムと宦官）は従来常に見たように並行して進行した。専制的支配と一夫多妻制は宦官を必要化し、コーランの訓戒は驚くほど早く、また憚《はばか》りもなく、無視されるようになった。もちろんトルコ帝国の迅速な拡張がそのテンポを早めさせた。ブリガリア、クロアティア、ギリシアならびに小アジア、シリア、エジプト、ペルシア各地での連続的勝利が、多量の戦利品の中から奴隷を生み出した。スルタンの愛顧と庇護を求めるエミールすなわち武将たちが贈った男女の奴隷の中には、しばしば宦官を含んでいた。ひとたび新政策が奏効すると、その要求はやすやすと充たされた。トルコの歴史家は宦官の任用の始まりを、一五世紀第一・四半期に当たるメフメト一世（*一四一三－二一年在位）とムラト一世（*一四二一－五一年在位）の治下としている。ただし、これは白人宦官のことのみを指していた。それを変形した黒人宦官は、一四七五年頃には用いられていた。スレイマン大帝の時代その妃ロクセラーナ個人の護衛者は白人・黒人双方の宦官からなっていた。帝室のハレムが一五四一年頃「エスキ・サライ」からセラーリオ丘上の宮殿に移ったのと同時に、宦官制度が確立された。オスマン帝国の勢力が拡大し、国庫が充実してくるとともに、セラーリオ内の人員は増加し、宮廷の儀式は以前より複雑なものとなった。従来一ヵ所の扉を守るのに二人で十分とされた宦官が一〇人に増やされた。こうして真に東洋風の誇張と誇示欲が目一杯に行使され、ギリシア・ビザンツ風華麗さが復活された。しかも、宦官の支配は長く続いた。今世紀のアブデュル・ハミト二世の治世でも宦官の権力は昔に変わらず強大であった。

宦官として、最も残忍・下劣で知られるのは、異常体駆をもち風船のように肥満した巨体を、ガラタ橋からロープで吊り下げられて悪虐の生涯を終えたジェブヘル・アガとされる。瘦身の見本は、当時の次席宦官頭で、一〇歳のときエジプトの奴隷商人から一五〇フランで買われてきて、乙女のようだといわれたナーディル・アガである。骨の髄まで腐敗したこの制度に致命的打撃を与えたのは、一九〇八年のトルコの革命であった。

宦官制度の歴史

宦官使用の起源、その慣習がヨーロッパに伝播した経路、後世どこからトルコへ供給されたかなど、をごく手短に跡づけることには関心がもたれよう。

宦官の最初の発生地は、メソポタミアのようであるが、メソポタミアはヨーロッパに移植されたきわめて多種の制度の揺籃の地であった。アミアヌス・マルセリヌスが男性を去勢した最初の人はセミラミスであったといっているのは、おそらくあまり的をはずれてはいない。われわれは彼女を、ギリシア神話のイシュタールに似た女神というより、紀元前八一一年から八〇八年までアッシリアを統治した女王にして母である、サンムラマートであると考えねばならない。現在まで残る文献は宦官がアッシリアで使われていたことを証明しているし、旧約聖書は絶えず宦官について述べている（サーリースという言葉が挙げられた特定の場合にどんな意味をもつにしろ）ことが、宦官の存在したという主張を支えている。われわれは去勢者で、神官であったエフェソスのアルテミスとアタルガティスおよびシベレ・アティス（*豊饒の女神とその愛を受けた牧童）の祭儀にまで視野を広げたり、アフリカのみでなく古代のセム人やアメリカの原住民に広がっている調査の乏しい宗教的男色を取り上げたりしようとは思わない。こうした奇異な儀式の存在に言及するのは、「宗教的」去勢者がどのように徐々に西方に伝播したか――メソポタミアからシリア、シリアから小アジア、小アジアからヨーロッパへ――を示すためである。

しかし、これで宗教と宦官との瀆神的結合が終わるのでなく、驚くべきことには、初期キリスト教教会でも、禁欲主義が不自然に広がり、害毒を流している。テルトリアヌスは〝天の王国は宦官に開放された〟と言明したし、自らを去勢したオリゲニウスはそうした多数の聖職者の一人であったにすぎない。初期の教父の道徳法は、アタナシウス、アレクサンドリアのクレメンティウス、聖ジェローム、聖アムブロシウス、ニッサのグレゴリウスなどが著作で述べているように、純潔を何にも代えられぬ絶対の必要と主張し、女性はその純潔の阻害物であると見なされたと証言している。こうした（*厳格主義の）教義は、極端に走ると危険であったし、実に酷い悲劇を数多く生み出した。また、教会としても、システィナの礼拝堂に所属する法王庁の聖歌隊の声を保全するために、少年たちを去勢する不埒な慣習を黙認した罪は重い。ベネディクト一四世はその風習を咎めたが、風習は一八七八年のレオ一三世の即位まで継続した。これに密接に関連したのは、イタリアの歌劇場で去勢された歌手を使ったことである。イタリアでは一八世紀に去勢（カストラティ）がすこぶる流行し――ニコリニ、グリマルディ、セネシノ、ファリネッリその他多くの――男性ソプラノ歌手が西欧中に名を轟かせた。

述べねばならぬ他の唯一の、宗教的去勢者はスコプト（スコペッツが〝去勢者〟の意）で、それは（*ロシアの）ベレヴとアレクシン郡のオルヨル周辺の村々で一七七二年に初めて見出された。このロシアの秘密宗派は、わずか六〇人から、今日では一〇万人に増えている。しかしその宗徒の多くは今日は去勢の儀式を行なっていない。彼らの奇異な信念の一つは、アダムとイブとは最初男女の別のないものに作られたが、両者が堕落した後、禁断の木の実の半分ずつが彼らに与えられ、それが睾丸と、乳房となったということである。それで削りとられた神像を小刀をもって当初の形に復旧するのが、彼らの義務となった。この宗教は、気分的に宗教的熱狂心に駆られ勝ちなフィンランド人を奇妙に魅了した。

しかし、ハレムを警護する〝俗人〟の宦官のことに戻れば、われわれは、この習慣がアッシリアからペルシアに広がったものの転化であることにすぐ気がつく。自らを警護するのに使う明白な目的のもとに入獄者を去勢した最初の民族がペルシア人であることは、おそらく確実である。紀元前五三八年にキルス王がバビロンを占領したとき、宦官が家族をもたないのを見て、キルスは彼らを誰も愛する人をもたず、雇い主以外には奉仕しない、比類ない立場に置こうと決意したと伝えられる。

クセノフォンによるとキルスの主張は次のようであった。

キルスは、宦官が家族的愛情にはまったく動かされないし、彼らに富と保護を与える最高の立場にある人を、彼らも最高に尊重するであろうと考えた。たとえ彼らの扱いを誤り、高い地位を与えたとしても、自分（*キルス）以上の恩寵を与えうる者はいないし、また宦官が人々から軽蔑の的とされるかぎり、その理由からだけでも、彼らは保護する主人を必要とすると考えた。なぜなら、誰かいっそう権力の強い者が、彼らの行動を制御せぬかぎり、宦官にしてもあらゆる機会にその立場を利用して権利の行使をするものだと、考えざるをえないからである。しかも宦官にしても、主人に対して誰にも劣らぬ忠誠心をもてないと考えられる理由はない。さらにキルスは、多くの人が推測しがちな、宦官が柔弱になるという事実を認めなかった。キルスは他の動物の場合から以下のように推論した。悍馬は去勢されると、たしかに嚙みついたり、跳ね廻ることをやめるが、しかしそれでも戦争に使うのには役立つ。雄牛は去勢されれば、その雄々しい気力と御し難さを失うが、役畜としての強い力と能力とを奪われはしない。また同じように、犬は去勢されると、主人を遠く離れるほどに走れなくはなるが、見張りや狩猟では依然役に立つ。同じように人間もまた、その性欲を奪われたときは穏和になろうが、自分に任されたことへの注意力まで衰えさすことはない。彼らは騎馬術、槍術の巧技、野心などをいささかも減じない。反対に、彼らは戦場や狩場のいずれでも、内に闘争心を秘め続けていることを示し、また忠誠心の上でも、主人の没落や戦死のときに最善の証拠を示した。というのも主人の悲運のとき宦官以上に忠誠な行為を演じた者はいなかったからである。またもし、彼らが肉体力で劣っていると考えられることが多少正しいとしても、戦場においては、刀剣は弱者を強者と対等にできる。これらの事柄を考えて、彼(*キルス)は宦官を、戸口の番人を最下位者とする、自己の身辺の用務を弁じるあらゆる仕事に抜擢した。*

*『キルスの教訓』七節、五項、六〇‐六五頁。ラーブ古典文庫中の、W・ミラー訳、第二巻(一九一四年)

キルスの判断の正しかったことを示す証拠は例外的にはあるが、宦官の力は一般的には、残忍、策謀、腐敗、災厄の痕跡を残しただけのものであった。

ヘロドトスは、ペルシア人がイオニア人を去勢して、最も美貌の乙女とともに、（*キルス）王のもとに連れ去った経緯を伝えている。* とすれば、去勢の習慣は、ギリシアでは古代以来きわめて広く知られていた。（*東方と）反対方向の中国では、去勢はすでによく確立されていて、北京の大宮殿の陥落までさかんに行われていた。

* 第六巻、三二頁

しかし、西方にも、アジアでの奢侈の弊風が伝播して、ギリシアならびにローマで宦官を発生させた。ギボンはローマ世界における宦官の支配力について広汎に語っている。去勢は、ドミティアヌスとネルヴァの厳しい勅令で抑制され、ディオクレティアヌスの誇りから敬遠され、コンスタンティヌスの思慮で賤しいものに見下されていたが、堕落した彼らの子供たちのときの宮廷で去勢者が増加し、徐々に広く知られて、最後にコンスタンティウスに枢密会議の指令の発布を余儀なくさせた。*

* これ以上は『衰亡史』の一九章を参照。

しかし、帝国の心臓を腐らせつつあるこの癌の排撃されないのを憂える人たちもいた。そして、最後の古典詩人であるクラウディウスは、アルカディウス（三七八‐四〇八年在位）を意のままに操った宦官エウトロピウスへの非難だけを綴った詩を残した。痛烈な言葉に満ち満ちたペンをもっても、宦官に対する自らの嫌悪と侮蔑と、これほどの害虫の跋扈を許している国家の深い沈滞とを十分には表現しきれぬことを嘆いて、彼は叫んでいる。「（*この）アルメニア人を倒せ！」

男を女と化し、こうした除去で厭《いと》わしい価値を増大させぬように小刀を揮う者を。彼（*アルメニア人）は、その二つの源泉から出る生命の泉を涸らし、一振りによって犠牲者から父たる機能と夫たる名とを奪い去る。*

* ラーブ古典文庫のM・プラトナウアー訳（一九二〇年）第一巻、四七 - 五一頁

奴隷市場

しかし、（*こうした警醒の言葉の）すべては空しく、風習はレバント地方に残りつづけた。トルコ人が女性を隔離し始めたとき、しばらくはビザンツ人が必要な宦官を提供する源泉となっていた。しかし、間もなく宦官の（*提供）領域は広がり始めた。白人宦官は征服地域の多くのところで入手できたが、彼らは虚弱で、（*手術での）死亡率が高かった。黒人を試すと、彼らは廉価で、成功率の高いことがわかった。こうして黒人への需要が生み出され、奴隷商人はやがてアフリカの族長たちに、生きた捕虜が死者よりもはるかに価値のあることを教えた。ここは奴隷貿易の発展を論じる場所ではないが、これらの黒人が連れ出されて来た地方と、目的地へ到達するまでの経路について一言述べておくことは許されよう。黒人の供給はすべてイスラム教国に依存するのであるが、宦官のきわめて厖大な量を使用した他の大宮殿——すなわち北京の紫禁城——に彼らがそもそも送られなかったのは、どう考えてももっぱら地理的計算以外ではなかった。トルコの宦官と北京のそれとの相異は、中国では彼らがすべて中国人であったのに、トルコではすべて非トルコ人であった点である。レバントに関するかぎり、エジプト、アビシニア、中央アフリカがうまい人狩り地域となっていたが、さらに時が降るにつれて、グルジアやシルカシアの白人が、アビシニアやスダンの黒人に取り替えられた。イスラム法によると、戦争で捕えら

れた奴隷は、勝者の完全な所有物とされ、またこうした財産の全権利の譲渡が許されたので、アフリカ人の族長やアラブ人商人から奴隷を入手した奴隷商人は、代価を支払う気のあるイスラム教徒の買手に、彼の権利を合法的に譲ることができた。こうした結果、いくばくもなく、巨利を産む貿易が興隆した。黒人の得られた地方は、主としてコルドファン、ダルフール、ドンゴラなどの白ナイル上流地域、ならびにチャド湖南東のバギルミ地区であった。その他の黒人は、アビシニアから来たが、そこから紅海岸のマッサワとスアキンの港へ出、苦しい旅をして、スミルナ、ベイルート、ジェッダ、メッカ、メディナ、コンスタンティノープルなどの大中心地に送られた。白ナイルの黒人は、大部分ナイル河の水路をとってアレクサンドリアに出、小さな船に鰯のようにすし詰めにされるか、でなければ一部を徒歩、一部をラクダの背によってサハラ砂漠を越えて、最後にトリポリ、チュニス、またはモロッコの海岸に到達した。人間という商品の輸送は当然長途の危険な仕事なので、途中に取引の中継地を設けねばならなかった。ナイル河流上では、ゴンドコロやハルツーム、サハラ路ではフェザーン地方のケバボ、マルズクが中継地となった。ネグロの少年の去勢の行なわれたのは、これらの中継地に滞在中のことであった。止血剤に使われたのは砂漠の熱い砂であったから、手術は危険なものであり、死亡率は高かったが、奴隷商人はこれを計算に含めて、目的地に着いたとき、去勢して運んできた少年を高い価格で売り払って、損失を埋め合わせた。また隊商は多数の黒人女を連れており、カイロやコンスタンティノープルの即売市場で売り捌いた。去勢男は、贅沢品であったから、セラーリオそのものでない場合、商人はしばしば富裕なパシャの自宅に出かけて、売り渡した。手許に残ったのは奴隷市場へ持ちこんだ。こうした奴隷市場が消滅したのはごく近年のことにすぎない。

白人宦官の需要を充たした方法は、セラーリオ中の彼らの住居を取り扱ったところで（一七六−一七七頁を見よ）多少は触れてある。

生理的・心理的様相

去勢者の形成

題目にこの小項目を加えるのは、この章をできるかぎり完璧なものとするためからではなく、宦官およびその変貌の肉体的・精神的状態をよく評価することが、それが徐々に衰退し滅亡した事情を疑いもなくよりよく理解させるからである。ハレム衰亡の大きな要因は、非生産的で、不毛、不自然で、まったく腐敗したこの社会の一員——宦官——を導入したことと、その勢力が拡大したことにあった。

ごく初期の時代から宦官については、大幅な関心が寄せられていた。これは実際ごく自然なことである。というのも、好奇心の強いものにとって奇形物さえ結構関心の的となることは、旅のサーカスが、シャム双生児、髭の生えた女性、侏儒などの冷厳な自然の戯《たわむ》れの見本がなければ完全ではないのと異ならない。

しかし、去勢者の場合は条件が自然でなく、人為的に男に加えられた痛ましい切断であることを万人が知っているのだ。その効果は目に見え——また聞きもする——ているし、理由も普通認められているが、切断の実施される方法とか、その程度の差というものは、ほとんどまったく知られていないようだ。

この一般的無知は、けっして問題に寄せられる関心が薄いためではなく、別種の要因——公刊された情報の少なさ、風習が漸次断絶したこと、去勢者を作る破廉恥な商売に常にまつわる秘密性、それとなんらかの形で関係をもつ人が結局問題に触れることを避けようとする気持ち——などによっている。宦官を扱った著作の大部分はペンネームで著されたし、この問題を扱った近代的著作は、唯一点ミランの著書（二二二頁を見よ）以外まったく現われていない。しかし、最もよくあるように、この主題に縁のある言葉の語源史を繙けば、一定量の情報を得られるであろう。

しかし、学者の間では、一番よく知られている——宦官という——言葉の起源と意味については相当に見解の隔りが見られる。数人のドイツ人の言語学者は、ギリシア語の eynoykhos はセム語からの借用語ではなかろうかといっている。しかし私はこれについて何の証明も得られないし、イギリスのアッシリア語やヘブライ語学者に照会したが、この理論を支持する回答を得ていない。そこでそれを、eynae〝寝台〟と、ekhein の母音変化から生まれた okh〝保管する〟——すなわち寝台を管理する者を意味する言葉——の古い派生語と見る見解をやはり支持してよいと考える。アッシリア語との連関は、ヘブライ語のサーリース、〝去勢者〟だけにみられる。この語は、医書の一節でラー・アリデイ、すなわち〝子をこしらえない者〟と説明されているように、アビシニア語のサ・レーシ（ša rêši）からの借用語である。このように、これらの言葉は、そのまま自己説明をしているが、反対に eunuch はその肉体的状況を現わしてはいない。しかし、知っておいてほしいことは、ヘブライ語のサーリースは二つの異なった意味——実際に別々の二語——、一つは〝去勢者〟、他は〝首領〟〝高官〟ないし〝家令〟という意味をもっていることである。後者は主として旧約聖書（申命記、列王紀下、イザヤ書、エレミア書など）

で出ており、一方マタイ伝、使徒行伝、ローマ書などの現わそうとした意味は前者である。*去勢と関連した数個の言葉、潰《つぶ》す、打つ、切断する、引き抜くなどは、それによってもたらされた状態が去勢であることを示しているので、示唆的である。

* この主題については、T・K・シェイネとJ・Sブラック著『バイブル百科辞典』第二巻（一九〇一年）をさらに見よ。

打ったり潰したりする方法は、*ギリシア語のコプトウ〝打つ〟から出ているラテン語のカポ〝去勢した食用雄鶏〟、ギリシア語のスラオ〝潰す〟から出ているスラシアス、スリビアス〝去勢者〟、またサンスクリットのヴァド〝打つ〟から出ているヴァドリ〝去勢者〟、などの言葉からわかる。切断は、ケスという語源から出たラテン語のカストロ〝切断する〟、サンスクリットのシャス、すなわち〝切断〟、ギリシア語のテミオ〝切断する〟から出たトミアス〝去勢者〟、そしてサンスクリットのアスリ〝端〟〝小刀〟から出ているニラスタ〝去勢された〟で示されている。最後に引き抜いたり、引きずったりする手術は、ギリシア語のスペード〝引きずる〟から出たスペードイ〝去勢者〟などの言葉に示唆されているように思われる。

* サンスクリットの『アタルバ・ヴェダ』第六巻、八八節、二項に述べられている。

そうとすれば、宦官には、生まれながらまったく無能力なものではない、数種の去勢者があったように思われる。初期のキリスト教徒は、当然マタイ伝一九章一二節の、次のように書かれているのによっている。

というのも、母の子宮から生まれたときからの去勢者があり、また人によって去勢された去勢者があり、さらに、天上の王国のために自らを去勢した去勢者がある。この節の批評家たちは、〝去勢者〟の語は象徴的に使われているといっており、その意味は、天上の王国に完全に自らを捧げる者は、結婚生活で求められるものを満たしえない、ということだとしている。しかし、オリゲニウスは章句を文字どおりに解しすぎたために臍《ほぞ》を噛む生涯を送った。ムハンマド（＊預言者）も、去勢者を作ることを非難して、〝イスラムの去勢は断食のときにのみ成り立つ〟と語って、その言葉を象徴的に使っていることは傾聴される指摘であろう。

去勢の種類

古典時代には、去勢者の種類は次のようにみられる。

(1) カストラティ　完全な切断――ペニスと睾丸双方の

(2) スパドネス　引っ張る処置で睾丸だけを切除されたもの

(3) スリビアエ　睾丸を叩き潰して、生殖線を永久に破損されたもの――主としてごく若い者の場合に適用する

スラシアエはほとんど上記の三番（＊スリビアエ、睾丸を叩き潰す）と同じである。

バートンによると、＊東洋では同じように三種の方法があるという。

(1) サンダリ　きれいに剃られたもの。すなわち体のその部分を剃刀の一閃で切り落とす。尿道には筒（錫または木の）を付け、傷は煮えた油で焼き、患者は積まれた新しい糞の中に坐らされる。食事は牛乳を与えられたが、彼の年齢が思春期の場合は多く命を保った。

(2) 陰茎を除去された去勢者は手段を欠きながら交接と生殖の能力を保持する。弾性ゴムの発見以来これが宦官に提供された。

(3) 去勢者、すなわち古典のスリビアスとセミビル　睾丸を切断するか（キベレの僧侶が石の小刀で去勢されたように）、それをすり潰す（ギリシア語のスリビアス）か、ねじるか、焼くか、堅く縛るかして性能力を奪われた者

＊『アラビアン・ナイツ』補遺、第一巻、七一‐七二頁

（こうしてみると）、どこの国でも方法は類似であったようにみえる。唯一つの相異は止血と射精を止めるのに用いた手段が地域によって違っていたことである。ステントは中国の宦官に用いられた方法を詳細に述べている。

処置はこんな方法で行なわれた――白い紐か包帯で下腹部と大腿上部を堅く巻く。それから手術を施される部分を熱い、胡椒水で三回洗う。このとき施術される者は何かにもたれかかられる。その部分が十分洗われると、全部――睾丸と陰茎の双方――を、鎌のような弯月形の小刀でできるだけ身体に近い所で切断する。去勢が終わると、しろめ（＊錫、鉛、銅などの合金）の針か栓を陰茎の根元の中心の穴に慎重に挿入し、それから傷口を冷水に浸した紙で覆い念入りに縛る。傷口の手入れがすんでから、患者は二人の「小刀使い」に支えられて部屋中を二、三時間歩き廻らされ、そして横になることを許される。患者は、三日間飲食を許されない。この間患者は、咽の渇きだけでなく、激しい痛みと天性を回復できない悔恨とで、深い苦悶に悩まされる。三日間の終わりに、包帯が取り除かれ、栓が引き抜かれると、患者は、噴水のように大量の尿を放出して、救われたという思い

に打たれる。放尿が思いどおりにすめば、患者は危険を脱したとして祝福されるが、不運にも、水を放出せぬ者は尿道が膨れ上がって、救われる術を失い、悶え死ぬ運命に委ねられる。*

* 『王立アジア協会雑誌』北中国部（一八七七年）一七一頁

誇張された数字が挙げられてきているが、死亡率は必ずしも大きくはない。しかし、若い黒人の場合、未熟な「小刀使い」の拙腕のせいで、死亡する場合はかなりある。実際、〝途上での損失〟を大幅に斟酌することが常に許されている。セラーリオの宦官を物語る中でサンディースやリコーは、宦官たちが水を通すための銀の楊枝をターバンの中に隠し持っていた事実を述べている。

去勢者の心理

〔去勢者の性格〕

去勢の肉体的・心理的影響は、手術の加えられるときの年齢によって相違する。もし、被手術者が思春期にも届かない子供の場合には、適切な注意を払えば、手術に危険はない。しかし思春期以後となると、肉体的・精神的影響は、きわめて深刻となる。まだ現実の性交を経験していない者でも肉体的刺戟を覚え始めているので、取り返しのつかない損失を深く自覚して、われわれでは図り知れない精神的苦悩に晒される。性的思考や欲望を断たれた一方、絶えず女性に仕えていることから、普通の人間のもつ快楽の知識を、おそまきながら理解する結果、報復心と絶望感の混じりあった、痛ましい悔恨の念を味わうことになろう。それゆえ宦官が気むずかしく、陰気、単純、短気で、復讐心が強く、残忍、傲慢であるとともに、反面、単純で、人を信じやすく、無害で、諂《へつら》い者で、娯楽好きで、寛容だ、などと描かれているのも驚くにあたらない。この一見矛盾した性格は、去勢者それぞれの手術で蒙った影響が大幅に異なる結果とみられよう。精神構造の形成上で考慮されるのは、犠牲者の年齢のみでなく、去勢をひき起こした環境もある。襲撃で捕えられて、後に売られた少年は、唯の金銭欲から両親によって売られた少年のような、人間性一般とかとくに両親に対する怨恨の念を抱いてはいない。

去勢の肉体的影響はよく知られている——体毛の完全な消滅、女性的な〝つぶれた〟声（しかし、黒人の場合がより強い）、肥満と老年時の皮膚のたるみを伴う肉体の徐々の柔弱化などである。その他の去勢の影響としては、膀胱の弱化、記憶力の喪失、不眠症、視力の減退などが挙げられる。去勢者はアルコールを好まないし、それはごく少量でも力を喪失させてしまう。彼らは肉食より菓子や砂糖菓子を好む。好きな色は赤だ。彼らは音楽、とくに太鼓《ドラム》かタンバリン、さらに中央アフリカのあらゆる楽器のもつリズム中心の打音を好む。衣服はきちんとしているが、貪欲で蓄財を好み、黒人特有の知力の貧しさとともに無知な東洋人にみる想像力の稚なさがあった。その結果彼らは支離滅裂な物語を信じるし、一度一つの観念にとらわれると、何事が起ころうと、それを捨てようとしない。後述する中国の宦官の恐ろしい物語は、このことを例証している。彼らはわれわれの〝お伽話〟と呼ぶものを称讃し、『千夜一夜物語』や類似の超時代的説話集を暗唱してみせる。彼らは幼児と、鶏、羊、牛、猿などを含む動物を愛玩する、——一番可愛がるのは猫で、愛玩用に飼い、最大の配慮と注意を傾けて飼っている——。

性感情の点では、去勢された男子が即座にすべての欲望を失うと考えるのはあたらない。彼らはしばしば強く女性に惹かれるだけでなく、奇異と思われるかもしれないが、相手の愛情をかきたてる。そしてハレム史上では、宦官の結婚が多数起こっている。しかし、そんな場合、宦官は〝通いの身〟となり、普通市中の小さな館の一つに移される。そんな性的刺激は当然前立腺の状況によって左右されるもので、思春期以前に去勢された宦官の場合はそれはまったく萎縮している。*

＊ これ以上のことは「コンスタンティノープルの宦官」（『パリ人類学協会会報および論文』第二巻、第五輯、パリ、一九〇一年、二三四-二四〇頁）中のコンスタンティノープルの二医師のヒクメットとレグノールトを見よ。

ウェックスフォード州のソルスボローのリチャード兄弟の一人のJ・リチャードは、*大英博物館の所蔵する一六九七-一七〇〇年作の写本中で、宦官の結婚についての興味深い例を挙げている。宦官と女性との間の、第三種の結婚ともいえるものがある。その結婚とは、去勢された者が、それでもなおわれわれの知らない方法で交接するという意味でである。それは異常なことではなく、女性までが自分で男性の欠陥を補足する方法をもっているということである。そして女性は男性のために作られたのだという以外の知識をもたず、また善行・悪行に対して来世の恩寵や刑罰があるという教えを信仰しないような、いたましい人間が、他の女性たちのすべてにまさる欲望と感覚を、あらゆる手段を尽くして与えるのも驚くにはあたらない。

＊ ストウ写本、四六二頁、フォリオ版の四七b—四八頁

〔モンテスキューの引用例〕

モンテスキューがその第九と第六四書簡で、宦官頭自身に語らせている感情は、思春期後に去勢された人間の正直な気持ちをよく表明している。モンテスキューがセラーリオとそこの慣習に関する知識を、主としてタヴェルニエとシャルダンとから得ていることは、われわれも知っているが、女性についての

彼の知識は自分で入手したものである。九番の書簡でモンテスキューは、去勢の後にもなお女性に心を惹かれる、自らの感情の恐ろしさを知り、堅持すべき心の平和と冷静さを失ったことに落胆した宦官が、次のように述べたと伝えている。

救われるのとはまったく裏腹に、私の気づいたのはたえず欲望を刺戟する対象にとりまかれていることであった。私がセラーリオに入ったとき、見聞きするものすべてが私に失ったことへの後悔の念を募らせ、私の興奮は一瞬毎に増加し、幾百千の天然の魅惑が私の眼前にくり展げられて私を苦しめるように思えた。……私はいつも荒々しい怒りに駆られ、また言語に絶した絶望心を抱きながら、女性を主人の寝室に案内した。……私はある日のことを忘れきれない。私は浴室で一婦人の世話をしていて、抑えきれないほど心を揺り動かされて、置いてはならないところに手を置いた。私がすぐ考えたのは、私はもう終わりだということだった。しかし、私は幸運にも恐るべき死を免れた。私の弱点の証人となったこの美人は、これを黙秘して私に高い代償を払わせた。私は、彼女に対する命令権を失った。彼女は私を毎日命がけの危険に晒させながら、彼女の気紛れに従うことを私に強制した。

最後に彼の若さの火は消え去り、代わりに苛酷な扱いに堪えた多大の苦痛を償わせようとする欲望を、彼の頭に抬《もた》げさせた。

セラーリオは私の帝国であり、私に残った唯一の野心は少なからぬ報酬を私にもたらした。私は常時私の存在が必要とされていることを示して、ほくそ笑んでいた。私は、そうすれば私の地位をいっそう強固にするのを知っているので、進んでこれらの女性の憎悪をかきたてた。彼女たちは理由なしに私を憎むことはない、といえる。私は彼女たちの最も罪のない快楽に干渉した。私はいつもその前に立って、刃向かえない妨害をした。彼女たちは自らがどんなところにいるかを悟る前に、たくらみの失敗を悟らされた。私は拒否を武器にして、控え目に反対した。私はただ義務、有徳、純潔、謙虚という言葉だけを口にする。……私の方も、無限の不愉快さに苦しめられなかったとは思わないでほしい。女性たちは毎日利子をつけて仕返しする機会を窺っており、彼女たちの報復はおそろしいものがある。

この不幸な男は、彼女たちがこの男をからかうように疑惑、憤怒、同情、懸念の心を湧き上がらせた一〇〇一回のたくらみのことを語った。そして、限りない彼の努力も女性たちの空涙、ためいき、抱擁が、主人の心をとろかしたとき、無駄になったことを付け加えている。彼は結んでいる〝それは彼女たちの勝利の時である〟〝彼女たちの魅力は私を敵として発揮され……すでに我を忘れた主人に対してはどんな弁明もききめはないのであった〟と。

〔ヘルモティムスの例〕

宦官が彼らの不満を幾年間も暖め、機会をとらえて復讐することは、クセルクセス（*王）の最も寵愛した宦官であったペダス人のヘルモティムスの生涯からよく知られる。ヘロドトスによると、*彼は敵に捕えられて売られたが、買ったのはキオス人のパニオニウス某という、最も破廉恥な仕事で生計をたてている者であった。というのも、パニオニウスは美貌の名の高い少年を買い入れたときには、いつも少年たちを去勢した上で、サルディスやエフェソスに連れて行って高値で売り払っていた。ヘルモティムスはこうした不幸な少年の一人であった。偶然の機会に彼はパニオニウスともう一度接触をもったとき、彼を説得して妻と子供たちとともにサルディスに転居させた。こうして昔の敵を自分の支配下におくと、ヘルモティムスは彼の豪奢な暮しを咎め、その四人の子供を去勢させた。ヘルモティムスはそれだけで満足せず、ついで子供たちにその父を去勢させた。〝こうしてヘルモティムスはパニオニウスに復讐を遂げたのである〟。

＊ 第八巻、一〇五、一〇六頁

部分的去勢の後もごく長い間交接が可能であると知ると、〝貞淑であった〟後堕落したローマの女性は状勢を全面的に利用するようになった。こうしてマルティアリスは辛辣な警句で要求している。

パンニクスよ、あなたはあなたのカエリアがなぜ去勢者だけを伴侶とするのかを尋ねるのか？ カエリアは実のではなく、花と花との結婚を望んでいるのだ。＊

＊ 第六巻、六七頁

ついで再びマルティアリスは、ドミティアヌスの去勢禁止法に触れていっている。

結婚の結合の神聖さを破ること、少年の清純さを汚すことが、娯楽と化している。ケーザルよ、汝が生誕者を無辜《むこ》であらしめよと命令すると同じように、両者を禁止して、来るべき世代を救え。こうして汝が統治者である間は、去勢者と姦通者をなくせよ。以前には（何たる非道徳よ！）、去勢者でさえ姦通をしていたのだが。＊

ユヴェナリスは同じ題目をさらに詳細に述べている。

幾人かの女性は常に、優しい去勢者、柔らかい口づけ、髭の無い者、避妊剤の不必要などを好みとしている。しかし、彼女たちの快楽の絶頂は、若者が興奮して、生え始めた黒色の茂みの中で青年の最上の活力を現わして、医師のところへ伴われてきたときであり、彼女たちが待ち焦れ、早い段階で膨張するように励した睾丸が、二ポンドになるや否や、外科医のヘリオドロスが摑まえて、調髪師より巧みにそれを切り落とす。女主人によって去勢されたのが遠目でも明らかな者が、全員注視の中で浴槽に入り、われわれの葡萄園と庭園の警備員の（*精力の神の）プリアプスと競り合っている。彼を女主人と一緒に臥させよ。しかし、ポストマスよ、すでに大人に成長しているブロミウスに安心するな。**

* 第六巻、二頁
** 第六巻、三六六―三七八頁

〔不自然な行為と黒人による防止策〕

実際、ただ睾丸を失っただけの去勢者が相当時間勃起ができ性交を楽しめることは、そんな人間を使ったときには十分知られていた。事実、そうした問題（と呼んでよければ）が、『千夜一夜』の「第一宦官ブハイト物語*」の中心テーマとなっていた。一人の黒人の若者が少女を犯して、去勢の刑罰を受けた。その後、彼は彼女のアガ（*隊長）に任じられ、彼女の死ぬまでこれと交りをもった。物語の典型的注釈のなかで、バートンは陰茎の勃起と膨張は、彼の心臓と血液循環が健全であった間持続したものだと語っている。だから陰茎を残している宦官は婦人部屋ではひどく大切にされ、この種の行為を長時間持続できるので、女性はどんな男性より彼を好んだ。しかし私は、ユヴェナリスのいうように主として、「不具は人工物ではない」からだとつけ加えておきたい。

あらゆる形態の性的惑溺をセラーリオの中だけにとどめておくことはできなかった。外部世界と接触している去勢者は、人工の「陰茎」や類似の性の「代用品」をハレムに楽々と秘かに持ちこみ、ある程度レスビアンの役割を演じることができた。それは新奇さと倒錯感とで、捨て置かれて退屈していた女性たちの渇を癒す扶けとなったろう。だから結婚した去勢者でも性の悦びを全然奪われてはいなかった。バートンは一人の去勢者の妻の信頼を得て、夫が多種の「小馬鹿者の悦楽（手淫、女性の同性愛、乳房愛撫、逆向きの、バラの花びら）を加えて女性たちにオルガスム（前立腺からの分泌）を味わわせたと、彼女から聞き取っている。決定的瞬間には、彼女は小さな枕を持ち上げて夫に嚙ませた。そうしなければ夫が彼女の頰や胸をかきむしると思われたからである。宦官が、しばしば結果的損得の問題を全然超越して、奉仕中の誰かに深く純粋な愛情を捧げたことを示す実例はふんだんにある。女性が去勢者をオルガスムに導くのに用いた手管の巧拙を知ることははるかにむずかしく、十分な説明はないようである。行為はたぶん尿道の開口のすぐまわりあたりに集中して行なわれたのであろう。去勢者が時にそのあたりに性的興奮をもつと述べているのをみるからである。肛門の摩擦もその役割を担うのだろう。それに媚薬の知識と使用が加えられたろう。

* バートン訳、第二巻、四九－五〇頁

ハレムを護衛するために宦官を雇うというビザンツの慣習を踏襲した後、トルコ人が完全に去勢された者だけを使うという、きわめて慎重な措置をとった理由が納得されよう。白人の宦官――ジョルジア人やシルカシア人――は、多くの場合去勢が不完全であったから、女性に接近する仕事は与えられなかった。しかし、黒人については、完全に剃りとられていて、最も醜悪で不快な顔付きの者が最高の値で買われた。この点が、女性の側が万一不倫に走ったときの防護策となると思われた（正否は別として）

からである。セラーリオの医師は、宦官を採用するときに検査したのみでなく、数年毎に検査して、万事が支障がないか、何も再び成長していないかをたしかめた。中国では乾隆帝の治世（一七三六－九六年在位）に活躍した一人の傲慢な宦官頭について奇妙な物語が伝えられている。ある日彼は全権をもつ宰相の劉を侮辱して、その権力は宦官たちには及ばないといった。翌日劉は多数の宦官が再去勢を必要とするほどになっており、彼らと女性たちの間で放埒と混乱が蔓延していると皇帝に報告した。即刻検査の命令が下され、再手術の結果多数の宦官が死亡し、すさまじい苦痛が新たに加えられた。この結果宦官の慢心がしばらくの間抑えられた。迷信と無知は何でも行なわせる。ステントはもう一人の魏忠賢（＊明朝末の宦官出身の大宰相）という宦官が秘かに妾をかかえ、自分の生殖能力を回復しようとして、既知のあらゆる医療を試みた、と伝えている。一人の医師が彼に、もし七人の人間の脳を抽出して食べれば、生殖器は当初の状態に戻るだろうと語った。彼はそこで七人の罪人を手に入れ、その頭を裂いて開け、それから脳髄を引き出し、いやらしい食物を貪り喰った。伝説は、この恐ろしい療法が望んだ結果を生んだか否かについては語っていない。

しかし、宦官の時代は過ぎ去った。イスラム教徒世界でのハレムの消滅（メッカ自身を除いて）とともに、宦官の需要は解消し、これらの不思議な存在には、私はあらゆる手を尽くしたが、トルコで唯二人、ないしおそらく三人に会えただけである。私はこれらが最後の者であると聞かされた。宦官は専制政治と一夫多妻が力をもつところでは必要悪であったが、今日では過去のものとなった。――私の心は、彼らがそこにだけはっきりと存在している、『アラビアン・ナイツ』の頁に戻っているのである。

文献

文献を論じたとしても、全部を宦官に捧げた著作は三、四冊にとどまるので、長くはかからない。私は前に宦官についての論文や引用文の目録を掲げたが、そのとき現存の作品としては唯一点、アンシロンの一七〇七年に刊行したものを発見しただけであった。* 私は今さらに二、三点を加えられる。真っ先に私は〝アンシロン〟は雅号というよりオリンカン伯爵の――綴りかえ――で、彼の著作はロバート・サンバー（匿名の）が一七一八年に英訳している。** 私が見たことのある他の書物の最古のものは、テオフィロ・レイノーの雅号をもつジョアンヌ・ヘリベルトスの本である。彼はイタリア人のジェスイット派の神学者で名座談家であった。*** 書名は『図解聖俗文学中にみる、生来的、人為的ならびに神秘的去勢者』**** で、大英博物館の図書館はそれを三部所蔵している。次はヒエロニムス・デルフィヌス著の『去勢者の結婚、すなわち一六六六年に契約された去勢者と若い乙女の結婚の実話』である。*****

* 『物語の大海』（ロンドン、一九二五年）第三巻、三二八―三二九頁〝インドの宦官〟

** 某名士の書いた『あらゆる異種の宦官を叙述した去勢術の叙述……近代の宦官の数考察を付して』

*** 彼は多くの猟奇本を著しているが、その一部はブルーネ著『書籍案内』のレイノーの項を見よ。

**** ディヴィオーネ、一六五五年

***** イエネア、一六八五年。大英博物館はこの版の二冊と、一六九七年、一七三〇年、一七三七年版のものを所蔵している。ブルーネはこのうち最後の二版を知っている。ピサーヌス・フラクシ（H・S・アシュビー）

は、一六九七年版について、その著『猟奇書集』一五－二〇頁にすこしく述べている。

本書執筆中に、最近の書としてリシャール・ミラン博士の『諸時代の宦官』が上梓された。* これは現在最も総合的な著述である。私は、去勢史に専念しているニューヨークのE・D・カミング博士からその書物のことを教えられた。

＊ 一九〇八年、パリ。『変態性欲の叢書』第八巻中

残りはただH・R・M・チャンバレーンの『社会における宦官』で、これは数年前脱稿し、なお出版社を探しているものと考えている。

7 ハレム I

ハレムの諸館

ハレムの区域

多くの読者は、極盛期にみるハレムの制度、すなわちその運営状況、宮城内で催される各種の式典や行事などを詳細に見る前に、今日ハレムにどれだけの遺物が残存し、明日ハレムを訪れたとき何を見ることができるかを知りたいと望んでいよう。それゆえ私はこの章の大部分を使って、ハレムの建物の内外双方にわたって、知るかぎりのことを述べてみたい。私が知るかぎりという留保をするのは、現在ハレムの部屋と廊下の全部分を調べることは、たとえケマル・アタテュルク自身の特別許可で許されていようとも、何人《なんぴと》にも不可能だからである。調べられない理由には、また建物の各階の床の多くが、その上を歩くのが危険なほど脆くなっており、数個の部屋と通路とは、普通の瓦礫、または梱包用の箱、鞄、莫大な数のシャンデリア、捨てられたソファーなどの山で、まったく塞がれてしまっているからである。公務員の写真家でも特許を与えられなかったような、ハレムの女奴隷の館の中庭（二三一頁の）の写真を、

陛下のハレム

私が撮ることができたのはまったく僥倖であった。ハレムは全体としてみると個々の小さな建物の整合性に欠ける集合体である。しかし不整合な点を理解するには、その一部ずつがたえず変化していたことを知らねばならない。代々のスルタンが常にしていたのは、むら気と好みから寵愛するカドン（＊側室）の喜ぶように新しいスウィートを造って悦に入っていたことであり、ある治世に新しい館を作るが、次の治世にはその館を取り壊して、その空地に新しいキオスクを建てた、ということであった。通例、以前の寵妃の専用のスウィートは、修理も加えないで、新しい住み手に渡された。反対に、スルタンが死んだため、前妃が旧セラーリオ（エスキ・サライ）に移されたときは、通常そのスウィートは空き室のまま放置して、崩壊するままにされていた。より最近の時期には多くの構造的改善や装飾の変更が行なわれたし、トルコ政府がフランス様式（ルイ一四世風とかルイ一五世風）を取り入れたときはとくにそうであった。われわれは以前に、「ディワーン（＊国政庁）の広間」や黒人宦官の館のいくつかの部屋がフランス様式であったことを指摘した。さらにわれわれは、第四宮殿域で改築・変更が行なわれて、考えられるかぎりのヨーロッパ風装飾と家具が取り入れられ、アブデュル・メジトのキオスク（＊平面図120番）にまで及んだことを指摘したい。

深く興味をそそられるのはメリングが載せたハレムの絵であるが、それについては後ほど詳細に述べたい。ここで触れるのは、ハレムがけっしてその絵のようではなかったことを指摘するだけのためである。その絵は、メリングがもしセラーリオの完全な改造を委せられたとしたなら建てたろうと思われるものを表現しているだけであるが、疑いもなく彼は改築をしたいと思っていた（＊がそうならなかった）。メリングはすでにセリム三世の愛妹ハディージェ・スルタンの館の建築家に任命されたことや、ボスフォラスの上流で行なった工事や「夏の宮殿」から見て、彼が当初は幸先のよかったことが知られるが、政治的事件が原因で彼の目的達成が阻まれたことには感謝すべきであろう。この結果、世界の最も興味深く特色のある地点から、その小さな部屋、狭い廊下、ぐらついた階段、壊れた大理石造りの浴室、黴《かび》臭いたくさんの食器棚、空になっている中庭、頑丈な格子窓、ギーギーきしむ鉄鋲付の木造の扉などの、今日も各所でみられるロマンスと神秘的雰囲気が失われなかったのみでなく、過去の歴史の証人となる遺物である建物自身が失われずにすんだのである。

もしあなたがそこへ行くことがあれば、試みに案内人を雇わず、私のしたように坐って、一人で黙視してごらんなさい。もし宮殿の雰囲気が沈黙したままであなたに何も語りかけなかったなら、あなたの想像力が貧弱ということである。当然あなたは訪れる前にできるだけ多くのものを読んでおくべきである。そうすればあなたは千倍も報われるであろう。

公衆に開放されたハレムの部屋が興味深いのは当然であるが、* 閉鎖された部屋が（*公開されたのと）同じように調べられるまでは、物語の半分が語られるにすぎない。しかし、すべての中で一番面白いのは、二、三階の諸部屋だと思う。ここでは個人的雰囲気が最も多くみられる。われわれが実際にハレムの住み手の私室や寝室に立って、かつ、かつてはその名で西欧を畏怖させていた一人の人間の最も秘密の立ち入り禁止の部屋にいるのだと意識するとき、われわれの見方は変わり始め、恐怖心にかられつつも崇敬の念に充たされる思いがしよう。

* 一九三五－三六年には、「黒人宦官の館」と「王子の学問所」のほかに、「スルタン・ワーリデ」の諸部屋と中庭、「浴場の廊下」、「スルタンの浴場」、セリム三世とアブデュル・ハミト一世の使った諸室があった。

しかしわれわれは予想している。

ハレムがどこで始まり、どこで終わるのか、また初期にそれがセラームルクとどこで分けられていたか、正確に語ることは容易ではない。現在残っている建物を調査すると、両者が非常に接近して建っていたことは明白である。大まかにいって、ハレムの〝一般〟の部分は「黒人宦官の館」のまっすぐ北西にあり、一方種々のスウィートは「スルタン・ワーリデ、すなわち〝母后の館〟の中庭（*ワーリデ・タシュリイー）」の近くにあった。「母后の館の中庭」の南東に沿って、セラームルクと黒人宦官の館の中庭およびディワーンの広間に通じる「黄金道路」が通っている。もし、陛下と母后（*あるいは妃）の二浴室（平面図79・80番）の中間の壁の両端を延長すれば、ほぼハレムとセラームルクの境界をなすであろう。

御車の門

ハレムの正面の入口としては二つの門がある。第一のもの（平面図30番）はすでに述べたように、ディワーンの塔の傍にあり「御車の門」と呼ばれる。婦人たちが屋外の空気を楽しむために外出するごく稀の場合に、車に乗るのがここであったから、そう呼ばれた。第二の外側の門（平面図40番）は普通クシュハーネ・カプス、すなわち「鳥小舎の門」と呼ばれ、第三宮殿域の西隅に通じていて、主として通用門の役を演じた。そこから狭い通路を曲がって、「正面の門」（ジュムレ・カプス、*平面図41番）に至り、そこからすぐネベティエリ、すなわち「護衛兵室」（平面図42番）に入る。平面図からわかるように、この部屋は戦術上すこぶる重要な地点を占めている。ハレムのどの部分に行くのにも、人々はここを通過せねばならないからである。その一角には「黄金道路」の入口があり、その反対側（*西北側）には「スルタン・ワーリデの館の中庭」へ行く入口と、ハレムの「女奴隷たちの館の中庭」（＊平面図44番）や、そこの諸部屋へ行く入口がある。

女奴隷たちの館

まずハレムの女奴隷たちの居住区を見てみよう。そこは二つの部分に分けられている。一つはネベティエリ（＊護衛兵室）に隣接している部分で、もう一つは隅を直角に曲がった左側にあるものである。指摘しておかねばならぬのは、この第一の建物（平面図43番）は、セラーリオの博物館長が〃女奴隷の館（＊ダイレシ）〃と呼んでいるものである。これが終始女奴隷の部屋であったとはいいきれない。私の見解では、ハレムの一部の人たちが一－三階を全階にわたって使っているが、その女性は最下位の者ではなく、建物での位置上どうみてもカドン（＊側室）たちであり、各階が一群ずつのスウィートをなしていたのであろう。後年たしかに変更が行なわれたが、ハレムの一般の女奴隷の部屋の大部分は「中庭（＊タシュリイ、平面図44番）」の左側に集まっていた。彼女たちが集団生活をする傾向から、ここは第一の建物より、女性の大集団の居住するのに適していた。すぐその背後に、四角な貯水槽があって、隣接の給水盤や浴室に水を供給していた。

われわれが左へ曲がるとハレムの女奴隷の館の中庭が見えてくる。私が二三一頁に掲載した写真を撮ったのは、この入口のところでであった。

蓮形の柱頭を付けた九本の柱で支えられ、同数のアーチで作られたアーケードが、左側に一線をなして並び、奥の端まで続いている（平面図44番）。こちら側（＊南東側）の一階には厨房、浴場があり、さらに二階の寝室に行く階段がある。階段は中庭を取り巻いて、奥の端まで延びていて、後にみるように吹抜けの所で一階の別の寝室と行き来できる。厨房はとっつきの小部屋で、二本目と三本目の柱の左側にあるが、今は設備を全部取りはずして、倉庫に使われているから、語ることはない。この次がハンマーム（*浴場）で、ともに当初は白大理石を縞目に並べていた大きさの違う二つの部屋からなっている。こうした大理石の縞目は、各所で原形をとどめているのが今でも認められる。浴槽は無傷で保存されている。二つの部屋の中間の壁の切り込みに小窓があって、灯明用の壁龕に使われている。小さい方の部屋の裏手に普通の形の厠《かわや》があるが、大理石の踏み板とその後方の凹んだ便器とだけでできている。中庭のさらに先は、ハレムの売店とコーヒー沸し場などの部屋がある。

写真では見えていないが、中庭の反対側には乳母頭（*ダディ・ウスタ）、ハレムの女性頭、洗濯婦頭の住む細長い三部屋（*平面図52－54番）と、明らかにハレムのその他の要員が共用する大部屋とがある。私は、これらの部屋の割当てをはっきりは指摘しかねる。セラーリオについて私の得た情報には必ずしも明白でないところがあり、また情報が比較的最近の時期のことをいっているようだからである。

この中で一番興味のあるのは乳母頭の部屋（*平面図54番）であるが、それは小さな洗面所と大きな食器戸棚とで、ほとんど同じ大きさの二つの部分に分けられている。このうちの最初の部屋は各壁面に美しいタイル装飾をいくつかもっている。第二の部屋は壁前に色塗りの食器戸棚六つを置き、バルコニーへ出る二つの窓をもっている。私はスルタンの多数の子女の揺り籠が、ここから外へ出されて新鮮な空気に当てられたのだ、と教えられた。この部屋は、ボスフォラスを前面、マルモラ海を右側にしている庭園を真正面に見渡せる、一番展望のよい場所である。宝石を鏤めたこの上なく美しい「金張りの揺り

ハレムの女奴隷の館の中庭

籠（ムラッサ・アルトン・ベシク）」はセラーリオの博物館で見受けられる。

ここにはいくらかの改造が加えられたようにみえる。というのも、古い絵ではこの三つの部屋は別々のバルコニーをもっていたが、現在は一四三頁下の写真で示すように、唯一つの長いバルコニーがあるのみだからである。乳母頭の部屋には入口に両開きの扉と正面に石の階段があって、下方の庭園に降りる通路となっている。バルコニーに沿ってハレムの女性頭の部屋を過ぎると、もう一つの両面開きの扉をもつ戸口があり、それを通ってハレムの病院に行くことができる。しかし、私は立ち戻って次の事柄を見てみよう。

前に述べたように中庭の左側の階段は女性（＊女奴隷）たちの寝室に通じている。踊り場にある小さな手洗所を過ぎると、やがて階段の頂上で狭い通路に行き当たるが、ここから明らかに女奴隷頭が夜勤に使うスウィートである数個の小部屋に行きつける。通路の行き当たりにある主室はいくつかの点で興味がある。主室の壁は極端に厚く、庭園側に太い格子付の両開きの窓三つとマットレス用の押入れ三つをもち、中庭側に接近した三つの窓と、右の連絡口側にさらにマットレスを収める三つの押入れをもっている。その部屋には重厚すぎる蓮形柱頭の短い八本の柱があって天井を支えており、また一階にある部屋のほとんど全部を見渡せる大きな矩形の出口があって、それを手摺が取り囲んでいる。この天井の低い部屋もまた大形の寝室で、マットレスの押入れが並んでいるが、ここでは昔のマットレスの一部が修理もされないいたましい状態のまま残っているのが目についた。二階の部屋の設備は小さな厠と水道蛇口だけである。女性たちのマットレスは壁の入口をとりまいて一列に並べて敷かれるのが習慣なので、女性頭は、この簡単な措置で、一、二階双方の居住者を管理できた。階段を登ったとっつきの部屋の入口のちょうど外にあたる通路の隅に、小さなパラソル用の箱ないし戸棚のあることを語っておかねばならないだろう。

ハレムの病院

（*女奴隷の館の）中庭に戻って、それを横切って反対側に行くと、両開きの扉があり、この扉を出るといわゆるハレムの病院に行く五三の段をもつ石の階段がある。階段は両側の部屋に入るための小さな踊り場で所々を中断されているが、降りきったところがハレムの病院となっている。階段を下りると、両側（*南北の）にそれぞれ八本の角柱で支えられたアーチ付きの列柱（ただし他の両側〔*東西〕には列柱がない）で取り囲まれ、樹木がぎっしりと茂る美しい中庭に入っているのに気がつく。これ以上に奥深くて、思いがけぬ所にある場所を思い浮かべることはできなかろう。私にはここが病院であったとは信じかねるのだが、たとえそうにしても、セラーリオの丘の低地に隠されて、他の建物の下を通る秘密の階段だけで出入りでき、ただ乳母頭のバルコニーだけから見受けられるこの小さな中庭と、そのまわりの部屋部屋は、ロマンチックで興味津々たるものがある。部屋そのものは外側の壁が傾斜しているために、奥行も大きさも一様でない。建物は二階をなしており、二階への出入りは階段の上の最初の踊り場からできる。（*現在の）各部屋の現状は惨憺たるもので、その多くには窓がなく、締め切るか、シャッターが降ろしてあるので、細かく調べることはまったくむずかしい——とくに多量の瓦礫で足を踏み込むこともできず、また屋根板、壁板、石材が落下する危険も考えねばならない——。しかし、この広さの地域を担当するために設けられた（*医療）施設というかぎりでは、全般的印象は好ましいものだ。一階では、右側を占める一連の奥深く暗い部屋部屋は、現在装飾が全部剝がされている。部屋に沿って中庭を右から左へ廻ると、かなり美術的興味を唆《そそ》られる大形のハンマーム（*浴場）がある。美しい大理石造りの数台の給水盤が見受けられ、そのいくつかは今日も原形を保っている。しかし砕けた石や瓦礫がたくさんありすぎるので、大理石の床や壁板の正確な範囲や状況を説明することは、現実にはでき難い。

歩み続けて奥の端まで行くと、この短い側を占めている二階建になった部屋部屋が目に入る。これは厨房の区画（*平面図59番）――コーヒー室と厨房要員の寝室――かと思われる。調理場そのものは左側にあり、一階の天井の高い大形の部屋で、少なくとも五〇人の食事を支度できる。竈や食卓の残骸が今でもがらくたの中に見出される。厨房の次には、仕切られた五つの厠と手洗いや小浄（*イスラムの礼拝前の簡易沐浴）用の広く大きな沐浴室がある。こちら側の他の部屋も向かい側のものに似ている。しかし、それらは寝室というより居間であったように見える。

二階の諸室は大部分小さい――明らかに寝室の数は一階より多い――が、もう一つある厨房とおそらく寮母が使っていたかと思われる多少均斉の欠けたもう一つの部屋だけは別である。寝室の多くは危険で中へ踏み込めなく、参観者は敷居際に立って見るだけで満足せねばならない。小さい二番目の踊り場から、一階の数部屋への入口をもつ小さな中庭が見え、この踊り場から見上げると乳母頭の部屋のバルコニーを仰ぐことができる。そのことから病院がどれほど低いところにあるかが知られる。というのも、いまいるのは二階なのであるが、本館の一階にある乳母の諸室ははるか上方にあるからである。

いわゆるハレムの病院といわれるものは、その規模、広がり、配置などからみて、これが病院として使われたということを疑わないではいられない。それがハレムの女性たちの館よりもはるかに大きいの

ハレムの出産

で、理屈に合っていないと思う。また浴場・厨房・手洗所などの規模は、病院よりは遙に多数の人たちがたえず全力で忙しく働いて混み合っていたことを推測させる。さらにセラーリオの医師が女性患者の部屋へ招かれたときだけ知りうるような秘密性にあたるものは、ほとんど見受けられないからである。

スルタン・アフメトのキオスク

さて、しばしば女奴隷と呼ばれているハレムの女性集団の主要な居館の全貌は以上のようである。もっとも、全員がスルタンの奴隷であったのであるから、この（*奴隷という）言葉は字義どおりにとられてはならない。（*奴隷的な）苦痛な仕事の大部分は本館の一階に居住する黒人女がほとんどすべて受け持った。黒人奴隷以外の女性が担当する仕事は、彼女たちが訓練され始めてからどれだけ年期を重ねたかによって違ってくる。この点はハレム制度の重要部分であり、次章で説明する予定である。ハレムの残りの部分は、スルタン・ワーリデの館の中庭とスウィート、彼女の侍女やハレムの管理事務をとる付属部屋、とくに寵愛をうけたカドン（*側室）用のスウィート、などに充てられている。こんなスウィートの一つが、現在スルタン・アフメト・キョシュキュ（*スルタン・アフメトのキオスク）（平面図63番）と名づけられているものの中にあった。その部屋への入口は「女性の館の中庭」の第一の円柱列のほぼ向かいにあった。

急傾斜の階段を昇ると、現在ではあらゆる装飾が取り除かれている奥深く天井の高い矩形の部屋に入れる。こんな天井の高い部屋は建物の他の部分とまったく均合がとれていないので、少なくとも二階が崩れ落ち、後に部分的に改造されたものとすぐ推測される。一隅の高いところに、明るい色に塗った木造の小さなバルコニーがある。バルコニーのあちらに踊り場があり、そこから数段階段を降りると綺麗な色に塗った小部屋があり、ここからスルタン・ワーリデのスウィート（*平面図67、68番）の屋根越しにボスフォラスの海を見渡すことができる。多数の窓とイタリア庭園を明るい色で描いた絵画をもつこの部屋の装飾、滑らかな円形形態などは、これがボスフォラスやマルモラ海の涼風にあたれる夏季用のキオスクであり、陛下のハレムの薄幸な者たちの詮索好きな視線から遠く離されていたことを物語っている。その部屋は補修が悪く、即刻修理の必要がある。これはその静寂な状態によって小粒の宝石になっているからである。

スルタン・ワーリデの中庭

正方形をした「スルタン・ワーリデの中庭」から、彼女の四室構成のスウィート（*平面図65―68番）に入れる。部屋は、右側の小さな待合室、回廊室、それを通って入る食堂（エメク・オダス）、左側に出たところのボスフォラスを見渡せるソファー・ラウンジをもった「寝室（ヤタク・オダス）」とである。これらの部屋はすべて公開されているから、ここで説明する必要はあまりなかろう。これらの大部分は、大形の花模様を描いた美しいタイル張りでできているが、色彩鮮やかな天井と、バロック風の金飾り浮き彫りが施された部分は、後から追加されたことがわかる。絨毯がすこし残っているが、その他に残るものはほとんどない。それにここがハレムの、最も多くとはいわないまでも、最も重大な策謀の行なわれた部分である。ここから全セラーリオ、またときどき全トルコ帝国が支配されたのであった。この小さな沈黙した諸室がそのまま真相を語っているので、たとえ改造され、装飾を除かれた姿でいるにしても、ここを見られることに特典を感じずにはいられない。「スルタン・ワーリデの中庭」も、トルコ式アーチや蓮形の柱頭をもつ柱が突然とぎれていることから明白にわかるように、何回か改造を経てきた。この中庭の入口の右側にある小形タイル張りの縁飾や、横並びの大形の壁龕は、以前中庭の周辺に大きく広がっていたにちがいないものの唯一つの名残りである。手前側は「黄金道路」側の壁であり、北隅の入口は、「暖炉の前室」（オジャクリ・ソファ、*平面図70番）と「噴水の前室」（チェシュメリ・ソファ、*平面図71番）へ通じている。ここで、われわれは実際にハレムの外部に出ているのであるが、厳密に内外の区別をあてはめることはむずかしい。というのも一七世紀末頃、この部分で大幅な建築の手直しが行なわれたからである。たとえば、平面図で72番、73番の占めている部分を、官製の案内書ではバシュカドン・ヴェ・カドンラル・ダイレシ（第一カドンとカドンたちのスウィート、*原文ダリエシと誤植）と書いている。とすれば、ここは明らかにハレムの一部をなしていたが、一七世紀にはその一部が切り離されて、「暖炉の前室」（平面図70番）に改造され、ヒュンカール・ソファス（*陛下の談話室、平面図77番）とスルタン・ワーリデの中庭を繋ぐために使われたのである。中庭から出る戸口（平面図69番）は「玉座の門（タフト・カプス）」と呼ばれていた。バシュカドン（第一カドン）の部屋は今は雑多な瓦礫で一杯だが、古い装飾の一部は、今でも見分けることができる。

黄金道路

反面オジャクリ・ソファすなわち「暖炉の前室」（*平面図70番）はよく保存されていて、クーフィク文字の帯状文様で縁どりした全面タイル張りの壁、すこぶる美しい真鍮の煙突、透かし彫り付きの炉格子などを備えている。また美しい壁面給水盤があり、扉々は真珠貝を嵌めた何か暗色の木——おそらく黒檀——製である。

隣接の諸室は皆セラームルクに含まれるが、本章の後段で述べたい。また「暖炉の前室」と「スルタンの浴場」と呼ばれるものは、浴場の章（三一四‐三一六頁を見よ）で述べよう。セラームルクとハレムを結ぶ連絡路は、壁面にセラーリオきっての美しいタイル装飾を今もいくつも残している、長い廊下をなす「黄金道路」である。城壁とキオスクの章の末尾で、私はトルコのタイル産業が一五世紀に始まり、一六世紀に完成の絶頂期に達し、一八世紀の前半に衰滅した経緯を述べておいた。タイルの発達には三つの時期が区分できる。第一期のは「チニリ・キオスク（*タイルのキオスク）」が最上の見本であり、第二期に最も美しい作品が作られ、セラーリオの「黄金道路」の壁面で見られるのがその見本をなしている。そこでは第一期の作品を凌ぐ進歩がよく見分けられる。色彩の領域が拡大され、光沢は最高度に達している。黄色は消えたが、代わりに、真紅から珊瑚色やトマト色の赤色にわたる多様な美しい赤色がとって代わった。これらの赤色は軽快な浮き彫りの中で際立って見え、タイル細工の絶頂期を示している。タフシン・チュクルは既述の論文の第二四図に、「黄金道路」の美しい鏡板一枚を掲載している。彼はこう書いている。

これらのタイルを調べると楽しくならずにはいられない。というのも、地色は純白で、光沢は完璧、雄勁な絵柄をもち、色彩の混融や釉薬の滲出などはなく、顔料は完璧だからである。それが暖炉の火に映えて、生々と力強く輝いている。

この当時のタイル産業の長足の進歩は、シナンが建築上の傑作を建造して、装飾美術を並行的に発達させる刺激を与えたことによるものである。

「黄金道路」はハレムの護衛兵室（*平面図42番）に始まって、「スルタン・ワーリデの館の中庭」の片側に沿って伸び、カドン（*側室）たちのスウィートと「ハレムのモスク」（*平面図100番）の間を通り、カフェス、すなわち「幽閉所」の中庭を抜けて、「神聖な外套の御殿」に近い「列柱の広間」（*平面図95番）の所まで延びている。

これでハレムの諸室の調査は終了する。ここでハレムの管理と全般的慣習を論じるところであるが、その前に、私は翻って女性の衣裳の問題をみておきたい。

衣裳

衣裳と規則

キスラル・アガ（*黒人宦官頭）の衣裳を簡単に描写した後、黒人宦官を取り扱った章で、私は第一宮殿域の聖イレネ教会堂の中に展示されている肖像のコレクションのことを語ったが、その肖像画中の衣裳の多くは取り違えられたり、誤った修正が加えられていることを指摘しておいた。これらの点は、トルコ人の衣裳に関する多数の美術的研究、こうした錯誤（一九四頁を見よ）、開始以前の人物画の写真（一九〇頁を見よ）などで――写真はコンスタンティノープルではまだ入手できないが――かなりの程度矯正できる（一九三五年以降公式には何もなされていないとしても）。しかし、コレクションの一四三の人物像のうちには、屋外着の形でさえも、女性を描いたものはないので、ハレムの衣裳の知識はそれらからはまったく得られない。戸外では、女性は不恰好でごくくすんだ色の衣服の塊以上には見えないが、ハレムではまったく違っていたことを説明せねばならないようである。それゆえ私はこの章の残りを、この全主題をさらに詳細に考察することにあてたい。しかし、まず第一に衣裳の全般的性格について一言しておかなければならない。

トルコ人の衣裳を研究するにあたっては、類のないほど並べたてられた豪華な衣裳を作るのに、——水兵の使う黄金と真紅の色彩から貴族の使う金襴と黒貂の外套までに亙る——種々の要素がそれぞれ役割を担っていることを、記憶しておいてもらわねばならない。

初期のスルタンのうちではオルハンが、衣服の裁断や色彩、ターバンの形の変更、被征服民族の信仰の目印（＊例えばユダヤ教徒は黄色い小布を胸と背に付けさせられた）の規制などに、多くの時間を割いた。時代が降るにつれて衣裳はさらに細分され、オスマン帝国の膨張につれて新しい職位が設けられると、新しい制服が生み出された。コンスタンティノープルの占領とともにビザンツ人の多くの衣服が丹念に模倣され、こうして、トルコ人の華麗好きと見栄っぱりは新しい源泉を発見し、それを借用した。

スレイマンの時には、衣服はもはや慣習や伝統の問題ではなくなり、法となった。カヌーン・イ・テシュリファト、すなわち「儀式の法」（＊カヌーンは、イスラム法以外の慣習法を指す用語）では、衣服とターバンの色彩・形・素材・長さ・幅が明白に規定された。あらゆる場合に適用される席次の序列と慣習までが、法（＊カヌーン）の対象とされた。

〝コンスタンティノープルの歴史は服飾の劇〟だと書かれている場合があるが、たしかに衣裳と宮廷の作法との規則が不文律になったばかりでなく、帝国の法（＊カヌーン）としての地位と権威をもたされた国では、こういう言葉も誇張ではなかった。リビエールは書いている、〝スルタンの一族内のあらゆる階級の人員〟、政府の高官のすべて、常備軍のあらゆる別々の軍団は、衣裳か頭飾り、ないしその双方で明白に見分けられた。軍団中の全将校に、儀式的集会のとき占める所定の場所、あらゆる行列行進中での所定の位置があった。*

* 『スレイマン大帝時代のオスマン帝国の政府』一三五頁

女性の衣裳の資料

儀式の数は多く、またその数だけ形が変化した——それが外国大使の歓迎か、バイラム（*祝祭の意）の祭日の一つか、艦隊の出帆か、軍の出動か、スルタンの嗣子の割礼かのどれかによって——。どの機会にも、世界で見たことのないほど高級で華麗な衣裳が誇示された。一三〇 - 一三一頁の挿絵で見たように、モスクへ向かうスルタンのバイラム（*断食明け祭）の行列からもその一部が知られるが、それさえも、スルタンの位の継承者の「割礼」のような、より重要な個人的儀式のとは比べられぬほど劣っていた。これらの衣裳の誇示や儀式において、女性の演じる役割は実に小さいものであった。女性は衣裳を夫以外の男性からも見られるものとは全然考えず、ただ夫に見せるのを目的とした。しかし、長い間に、女性の衣裳の規則そのものが、妻とその愛人が密会するのを非常に助けていることが意識されてきた。夫は街頭では自分の妻を見分けることがまったくできなかったし、（*男性が）女性に公然と触ったり、話しかけたりすることは、もちろん考えもされなかった。彼女の面被（ヴェール）と外衣はハレムの扉と同じくらい神聖であった。女性の法が明白に確立され、公認されるにつれてさらにそれが強くなった。セラーリオの衣裳に関する規程は、市中での男性官吏に適用される規程に劣らず、厳密に守られた。季節毎に衣裳は全部変えねばならず、スルタンはハレムのどの女性でも二度と同じ衣裳で現われることを許さなかった。ボスフォラスを行楽で遡るとき、またはもっと寛容なスルタンの治世に楽しむことのできた買物の遠出のときなどには、当然外出着に最高の気配りがされた。（＊それなのに女性の衣裳の情報の欠如することは）屋内での衣裳の話をわずか聞くのさえむずかしかったこと、セラーリオの内部で女性を見ることのできるのは宦官だけであったこと、などによるのを知らねばならない。旅行者はいろいろな衣裳を表現した情報を、親密な宦官が直接洩らすか、セラーリオの他の人を通じて偶然洩らすかしたものから、間接に入手した。というのも結局タブーは、衣服ではなく女性だったからである。もう一つの情報源は、新品や中古品を扱う衣服商であったし、さらに疑いもなく小物の装身具、リボン、レースなどをセラーリオに売るユダヤ人の婦人から、市場で種々の衣裳の情報や噂話を入手できた。

〔ザラの記事〕

トルコ人に関するものの多くと同じように、最初の報告はイタリア人のものであった。私の発見した最初の記述はバッサーノ・ダ・ザラ（一五四〇年頃）のものであり、最初の絵はニコラス・ド・ニコライ（一五五一年）のものであった。バッサーノは、予想されるとおり、主として屋外の衣裳を取り扱ったが、ときどき〝化粧〟や脱毛剤などの関連した問題も論じている。彼の原文中のいくつかの言葉には辞書にもないものがあるが、それには必要なところで注釈を加えよう。

トルコの女性は、キリスト教徒、トルコ人、ユダヤ人の別なく、ごく贅沢な絹の衣服を着る。彼女たちは男性のと同様にちょうど地表すれすれにまで垂れる外衣*を着る。ブーツは割れ目のないもので、踝のところで一番よく締った、また男性のより（*踝が）高い弯形のものを穿いている。皆がズボンを穿いた。上衣はごく上質のリンネル製のであるが、人によっては好みのままに、白・赤・黄・青色染めのモスリン地のものを着る。また黒髪を非常に好み、地が黒髪でない者は染めて黒髪にする。年老いて白髪や灰色の髪になると、馬の尾を染めるのと同じ赤色染料を使う。それはフナー**と呼ばれる。同じものを爪や、時には手全体、また靴の形によって足に、さらに人によっては局部を指四本分上方まで染めるのに使う。彼女たちは、秘部の毛を有罪と考えて剃り落として、色を塗る。また頭髪を小さなリボンの束で飾り、髪を肩の上に広げ、衣服の上まで垂らす。毛髪の上を、端に小さな房のついた色物の薄絹・細幅の（牧師の肩掛けと同じぐらいの幅の）布で包む。頭上には丸い帽子を被る。帽子は小形で、ピタリ合った、繻子の縫い取りのあるのか、ダマスクス織のシルク製の色物である。多くの人は、ビロードか緞子《どんす》製のを被り、それに上述の肩掛けを縫いつけている。私は何人かの婦人が、小さな白い帽子に肩掛けを縫いつけ、一片の絹布を頂上につけているのを見たことがある。帽子の高さは手幅の半分もない。トルコ女性は私が見たどんな民族よりも多量の化粧品を使う。眉毛は黒色の材料でごく黒く塗る。また私は彼女たちが二本の眉の間を（*黒く）塗って一本にみせているのを見かけたことがあるが、（私の考えでは）まったく見られたものではない。***唇は赤く塗るが、私はこれは口紅使用に目のないギリシア人かペラ（*イスタンブルの金角湾北岸の地域）の女性から学んだものと思う。トルコ女性の胸は厚く、足は組んで坐る結果と思うが反り曲がっている。彼女たちの多くは、男が食べるより多量の去勢牛の肉とバター炒めの米を食べる結果、肥満している。葡萄酒は飲まないが砂糖水とか、自家製のチェルヴォサ（薬草製ビール）を飲む。トルコ人の家庭に住むキリスト教徒女性は、どんな理由があるにせよ、葡萄酒を諦めねばならない。彼女たちは、外出時には普段着の上着、すなわちドッリマノの上に純白のリンネル製の丈長の服を着る。それは西欧の通例の僧職者とちょうど同じようなので、上衣の半腕尺分が見えるだけである。上着は、手全部を包むような細い袖のついた白い法衣のようで、爪までも隠している。（*手先まで隠すのは）トルコでは男女とも気候のいかんにかかわらず手袋を使わないからである。彼女たちは、首と頭の廻りに小幅布****を巻いて、他人に眼と口以外は見られないようにする。この小幅布の上に掌尺の四角い薄い絹のスカーフを垂らし、それを透かして人を見ることができるが、自分は見られないようにしている。スカーフは額より上の頭部の似つかわしいところに三本のピン*****でとめる。市街を歩いていて顔見知りの女性に会うと、顔にかかったスカーフを上にあげて、キスを交わす。スカーフはタオルと同一幅の絹製のもので、男性の被っているのと同じでチュセッシュと呼ばれる。さて、これがあなた方の読みとられたように、爪の先も見えないほど全身を包んでいる衣服であるが、この服装はトルコ人が他のどんな民族よりも嫉妬深い結果生まれたのである******。

* カッサッチェ――すなわちカッサッカ〝丈長外衣〟。また短い上着の意もある。同じ語にカサカ、カゼタがあるが、同じ意味である。カサッチノは女性のケープである。

** すなわち、ヘンナ、エジプト人のハンナ、現代ギリシア人のケナ（キプロス島で生育するところから古代ギリシア語でキプロスと呼んでいるものである）

*** 発汗のよい防止剤になるヘンナの場合とまったく同じく、眼を黒くするある品種（コフル、スルマー、カー

ジャル、トウティアなど）は、眼に冷気を与えて、眼炎を防ぐのに役立つし、また憎悪眼になるのを防ぐ。眉を横一本にするのは、イスラム教国では美しいと考えられているが、ヒンドゥ教徒は嫌うし、アイスランド、ドイツ、ギリシア、ボヘミアなどでは狼男ないし吸血鬼の印と考えられている。〝化粧〟の全題目については、私の論文の『物語の大海』第一巻、付録IIの論文〝点眼薬とコフル〟二一一 - 二一八頁と、同書の第二巻、一〇三 - 一〇四頁の注を見よ。

**** シウガトイオ――すなわち〝バスタオル〟〝ナプキン〟〝椅子おおい〟を意味するアシウガトイオ。ここではそれは明らかに布ないし毛製のスカーフの下の布である。

***** アクーシェ。この言葉を見出すことはできないが、それはアクイレすなわち〝鋭くする〟と関連があるようにみえる。

****** 『トルコ人の生活における衣裳と特別な様式』（ローマ、一五四五年）六 - 七頁

〔ニコライ〕

衣服の各部を細々《こまごま》と説明する前に、私は比較のためと、非常に長い時代にわたる衣服を扱い、できるだけ多くの名前を紹介するために、一、二の叙述をつけ加えておきたい。まず第一に私はニコラス・ド・ニコライを引用しよう。彼は残念ながら文章では描写をしていなくて、読者のために挿絵の説明だけをしている。彼は一五五一年にコンスタンティノープルを訪れ、いろいろ手を尽くして幾種類もの衣服をある宮廷婦人に着させて、正確な〝下絵と図面〟を作ることに成功した。彼は婦人を見ることができたのは宦官だけだと述べた後に、こう付け加えている。

そして、それゆえ、国民的ザーフェル・アガ（*遠征軍提督）と呼ばれた故バルバルース（*バルバロッサ）に仕えた宦官の一ラグサン人に親交を得て聞きとって、トルコ人の衣裳の様式をあなたに告げ

る手段を見出した。この宦官は、セラーイルの中で幼い時から育てられ身につけた非常に慎重で道徳心の篤い人であったが、私がこれらの婦人の礼服と衣服の様式を知りたがっていることを知ると、二人のトルコ人の宮廷婦人に大変豪奢な衣裳を着せて見せてくれた。彼はこの衣裳を、使いを出してあらゆる種類のものが売られているベゼスターン（*市場、スークのトルコ語）から入手した。この衣裳によって私は、ここにあなたがたにお見せする〝下絵と図面〟を作成した。*

＊　英語版の五三頁の裏頁と仏語版の六七頁

〔博物館の肖像画から〕

女性たちの多くが習熟している精緻な刺繡や宝石装飾は想像してみるほかはないが、服装の正しい知識はセラーリオの博物館の資料の幾点かを見ることで得られる。全般的習慣からいえば、ハレムの女性の衣服は、衣裳の実物に関するかぎり、一般の上流のトルコ婦人の着ているものと大差はない。ブルサ製の豪奢な錦織はよく知られているし、ニコライがスルタン・ワーリデやそのセラーイル*の上品な婦人を描いた絵の中に示しているのは、明らかにこの材料である。この著述の一五七二年刊行のドイツ語訳の上製の一点が大英博物館に所蔵されているが、**丹念に彩色し、図解をしているものである。この絵は錦織の豪奢さについてすこぶる多くの知識を与えている。スルタン・ワーリデは、裾をまき上げた外衣を着、前開きで床上約八インチ（*約二〇センチ）ある長い上着を出している。幅広い飾り帯を腰に巻いている。袖はきっちりと締っていて、錦織の細長い布を肩から下げている。穏和な婦人は正面に一列のボタンのついた類似の外衣を着ている。内の肌衣とズボンの双方は、スルタナ（*スルタンの母后をいう。妃も同じ）の衣裳では見えていない。飾り帯と肩からの細い布はスルタナのと近似している。衣服の各

スルタン・ワーリデ

品目は、この章の後方に挙げる表の説明中のトルコ名と照合して覚えてもらいたい。すでに述べたように、女性衣裳の著述家は、ハレムに関するかぎりは衣裳の持主が着ているのを直接は見られなかったので、また聞きないし、またまた聞きの情報だけで書いている。

* 仏語版の六七、六八頁の対向頁、および英語版五二、五四頁の対向頁
** C・55・i・4。説明は現在のニューレンベルグ人、ゲオルク・マックの仕事である。G・K・ナグラー著『論文集』第八巻、五三頁を見よ。

〔ダラム〕

しかし、一つの例外がある。第二章で見た昔の周知のダラムは、壁格子を透して実際に何人かのハレムの女性を見た彼の冒険物語を伝えている。

それから彼は、その他私の驚嘆した多くの物を示した。大理石敷の四角い中庭を通ってゆくよりは、壁に付いた格子戸に行くように指し示し、自分はそこに行けないのだという合図をした。私が格子戸のところへ行ってみると、壁はすこぶる厚かったし、両側の格子戸は大変堅牢な鉄製のものであった。しかし、私はその格子戸を透して、大君の妃妾三〇人が、もう一つの中庭で毬で遊んでいるのを見かけた。彼女たちを一目見ただけで、私は彼女たちの若いことがわかった。それのみでなく頭髪が背中に垂れ下がり、その下端の方に付けられた小さな真珠の房やその他の質素な品で束ねられているのを見たとき、彼女たちが実に美人であることがわかった。

彼女たちは頭に頂上だけを被う金糸織の小さな帽子を被っていた。頸のまわりに紐をつけず、胸まで垂れる美しい真珠の輪と宝石だけをつけ、耳に宝石を付けていた。外衣は兵士のマンディリヨ

ン*（*外套）のようなもので、赤、青その他の色の繻子でき、反対色のレースのように色が段変わりしていた。彼女たちは、雪のように白く、モスリン**のように美しい綿毛製の上質地のスカマティ***の半ズボンを着けていた。私はそれを透して彼女たちの脚の肌を見透すことができた。半ズボンはその脛《はぎ》の中ほどまで伸びていた。ある者は上質のコードヴァンの半長靴を穿いていたが、ある者は脚は裸にして、細い足に金の輪をはめ、足（踝《くるぶし》から下）に四ないし五インチ（*一〇-一二・五センチ）高さのビロードのパントップル****を穿いていた。私があまり長く彼女たちを見ていたので、深い親切心から見せて下さった人がひどく怒り出した。その人は口をゆがめ、足ぶみをして、私の見詰めるのを止めさせようとした。私はここの光景が驚くほど気に入った*****ので、止めるのが大変気に入らなかった。

* マンディリオン——すなわち兵士の外套。〝ボタンで止める外套〟（チャプマン著『イリアド』一〇頁）

** モスリンないしローン（薄いリンネル織物）

*** スカマティエ、イタリア語のスカマターレ、〝毛製の衣服の埃を叩き払う〟からきている。

**** 高い靴は今日もトルコ女性は用いている。

***** 『レバントへの初期の航海と旅行』七四-七五頁

女性の衣裳の種類

私の自製のリストを掲げる前に、実際に衣裳を着たことのある婦人が書いた説明を挿んでおきたい。それにはメアリ・ウォートレー・モンタギュー夫人以上に適切な人はない。彼女は一七一七年四月一日付の妹宛の手紙にこう書いている。

私の衣服の第一は二股のズボンである。ズボンは太目で靴のところまでとどき、あなた方のペティコートよりつつしみ深く足をかくす。ズボンは薄バラ色のダマスクス織で、銀糸の花模様の縫いとりがしてある。靴は白色の仔山羊皮製で、金糸の刺繡がある。ズボンの上に細い白色絹紗の、刺繡のある（*短い）上着を付ける。上着は幅広い袖をもち、袖は腕の半ばくらいまで垂れ、首のところにダイヤモンドのボタンで留められている。しかし、胸の形や色は紗を透して十分に見える。上衣《アンテリ》は体形に密着したチョッキで、白色ないし金色のダマスクス織でできており、長い袂《たもと》を背後に振り下げているが、金糸の房で縁飾りをし、ダイヤモンドないし真珠のボタンを付けていなければならない。カフターン（*別種の上着）はズボンと同じ材料で作られているが、体形にぴったり合った足まで届く長さのもので、ひどく長いまっすぐに垂れ下がった袖をつけている。このカフターンの上に、指四本幅の帯を締めるが、財力がある者は、帯にダイヤモンドやその他の宝石を一面に鏤めねばならない。宝石を欠く者は繻子の上に細かな刺繡をする。帯はあらかじめダイヤモンドのホックで締めておかねばならない。クルデー（*縞模様の外衣）はゆったりしたローブで、天候によって脱ぎも着られもするが、厚い緞子製で（私のは緑と金色のだが）、白貂《てん》ないし黒貂の線を付け、袖は肩のすぐ下くらいまでの短いものである。頭飾は、タルポクと呼ぶ帽子で、冬には真珠かダイヤモンドで縁どりした、ビロード製のを用い、夏は銀糸で輝く、軽いものを使う。これを頭の一方に固定し、すこし下まで房を下げ、ダイヤモンドの輪か、（私が数回見たように）全面に刺繡を施したハンカチーフで巻いている。頭の他の側では髪をひっつめにしているが、女性はここで空想を恣《ほしいまま》にできるので、ある者は花を、他の者は青鷺の羽根の前立を付けるなど、要するに自分の好きなものを付けている。しかし一番一般的な仕方は、天然の花のように作られた宝石の花束を使うことである。すなわち真珠製のつぼみ、種々の色のルビー製のバラ、ダイヤモンドのジャスミン、トパーズの黄水仙、などがまことに精巧にならべられて光っているので、このくらい美しいものは思い浮かばないほどである。頭髪は全部を長く背後に垂らし、真珠かリボンで飾って組み分けているが、いつも非常にタップリとした量をもっている。

これまでに、トルコ女性の屋内・屋外双方の衣服の数点を説明で知ってきたが、ここで衣裳の全品目について、着られる順序で、現在の綴り（*ローマ字式新トルコ語）による表を挙げ、その性質と使用法とを、できるかぎり十分に説明してみよう。われわれの集めたかぎりでは、数世紀の間に様式はほとんど変わらないようにみえる。いくつかの品種は時代によって異なった名をもったり、本来素材につけられた名称が衣服の名になる、などしている。古い言葉のいくつかは辞書にも載っていないが、できるときには綴りの変化も付け加えよう。

〔ギョムレク、古くはギウムリク〕

これはゆったりとした肌着ないしワンピースで、木綿と毛の混織か、富者の場合金紗作りである。後者は普通白地だが、赤、黄、青もある。古い頃は前面が腰のあたりまで開き、また胸を顕わにしていたが、後には様式が変えられ、首と胸のところを宝石でとじるようになった。袖は広くてゆったりとしてい、繻子かレース（オヤ）で縁どりしている。ギョムレクは膝まで届くだけで、ときにはディズリク、すなわちズボンの中におしこまれるが、より一般的にはズボンの上にゆったりと垂らしている。

〔ディズリク、ディスリク〕

カドンの屋内着

この衣裳の名はディズ、すなわち〝膝〟からきており、〝膝の物〟を意味し、二股に分かれたズボンである。非常に広目に仕立てられ、腰のまわりにウシュクル（古くはウチュクール、*紐）で締めて付ける。ウシュクルはわれわれのパジャマのと同じように上端を通すテープないし紐である。ディズリクは、後述のシャルヴァルといつも一緒に付けられていたとは思えない。シャルヴァルはメアリ・ウォートレー・モンタギュー夫人のあげた衣裳の〝第一部分〟では載っていない。シャルヴァルは短いズボンで、膝のところで縛られている。この語は現在では近代のショーツを表わす言葉として使われている。

〔シャルヴァル、シャルワル〕

これは外に穿くズボンである。ディズリクを着けないときはこれだけがズボンないしズロースになる。シャルヴァルは、たいへん幅広く仕立てられ、腰のところで約三ヤード（*二・八五メートル）ある。腰のところでウシュクル（富者の場合、ひじょうに精巧でたくさんの刺繍が施されている）で締められ、膝の下のところでも紐で締められ、ここから絞りこんで踝《くるぶし》まで下がっている。別の種類のものは直接踝まで垂れている、とくにディズリクを併用しているときはそうである。シャルヴァルは種々の布地で作られ、あらゆる色彩のものがある。セラーリオでは女性がシャルヴァルの美しさを競いあう。金・銀糸で縁どりした一番美しいブルサ製の錦織が広く使われるが、布地が約八ヤード（*約七・三メートル）要《い》るので、ひじょうに高価な衣料となった。刺繍した布地の長さを指すのにカフターンの語が使われたが、この言葉は意味を広げてそれで作られた衣服の名にも使われた。その結果、メアリ・ウォートレー・モンタギュー夫人はこの語を彼女のエンタリ、すなわち外衣を指すのに使った。カフターンは刺繍で埋められていたので、その名は礼服を指すのにも使われた。

〔エレク〕

これはおそらく女性のチョッキというのが一番適切であろう。したがって、単に刺繡のある絹のチョッキである男性のエレクにあたるものである。しかしエレクは時たま見るように袂と床まで届く尾をもつときは事実上エンタリ（＊上着）となる。これについては次項で説明する。どの場合にもエレクは体に密着していて、普通胸から腰のすこし下までにわたって間隔の狭い一列のボタンを付けている。丈の長いエレクの場合、横が腰骨から下は割《さ》けており、袖も締まっているが、手首のところで裂けている。

〔エンタリ、エンタリー、アンテリー〕

これは夜会服（礼服）――ハレムの室内着の一番重要な種目――である。背のところできつく締まっており、コルセットとさえいわれるが、一方すでに述べたように、メアリ・ウォートレー・モンタギュー夫人がいったように〝アンテリーは体形に密着したチョッキである〟。しかし、実際にはコルセットでもチョッキでもない。なぜなら、この双方は前面を紐で締めるか、ボタンをつけていなければならないからである。ところで、エンタリは正面が広く開いている。前の開いたギョムレク（＊ゆったりとしたワンピース）の流行したときには、胸は完全に開けられていた。それは腰のところに三、四個の真珠かダイヤモンドのボタンで閉じられており、ちょうど現代の男性用のシングルのイヴニングのチョッキのようであった。エンタリの背部が体に密着するほど締まり、コルセットやチョッキのように見える（何人かの著述者にとって）のは、こうしたボタンがあるためであった。

袖は、肩から肘下までは細くなっており、肘下から広くなり、たいへん長くてほとんど地面近くまで垂れている。そこでギョムレクの袖は肘から手首までは開かれてくる。

エンタリは腰のところで、広くなり、両側に割け目がつく。エンタリは身丈より二－三フィート（＊〇・六－〇・九メートル）長く、歩くときには裾を巻きあげて腰の帯、すなわちクシャクに挟み込まねばならない。しかし、ハレムの女性は歩く必要がなく、上着の裾はソファやディワーン（＊長椅子）の縁を優美に引きずるだけであった。エンタリの布地はシャルヴァルに使ったものと似ていて、昔は一番美しいブルサ産の錦織が使われたが、近代では、ダマスクス織、絹、繻子、錦織が、ギリシア人、ユダヤ人、とくにアルメニア人の手で、ヴェニス、リヨン、その他から輸入されて、使われている。金や銀の組紐（アルジュ）の製造に熟達したアルメニア人は、エンタリの豪華さを大幅に高めた。

以上に書いたことから、エレクとエンタリが実際には同じ衣裳であることが明らかにわかるであろう。一六世紀の絵――すなわち、ニコライ、ロニサー、ヴェチェリオ、ヨスト・アンマン、ボアサール、ブリ、ベルテリなどの――を細かく見ると、簡単なチョッキ型のエレクが低く切り込まれつつ、慎み深くとじあわされて、軽くしぼられたギョムレクを下から覗かせており、エンタリを上に羽織った上服としていることが示されている。この初期の絵がどれほど正確かはわからないにしろ、またどれほど芸術的自由を許して西欧人の趣味に迎合して作られていたとしても、問題の二つの衣服のうち一つを着ないですますことはたやすくできたし、富裕者だけが双方を使っていたことは、かなり明白であろう。

〔クシャク、クーシャク、バッサーノ・ダ・ザラのクセック〕

これは腰にまとうもの、ないし腰帯のことで、その素材は、着ける人の趣味や身分によって毛、キャラコ、リンネルないし絹と違っている。ハレムではゆったりとしたものが使われ、腰と臀部のまわりに非常に幅広く巻いているが、そうでなければ、肩を被うスカーフ（えり巻）として使われる。ハレムの女性たちの間では、腰のバンドとして本来の目的に使われたが、また金銭、ハンカチ、文書、インキ壺などを入れるのにも使われる。カドン（*側室）の場合は代わりに宝石で飾った帯をそこに着ける。これらとセイマン、すなわち綿入れの上衣や、クルク、すなわち寒季に着る毛のペリッス（*長外套）の他、室内衣裳で述べ残したのは、頭飾りと靴だけである。まず靴について検討しよう。

〔シップシップ、チップシック〕

これらは、踵の付かない、先が尖ってすこし反っている屋内用スリッパである。これには種々の材料や色のものもあり、金、真珠、宝石で賑やかに飾られている。足の甲にあたる部分にはしばしば花形の真珠飾り、金糸飾り、その他類似の装飾が添えられている。

外出するときにはパブチュ（パプーシュ）を履く。これは黄色の皮製で裏の厚い靴だ。

第三の靴、というよりむしろスリッパ式半長靴のチェディク（チェリク）は、黄色のモロッコ皮製で、前部が高さ数インチ（*一インチは二・五センチ）ある。庭園を歩くのには、ビロードや類似の材料の、この形の靴を使う。ダラムが〝四ないし五インチ（*一〇－一二・五センチ）の高さのビロードのパントップル〟といっているのは、パブチュかチェディクの特殊な形のもののように思われる。

〔フォタザ〕

これは室内の頭飾りで、メアリ・ウォートレー・モンタギュー夫人が詳しく説明している。ただし、彼女の書いたアルメニア語源名のタルポクないしカルパクという、アルメニア人の被るアストラカンの小羊の皮のターバンとは異なっている。フォタザには種々のものがあり、あるものは布製で、縁だけがアストラカンのものがある。ターバンは二つの異なった部品からできているが、フォタザも同じである。

第一は上部の平たい小さな帽子（タッケ）で、低くなったフェズのようである。それは最上質のフェルト製か、とくに往時はビロード製であった。青色か黄金色の房が上部に広がり、一方の側に垂れ下がっている。これは頭の後方に洒落た角度で被るもので、真珠やダイヤモンドで埋められており、富裕でない者のはより廉価な宝石や刺繍で覆われている。帽子の正面に、美しく刺繍されたモスリンの布片が二本接近して付いているものはエメニーと呼ばれる。二本の布片は一つには帽子を正しい位置におく目印であるが、主としては多数の宝石を付けて頭飾りの役をさせるものである。カドンたちは長い房にして一方に垂らしている頭髪の中に、ダイヤモンドやルビーを鏤めた大きなヘアピンを挿したし、またその他の宝石を頭髪に留めていた。屋外では、頭飾りは、ヤシュマクすなわち面被の上部で全部覆われる。ここでヤシュマクの記述に転じよう。

〔ヤシュマク〕

これはコンスタンティノープルだけで使われるヴェールである。上質のモスリン、ないし最近ではターラタン（*薄地のモスリン）で作られた二枚の布でできている。第一の布は鼻の上を横切って付けられ、口と顎を被って胸まで下がっているもので、首のうなじのところで結ぶかピンでとめられている。第二の布は頭上を被い、前面は眉のところまで下げられ、残りが頭の後に垂らされていて、フェラース、すなわち上服の下に縫ってとめるか、うなじのところでヤシュマクの他の布にピンでとめるかする。

ヴェールはごく薄いので、顔立は、かなり明らかにわかるが、ごく大切なことは鼻を全部曝してはいけないことである。鼻を全部曝した女性はアルメニア人——ないしおそらく遊び女——と見なされる。

トルコ帝国の他の地域では、もっと厚手の、かつかなり見かけの悪いヴェールが使われる。その一番普通のものの一つは、一種のキャラコ地のペティコートと黒い布片でできているマフラマであるが、ペティコートは顎の下でとめ上部を頭上越しに後に垂らし、黒い布片は顔を全部隠している。またヤシュマクはカイロ人のブルコとも違っている。ブルコは眼の下から地面まで伸びた黒い布地かモスリンの長い布である。マホメット教徒のヴェールのもう一つの形はリサーム（lithām ないし lisām）であるが、この言葉はほとんどまったくサハラ砂漠に住むトアレグ人（タワーリク人）の砂漠での口おおいである。アラビアの一詩人が夜明けを〝日がそのリサーンを脱いでいる〟と形容したように、この語は詩的意味をもって象徴的に使われる。これらすべてのヴェールと、小アジアの一部で使われる黒い馬毛製の網目面被との全見本は、トルコ人やアラブ人の衣裳を扱ったより重要な著作に載っている。

〔フェラージェ、フェリジェー、フェリゲー〕

さて残るのは、あらゆるトルコ人女性が街頭で着ている太袖の外套風の衣服の説明だけである。貧しい人たちの間では黒色のアルパカ製のもの、より豊かな階層では上質の広幅布製か軽快なメリノ製のもの、そして富裕者や陛下のハレムの女性たちは普通何か優美なピンクかライラック色の絹製のフェラージェを着ている。ほとんど地につくほどの大形の四角のケープを背後に垂らす。富裕者の場合、裏地はしばしば黒か白の繻子であり、ときどきその上に房、リボン、ビロードの縁飾りなどの装飾をつけている。

私は、これでトルコ女性の着る衣服の全品目を語り終えたと思う。*

* この主題に関心の深い人には、衣服の図書目録として、ルネ・コラ著『衣服と流行意匠の総目録』（パリ、一九三三年）全二巻を挙げておきたい。トルコと小アジアのは第二巻、二九、三〇頁の「体系表」の末尾に完全

な索引がある。ニコライの他、私はとくにラ・シャッペル、ラ・アイ、ダルヴィマール——彼らの挿絵はほとんど全部がショバール著『ミニアチュールでみる世界』（ロンドン）に転載されている——、マク・ビーン、プレズィオシ、ハムディ・ベイなどの著作を挙げておきたい。

イスラム教徒の衣服を扱った最良の書は今日でもR・P・A・ドツィー著『アラブ人の衣服の名称の詳解辞典』（アムステルダム、一八四五年）である。

8　ハレム II

スルタン・ワーリデの権力

スルタン・ワーリデの地位

ハレム――その所属員、管理方法、一般的行動や慣習――を詳細に考察するためには、そこがスルタンの歓楽に供する幾百人の女性を、黒人宦官の監視下で待機させている所というだけの、単純なものでないことを心得ておかねばならない。反対にハレムは幾重もの女性の階層がある複雑な社会であり、そこには、明確に定められた数の役人がおり、女性が年齢、身分、ハレムでの訓育の習熟度などに基づいて所属を管理されている。

またハレムは、それ自身が一つの小王国と見なされる。たしかに奇妙な王国ではあるが、その中に君主・首相に匹敵する者、内閣、管理を司るその他のより下位の役人、そして最後に、それぞれ異なった地位をもつが時の経過のうちに地位を向上させる機会を摑みうる一定の仕事をもつ臣民がいる世界である。

ここではハレムが極盛期にあった一七、一八世紀の状態を考察してみよう。

ハレムの君主はスルタンではなく、また第一妃でも、第一カドン（承認された側室）でもなく、スルタンの母、すなわち「スルタン・ワーリデ」である。

トルコでは、男性が多数の妻を持ちうるし、気に入らぬ妻を逐い出して、思うままに別の妻をもつことができるが、母は唯一人しかもつことはなく、したがって母は死以外では取り替えられない独特の栄誉ある地位を占めると考えられている。そこで、彼女の息子がもつ最も私的で内密な所有物——彼の女性——が唯一人の母の手に委ねられることになる。スルタン・ワーリデ（＊スルタンの母后）の権力は、ハレム中だけでなく、帝国内全部に通じる絶大なものがある。すぐ想像されるように、スルタンの母と息子の寵愛するカドン（＊側室）たちの間には不断に戦いが行なわれている。ハレム中で一番野心をもつ女性は、第一カドンの高い地位に昇ることで満足することなく、いつかはスルタン・ワーリデになろうと望み、策謀し、念願する者である。というのも、そうなれば彼女は、セラーリオのハレムの統治者となるだけでなく、もし彼女の力が強く息子が力の弱い場合には、同時に国家をさえ統治することができるからである。

ロクセラーナの活動

ハレムの人間が獲得できる権力と影響力の好個の例は、ロシア生まれの女奴隷のフッレム、すなわち西欧でロクセラーナとして知られるスレイマンの妃である。彼女の場合、夫に対する影響力がすこぶる大きく、彼女がスルタン・ワーリデとなることは万人が予想していた。ロクセラーナは彼女の前途を遮るものを一つ一つ取り除いた。一五四一年頃彼女はスルタンを説き伏せて、旧宮殿（＊エスキ・サライ）を出てスルタンのいるセラーリオに住むことを認めさせたが、このとき彼女は第二カドンにすぎなかった。スレイマンの母后が死ぬと、彼女の敵は二人だけとなった。それは第一カドンのボスフォール・スルタンと宰相イブラヒムであった。所伝によれば、イブラヒムは（＊奴隷時代の）ロクセラーナの最初の所有者であったとされている。策謀と反策謀の競り合いの末、ボスフォール・スルタンは身分を解かれ、実際に追放され、彼女の息子も、ロクセラーナがこの策謀に関与した嫌疑の種を完全に抹消するために殺害された。さらにスレイマンはなんら明白な理由もなしに宰相を処刑した。ロクセラーナが後者の処罰にも手を出したことを示す具体的証拠はないにしろ、彼女が絶対権力を握るのに宰相が邪魔であったこと、さらに宰相が依然スルタンに対して大きな影響力をもつのを恐れていたことは、一点の疑いもない。

彼女が一団の女奴隷や宦官を伴ってセラーリオに移り住むのを許されたことは、一つの勝利であったが、スレイマンの法的な妃となったことは、いっそう大きな勝利であった。バヤジト一世（一三八九－一四〇三年在位）以後、法的婚姻契約を結んだスルタンは一人としていない。それゆえスレイマンのこの異常な行為は驚きと懸念の眼をもって見詰められた。セリム二世（＊一五六六－七四年在位）の治世には（とボンは語っている）モスクや病院を建てられるほどの巨額な金銭がスルタン妃に授与されたので、（＊正式な）婚姻は好ましくないとされていた。同じ理由からカドン（＊側室）の数も四人に制限された。スルタンは、おそらく三〇〇人ないし一二〇〇人の女性をかかえた全ハレムの中から、時折寝台に侍るのを誇りとするイクバル（＊幸運の者の意、寵を得た女奴隷を指す）と呼ぶ寵姫を選ぶのが常であった。

男児を産んでスルタンの寵愛が続きかつ深まった場合に、好運なイクバルは熱願したカドン（＊側室）の地位に引き上げられた。カドンの地位は実際に婚姻契約を結んだものではないにしろ、法律上の妻と同等のものであり、彼女の住む室群・奴隷・宦官・財産・衣服・宝石・手当などはすべて新しい地位の栄誉と重要性に比例してきめられた。カドンはそのとき以後、選ばれた順位によって呼ばれた（＊第何番のカドンと）。この時から彼女は第二カドンか第三カドンにもなれるようになり、あらゆる力――正当と卑劣の別なく――を行使して、自分のすぐ上位のものを凌ごうとするのが常であつた。しかし、ロクセラーナの場合には不可能なことさえ達成した。というのは、スレイマンがボスフォール・スルタンの没落後も他のカドンを擁していたが、ロクセラーナに対する愛情と誠意を堅めるために、最も美貌の女性数人を実際に他人に嫁がせたからであった。

メリングの描いた女性の館の絵

ハレムを描いたメリングの絵（二二四－二二五頁を見よ）に説明を加える必要はなかろう。前に述べたように、彼はセリム三世の愛した妹のための建築家に任命され、その資格でスルタン妃やその侍女たちと多くの会話を交わすことができた。このことが彼の著作に大きく役立ったのであった。

　メリングの描いたハレムの絵はすべて架空のものであるが、彼は絵の中に苦心してハレムの重要人物の幾人かを載せただけでなく、異なった階と部屋に振り分けられた女性を描いて、さまざまな日常の業務や慣習を表現している。正面中央では、かなり上位の黒人宦官がハレムの女性の頭と話をしている。手前の右寄りでは三人の女性が「タンディール（＊炬燵《こたつ》）」、すなわち火のついた木炭を火皿に乗せて綴れ織か絨毯をかぶせた錫張りのテーブルの下に収めたものの中に足を入れて暖をとっている。そのすぐ傍の角を曲がったところには二人のレスビアンがみられ、中央中間には粗末な衣服からそれとわかる奴隷が一人いる。左手の端では、高位の女性が一人で食事をしており、また広間では七人の女性が焼飯（ピラフ）を盛った大盆をかこんで坐っている。二階にはモスクがあり、ここではことさら区別して、礼拝のときの異なった姿勢を全部示している。その真上の三階には寝室の一つがあり、夜のために布団が敷かれつつある。日中には布団は右側二階に描かれたように戸棚に収められている。絵には一人の奴隷が水差を運んでいる姿が描かれているが、壁面給水盤の姿はどこにも見かけられない。給水盤が描かれていないのは不可解な点である。寝室には実際常にそんな給水盤が少なくとも一つは見かけられるものであるし、ここに描かれたような大きな広間にも給水盤が一つはあるものだからである。

黒人宦官頭とハレムの幹部女性

ハレムの幹部

しかし、われわれはハレムの要員の話題に戻らねばならない。もしスルタン・ワーリデをハレムの君主と尊重するなら、「黒人宦官頭」すなわちキスラル・アガは首相と見なされるものである。彼の任務については以前の章で述べておいたが、ここで繰り返したいことは、彼が女性たちの直接の管理者であること、スルタンの目にとまる女性を手配するのを重要責務とすること、自分の任務を助ける多数の宦官を擁していることなどである。彼はスルタン・ワーリデ（*スルタンの母后）と女性たちの間、スルタンと外部世界との間の連絡将校であった。実際彼は帝国内の最高位の〝人物〟の一人であり、彼の関心と影響力はセラーリオの城壁外にもすこぶる広く及んでいた。ハレムの運営一般については彼は直接に関与はしない。それは、女性の「内閣」、ないし「枢密会議」といってもよいものの手で制御されていた。

女性の枢密会議は、普通、時には家政頭と女支配人として働き、ハレムの統括者の代理と見なされる「女管理人」「女執事」ないし「女執政者」（ケトフダー、またはキアヤと呼ばれる）が主宰した。ほとんど女管理人と同格で、幾種かの文献では統括者の代理の一人とされているものに「出納婦頭（ハズィネダール・ウスタ）」がある。彼女はすこぶる巨額で多岐なハレムの運営費を管理するのみでなく、〝小遣い銭〟（パシュマクルク、文字どおりにはスリッパ代）をその受領権者に支給し、（＊スルタンの命令か死去で）セラーリオを去ってエスキ・サライ、すなわち「旧セラーリオ」に移った者に与える年金の取り決めも行なう。

それ以外の（＊ハレムの）内閣の構成員は、衣裳係の女主人、浴場の管理人、宝石管理人、コーラン誦唱者、倉庫管理人、食卓の女指図人などである。

これらの信任された重責の地位を占める者はすべて、ハレム内でのあらゆる分野の訓育を次々とこなして昇進したが、カドンとなるまでの機会にはめぐまれなかった女性たちである。いわば、それは〝見放された〟ことへの代償であった。彼女たちは恋愛——少なくとも男性との恋愛——を許されなかったので、望みうるのは、少なくともある程度の富と権力を握りうるハレムでの何か高い地位に就くことだけであった。寛大なスルタンの一人は、彼女たちをエスキ・サライ（＊旧サライ、カドンの隠退の場所）に送って生涯を終えさせたのみでなく、誰かに嫁がせさえしたようである。

私はこれまで、スルタンの母后、その内閣、黒人宦官頭、四人のカドンのことだけを語ってきた。ここで、ハレムの普通の職員が、担った任務、受けた訓練、得た昇進の機会、などの状況を見ておかねばならない。

下位の女性たち

最高位の女性たちは、それぞれ専用の小規模の局《つぼね》（オダ）を与えられ、その地位によって違う幾人かの召使いをかかえていた。同時にそれぞれ何人かの見習人を割り振られ、彼女たちを専門の分野で熟達させるように指導する任務を与えられていた。それゆえ、幼ない年齢でハレムに入れられた女性は、大概は新参者としてすぐどこかのオダ（*局）に配属される。またスルタンの母后やそれより下位の職員でも、新しい奴隷か弟子を必要としたときは、実際自由にそれを買い入れ、個人的に訓練することができた。多数の新参者中から選抜された者が、通常いわゆる「衣裳係の女主人」の監督下におかれた。女性はそこで行儀見習人として仕え、この後見人を母と仰ぐとともに、彼女から衣服・金銭・食事・宝石などのすべてを与えられた。後見人は、終生を通じてその女性の出世について大きな責任を負い、どの進路かで彼女を昇進させることに全力を尽くした。女性は自分の分野で優れた進境を示すと、よりふさわしい別のオダ（*局）に入る機会を摑むことができた。おそらく彼女がコーヒー沸しとか、会計係とかで才能を伸ばしたとしよう。そうした場合には心を砕いて勤めれば、僅少の賄賂で望むような転属を達成できたようである。しかし、一般的には、おそらく彼女の昇進は遅々たるもので、特定のオダの長に到達するまでには長い歳月を必要とする。したがって一般的な場合には、彼女はカドンになる機会が永久に去ったことを悟ると、現在いるオダにとどまって、自らの地位を利用して特権を揮うことを選ぶのであろう。

しかし、一方で「衣裳係の女主人」の下で出発して、コーヒー沸し頭に転属した後に、幸運にもスルタン・ワーリデを訪ねた時に、スルタンが居合わせ、目に止められた場合があったろう。

スルタンの寵を得る途

スルタンの寵を得る努力

スルタンはその女性を気に入ったという眼《まな》ざしをするとか、彼女に関心のある一寸した仕種《しぐさ》をするだけでよかった。陛下のそんな寵愛の合図は直ちに通告され、彼女には即座にグズデすなわち〝目にとまった〟という通称が与えられる。これは彼女が羨望したカドンの地位に昇る現実の第一歩なのである。このときからその女性は〝お気に入りの者〟である。彼女は同僚から引き離され、自分だけの部屋と奴隷を与えられる。それ以後、彼女はスルタンから〝待て〟という通知が来るのを祈って、ひたすら待ち続ける。知らせが届くと、彼女はたいへんな準備を整えた後、主人の御殿に入ることができる。種々の分野の女性頭が手助けのために、次々と呼ばれる。まず「浴場の管理人」が彼女を浴室へ連れて行き、女性たちを指揮してマッサージ、シャンプーをし、香水を振りかけ、髪を結い、さらに体毛を剃り、爪を染めるなどさせる。彼女はそれから「肌衣類の保管者」「衣裳係の女主人」「財宝係頭」を次々と廻され、装い終わって、陛下の出御を待つ。そうして待ちに待った機会がくる。彼女は、女性の考えられるかぎりの技巧を駆使する。もし契によって子供のできたときは何と伝えたらよいのであろう！　などと考える。しかし、彼女はまずスルタンの心を捉えねばならない。おそらく数晩は彼女がスルタンを独占できるであろうが、その後どうなるかはわからないのだ。

何度もたしかめたことだが、カドンや他の寵妾がスルタンの寝室に入ることを許されるのは、陛下が寝に就いた後である。彼女は寝台の脚に近づき、掛け布団を持って額と唇のところまで持ち上げ、それから寝台の裾からつつましく滑り込み、徐々に体を進めて、スルタンと肩を並べるのだ。

何人かの著者は、この裾の方の習慣を否定している。メアリ・ウォートレー・モンタギュー夫人がムスタファ二世の第一カドンにこの問題を訊ねたとき、女性を選ぶのにハンカチーフを投げるとか、寝台の裾からそっと入るとかは、事実に照らして根拠がない、という答を得ている。

しかし私は、この女性一人だけの言明では納得できない。とくに同夫人の話は一八世紀のことを述べたものであり、当時孤独だったスルタンのむら気のほどを語っているだけに、信じがたい。その後の著述家は、大幅に根本的調査を行なったドーソンを除くと、何の疑念ももたないでモンタギュー夫人を受け売りしているのである。ところで、この〝寝台へ慎み深く上がる〟ことは、コンスタンティノープルではスルタンの妃の一人と結婚した男の義務となっていた。この結婚では、不幸な男は、この王宮出の妻に完全に牛耳られ、呼ばれるまで寝室外で待っていなければならなかった。夫はそれからおずおずと寝室に入り、掛け布団に口づけして、同じような〝滑りこむような形で〟妻の傍らにすり寄った。このようにスルタンから妃を賜わる名誉を得る以前にはごく低い身分で暮らしていた人の家で、すなわちセラーリオの外で、その慣習が行なわれた以上、この奇異な習慣が一般に知られて口の端に上る機会は相当に広がっていたのであろう。その上、寝台に〝慎み深く上がること〟はトルコの宮廷に限られたことではなく、極東――たとえば中国――では広く確立された習慣であった。

カーター・ステント*は彼の権威ある論文で、セラーリオで守られていたものと数点で類似している寝室の作法について、次のような物語を伝えている。皇帝が誰かきまった側室を寝所に侍らせたいと望んだときは、その女性の名を書いた札か割符を待機中の宦官に渡すと、宦官は名ざしの女性のところへこれを運ぶ。そこで彼女は椅子に乗せられて、「養心殿」と呼ばれる陛下の寝殿に送られる。床に就いて眠られているときには、女性は陛下の寝台に通常の作法で――すなわち、頭からないしむしろ傍から――上がることはできなく、足の方からかがんで入り、陛下と横並びになるのが礼儀とされている。二人の宦官が扉の外で監視にあたり、翌朝夜の明ける前に側室を起こし、彼女の部屋に送り返す。側室が陛下と枕を共にしたことは、女性の名と訪ねた日を書いて帳簿に記載される。入室したことには陛下が署名し、側室が子供を生んだ時に、子供の正統性を実証するための参考とされる。

＊『王立アジア協会雑誌』北中国部（一八七七年）一七四－一七五頁

その他の習慣――側室を選ぶのにハンカチーフを授けるか投げるかする――については、ともかくたくさんの証拠があって、〝旅の噂話〟だけではない。

第一にトルコではメンディールとか、ヤウリク、すなわちハンカチーフは、たぶん他にはない仕方で大切に扱われたことを想起してもらわねばならない。それらをスルタンだけでなく万人が、他人に渡す贈り物を被うのに使う。当然後には封筒やボール紙函を使って古い習慣を衰滅させたが、それ以前には、重要な書簡、一定額の金銭、宝石の贈物、ないし果物、砂糖菓子、衣料などの贈物は、刺繡を施した四角の布で包んで贈っていた。包む布が豪華なほど祝意を重くするとされた。したがって寵愛する女性を選ぶ挨拶を、四角の布を用いて果たすことは、いつもではないにしても、多分にありうる。

その上、間もなく見るように、信頼度の高いボンが、陛下が立ち去る直前に選んだ女性にハンカチーフを投げたと明白に言っているのである。* 特定の状況のもとでは言葉は不必要だし、好ましくない。したがって作法と儀礼で埋め尽くされている宮廷で、そうした慣習の存在したことは十分想定できる。同じ方式で、西欧の宮廷で威厳を込めて手袋を投げることは——より重大な性質のものだが——試合の挑戦であった。

＊ また一八世紀に、マフムト一世のチューリップの祭で、人気のある女性を選ぶのに同じ方法がとられたことをフレーシャが述べているのを知っている。後述四〇九頁を見よ。

側室が訪れることを極力秘密にし、他のあらゆる女性に選ばれた者のあることを気づかせず、彼女がカドンの位を与えられて、専用の侍女とスウィートをもつまでは知られないようにするために、万全の注意が払われた。陛下の寝所の外で警備にあたる宦官には予定の訪問が伝えられ、室内の当番の女性は必要な準備をする。女性たちの部屋とスルタンの部屋との間の扉と窓は全部締め切る手配がされる。何《なん》人《びと》も表に出てはならず、あらゆる場所で完全な沈黙が守られた。もちろんスルタンはほとんど常にハレム内の自室で女性を迎えるが、ときには自ら女性の部屋に出かける栄誉を与えることもある。そのときは陛下は黒人宦官の一人に案内をさせ、女性とその奴隷は最大の敬意と礼儀を尽くして陛下を迎える。朝方、陛下ないし女性は来たときと同じように静かにひっそりと自室に引き取る。

一七世紀始め、ボンはこれらのすべてについて次のように述べている。

もし陛下が自分の楽しみのため、女性たちの一人を望むとか、その踊りを見たり、奏楽を聞いたりしたいと願ったときは、彼は自分の望みを第一カドンに知らせ、第一カドンは自分があらゆる点で最も美しいと思う女性たちを招き、部屋の端から端までの間に一列に並ばせ、それから彼女は陛下をお迎えする。陛下は美女たちの前を一度か二度往復し、自分の好みに叶い、自分を一番惹きつけた一人に目を止め、そして立ち去るとき、ハンカチーフの一つを彼女の手に投げ与えて、彼女とその夜を共にしたいという希望を表わす。この幸運を得たのち、彼女はできるかぎり美しく粧い、第一カドンの指導をうけ、香水をつけ、その夜用意された女性の館の陛下の部屋で陛下と枕を共にする。二人が眠って夜を過ごしている間、カドンは数人のモーア人の女性を呼んで、二、三時間交替でその部屋に侍らせる。部屋にはいつも二つの灯明が、一つは年かさの女性の侍る部屋の扉の傍ら、もう一つは寝台の下で灯《とも》っている。灯明を取り替えるときは、絶対に陛下の気分を乱さないように、音をたてないで行なう。夜が明けて起きると、陛下は衣服全部を取り替え、女性には陛下の着ていたもの、財布にある金銭全部をそのまま与える。それから陛下は別の自室に移られた後、自分の享けた満足と愉悦の度に応じて、彼女に衣服、宝石、金銭を贈物として届ける。陛下は他の者より長く自分の好き心を捉えた者すべてに、自分の得た愛情に応じて同じ措置をとる。さらに妊娠した女性はただちにカサッチ・スルタン――すなわち「スルタンの王妃」(＊正式に結婚の形をとった妃の意であろう)――と呼ばれ、もし彼女が男子を挙げれば、最大限の祝儀を催して、(＊王子誕生が)公表される。この王妃は豪華な部屋からなる専用のスウィートを与えられ、ただちに完璧な住居設備が整えられる。そして陛下は彼女が人に物を与えたり欲しいものを惜しみなく買ったりできる手当を与える。セラーリオ全部が彼女の地位を認め、深く崇《うやま》い、尊敬を払う。その他の女性は、たとえ子供を生んでも王妃とは呼ばれなく、陛下と肉体関係があるので、ただスルタナ（スルタン妃）と呼ばれる。王座を継ぐ嗣子の母だけが王妃とされる。王を歓喜させて、感謝の念を催させる力を発揮したスルタナたちは、ただちに並以上の高い地位に引き上げられ、専属の部屋と召使いをもたされ、必要とするだけのアスペル（*金銭）を与えられ、また望まなくとも同輩と贅を競いうる各種の最高の美服を与えられる、などの特権を授けられた。

これらのスルタナはすべて、相互にごく無遠慮に策謀をめぐらし、陛下の関心を失うのを避けるために多くの奸計を廻らす。というのも彼女たちは、とらわれ人で、陛下の寵を得た者への嫉妬を非常に恐れて生活しているので、各人が他よりより深く寵を受け、愛を賜わるように、陛下に敬愛を尽くすからである。……陛下の寵を得る好機を逸したその他の女性たちは、望みない生活をつづけ、互いに邪心を秘めながら若年の時代を送り、中年となると、毎日セラーリオに入ってくる若人の教師や監督者として奉仕する。そうした恵まれぬ環境の中では、旧セラーリオに送られる扱いを受けることを幸運と考えている。というのも彼女たちは女主人の恩情に与り、またセラーリオの中で陛下の金庫から出る手当に加えて、スルタナからいろいろな形で恩寵を受けるので、多額の手当や贈物の中からの剰《あまり》を蓄えたものによって、そこ（*旧セラーリオ）を出て、結婚をすることができるからである。*

* 七一頁

不運の女性たち

ここでボンは、若い時代にスルタンの心を摑めなかった熟練した老女の例を引き、女主人の判断でスルタンの許に送られながら、スルタンから一顧もされないで終わった若い女性の生涯を物語っている。この不運な女性は、湯あみをし、香水をかけられ、着飾って、屠所の羊のようになっていたが、結局スルタンが気持ちを変えたのか、彼女のことを忘れたのか、または実際には彼女にいささかの関心を寄せなかったのかを、悟らされただけに終わった。彼女が美貌の鼻を折られるとすぐ、彼女の新しく選んだ奴隷たちは、任を解かれ、彼女自らは元の地位に戻ったのである。

（*ハレムには）ウスタ、すなわち女主人たち、見習人、補佐人、カドンたちなどのほか、肉体労働をしたり、一般の召使いの仕事をするだけの、きわめて多数の女性がいた。床拭き、通路や壁の清掃などの文字どおりの重労働は黒人女性の仕事とされ、水道管の掃除と手入れ、長椅子のクッションの繕《つくろ》いや手入れ、真鍮磨きやその調整、モスクの礼拝絨毯の手入れ、シャーベットやピラフなどの調理の補助などが軽労働とされた。この軽労働で特別な才能を示せば、場合によってそれが若い女性にとって、君寵をうける機会のある、より上位の仕事に就ける手がかりとなった。誰でもが料理を習っていて、機会があれば、何か甘い菓子とか、たっぷり汁のあるシチューを作って、陛下の舌を堪能させられるのだが、と自慢しあっていた。

前章でみたように、セラームルクは大形のサロン、すなわちヒュンカール・ソファス（*陛下の談話室、平面図77番）をもっており、スルタンは時々ここにハレムの者たちを招いて楽しんだり、何か余興を見たりした。その時はハレムの女性全員が参列を許され、集まった人たちは音楽、舞踊、道化役者の演技を眺めて楽しんだ。集まった女性たちの美しさ、各種の宝石で輝きを加えた絹や繻子地の衣裳、豪華な家具、輝く照明、黙々と居並ぶ黒人宦官の列、最後に真紅の衣裳に長剣を横たえ、ダイヤモンドを鏤めた短剣を腰に差し、ダイヤモンドとルビーを使って白い冠毛を固定させたターバンを巻き、宝石飾りの水煙草管《ぎせる》を横に置いたスルタン自身が玉座に坐っており、女性のつけた香水の混淆した香りと火桶からたつ薫香、コーヒーに籠《こも》る白檀の香などの重く垂れこめた室内など――これらは実際に見られた光景であり、これに比肩できるのはハールーン・アッ・ラシードの栄光の絶頂期を示す『千夜一夜物語』の中に描かれた誇張された熱狂性のみ、といえるほどのものであった。

とめどもない嫉妬といさかいの息抜きとして、この種の余興は最も喜ばれたにちがいない。一団の舞踊家や無言劇俳優が、音楽隊や合奏団とともに選抜されて、訓練された。時々、目先を変えて、ハレムの外から公認のダンサーが招かれたが、それは手放しで熱狂的に歓迎された。数人の著述家によると、舞踊の性質は穏和などというものでなく、ベリー・ダンスその他の〝いかがわしい〟演技で、それが余興の大部分を占めていた。またモンマルトルでおのぼりの観光客を惹きつけるのに似た、卑猥きわまる影絵芝居がすこぶる人気があった。セリム三世の治世中、フランス人の舞踊団員一人と多数の音楽家がハレムのどこか外辺の建物まで招き入れられて、そこで数人の黒人宦官の監視下で、選ばれて次回の〝ショーに演技する予定の女性〟たちを訓練した。これらの女性は、こうした性格の興行を法律上嫌うイスラム信仰を奉じていない者たちであった。

こうした気晴らしとボスフォラスへの行楽を除くと、ハレムの中の生活はまったく退屈きわまりないものであった。

陛下の談話室．メフメト４世（1648-87年）の建造

噴水の前室. 1665年建造, メフメト4世（1648-87年）建立

これまでの文章で、私は女性たちが、〃より恵まれた境遇に〃なれたり、スルタンの目にとまったり、最後に結婚してセラーリオを完全に離れる機会を摑んだりした事情を述べてきた。

スルタンが死去すると、時のカドン（*側室）たちのなかには、エスキ・サライ（*旧サライ、カドンが隠退して住むところ）を出て結婚し、最終的にセラーリオとの関係をまったく断つ者があった。〃隠退した〃カドンがもった自由では、ラ・スルタナ・スポルカが一番の好例のようである。彼女はその性悪の生活態度から、〃みだらなスルタナ〃という不名誉な綽名をつけられたが、この綽名はまさに〃女つつもたせ〃と売春婦そのものであった。もともと彼女はイブラヒムのカドンの一人であったが、エスキ・サライに送られ、あるパシャと結婚した。この夫が死ぬと彼女は自分の好むところで暮らせる自由を得た。彼女はイブラヒムのハレムでの長い練習で悪徳と放蕩の技術に長じていたので、自分の知識が役立たないのを残念に思い、老いの退屈さを紛らわそうと、コンスタンティノープルで一番売れっ子の高級な周旋者となった。彼女の専門は、若い乙女を買い入れ、彼女たちに歌唱・舞踊、あらゆる媚態などの完璧な訓練を施した上で、金持ちのパシャや町の若者たちに貸し与えることであった。彼女が女性の一人をスルタン（メフメト四世）に差し出すのを断り、スルタンがさらに望んだのに、その女性を強いて娶ったボスニア人の船長が処刑を受けるに至った経緯は、ライコート*の物語に載っており、それより悪文でジョン・コヴェル博士の日記**に綴られている。

* 『トルコ帝国史、一六二三－一六七七年』（ロンドン、一六八七年）二五九－二六〇頁

** 一六七六年七月一七日の項。それについては、『レバントへの初期の航海と旅行』一六〇－一六二頁を見よ。

ハレムの刑罰

しかし、ハレムのすべての女性が平穏な生活を送ることに満足し、より以上の幸運を得ようと試みなかったわけではないし、――時にはそれを手に入れた。

ボスフォラスの海はそれを試み――失敗し――た女性の末路を伝える多くの物語を残している。しかし、またごく少数の女性はそれを試みて、成功している。奇妙に思われるかも知れないが、少数の女性はハレムに魅力があると思っていた。彼女たちにとって、ハレムは、秘密と沈黙と倦怠と幽閉の場所であるだけでなく、策謀と好運ならびに奢侈と富貴の場所でもあった。実際、一七、一八世紀にはイタリアやシシリアの女性が策謀に耽るだけの目的で進んで身を売ってハレムに入っている。

ハレムのこうした策謀の物語は、知られぬものが数限りなくあるし、袋詰めで投水された女性は数知れぬほどある。一人や二人の女性の水没は全然気にとめられなかったし、投水は万事黙々と手早く済まされた。キスラル・アガ（＊黒人宦官頭）が彼女たちをボスタンジ・バシュ（＊庭園士頭）に引き渡すと、ボスタンジ・バシュが指揮して不運な女性を袋に詰め、石の錘《おも》りをつけた。水に沈める役を担ったボスタンジ（庭園士）は、（＊袋詰めの）女性を載せた船を縄で曳いた小形の手漕《こ》ぎの船に乗り込む。彼らはセラーリオ岬の沖合い海上まで漕ぎ出し、縄を数回器用にぐいと引くと、小船は転覆する。ボスタンジに宦官が同行し、命令の完了したことをキスラル・アガ（＊黒人宦官頭）に報告する。

しかし、時々、スルタンの廃位計画とか、類似の重大犯罪の発覚したときには、集団的投水が行なわれた。こうした時に、一回に三〇〇人もの女性が投水されたことがある。一番恐ろしい事件がイブラヒムの治世にみられた。彼はある時の放蕩の末、突然ハレムの全女性を水死させて、その後を新人で補お

オスマン3世のキオスクと中庭

うという趣好だけから、全ハレムの女性を投水しようと決意した。その結果数百人の女性が捕えられ、袋に詰められて、ボスフォラスの海に投じられた。唯一人の女性が難を免れた。彼女は通りかかった船に拾いあげられ、最後にパリにたどりついたといわれる。

セラーリオ岬沖で難破のあったとき、潜水させられた一潜水夫の異様な体験が伝えられている。彼は沈むとすぐ引き上げるように合図を送り、恐ろしさに声を震わせて、海底にはお辞儀した形の袋がたいへんな数浮いており、各袋には女性一人の屍体が収められていて、錘りのついた末端からまっすぐに立ち上がって、海流のまにまにゆっくりと揺れ動いている、と語った。

女性の支配

ロクセラーナ、ヌール・バヌ・スルタン、バッファ

しかし、またよく語られている反対の話もある。われわれはロクセラーナ（*スレイマン大帝の妃）が、一団の侍女や宦官を連れてセラーリオに移り住んだ最初の女性となり、またスルタンを完全に牛耳る力を徐々に手に入れ、一五五八年に死ぬまでハレムの最高権力者になった経緯を以前に述べておいた。ロクセラーナの支配は、メフメト四世（*一六四八‐八七年在位）の母であるスルタン・ワーリデのタルハンの死去の時まで、約一五〇年間続いた「女性の統治（カドンラル・スルタナティ）」の発端であった。この長い期間は、ハレムが帝国を支配し、スルタン・ワーリデと第一カドンの間、ときにキスラル・アガとの間で、果てしない戦いが間断なく演じられた時である。ハレム全体が、陰謀・贈賄、金銭強要、逆陰謀などの温床となった。スルタンたちが自分の好みのままの酒池肉林の乱痴気騒ぎに浮かれている間に、ディワーン（＊国政庁）の秘密の格子窓に忍びこんで国家秘密を聴き取り、それに基づいて策謀を弄んだのは、女性たちであった。

スレイマンにつづいて、セリム二世は彼の全ハレムをセラーリオの中に抱えていた。彼の酔態が深まるにつれて、第一カドンのヌール・バヌ・スルタンの権力が強まった。彼女の産んだ男児がムラト三世となったとき、彼女はスルタン・ワーリデの称号を得、その地位でそれまで以上に権力を揮った。当時ハレムでの策謀はすこぶる拡大し、第一カドンというあこがれの地位をめぐる暗闘が始まっていた。その地位を得た者に、名門バッフォー家出身のヴェニス人の美女があった。彼女はごく若年のときトルコの海賊船に捕えられたが、その美貌と知能でムラトの心を奪い、他に一人の女性もスルタンに近づけさせなかった。しかし陛下の母であるスルタン・ワーリデのヌール・バヌは驚いて、命を下して奴隷市場の精鋭をセラーリオに送りこませた。ヌール・バヌは成功したが、それだけで唯一人への愛の実意を崩すことはできなかった。ムラトは、乱痴気騒ぎに明け暮れる放埒と惑溺に耽る身となった。女性の市価は鰻昇りに高まり、奴隷商人のみでなくハレムの有力者たちもが、陛下の好色の炎を鎮めるために新手の女性を入手する競争に加わった。その時は、一時ヴェニス女性――サフィー、サフィエ、ないしその一門の名でバッファなどと呼ばれた――の権力に影が射したが、それもムラトの寝室に関するかぎりにとどまった。サフィーは料理のむずかしい大魚であった。そして、カザリン・ド・メディチと秘かに信書を交わして、トルコのヴェニス攻撃を阻もうとした。ムラトがハレムの歓楽に耽り続けている間に、サフィーはオスマン帝国の艦隊と軍隊に出動の指令を出した。彼女はそのほか、宝石や類似の商品でセ

ムラト3世の広間

ラーリオの用達をしていたユダヤ女性のチアレッザを使ってヴェニス大使とも音信を交わしていた。彼女は、トルコ帝国にヴェニスとの戦いを避ける決定をさせたほかは、唯一の欲望を是が非でも達成しようと暖めていた。それは彼女の生んだ男児を帝位に即け、自らがスルタン・ワーリデとなることであった。彼女は一五九五年に時を得ると、一瞬の躊躇もなく策を構じて、メフメト三世の一九人の弟を暗殺して、人々を震え上がらせた。こうして彼女は目的を達成し、しばらくの間彼女は国を支配し続けたのである。彼女は自分の息子を堕落させ、唆かして淫楽に耽らせる愚行まで冒しながら、国事を意のままに操った。メフメト三世は説得されて、いやいやながら一五九六年ハンガリーとオーストリア戦にジャニサリを率いて出兵したが、すぐに連れ戻されてハレムに引き籠らされ、統治はサフィーの掌中に委ねられた。しかし、やがて彼女が代償を払う番がきて、ある日彼女は寝台の上で首を締められて死んでいた。

女性の統治時代は続き、アフメト一世（＊一六〇三－一七年在位）はまったく女性たちの意のままに動かされた。アフメト一世の後継者ムスタファ一世は精神病であったし、他方オスマン二世（＊一六一八－二二年在位）が国事に関心を示すと、ジャニサリの不満を招き、すぐさま殺害された。こうした期間中、実際にもう一人の女性――ムラト四世（＊一六二三年－四〇年と一六四〇年－四八年在位）とイブラヒムの母であるキウセム（またはキオセムないしキュウゼル）・スルタン――によって支配された。一六二三年即位したムラトは、ともかく一時的にしろハレムの支配を実際に断ち切り、軍を率いて戦場に出た最後のスルタンとなった。しかし、彼は不摂生という致命的習性をもっており、泥酔と日蝕を驚き畏れた結果の発熱の揚句、二八歳の若さで死去した。彼の最後の行為の一つが、弟イブラヒムの処刑――これによってオスマン朝の血統は断絶する――と、位を寵臣シリフダール（＊太刀持ち）・パシャに与えるという命令であった。

イブラヒムの愚行と暴虐

それにもかかわらず再びハレムが勝利を得た。キウセムは偽ってイブラヒムが死んだと告げた。ムラト四世はその知らせを受けたとき、気味悪くにやりと笑い、自分の寝台から起き上がって弟の死体を眺めようとした。彼の侍臣たちは、真実がわかったときはわが身が危いと考えて、死に瀕したスルタンを寝台にかかえ戻した。（＊ムラト四世の）死はほとんどすぐ訪れた。そこでキウセムは、自らの統治期間がさらに続くことを知って、カフェス（幽閉所）に駆けつけて、イブラヒムに吉報を伝えた。

次の章で述べるように、そのときイブラヒムは、（執拗なノックを聞くと）これまで八年間毎日恐れ続けた、弓の弦を持った処刑人が来たのだとだけ考え、怯えきって扉を開けられなかったほどであった。

こうして、最後に自由の身となって、イブラヒムは位に即いたが、間もなくオスマン帝国でもこれまでにない邪悪・我儘・残忍・貪欲・臆病な人間である本性を露呈した。彼の宰相カラ・ムスタファは、スルタンの乱行を阻止しようと努めたが、ハレムの多数の者とともに追放され、いくばくもなく処刑された。カラ・ムスタファの後任者は、スルタンの遊興や愚行を野放しにしておこうと心を決めていた。彼の乱痴気騒ぎがあまりにも募った結果、ハレムからも憤激の声が挙がってきた。国家の最上の職位が最高額を入札した者に与えられたり、無能な寵臣に授けられたりし、租税は引き上げられ、国庫の資金はスルタンの際限ない浪費を充たすために枯渇し尽くした。

ハレムでの醜聞には、スルタンが間断ない放蕩の結果不能となったという噂さえ生んでいた。しかし、一六四二年に男子が一人、翌年さらに二人生まれたので噂はやがて消え去った。その間も彼のハレムでの放蕩生活は続けられ、史家たちはセラーリオで生じた奇妙な物語を伝えている。スルタンの強い欲望の一つは、香水、とくに竜涎香に対する病的な渇仰であって、彼はその強烈な匂いを髭、衣服、部屋の壁掛けにたっぷりと振りかけた。もう一つの欲望は毛皮であった。ある夜スルタンはハレムの中で、黒貂の毛皮を身にまとい、同じ皮を長椅子・壁・床に張っていた王の物語を聞いた。イブラヒムは自らも〝黒貂の王〟となりたいと考え、翌朝ディワーン（*国政会議）を招集して、帝国全体で製造した黒貂をすべて集めるように命令した。竜涎香と黒貂の双方が租税の形で徴集されたが、この愚行と無益な浪費に対する怒りが高まった。デメトリウス・カンテミル*は、ハレムでのイブラヒムのおそるべき生活を描いている。たとえば、自分の精力が尽き果てたとき催淫剤を用い、部屋に鏡を張り廻らして情熱をかきたてたりした。金曜日ごとに、新しい女性が（普通その母から）彼に献上され、乱痴気騒ぎの新案を提唱した者は間違いなく個人的褒賞を授けられた。彼の行なった遊びの一つは、女性の全部を裸にして雌馬の役をさせ、彼が同じ状況で種馬を演じ、力の続くかぎり雌馬の間を走り廻ることであった。

* 『オスマン帝国史』（ロンドン、一七三四年）二五四頁

女性たちの贅沢は、陛下自身に劣らず悪質であり、スルタンは彼女たちが代価も払わずに商店やバザールから好きなものを買い取ってくることを許した。こんな女性の一人が夜間に買物をするのが好きだというと、店主は遅くまで店を開け、商品がはっきり見えるほどの灯明をつけていた。もう一人の女性はイブラヒムにスルタンが髭の中に宝石を付けているのが好きだといったとき、この言葉を聞くと、

彼はすぐその姿で衆人の眼前に現われた。これは迷信好きのトルコ人が、ひどい凶兆だと考えている行為であった。というのも、こんな仕草をしたのは紅海事件を起こしたファラオ（古代エジプトの王）以外にはなかったからである。

イブラヒムの堕落行為・色欲・残虐さについては多くの物語が残っている。しかし、復誦に値するのは、ハレムでの椿事が二〇年以上続いた戦争の種となった経緯を示すためだけにしても、ライコートが伝えているキスラル・アガ（*黒人宦官頭）と女奴隷の物語である。

キスラル・アガと女奴隷の物語

物語によると、宦官頭すなわちキスラル・アガが、あるペルシア商人が売りに出した美貌の奴隷をたまたま眼に留めたという。彼はその奴隷にひどく惹かれたので、そもそも無駄と知りながら、誇りと慣習から自分のハレムに加えようと決心して、買い取った。宦官頭は、彼女を処女と思って買い入れたのだが、間もなく子を孕《はら》んでいることがわかり、当然激怒した宦官は、彼女を自分の執事の家に閉じ込めておいた。しかし、彼女が子を生むと、好奇心から怒りを抑えて幼児を見に出かけたところ、彼はその幼児が大変気に入って、直ちに自分の養子にする決心をした。一方この頃イブラヒムにも長子のメフメトが生まれ、幼児のために乳母が探されていた。それにキスラル・アガの女奴隷が選ばれると、彼女は自分の赤子を連れて任務についた。

イブラヒムは、顔面蒼白で、貧血性の自分の子より、女奴隷の子が気に入って、セラーリオの庭園中でこの子と遊んで時を過ごすようになった。このことが、メフメトの母（*キウセム・スルタン）の嫉妬を招き、彼女は女奴隷、その息子、キスラル・アガを憎み始めた。ある日メフメトの母がこのことでイブラヒムに喰ってかかると、スルタンは怒りに駆られてメフメトを母の手からひったくって、近くの泉水に投げこんだ。メフメトは救われて溺死は免れたが、額に生涯消えぬ傷跡をとどめてしまった。

しかし、キスラル・アガは事態にひどく嫌気を催して突然メッカ巡礼に出かけ、その後は、隠退してエジプトに住もうと決心した。直ちに手筈が整えられ、三隻の船が宦官頭のハレムの女性、財宝、その他各種の財貨を一杯に積み込んで出帆した。船は逆風でロードス島へ押し流された。そして再出帆をするとすぐ、六隻のマルタのガレー船が近づいて、砲撃を仕掛けた。大量の血を流した長時間の戦闘の末、トルコ側の船は打ち負かされ、宦官は勇敢に戦って戦死を遂げた。戦利品はすこぶる大量であり、この航海は通常の旅行ではないと考えられた。船中で発見されたかの幼児は、すぐ教育を受けるためにアレクサンドリアに向かっているスルタンの息子であることが発覚した。キスラル・アガのいたことがこの確信を裏付けた。そこで「聖ヨハネ騎士団」の大教長が少年を将来の君主にふさわしく鄭重に扱ったので、ヨーロッパ全土がこの物語を信じるに至った。この幼児は教育を授けられ、諸国を連れ歩かれた後、最後に修道僧となり、神父オットマンと呼ばれた。

しかし、この知らせがイブラヒムに届いたとき、彼は怒り狂って海軍提督（キャプテン・パシャ）を処刑し、マルタ人だけでなく、一行をクリートで碇泊させたヴェニス人にも復讐を加えると宣言した。一六四五年にマルタ攻撃を宣言して大艦隊が出航した。マルタは要塞を強化して、おおわらわで籠城の準備をしていた。しかし、トルコの艦隊は方向を転じて、クリート島西端のカネアに向かい、六月末そこに到達した。カネアと、ついでレティモがトルコ軍の手中に落ち、一六四八年に二〇年間も続くクリート島の都の包囲攻撃が始まった。

キウセムとタルハン

一方、トルコ本国では、依然ハレムが国を支配していたが、国を破滅から救うために、乱行の激しいイブラヒムを廃位せよという要求が起こった。

スルタン・ワーリデのキウセムは、健全な外交観をもっており、また自分の息子の手で蒙った大幅な侮辱に憤激していたので、軍と民衆の選んだ代表を引見することを承諾した。甲斐のない弁護の揚句、彼女は代表たちの要求に譲歩した。イブラヒムは廃位されてカフェス（幽閉所）に戻され、若いメフメトが代わりに位に即けられた。こうして、今度はキウセムが、タルハンないしトルハンと呼ばれた、より若い別のスルタン・ワーリデと対峙することとなったが、タルハンは年上の対抗者を凌ぐ力を示した。投獄されたイブラヒムがその後も失った王座に戻ろうと画策したとき、軍がその死を要求すると、ムフティー（＊イスラム法学長官）は軍に屈した。この下劣な男（＊イブラヒム）は瀆神と呪咀の言葉をわめきながら、弓の弦で首を締められて、悲惨な生涯を終えた。

キウセムは自らの権力の低下したことを悟ったが、自分の味方に取りこんだジャニサリのアガ（＊司令官）と組んで、メフメト四世を廃位し、その弟のスレイマンを代わりに位に即ける策謀に、最後の力を揮おうと決意した。初めは万事好調に進んだ。アガが軍隊を結集しており、真夜中に不意を打たれた宰相は、やむなく会議に臨んだ。宰相は軍の計画に従うふうを装って、ディワーン（＊国政会議）を召集するためにセラーリオに入る許しを求めた。しかし宰相は無事にセラーリオに入ると、門を閉ざし、夜を徹してできるかぎりの軍を集め、配備につけて、宮殿の出入口を封鎖した。タルハン・スルタンは呼び起こされ、当時はまだ幼児にすぎなかった若いメフメトに仕え、これを護るという忠誠の誓いを立てさせられた。ムフティーからキウセムを死罪にするフェトヴァ（*宗教的命令）が発せられ、それに従って宰相が勅令を起草し、若いスルタンは手を震わせながらこれに署名した。今や母后タルハンの勝利の時が訪れ、キウセムのスウィートが捜査されたが、彼女はそこには見当たらなかった。最後にみじめな老女は、衣裳箱の中に匿れているのを発見され、殺すためにひきずり出された。それに続く凄惨な場面では、いささかの尊敬心も示されなかった。キウセムのイヤリングや腕輪は体からはぎとられ、餌として彼女が地上に投げ出した金銭には目もくれられず、華麗な衣裳は幾百千の端切れにひき裂かれた。スルタンの祖母の遺骸を丁重に扱え、という命令に弾圧者は耳を貸さなかった。不運な女性は衣服をはぎとられ、裸の足をつかまえられて、「鳥小舎の門」（平面図40番）と呼ばれるハレムの門まで引き摺ってゆかれた。そこで彼女は絞首台に架けられ、その一党もその後殺された。ここでタルハンは事態の掌握者となったが、彼女は賢明にも権力をメフメト・キュプリュリュに委ねた。このキュプリュリュを初代として、トルコを統治して大成果を収めた、キュプリュリュ家の宰相が三代続いて活動する時が始まった。タルハンの死とともに「女性の統治」はまったく終焉し、帝国の希望は回復し始めた。

9 セラームルク

陛下の談話室と玉座の間

序章で述べたように、セラームルクは宮殿中の男性の使用にだけ充てられた部分であり、語義は〝挨拶の場所〟である。しかし、セラーリオの場合には、この言葉は最も広義に使われ、しばしば女性も招かれた大きな「玉座の御殿」、ならびに「割礼の間」も含んでいた。セラームルクは「浴場の廊下」と「黄金道路」とによってハレムと深く結びつけられていた。実際、時の下るにつれて「幸福の御殿」中の二つの重要な単位（＊セラームルクとハレム）の間の障壁はしだいに縮小し、ハレムの章の冒頭で述べたように、今日では二つの部分を遮断していた線を明示するのは、容易でなくなっている。

「暖炉の前室」、すなわちオジャクリ・ソファ（平面図70番）は、一六六五年の大火災の後に「スルタン・ワーリデの中庭」とときには「奥の玉座室」と呼ばれたヒュンカール・ソファス、すなわち、「陛下の談話室」との連絡部分として建てられたものである。「暖炉の前室」からは「陛下の談話室」の前室であり、オジャクリ・ソファよりはるかに華麗に飾られた「噴水の前室」（チェシュメリ・ソファ）（平面

図71番）に入ることができた。二七七頁の写真からわかるように、「暖炉の前室」は天井の高い部屋で、床から天井までの全部がタイル張りになっていた（*原著は誤って「噴水の前室」の写真を掲げている）。暖炉と、ムラト三世のスウィートの前室へ通る戸口は、双方とも上部にクーフィク文字の厚手の浮き彫り装飾をもっていた。暖炉の両側を占める食器棚の戸は青貝を鏤めていて、その図柄は、グラナダのアルハンブラ宮殿の「大使の広間」のものに似ている。

そこを通って丸屋根付きの大形の「陛下の談話室」へ進んだ者は、すぐ装飾が東洋風とフランス風の折衷であることを強く感じさせられる。繊細な浮き彫りの施されたフランス風腰羽目の上方には、さらにクーフィク文字の浮き彫りにされた羽目板が載っているが、配置された多数の椅子と大形振子時計は、ロココ風装飾の味を多分に示している。この部屋はハレムでの大がかりな余興の集会場に使われ、その際女性たちは、柱の後方の一段高い場所に坐った。セラーリオの外から呼ばれた楽師たちは、女性たちの頭上にあたる部厚い眼隠しを付けた桟敷に坐っていた。

陛下の玉座は、右手に置かれた、簡素な構造のものであるが、四本の柱で支えた天蓋を載せていた。ここで行なわれ公式儀式で記録に残る唯一のものは、新スルタンの全ハレムとの最初の対面であり、対面はわれわれの戴冠式にあたるアイユーブの間での「着剣の式」に先立って行なわれている。* すみ折り上げやアーチ扶壁に施された近代的絵画装飾は美術的価値が乏しく、コンスタンティノープルにある大規模モスクの多くに見られる、ごく類似した作品を想起させるようなものである。奥の左手隅には「浴場の廊下（ハンマーム・ヨル）」（*平面図78番）があり、その左手には陛下の浴室（*平面図79番）、右側にアブデュル・ハミト一世の寝室（*平面図82番）と、セリム三世の使った部屋（*平面図83番）がある。アブ

オスマン3世のキオスクの城壁側部分．セラーリオの外城庭園より見たもの

デュル・ハミトの部屋はロココ風装飾があくどいほど使われていて、何様式かの金か真珠の渦巻模様の装飾の見えない部分は一インチ（＊二・五センチ）としてなかった。給水盤、暖炉、食器戸棚、壇座などのすべてに、歪められた奇矯さをもつルイ一五世風の装飾のあくどさが、極度に横溢している。実際（いいうるなら、いっそうロココ風で舞台前アーチ型の暖炉を除くと）美しい草花文様の刺繍を施した絹や繻子の錦織で飾った低い長椅子が三側に並んだ、はるかに風趣のあるセリム三世の部屋（＊平面図83番）に移ると、心の安まる想いに包まれる。北と西側にある一列の窓から、前面の庭園の美しい景観が楽しめる。

セリム三世の部屋に沿った長い通路を進むと、オスマン三世の城壁上のキオスク（＊平面図85番）とその付属の部屋に行ける。

＊　この興味ある儀式の説明は、F・W・ハスラック著『スルタン治下のキリスト教徒とイスラム』（オックスフォード、一九二九年）第二巻、六〇四‐六二二頁「スルタンの着剣式」を見よ。

オスマン三世のキオスク

オスマン三世のキオスクでもまたフランスの影響が強く現われており、あくどいほど装飾を施してある正面の壁を見ても、すぐそれと感じる。この正面の壁の前には、中央に矩形の池をもち、東側に葡萄棚をもった、広い中庭がある。

そのキオスクに使われた意匠の様式は基本的にはイタリア風だが、大きく広がる常套的な屋根庇に東方様式の影を宿している。庇はそれを支える軒蛇腹とともに、正面の壁の両端から中央の戸口に向けて

アフメト３世の食堂

オスマン３世のキオスクの小部屋

波形をなして高まっている。戸口の両端には一対の円柱が立っているが、円柱はいろいろな形態の曲折した彫刻が全面に彫られた波形の「なげし」を支えている。また戸口の両側には二カ所の窓があり、窓は厚い金張りだが、やや簡素な小さい胴蛇腹を載せた飾り柱で仕切られており、胴蛇腹の上にはまた繊細な浮き彫りを全面に施した矩形の鏡板が付いている。中央の壁龕の両側に立つ壁は、何本かの飾り柱で区切られており、柱と柱の中間は、特徴のある壁面給水盤と遠近法を用いた色鮮やかな風景画――第四期方式のポンペイ市のフレスコ壁画の名残り――で飾られている。

建物を、セラーリオの（*外城）庭園から見た外観は、その簡潔な構造と、頂上に聳え立ったキオスクの張り出した高い壁面とが、厳しい対照をなして、牢獄か中世風城郭の観を呈している。装飾は最小限に抑えられ、全般的風趣は清楚な美しさが漲っている。

キオスクの窓々からは金角湾やボスフォラスの壮大な景観が楽しまれる。醜い鉄道駅が建てられるまでは、水際まで広がっている庭園が建物の足元まで伸びていた。

キオスクの内部は相互に出入りできる三つの主室に分けられており、城壁上に突き出ているキオスクは中央の部分をなし、他の二室の倍程の大きさがある。いずれの部屋もすこぶる贅沢に装飾されて、壁面や天井には、一インチ（*二・五センチ）たりとも装飾の欠けた部分はない。壁面は鏡板張りであるが、鏡板はきわめて空想的な草花文様の浮き彫りや絵画、イタリアの風景を遠近法を使って描いたフレスコなど、種々の様式を用いて飾られている。ある鏡板は極度に繊細なパターンで並べたタイル張りでできており、他の鏡板には煙管《きせる》や盆などを置く壁龕が拵《こしら》えられていた。その壁龕は「ムラト三世の広間」や「バグダード・キオスク」の類似の壁龕に似ている。家具や鏡はルイ一四世やルイ一五世時代のフランス製のもので、濃密な彫り込みをもつ金張りで、錦織や絹布製の厚い覆いを掛けていた。

これらの部屋の印象は、大量の豊富な装飾と多様な色彩とがふんだんに使われているので、総じてあくどく野卑な感がする。同時にキオスクは、後期のトルコ美術と、当時ヨーロッパの多くの国に普及していたすこぶる贅沢なロココ様式との結合の、注目に値する見本をなしている。

「オスマン三世のキオスク」と「陛下の談話室」の裏側との間は中庭があって離れている。ムラト三世（＊一五七四－九五年在位）、アフメト一世（＊一六〇三－一七年在位）、アフメト三世（＊一七〇三－三〇年在位）などの部屋に行くには、ここで再び「陛下の談話室」へ戻らねばならない。平面図の86番の部屋はムラト三世の大形の部屋の前室ないし玄関をなしている。「陛下の談話室」の壁は全面がタイル張りで、多くの美しい草花文様の鏡板がはめられ、鏡板上方にクーフィク文字と草花文様が交互に描かれた帯状縁飾りが付けられている。食器庫の戸や扉には青貝が鏤められている。

ムラト三世の広間とアフメト一世の図書室

セラームルクの中では「陛下の談話室」を別にすると、「ムラト三世の広間（＊寝室、平面図87番）」が一番広い。この広間は高い丸屋根を戴いていて、私の撮影した「王子たち（＊の幽閉所）の中庭」（三〇四頁上）の写真の一枚の中にも明瞭に見かけられる。ムラト三世の広間は立派な部屋で、三つ一組となっている一連の壁龕や、精巧な段瀑状の壁面泉水盤、暖炉側にある天蓋付きの玉座、寝台二個などで、タイル壁面の単調さが救われている。暖炉そのものは、ミナレの尖端ないし、大形鉛筆の尖端に似た、高さ二〇フィート（＊六・一メートル）を越える尖頭天蓋を付けて、すこぶる美しい。壁面の高さ八フィート（＊二・四メートル）くらいのところの四周全部をとりまいて、彫りの深いクーフィク文字による美しい帯状装飾がつけられている。

この部屋から出ると、二つの小部屋があり、ともに魅力と風趣に充ちている。第一は「アフメト一世の〝図書室（キュテュプハネシ）〟」（＊平面図88番）で、第二はセラーリオ全体中での最小の部屋の「アフメト三世の〝食堂（エメク・オダス）〟」（＊平面図89番）である。

「アフメト一世の図書室」の総体的輪郭は、ムラト三世の大形の広間と近似しているが、タイル張りは主として上部に見られるだけである。壁面の下部半分は、食器棚式書棚で占められており、棚にはそれぞれ種々の意匠の幾何学文様が描かれた二段の板戸が付けられている。部屋の四周の裾には魅力溢れるタイル張りの縁装飾が施されていて、図書室では予想もされない明るい雰囲気が醸されている。すみ折り上げには上方の小形のもの二つと、下方の大形のもの一つの円形碑銘文が描かれている。普通の球と飾り房が丸天井の中央から下げられている。（＊ここにあった）書物と写本は、現在第三宮殿域にある「新図書館」（＊平面図98番）に移されている。

アフメト三世の小形の食堂は図書室を出た右側にあり、独特の風趣を帯びている。部屋は木の鏡板張りで、それには色鮮かな花を挿した花瓶や各種の果実を盛った皿が、華麗に描かれている。部屋の中央に置かれた象眼細工の盆は、果物を容れるガラスの丸鉢と、果物を食べるのに使う通常のスプーン二本を載せている。小形の脇扉を通ると、ハレムの所属者たちが集まる「陛下の談話室」へ入れる。

王子の幽閉所

幽閉所の建物

こうして駆け足で視察したところで（急いだのは、一つには、これまでの部屋は全部一般に公開されているからだ）、実際にセラームルクのほとんど全部の部分を見終えている。しかし、たとえ一番陰惨であるとしても一番興趣のある部分をまだ見残している。残りはカフェス、すなわち「幽閉所」（＊平面図90番）である。カフェスへは、「黄金道路」を通った上、ジン・ミュシャーベレト・マハッラ、すなわち「ジン（＊悪魔）の協議場」と呼ばれる廊下を通ってか、またはムラト三世の広間を通る別の道から行ける。「カフェス」は一般に公開されていない。それゆえ、非公開の事実や不気味さへの関心から、この場所を多少詳細に説明したい。

カフェスは、全ヨーロッパのどこの宮殿よりも無法な暴虐・惨劇・流血の展開された舞台であった。幽閉の制度こそ、あまりにも多数のスルタンを柔弱・非行・暗愚に陥らせ、オスマン帝国を徐々に衰退、没落させる大きな原因をなしたものである。

ムラト三世（＊一五七四 - 九五年在位）は巨大なハレムで、一〇三人の子を生ませたし、彼の死んだときは、二〇人の息子と二七人の娘がまだ生きていた。長子で継承者のメフメト三世は、首都に呼び戻されたとき、一九人の兄弟に死を与え、将来スルタン位の窺窬《きゆ》者の生まれぬように、懐妊中の父の側室七人を袋に封じ込めて、マルモラ海に投じた。しかし、これはその種の（＊前君主の子弟を抹消する）手荒な措置の最後のものとなった。というのも、それ以後は王子たちを殺すことなく——必ずしも最初ではないが——彼らをやがて「幽閉所」と呼び始められたセラーリオの一つの館の中に幽閉して、生命は全《まっと》うさせる措置が決められたからである。幽閉所はセラームルクの中央部にあって、高い不気味な壁で囲んで隠された二階建の館であった。オスマン三世（一七五四‐五七年在位）は、その壁を低くし、開いた窓の数を増やした（＊明るさを増させた）。幽閉された薄幸の人たちは、室外の世界はもちろん、帝国内の公的事情さえ知らされないまま日を送った。彼らの教育はまったく放擲され、聾唖者と慰安のために付けられてハレムにいる少数の石女《うまずめ》の女性の付き人たちから、学びとれるだけであった。このハレムの女性を不妊にするためのあらゆる措置がとられた——卵巣の切除、セラーリオの医師の作るペッサリーとか、麝香、竜涎香、胃結石、沈香、その実、生姜、肉桂、丁子などの薬物の使用——。しかし、失敗も起こり、その時は幼児は（時にはその母も一緒に）すぐさま水中に投じられた。

幽閉所の悲史

そんな生活がどんなであったかは想像を絶している。それに比べられる唯一のものは、今日ある種の国の牢獄で強いられている「独房の幽閉」であろう。後の場合は、そんな人間でも、少なくとも現世で生き、頭脳と肉体を成長させ開発することを許されている。しかしトルコの場合、王子のイブラヒム（＊一六四〇‐四八年在位）などは二歳のときから幽閉所に入れられていた。また、オスマン三世は五〇年間、スレイマン二世（＊一六八七‐九一年在位）の場合は三九年間幽閉されていた。彼らがそこを出てきたときは、ほとんど言語能力を失い、その精神と肉体は野菜のように萎えていた。それでも、これらの人々は——聾唖者によって弓の絃で首を絞められるのを免れた数少ない〝幸運者〟であり、かつ——(*解放を)通告されたときから統治の手綱を取り、ヨーロッパ中で一番難局に立つ、広大な王国を統治することを期待されたのであった。また彼らがあのような乱行に陥ったのも不思議ではない。あのような体験を嘗めた後に、正常な人間が生まれることは奇跡以外にはありえない。半狂乱の頭脳が案出できるのは、考えうるかぎりの悪行に耽って特異な形の復讐を図るとか、過去を抹消するために容赦なく彎月刀を揮って、果てしなく流血を重ねるとかということであった。

しかし、それにもいくつかの例外があった。なかでもスレイマン二世は三九年間の幽閉の間に書道を学び、終始コーランと祈禱文の写経に時を送り、最後に不穏で動揺する王位に即いたときは、幾回となく幽閉所の静かな孤独に戻ろうと望んだ人であった。幽閉所で起こった事変のいくつかはまことに血なまぐさいものであったが、私はその二例だけを述べておきたい。

イブラヒムは(*二歳で幽閉されて)カフェスの中で成長したが、来る日も来る日も扉が静かに開かれて、聾者が死を与えるための運命の〝弓の絃〟を携えて入ってくるかもしれないことさえ知らないで成長した。最後に現スルタンのムラト四世が逝去した日、セラーリオの侍従が急遽訪れて、イブラヒムに吉報を告げ、彼をスルタンと宣言した。イブラヒムは近づいてくる多数の者がたてる騒音を聞いたとき、侍女たちの手をかりて扉口を封鎖した。彼は恐怖のために狂気のようになり、扉越しに叫ばれる説明を虚偽と謀略とだけしか考えず、扉が叩き壊されてムラトの死体が足許に投げこまれるまで、信じようとはしなかった。真実を知った瞬間、彼は歓喜と畏怖の混じった感情に貫かれて、しばらく茫然と立ちつくしていた。それから真相を自覚すると、おぞましい勝利を欣んで、死体のまわりを踊り廻り、「帝国の屠殺者がついに死んだ」と大声で叫んでいた。

しかし、イブラヒムのカフェスとの縁は切れなかった。彼の九年間の破廉恥で邪悪な統治の後、民衆が立ち上がって、彼を再びカフェスに投げ戻した。今度はイブラヒムはそこで玉座を回復する日を指折り数えて待った。それからある日、扉が開かれ、首を長くしていた前スルタンとその側室たちは吉報を聞けるのだと思った。しかしスルタン・ワーリデは彼を見離していたから、今度は〝弓の弦〟であった。

さらに近い時代では、一八〇七年ジャニサリが反乱を起こしたセリム三世（＊一七八九－一八〇七年在位）のときにみられる。彼は兵士たちの要求を予見して、進んで従弟のムスタファと替わって、幽閉所に入った。やがて新スルタンは無能さを露呈して、バイラクダールが進撃してセリムの救援を図ると、ムスタファはセリムの殺害を命令した。殺害者が幽閉所に入り、セリムは命を守る壮絶な戦闘の挙句、絞首された。バイラクダールは門に到着したとき、激しく門を叩いて、大声でセリムに呼びかけた。衛兵たちは〝これが汝の捜す人だ〟と叫んで、スルタンの死骸を投げ出した。ムスタファも玉座から引き降ろされて、幽閉所へ送り戻され、マフムト二世（＊一八〇八－三九年在位）がスルタンとなった。

これらや類似の事件が、セラームルク中のこの奇妙な建物への関心をそそってやまない、カフェスの歴史的背景である。

幽閉所の失われた部分

カフェスは一階には窓のない二階建の建物で、全室がまったく同形で、すべて贅沢な設備をもつ一二の華麗な部屋からなっていたといわれている。昔それがまったくそのとおりであったとは断言できず、今日残っている建物に関するかぎり――それが二階建の高さだという以外では――構造の所伝は確かに誤っていよう。建物には建築上の変更がほとんど加えられていないようで、上記の所伝はまったく推測によるものであるらしい。しかし、王位の継承者が、二ダースくらいの側室をかかえ（メリングはその数を四〇人といっているが、それはカフェス全体の女性の数であろう）、またその弟たちが別々のハレムを擁しており、その上宦官・唖者・道化師までがいるので、この規模の建物はとうていそれらを収容できなかったろう。というのも（＊現在の）カフェスはわずか四室でなっている。この四室は、一八世紀初期のフランスの影響を示す華やかなロココ風装飾をもつ美麗なものであり、歴史の過程で大幅な変更を加えられたに違いないが、セラーリオの他の場所で見られるような構造上の変更の形跡はみられない。それゆえカフェスの部屋はもっぱら王子たちだけが使い、ハレムと幽閉所のその他の職員の部屋は、その建物の中庭を隔て「黄金道路」を背面にしている建物の二階にあったのかも知れない。幸いにも私はカフェスとその中庭の写真三枚を手に入れたので、その区域の全部にわたって検討することができた。

三〇四頁上の写真で、まず建物の外側、すなわち北西の部分が見られる。壁面全部がタイル張りであり、窓には頑丈な格子がはめられ、幅広い庇が建物の四周に広がっている。右側にはムラト三世の丸屋根付の部屋が立っており、その先にオスマン三世の中庭がすこし見受けられる。またその下部のアーチ構造の一部も見かけられる。現在は野生のいちじく、アカシアなどの木々が生えた荒れ地となっているこの庭の部分のどこかに、たぶん元のカフェスの壁の土台石が置かれていたのであろう。美しい透し彫りのある手摺は、「陛下の門」の上にたつのとまったく同形であり、疑いもなく同じ時期（一九世紀）に作られた。同じ頁の下方の写真では、カフェスの他の半分の形を十分見られるが、ここでは壁面タイル

カフェス（幽閉所）の建物の北西隅

カフェスへ通じる〝ジンの協議場〟の廊下

幽閉所（カフェス）の中庭と南東側の建物

がより鮮明に見えている。一つの長い張出窓が目につくが、窓の下方に、「黄金道路」に繋がった〝悪魔（ジン）の協議場〟といわれる廊下からの入口がある。三〇五頁の写真は、中庭の反対側を示しているが、中二階と二階の部屋がカフェスと密着している状況を正確に見取られる。私がカフェスの〝職員〟たちが住んでいるところと示唆したのはこの部分である。実際、あのようなわりに多数の女性が住むことのできる場所は、中庭のあちら側の透し彫りのある手摺の向こうにあったが、遠い昔に取り払われた建物以外にはありえない。濃く茂った草叢に隠された廃墟を綿密に調査した場合のみ、上記のような逆の提言ができるかと思われるが、私にはそうする機会をもてなかった。

同様に、カフェスと、その北側のバグダード・キオスクに近い、セラーリオの最末端の外壁との間に昔建っていた別の建物のことも私にはわからない。しかし、ニコラス・ド・ニコライ、ダラム、ボンなどの初期の来訪者や後年のフレーシャ（一七五〇年）さえもが述べているセラームルクの建物のいくつかは、疑いもなくこの広い空地の内に位置していたにちがいない。この区域をとりまく外壁を調べていたとき、煉瓦で塞《ふさ》がれた三つの戸口を発見した。戸口のうち中央の一つは、他の二つよりも幅広く、ドーリア式蛇腹のように、軒裏かその下の壁面に、軒飾りか、突出部をもった楣《まぐさ》石を載せている。

セラームルクのこの部分から出る唯一の出口は、二重扉をもつ鉄の鋲飾りのついた門から、「ゴート人の円柱」に沿って外側の庭園へ出るものである。たぶんセラームルクへの初期の訪問者が出入りしたのは、この門からであったと思われる。

接見室と割礼の間

バグダード・キオスク、レヴァン・キオスクおよび別の箇所で語る「神聖な外套の御殿」など以外では、残っているのは「陛下の接見室（マベイーン・ヒュマーユーン）」（*平面図92番、ペルシア語源のフマーユーンのトルコ式母音変化）と「割礼の間（シュンネト・オダス）」（*平面図94番）とである。前者（*接見室）については、セリム（*一世、一五一二－二〇年在位）によって建てられたもので、「神聖な外套の御殿」と何らかの形で続いていたようにみえるという他、起源や用途などはわからない。ミラー博士は、アフメト・ラシム*を利用しながら、後期にはスルタンたちが、宮廷学校の近習たちをこの部屋で朝の最初の礼拝の後に定期的に引見した（女史は〝陛下の出御の部屋〟と呼んでいる）し、稀にまた宰相、法学長官（ムフティー）、二人の軍事裁判官、外務大臣などを引見した、と語っている。

* 『高貴な門の彼方で』二四二頁

われわれは今、「神聖な外套の御殿」の二方を外側からとりまいているL形の「列柱の広間」の近くに来ている。庭園を見下ろしているテラスは、一方の端で「マベイーン・ヒュマーユーン（*陛下の接見室）」、他の側で「シュンネト・オダス（*割礼の間）」に続いている。

後者の建物が現実に王子の割礼に使用されたかどうかには若干の疑問があるようにみえるが、視察の結果、割礼が実際に行なわれたことにいささかも疑いがないのは、私の説明で明白にされるであろう。「割礼の間」に行くには数個の道筋がある。私自身はレヴァン・キオスクに近い小さな戸口から入り、ダラムがオルガンを組み立てた列柱のある広間を横切って入った。また「黄金道路」を経て、「マベイーン・ヒュマーユーン（*陛下の接見室）」を抜けてゆくこともできる。最後にバグダード・キオスクのテラスから出て「魚の池」の傍にある小さな戸口を通っても入られる。

「割礼の間」は、一六四一年にイブラヒムが建てたもので、列柱の広間から出入りできる、彫刻の施された小さな鉄の扉をもつ正方形の部屋である。それは美しいタイル張りであり、ちょっと見ると丸天井も同様にタイル張りに見えるが、天井はよく見ると壁面に似合うように描いた絵であることがわかる。タイル壁はいろいろな時期に作られたものであるが、扉の両側にある四枚の鏡板が同じ模様と色彩をもっているのにとくに関心を惹かれる。鏡板は高さ四フィート（*一・二二メートル）、横一フィート六インチ（*三二センチ）強のものであるが、これほど大きい陶製の飾り板は、他に例を見ない。

この鏡板の下部には、館長も言っていたが、二匹の鹿を描いたすこぶる特異な文様がみられる。外面（*西北面）に向いた側の二つの窓の中間には奥行の深い龕が作られて、そこに鉛の流し台が置かれ、部屋の機能に即して使われる水が出る。側面の白色ないし金張りの彫刻はとくに注目に値する。部屋の中央には、細密な彫刻の施された火桶が置かれている。

「割礼の間」にすぐ接して、小さな納屋があるが、それは現在物置小屋に使われている。この納屋はごく最近建てられたもので、それについて書かれたものは見出せなかった。現在、ガラスの壁で取り囲まれているテラスは、明らかに以前は「列柱の広間」に向いて開かれていたし、広間はダラムが述べているように（三三二頁を見よ）明らかに日除を付けて保護されていた。

「列柱の広間」のところで見たように、セラームルクは「神聖な外套の御殿」に続いているが、後者については、第三宮殿域の章の冒頭において述べたい。

10 浴　場

セラーリオの浴場

浴場の残存状態

浴場（*ハンマーム）が最上層から最下層までの男女双方のトルコ人の生活に、あまりにも広く滲透しているので、往時のセラーリオには多数の浴場があったが現在はほとんど一つも残っていない、という簡単な説明で、浴場の問題を打ち切るわけにはいかない。

この問題は一章を割くだけの価値がある。廷臣やハレムの女性がどんなに大きな浴場を使ったかを知るためには、目で見た証拠を握って書けるように、市中の公衆浴場へ行ってみる必要がある。間違いなくセラーリオの浴場は、場合によっては市中のものより精巧で贅沢なこともあろうが、私の判断したかぎりでは、市中のものとの違いはごく些細にすぎない。

セラーリオでも個人専用の浴場の場合は、他のものよりも運良く残っている。「スルタンの浴場」と「スルタン妃の（*あるいはスルタンの母后の）浴場」という二つの隣り合った浴場は手つかずで残っている。

ただし、精巧な壁掛け、ソファー、クッション、脱衣室に収蔵されていた類似品は取り去られている。

私はこの二浴場をすぐ後に詳細に叙述するが、この二つを除いては、補修のよい状態で残っている浴場はセラーリオには一つもない。部分的に残っているものは、他の目的の部屋に改造されているか、(*残っていても)穴の開いた丸屋根や建物の全体の形態から、それと見分けられるだけである。

セラーリオ内の浴場の数は、スルタンとスルタン・ワーリデのを除いても、すこぶる多かった。一人一人のカドン(*側室)が浴室を含む専用のスウィートをもっていたし、セラームルクとディワーン(*国政庁)の建物の各部分がそれぞれ一つずつ浴場をもっていたからである。当然浴場の数は時代によって大幅に増減したが、平均して総数三〇か三〇強くらいあったにちがいない。浴場は全部ポンペイ方式で、床下に引いてきた水を沸かして湯を出したか、でなければ部屋の諸方向の壁面沿いにある給水盤に給湯するかした。湯沸し器はグラナダのアルハンブラ宮殿で昔見られたのと同じように、普通銅製であった。私の確認したかぎりでは、湯沸し室は浴室と同じ高さの床面にあったが、広さを節約した場合には下方の地階に置かれていた。この床下には多数の部屋があって、湯沸し室だけでなく、燃料に使う大量の薪の貯蔵所があった。

ある場合には、荒廃状態がひどいので、浴場のあったことを示す手がかりは、がらくたの中に見出された少数の大理石の破片と給水盤の栓だけのこともある。

しかし、われわれは全セラーリオの各宮殿域にわたって今日残っているものを正確に見てみよう。調査を進めるのに、今日まで残る少数の昔話によったこともある。昔話は冷たい大理石に生命を与え、かつて大量の贅沢な掛物や豪奢な長椅子で飾られていた化粧室を復元してみるのにも役立った。

第一宮殿域では、「陛下の門」のすぐ右側に病院に付属した浴場があった。この建物の全部が遠い昔に取り壊されているし、宮廷外勤務者の使う病院の浴場にはとくに関心はないから、われわれはただちに第二宮殿域に進んでよかろう。第二宮殿域の左端にはベシル・アガの浴場があるが、今日ではただ廃墟が残るにすぎない。右側の厨房区域では廃墟の中に数個の給水盤と給水栓が見出されるが、全厨房職員の使えるほど大規模な浴場の跡は残っていないし、壁面の給水盤も、礼拝前の沐浴分くらいの水を供給するにすぎない。それゆえ宮殿域内の職員は市中の公衆浴場を利用した可能性が高いと思われる。

宮殿域の左側の槍斧兵の兵営については状況が異なっている。前に見たように（一五八頁参照）彼らの任務は大幅にハレムと結びついていたので、兵営の中庭・モスク・食堂・宿舎・浴場などの、任務遂行に必要な施設は完全に整っていた。平面図を一瞥すると、槍斧兵の浴場が階段の下の右側にあったことを思い出させられる。少数残っているものから知られるところでは、壁面給水盤は白大理石製であったが、非常に多くが残骸と化しているため、装飾や各室の全般的構造はまったくわからない。主室に続く第二室は、明らかに湯沸し場に使われていた。厠は壁の外側に沿って建てられていた。

ハレム自体の浴場では、スルタン妃の浴場を別にすると、ハレムの「女性の館」の中庭（平面図44番）に面したところにあったのが残っている。また、いわゆる「女性の病院」（平面図48番）の廃墟の中に埋もれていた類似のものを、私は見出した。

ここでも詳細は述べられない。前者（*ハレムの女性の館の浴場）は比較的良く保存されて残っていて、大理石の壁面装飾の残部から原型がかすかに想像される。部屋はすこぶる狭く、中央の浴槽などはなく、壁面に一連の給水盤があっただけである。しかし、一台の大理石作りのマッサージ台が主室の中央を飾っていたと思われる。同様のことは、病院の浴場についてもいえるが、病院の浴場の諸室は実際あまりにもひどく壊れた状態なので、これ以上の説明はできかねる。

スルタンの浴場

前述のように、現在ではスルタンとスルタン妃の浴場がセラーリオでよく保存されている唯一のものなので、これらを詳細に見ることとしよう。ハレムリクとセラームルクが接近しているのはこの浴場のところであった。ハンマーム・ヨル（浴場の廊下、*平面図78番）と呼ばれる廊下が、スルタン妃のスウィートとヒュンカール・ソファス（陛下の談話室）とを結んでおり、この廊下から双方の浴場に入れる。この二つのうちではスルタンの浴場（ヒュンカール・ハンマーミ）がより価値があり、また一般人に公開されている唯一のものだから、私はこれを最初に述べよう。

「スルタンの浴場」は三つの部屋ででき、建物全体の構成も明るく軽快に作られており、鐘乳状の柱頭をもつ白大理石の細身の柱が使われている。廊下から入ったところの部屋はごく小さい部屋で、全然飾りがないので、その壁面が、現在セラーリオ博物館で見かけられる、無数の真珠を鏤めた豪華な金糸製の壁掛けで覆われていたとは想像できかねるほどである。床には厚いペルシア絨毯が敷かれ、低い長椅子は金糸・銀糸の刺繡で飾られ、よく膨れたクッションが壁の裾に並べられていた。宝石で飾ったナルギーレ（*水煙草管）とコーヒー・セットが事実上部屋の家具の全部であり、この部屋は脱衣室兼休憩室であることがすぐわかる。一九三四年には白い飾り布をかけた一台のソファーを右側の壁沿いに据えて、観光客にこの部屋の昔の機能をわかりやすくする配慮が加えられた。

左側には、普通のトルコ式の小さな厠が設けられているが、それの右側にヒュンカール・ソファス（＊陛下の談話室）に入れるもう一つの戸口がある。

二番目の部屋は低温浴室（テピダリウム）である。中央の廊下から両側の小部屋に入れる。双方の戸口の両側には細身の円柱が付いている。左側の部屋には大理石造りの壁面給水盤が設けられている。

第三の最後の部屋――高温浴室（カリダリウム）――は金張りの鉄細工で緩《やわら》げられているが、白大理石を惜し気もなく使って、最も美しい部屋に作られている。ここでは、大理石製と鉄製のものすべてが元の場所に残っているので、幻想を抱かされるものはなんら見られない。美しく飾られた金張りの鉄扉を通って入ると、人はすぐ部屋の真向こうの端に据えられた実に美しい段瀑状壁面泉水盤に目を奪われる。さらに丹念に見ると、熱い湯は背後の部屋に置かれた湯沸し釜から引かれていることがわかる。湯は泉水盤の下の大理石の浴槽に注がれているが、浴槽は大理石の踏み段上に据えられて高くなっており、長さは壁面の中央部の幅一杯分ある。浴槽そのものは通常の西洋風浴槽のように、細長く、両端に高い寄りかかりと部屋の内を向いた一人分の肘掛が付いている。浴室の周辺は鏡板で囲まれ、それにはありふれた装飾が描かれている。鏡板は全部が白大理石に嵌められている。浴槽の前面には、同じく白大理石製の可動の凹面踏み石が置かれている。浴槽の両側にある部屋には美しい壁面給水盤がある。この給水盤は第二室のと同じ四本の高い柱で取り巻かれている。しかし部屋の中央に一番近いものには、囲み柱はない。

戸口の左側にメインの壁面給水盤があり、ここでひとしお入念な浴場での治療が行なわれる。給水盤は半円形の壇の上に載せられており、壇は、中央に出口の付いた透し彫り付の金張りの間仕切りで、部屋の他の部分と区切られている。そこの右側の小窓から左奥にある四本柱で囲まれた給水室を覗くことができる。戸口の反対側に、あまり重要でない同種の壁面給水盤がある。これは間仕切りをもたないが、小窓から低温浴室の光景を覗くことができる。

こう見てくると、陛下のセラームルクでも、三室からなる通常の公衆浴場の構造が似た形で使われていることがわかる。一番熱い湯は長方形の浴槽に湛《たた》えられており、壁面給水盤の湯は、使う目的に応じて異なった温度に調整できる。第二室では、湯がより低温にされていて、浴場の最高に素晴らしい部分を使う準備として、毛穴を収縮させるところである。最高の部分は——気持ちを緩げるナルギーレ（*水煙草管）、雪をかけた一片のメロン、宝石飾りのついたフィンジャーン（*茶碗）に容れた湯気のたつブラック・コーヒー、カット・グラスに盛った微妙な香りのシャーベット、その他陛下の着想で整えられるすべてを味わう——休憩室での寛《くつろ》ぎである。

スルタン妃の（*あるいはスルタンの母后の）**浴場**

スルタン妃の浴場は、スルタンのそれとそっくり対蹠的に設けられていて、ごく似ているから改めて述べる価値はほとんどない。戸口は「浴場の廊下」に直接面していないので、ハレム側に通じる狭い通路から入る。第一室では、往時に住んだ王族にふさわしい休息室用の豪華な壁掛けや長椅子がすべて取り除かれている。ここには、スルタンの浴場諸室の対応した部屋と違って、浴場の廊下を覗ける小さな窓が左側に付いている。とっつきの部屋の左側の隅に小さな厠が設けられている。

第二室はスルタンの浴場によく似ていて、大理石造りの壁面給水盤と、第三室を覗きこめる小窓が付いている。次にこの第三室に入るとすぐわかるのは、浴槽が奥の壁に並行して中央に置かれているのでなく、右側の壁に沿って長く伸びていることである。浴槽はスルタンの浴槽より幅広く、縁に置く椅子はなく、また給水盤も浴槽の左側に一つあるだけである。浴室のそれ以外のものは隣の（*スルタンの）部屋のと同一であり、鉄製金張りの隔壁が一つと、両側に壁面給水盤が一つずつある。

古くは別の浴場が、アフメト一世の図書室（平面図88番）の彼方のセラームルクの廃墟部分に設けられていた可能性が大きいが、そうだとしても何の痕跡も残っていないし、それに関する記録も伝わっていない。ムラト三世（一五七四－九五年在位）の治世に少なくとも三つの浴場を建造した記録が残っているが、それもギリシア人の職人の手で作られたという記録があるだけである。

セリム二世の浴場

ここで、セラーリオの現存する浴場の他の一つ、すなわち第三宮殿域の右（*西）側に位置する、いわゆるセリム二世の浴場を見ておこう。平面図（103番と104番）中で見られるように、宮殿域のこの部分には形と大きさが違う数個の部屋がある。一四本の重厚な柱が立っている主室は、宮廷学校の広間の一つとして使われ、「遠征の広間（セフェルリ・コウシュ）」と呼ばれたものであるが、そこが給水源に近いことはこの広間の近習たちがスルタンのリンネル下着の洗濯にあたっていたことでよくわかる。この部屋を抜けると、幅は同じだが、奥行きはそれほどない第二の部屋があり、今日では〝セリム二世の浴場の休息室〟と呼ばれている。これに付属した小さな部屋に大形の銅製の湯沸し釜が置かれていた。さらに右側奥に、同じ大きさで、建築構造の細部までよく似ている二つの正方形の部屋がある。二つの部屋は、その重厚な石造工事や高い丸屋根から、昔には大規模で複雑なハンマーム（*浴場）の一部であったことがすぐ推定できる。しかし、セリム一世（一五一二-二〇年）の時代から、一番奥の部屋は、財宝庫として使われていたし、その双子の部屋は単に〝セリム二世の浴場の化粧室〟と呼ばれていた。現在この後者の部屋は宮殿の銀製品やガラス製器物の収蔵所に使われ、その他の部屋は名の轟いた陶磁器の蒐集品の展示場に変えられている。

これらの部屋が、当初宮廷学校の浴場の一部に使われていたとは考えにくいが、おそらくタヴェルニエの〝セラーリオの浴場〟の章は、そのむずかしさを多少解消してくれよう。いずれにせよタヴェルニエのこの章は、読者に自分で結論をひき出す手がかりを与えるであろうし、また彼の実際の部屋の描写は、大理石とファイヤンス焼の繊細な壁張り技法を理解させるのにたいへん役立つであろう。

私は今や大浴場に来た。浴場は、その主監督者であるハンマーンギバシ（*浴場頭）の部屋の隣にあり、大君の洗濯者*すなわちセフェルリたちの室群の一部となっている。彼らの脱衣所は広いルーブル、すなわち石灰岩作りの待合室で、セラーリオの一番高く聳え立った箇所の一つに所在する（*四三頁の写真の中央部の辺）。床はごく明るい色の大理石の細片を敷き詰めてある。その部屋はバルコニー風にすこし庭園側に張り出した大きな窓を二つもっており、そこから人は二つの海を眺望できる。この「ドモ」すなわち「御殿」の中央には一つの噴水があり、そこから出る水は二つの水盤、すなわち水漕の中に受けられる。高所にあって、小さい第一の水槽は、一枚石の白大理石でできており、大理石には赤黒交互の石目《いしめ》がすこしあるが、六カ所に細い銅管を通す穴が空けられており、この管を通って水が下の水槽に落ちるようになっている。この（*第二の）水槽も数片の数色からなる大理石で作られている。

＊　セフェルリという語の意味には遠征と洗濯という二つがある。セフェリーという言葉は実際には〝戦陣の歩行〟ないし、単に〝旅行に関係する〟ことを意味している。セフェルリ・オダ（＊遠征の広間隊）に所属する近習は、遠征や旅行の前と後にスルタンの衣服を洗濯するのを任務としている。したがって、明らかに、二者が結びついている。

ドモ（＊御殿）の中央部にある給水盤の一方の側には浴場への入口があり、入口の近くに冬季に人々が衣服を脱ぐ広間がある。左側にある小さな長部屋には、休憩用の場所が作られており、ここでは一つ一つの椅子に小さな水栓が付いていて、体を揉んだ後に体を洗う水が出る。……長部屋の向こう端には一つの戸口があり、三つの部屋への通路をなしている。この三部屋には大君の御殿の人々が使う多数の浴漕がある。これらの部屋の最後のものに続いて、多彩な大理石を格子型に張った広い場所があり、ここでイチュ・オウラーン（＊宮廷の近習）たちが髭を整える。この場所はその中央がすこし高くなっており、そこから四方に緩やかに傾斜している。理髪師が人々の頭や髭を洗った水が容易に流れ落ちるので、この場所はいつも清潔になっている。

出入口の付いていない両側の壁には、それぞれ栓のある大形の二重蛇口が付いている。蛇口の一つの口から、温水と冷水のどちらでもが出る。この水は、水漕、すなわち白大理石の浴槽に入り、そこでは三、四人の人が互いに気兼ねもなく、迷惑もかけないで入浴することができる。……

また一方の末端に「白黒の大理石造りの小部屋」があり、ここでその道専門の理髪師が、剃刀・剃刀砥石・丸薬・爪を切る鉄の道具などの、必要な器具や道具を持って控えている。

理髪師の部屋の向かいに、大理石のアーチをもった三つの部屋があり、その一番大きいものは、これに隣接するどの部屋よりも美しい。部屋の床は白と黒の大理石敷で、壁は白色と青色の四角形の石片が張り詰められている。石の一片一片に一つの花が浮き彫りにしてあり、花は艶も鮮やかでエナメルと見まごうばかりのものである。この正四角形の石の繋ぎ目には薄い小さな金の延べ板が被《かぶ》せてあり、この部屋以上に美しく快いものを想い浮かべることはできないほどである。その部屋の屋根には、直径半フィート（*一五センチ）くらいの丸い穴が数個開《あ》いているが、その上はヴェニスの覗き眼鏡風に配置された鈴形の小さなガラスで被われていて、好奇心から屋根に昇った者が腹這いになって浴場内の動きを見ようなどと考えられなくしている。ここでは、誰が入浴しているときも、この穴から射しこむ光のほか、明りはない。とくに入浴者が部屋を出るときは、温度が下がらないように、扉は締め切られ、内部を覗かれないようにしている。ここには、もし上述の屋根の穴に代わるものが付けられるとするなら、西欧風の流儀によって下方の窓が付けられていたろう。他のすべての浴場も同じ様式の構造でできていて、小さなガラス付きの穴以外には明りとりはなく、浴場の入り口は、使用中閉じられている端の扉だけなので、閉じられた浴室内の温度はよく保たれ、また中にいる人も覗かれなくなっている。

第二室にはもう一つの浴漕があるが、その美しさは他ほどではない。第三の部屋には、比類ないほど目立つものがいくつかある。床には、浴槽を出たとき足が滑らないように、粒の揃った小さな石が敷きつめられている。部屋の四周の壁全体に、草花を力強く浮き彫りにし、金と瑠璃で被った四角形の石片が張られている。

大君が浴場を出て、入ってこられるのがここであり、彼は、記述を憚《はばか》る部分を剃ろうと思ったとき一人でここへ入ってくる。*

＊『新物語』四一頁以下

やや錯綜しすぎてはいるにしろ、興味深いこの説明は、タヴェルニエが第六回の航海で得た情報を一六六六年頃に書いたもので、メフメト四世（一六四八－八七年在位）時代のセラーリオの浴場を描いている。これより簡潔で鮮明な叙述をムラト四世（一六二三－四〇年在位）の私室に個人的に招かれたエヴリヤ・エフェンディが一六三五年に書き残している。

私は、コーランを読んだ夜、幸運にも陛下の浴場を見る機会に恵まれたが、浴場は世界に比類のないものであった。外側四周の浴室は近習たちの使用するものであり、中央に囲まれて陛下用の浴室がある。水は金・銀作りの管を通って四方の給水口と水盤とから流出しているが、水を受ける水盤は同じ金属素材で象眼されていた。これらの給水盤のうちいくつかでは、一本の水道管から、温水と冷水が出てくる。床は目を眩《くらま》すほどの多彩な石の美しいモザイクでできている。壁際にはバラ・麝香・竜涎香の芳香がただよい、アロエ（沈香）がたえ間なく香炉で焚かれている。窓の光と輝きは部屋の明るさを増している。壁は乾いており、空気は暖かく、給水盤は皆美しい白大理石作りである。化粧室には金銀製の椅子が備えられている。第一の化粧室の明るい大理石張りの大きな丸天井は、カイロの化粧室以外に比肩できるものはない。浴場が高い台地上に建っているから、その塔は天空に聳えてみえるが、窓はすべて、スクタリ（*ウシュクダル）とカディキョイの海に面している。化粧室の入口の右手には楽士たちの部屋（モトリブ・ハーン）があり、左手には丸屋根をもつ宮廷財宝庫（ハザーネ・ハース）*」がある。

＊『旅行記』第一巻、一八一頁

スルタンとその侍臣の浴場については、上記の二件の記述で十分とせねばなるまい。各スルタンの個人的嗜好だけで、部屋を追加するとか、大広間を数個の個室に仕切るなどの変更が行なわれたことはかなり明白といえよう。ただ、陛下の浴場がスルタン妃の浴場と隣接して（＊東側の区域に）建てられたのは、セラームルクがしだいにハレム区域に喰いこむようになった後年のことである。

市中にあるその他の陛下の浴場

一九世紀初頭、スルタンたちはセラーリオに住むことに飽き始め、その眼をしだいにより広い用地のあるボスフォラス海岸に向けてきた。最も風光明媚な数地点が宮殿用に選ばれ、規模と建築様式がスルタンの嗜好によって違う、種々の宮殿が建てられた。当然すべての宮殿は贅沢な大形浴場をもったが、時とともに種々の三室形態は見捨てられる傾向をたどり、西欧を見本とした一室型のロココ風大理石装飾のものが多く作られ、ことに大形の鏡を使い始めたのにつれて、球形の壁面でなく、平たい壁面が使われた。

こうしてドルマ・バフチェ宮殿の浴室には、全部石目のあるエジプト産雪花石膏が用いられ、集合柱、重厚な軒蛇腹、同じ材料の鏡板が駆使された。浴室の上方一杯に色ガラスの丸天井が載せられ、ガラスを透して射し込む光が、部屋の磨きあげられた床や銀製の家具に輝きを加えていた。同じような浴場が、一八五三年から一八七四年の間にベイレルベイ、チェルアガン、イルディズなどの宮殿中に作られたが、精緻さでは劣っていた。ベイレルベイの宮殿は一八六五年にアブデュル・アジズが建造したが、それはマフムト二世（一八〇八－三九年在位）の建てた古いものを改築したもので、その宮殿には古い三室構成の浴場もみかけられる。したがってそれは異なった二様式の折衷型と見なされる。幸いにも、パルドー嬢が流暢な筆致でこの浴室を巧みに描写しており、その描写には引用に価するものがある。

来観者はまず、上部に贅沢な金張りの三日月形の縁をもつ深紅色の扉を通って、小さな広間に入るが、ここには美しい白大理石の泉水盤が立っている。盤の中には、清らかな水に戯れているように同じ材料製の二羽の白鳥が立っている。この白鳥は、湯浴みする人が壁に隠れた管から湯を流し出す綺麗な給水口からすこし離れて立っている。この暗い部屋（ここでは、大理石の屋根に宝石の房のように嵌められた星や三日月形の色ガラスを通して、かすかな明りがさしているだけなので）から扉を開けて入る涼み室には、豪華な刺繍を施した絹の帳《とばり》が垂れ下がり、長椅子（ディワーン）の置かれた壁の下部には大形の鏡が金とエナメル製の枠に嵌められて付いているが、枠の上部には精巧に描かれたオスマン家の紋章が掲げられている。派手な繻子製の長椅子は花の褥《しとね》と見まごうばかりの絹製品であり、その上にバラバラに置かれたクッションは同じように美しく高価な品である。浴場は、宏壮な広間で、すこぶる優雅な構造をし、大理石で壁と天井を張り、また床を敷き詰めている。浴場は、涼み室と同じように灯明が付けられ、凝った恰好の給水盤が置かれており、足を踏むたびに長くひそやかな反響がして、深い夢幻の静寂さが乱されている。*

* 『ボスフォラスの美しさ』一四頁

公衆浴場

女性用浴場

これまでは、スルタンとその一族や、宮廷勤務者の使う個人的浴場だけを見てきた。しかし、公衆浴場をよく知らなくては、大多数の宮廷役人が生涯の大部分を捧げて悔いない慣習を理解する要因の多くを見過ごすこととなろう。本書は主としてハレムを扱っているので、ここでは女性用浴場により広く目を向けたい。以下の女性用浴場の詳細な描写は、ほとんど全部一九世紀の女性旅行家の書いた記述によっているものであるが、このことは気にするほどの弱点にはならない。というのも、第一にメアリ・ウォートレー・モンタギュー夫人の伴をしたパルドー嬢やハーヴェ夫人などは、観察力が鋭く、写実力に秀でた作家であったからである。第二に、公衆浴場は数世紀間、全然ではないにしても、ほとんど変化していないからである。浴場の伝統は変わることなく続いており、一五二〇年頃できた浴場を扱ったバッサーノ・ダ・ザラの描写（三三二頁に記載）が一九三四年にもった私の体験と十分一致するのである。女性の浴場で時代による変化が見られたのは、つかの間の自由時間を全部割いて、無用の世間話や不倫の噂話に耽った幾百人の裸の女性の振舞いのなかでであった。

トルコの浴場の来歴

個々の叙述に移る前に知っておいてほしいことは、トルコの諸事物と同じように、浴場がどんな意味

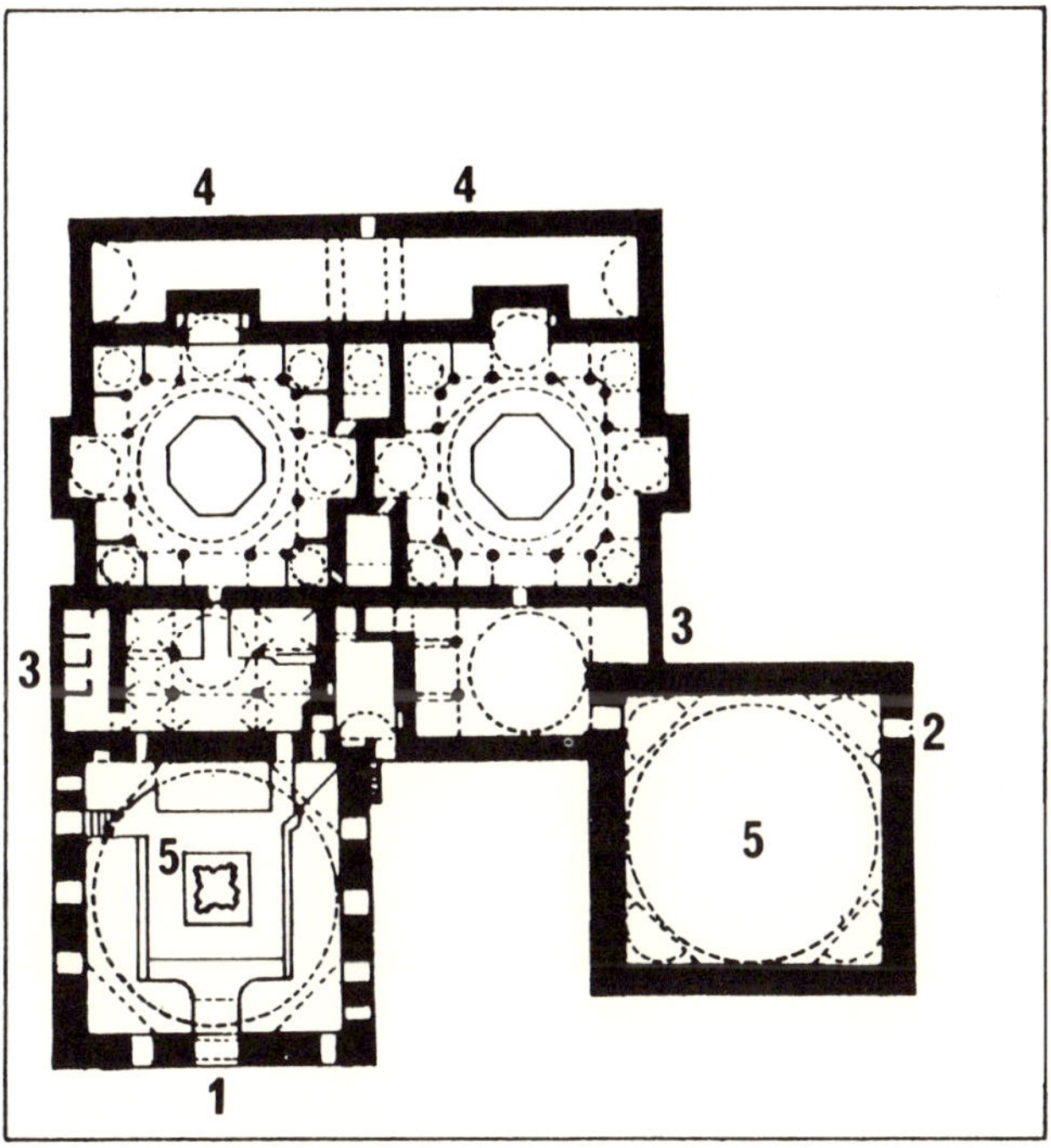

公衆浴場の平面図（ジャアルオウルの浴場）．ヒラール・アフマル・ジャデシ（赤十字通り，アヤ・ソフィア広場より西に走る幹線道路）に臨む代表的な市中の浴場（ブルー・ガイド『イスタンブル』70頁より）
① 男性用入口
② 女性用入口
③ 低温浴室
④ 高温浴室
⑤ 休息室

女性用公衆浴場

でも〝トルコ起源のもの〟ではなく、ビザンツ時代の浴場を単に踏襲ないし復活させたものである——それはより古いギリシアやローマ起源のものの踏襲——ということである。このテーマのすべてがきわめて興味深いのは、〝トルコ〟風呂の歴史が、東洋と西洋の混淆の歴史であり、アーカートがいみじくもいったように、〝ローマの世界征服がその剣に劣らず浴場の肌搔《か》きに負っていた〟からである。幾百万の人間の日常生活の一部をなしていた制度の中には、一般市民の美術や建築、風俗や慣習、流行や趣味の発展ばかりでなく、諸民族の興亡や諸帝国の盛衰が反映していることを見出せるのである。*

* 〝トルコ〟風呂の全部にわたる完全な歴史はまだ書かれてはいない。フランス語の現代の著作（ポール・ネリール著『諸時代の浴場』パリ、一九二五年）があるが、その取り扱いは（*トルコ以外にわたって）広すぎる。われわれは依然ダランベールとサリオ共著『古典古代学事典』中の秀れた論文、スミス著『ギリシア・ローマ美術辞典』中の「浴場」の項、ポール著『実態百科辞典』の「入浴者」の項などを挙げねばならない。さらに、D・アーカート著ベッカー著『ガッルス』と『クラリクレス』中には多数の有益な報告がある。さらに、D・アーカート著『ヘラクレスの柱』第二巻、一八‐八八頁、エラスムス・ウィルソン著『東方すなわちトルコの浴場』（ロンドン、一八六一年）、ゲルとマウのポンペイを扱った著作なども参照せよ。

例として、コンスタンティノープルの古代の浴場中で最も有名なもの——ヒポドロームに近くて、聖ソフィア寺院とアフメトのモスクの中間の公園地帯の近傍にあったゼウキップスの浴場——をとってみよう。その名はロマンチックである。ヘラクレスがディオメデスの軍馬を繋ぎとめ、近くの林の中にジュピターに捧げる祭壇を築いたのはここであった。その他浴場の名称の起源を語る多くの説話があるが、語源学的説明が一番適切で、はるかに詩趣に富んでいる。いずれにせよ、ここがローマ市以外で造られた最も宏壮な幾つもの浴場を、セプティミウス・セヴェルスが建てた地点である。浴場建設は、彼が西暦一九六年にビザンティウムに加えた仮借ない破壊行為の罪を償う、平和主義姿勢を示すためのものであった。規模は巨大であり、そこに置かれた青銅製の彫像のコレクションは比類のないものであった。老ギッリウスは大部分を載せた浴場の一覧表を書き、それぞれの後の歴史を書き残した。諸浴場は崩壊して放置されていたが、コンスタンティヌスの手で再建され、さらに五三二年のニカの反乱の後、ユスティニアヌスの手でよりいっそう壮大なものに改修された。メフメト二世が入城したとき、諸浴場は崩壊していたが、その素材がすこぶる豊富で、知られるかぎりの種類の大理石・花崗岩・斑岩の円柱、もげた柱頭、その他一般のがらくたが山ほどあったので、第四の丘の頂上に建てた自分のモスクの材料に使った。

もしヘラクレスがゼウキップスと関係があるとすれば、アガディィウスの描いた、往時名を轟かせたこの浴場で、ヘラクレスが女守護神ではなく、単なる顧客であったヴィーナス自身を、偉大でこの上ない好敵手としてもったことになる。ギッリウスはディディムムと呼ばれたもう一つの浴場のことを語っているが、この浴場では、ローマ帝国の奢侈時代にみられたような男女の混浴が行なわれていた。

その他のビザンティウムの浴場も、当時はゼウキップスに劣らず有名であり、アナスタシウス、アキレウス、アルカディウス、ブラシェルメア、カローシア、コンスタンティヌスなどを含めて、すべて歴史を想起させるものが数知れぬほどあった。これらのすべての中で、最後に取り壊され、メフメト二世によって復活されたのはチュクル・ハンマーミ、すなわち「埋もれた浴場」と呼ばれていたものである。その名は、有名な聖使徒の教会堂に近い、第四の丘の凹地に在ったからか、アルカディウスの水槽の跡地に建てられたといわれたことか、から生まれている。そこの浴場の以後の歴史は異様である。時が降るにつれて浴場の上に建物が建てられ、(*旧建築は)まったく姿を没したが、一八三三年にM・テクシールによって再発見された。彼はそれを丹念に観察し、その著『ビザンツの建築』*の中で全部を記述している。しかし、その再出現も短期間で終わった。一八八九年には再びその上に建物が建てられ、(*古い建物はその下で)今日まで妨げられることなく安眠を続けている。** 同時に、建築学上ならびに考古学上で埋没の惜しまれる理由は、それがこの都の最古の浴場であっただけでなく、ヴィトルヴィウスが書いたローマの浴場の設計図にそっくり沿って建てられていたからである。

＊ ロンドン、一八六四年、一五九―一六四頁。さらに、ロンドンのW・I・ポートランド・プレース六六番地所在の「王立イギリス建築研究所」所蔵の写本集の第三巻にある彼の製図を参照。

＊＊ それを見た最後の人は明らかにE・A・グロヴナーで、彼はその名著『コンスタンティノープル』(第一巻、三六〇頁)中で述べている。「一八八九年八月私はまだ入ることのできた唯一の部屋を訪れた。梯子に付いたロープを伝って、私が丸天井付の部屋に下りたところ、部屋の奥行は一二歩あったが、装飾の痕はすべて失われていた。この部屋も、……その次の週には閉ざされた」と。

ビザンツ帝国のコンスタンティノープルは、その多くの制度や慣習と同じように、浴場をもって、侵入したトルコ人を征服した。(*浴場の)古い基礎のいくつかが再利用され、崩れ落ちた資材の多くが新建造物の素材として使われた。一七世紀にエヴリヤ・エフェンディ*は、約三〇〇の公衆浴場と、四五三六の個人浴場があったと伝えている。その後公衆浴場は減少し、一九世紀末にはわずか約一三〇となっていた。今日その数はさらに減っている。ほとんどあらゆる旅行者が〝トルコ〟風呂**の体験を述べているから、ここでは現存する最古の物語の一つ（バッサーノ・ダ・ザラ）の抜粋を翻訳し、それにみる興味深い点を簡単に述べるだけにしておきたい。ただ問題を最新のものを含めてみるために、ブルサの温泉浴場を検討する（三四九－三五四頁）ところでは、私自身の体験を引用することとしたい。

＊　『旅行記』第一巻、一八一頁

＊＊　多数の浴場の描写の中では次のものを挙げられよう。ニコライ著『第四の最初の書』英語版の五九頁の左頁と六〇頁の左頁、フランス語版の七二－七四頁、グレロ著『新物語』英訳版の一八七－一九二頁、テベノー著『レバントへの旅』三一－三二頁、トゥールンフォール著『レバントへの航海』第二巻、三一四－三一六頁、ホワイト著『コンスタンティノープルの三年間』第三巻、二九六－三一三頁、Λ・スレード著『トルコ、ギリシア等の旅の記録』（一八五四年）三九八－四〇一頁、C・オスカンヤン著『スルタンと民衆』（ロンドン、一八五七年）三二〇－三三九頁、E・ド・アミシス著『コンスタンティノープル』（ロンドン、一八九六年）一六〇－一六三頁などである。

浴場の構造と景観

バッサーノはセラーリオに傭われていた間、しばしば旅をして、トルコの諸地方を訪れた。また多くの浴場を廻ってそれを比較し、浴場のあらゆる形態と規模について秀れた知識を蓄えた。彼は詳細な記述をするのに、明らかにコンスタンティノープルのとわかる大規模な浴場の一つを選んで、次のように語っている。

浴場の設計は、とくに丸屋根に関するかぎり、はるかに小さいが、ローマのディオクレティアヌスの温泉場を真似たようにみえる。入口には教会堂形をした部屋があるが、これは鉛張りの丸天井をもった大形の広い部屋でローマのロータンダに似ている。……この中央には普通、四蛇口の給水口付きで、上質の大理石造りの美しい泉水盤がある。泉水盤をとりまいて長さ三キュービット（*約一・六メートル）の煉瓦造りの座席が置かれているが、座席は腰掛けた人の足が床に届かないくらいの高さがある。この第一室のアーチ形天井はくまなく大理石板が張られている。前記の座席は高さ一キュービット（*五五センチ）の小さな壁か、かなり大きい木製の戸で仕切られているので、人は仕切の中で肘をついて寄りかかることができる。座席はそれぞれ四キュービット（*二・二メートル）の幅があるので、入浴者はここで衣服を脱ぐことができる。座席には、一番下にマットが敷かれ、その上に絨毯か、綴れ織かが掛けられている。中へ入って入浴しようとする者は、まずこの部屋の四周の壁を背にして立っている浴場の番人に、ついでわが国の弁護士のようにして隅の椅子に腰掛けている会計係に、その旨を告げる。これを終えると、座席の一つの上に衣服を脱いで置いてよい。入浴者はみだらな部分を出さぬように気を付けねばならない。でなければ破廉恥な者として、浴場から叩き出される。

衣服を脱いだときには、それを束にし、被っていた帽子か、キャップ、ターバンを一番上にして、椅子の上に置く。衣服は、召使いを連れていて番をさせぬかぎり、安全ではない。というのも浴場の番人自身が入浴者の財布やその他の所持品を盗むからである。* あなたが下着を脱ぐ前に、番人は貴方に身体を巻くのに十分な長さのタオル——すなわちあなたが自分のタオルを持っていないときは——と、あなたの体を拭うタオルを渡してくれる。……

* テベノー著『レバントへの旅』三一頁では、「あなたのシャツを脱ぐと、それを衣服とともに用意したナプ

キンの中に納め、それを誰かにさわられるという心配なしにそこに残しておいてよい。というのもバグニオは神聖なものであるとともに、自由で安全な場所であり、ごまかしが行なわれたことはない。というのも、そんなことがあれば、バグニオの主人が失われたり横領されたりした物を弁償せねばならないからである」というのと比較せよ。

それからあなたは恥部をタオルで被い、他のところは真裸になって浴場の第一の部屋に入る。そこには浴場の大きさで異なるが、いつも約一五人の浴場員がいる。ある者は髭剃り、ある者は骨の按摩をし、ある者は体を洗うなどして、皆が雇主の指示した仕事に励んでいる。ここからあなたは数室を過ぎるのだが、いずれも最後に行く部屋より温度が高い。どの部屋もアーチ形天井と同じように四面の壁を上質の大理石か斑岩で飾られている。各部屋には温水と冷水の出る二本の水道管が付いていて、水は大理石製の水盤に流れ込む。水盤から溢れて床に流れ落ちた水は、床にある穴から流れ去る。

ここを過ぎて、あなたは浴場の中心の部屋に入るが、部屋は広くて、普通直立しているのがむずかしいくらい滑らかな大理石敷である。部屋は他の部屋と同じように、丸天井造りで、きっちりと閉じられたガラス窓を数個もっているが、天井裏の全部が鉛張りである。冬季には浴場は深夜に沸かされ（夏季には誰もが冷水で身体を洗う）、大量の薪を使う。薪には四ないし五キュービット（*二・二―二・七メートル）の長さの、人の腿より太い松の木を使うが、また樫の木もすこし使う。浴場の心臓と呼ばれるこの部屋の中央には、大理石か斑岩か上質の蛇紋石の平たい石が一個置かれているが、それは厚さが掌幅ほど（*一〇センチ強）、長さは人の身長以上あり、床上掌幅二つ（*二〇センチ）ほどの高さにある。四角形の石は四個の美しい大理石製の球上に置かれている。誰もがこの部屋に入るとすぐ、この石の上に腹這いになって体を伸ばして横たわるように促され、浴場員の一人が足から背に乗り、あなたの腕を彼らの独特の方式で引っ張る。しかし、私はこれが嫌いなので、浴場員が懇望したが、一度も横たわったことはない。

それから、揉み手があなたの背をマッサージし、手の牽引を十分したと思うと、あなたの体を上向きにひっくり返し、さらに腕を引っ張る。ついにはあなたはヘラクレスの力を誇示するのかと考えさせられるであろう。あなたはこの石台から降りると、自分の好みによって暖かい部屋でも、冷たい部屋にでも、人の使っていない部屋に入ってよい。これらの部屋はどれも温度に差がつけてあり（既述のように）、あるものはすこぶる熱くて汗をかかせるし、別のものは程よい低温である。というのも浴場の心臓部には、周囲一面に細胞のような多数の個室があり、それは立派な作りで、秀れた装飾が施されていて、どれにも二本のパイプが壁面から突き出ていて、大理石造りの給水盤に温水か冷水かを流出しているからで、あなたは自分の欲しい量の温水を水盤に流し出し、望んだとおりの温度になったとき栓を締めればよい。この仕方は、どの浴場でもできるようになっている。それからあなたが水盤に近い床上に臥せると、浴場員は小さな部屋の戸口をタオルで隠して、一人が水盤の水をあなたに注ぎ、一人が体を洗う。浴場員が忙しいときは一人が水洗いと水掛けの両方をし、また貧しい者は双方を自分でせねばならない。浴場員はチップを望んで（文字どおりには〝金を飲む〟）富者に奉仕しきっているからである。あなたの身体をこするのには暗色の厚い布でできた一種の袋を使い、石鹸は入浴者が持参せぬかぎり使わない。入浴者が頭や髭やその他を剃りたいときはその仕事の専従者がつく。また入浴者が体のどの部分かの毛を剃らないで除きたいときは、他人のいない部屋に入浴者を一人で入らせて、軟膏を塗らせる。トルコ人はこの軟膏をたくさん使う。彼らは陰毛をつけているのを、罪悪だと思っているからである。入浴者の男女どちらにも、陰部に体毛をもつ者はまったく見出せない。このことでは女性が男性よりも迷心深く、彼女たちは体毛の生え始めたのに気づくと、急いで浴場に出かける。

入浴者は体洗いを終えると、浴室で着ていたフタ—と呼ぶタオルを取り替える。そして部屋を出ると浴場員が後から金盥《かなだらい》を持って近づいて、入浴者の足をもう一度洗う。それから入浴者は最初に衣服を置いてきた絶えず水が流れてべとべとした第一の部屋に引き返す。ここにはいつもよく燃える石炭の火がとくに冬には燃えていて、入浴者が数枚のシャツとタオルを一度に乾かすことができる。入浴者が坐ると、浴場員は足を洗い、入浴者は儀礼として褒め心を示すのに、書簡を差し出すときの慣習と同じように、右手を使用人の頭に付け、その手を戻して自分の口に触れる。入浴者が着付けを終えると、立ち去るときに気持しだいで浴場員に心付けを与える。それから入浴者は浴場の会計係が坐っている窓口のところに行き、適当と思う額を彼に渡す。それにはきまった額はなく、ある人は一アスペロ、ある人は二、三アスペロを与えるが、たいがいの人は四アスペロ（*正しくはアスペル、戦前の約一三銭、現在の約一〇円）を渡す。

サンダルの使用

上記の叙述はすべてを語り尽くしており、なんら加えるものはない。しかし、二つの事項の説明を付け加えねばならない。足に沓くサンダルのことと体毛を剃ることが、まだ語られていない。

バッサーノの頃（＊一六世紀）浴場で木製サンダルが使われていなかったことはかなりたしかであろう。グレロやテベノーもサンダルのことは述べていない。木製サンダルは幾世紀間も使われていたヴェニスからコンスタンティノープルに伝えられたものであろう。バッサーノが述べていないのは単に見落としたからではない。なぜなら彼は、第一に直立していることがごくむずかしいこと、第二に床上のびしょびしょした状態や化粧室に帰ってきた入浴者の足を浴場員がもう一度洗わねばならないことを語っている。木製のサンダルにはいくつかの利点がある。下方から沸かされる浴槽では、熱くなった大理石から敏感な足を守るのに一番役に立つ。また濡れた床上での滑り止めとなる。私はブルサの一浴場で裸足で大理石の上を歩き廻ろうとして、むずかしくて危っかしいと感じたが、一度木のサンダルを使うと歩くのがむずかしくなくなった。最後に木のサンダルは、入浴者を流れる水や、時々床を汚すごく綺麗でない液体で濡れるのを免れさせる。私がブルサの〝ホテル〟に泊ったとき、この家の別の場所から何の警告もなしに私の足もとに汚水が流れてきたが、幸いにも私が高い木のサンダルを穿いていて、汚れるのを免れたことがあり、これで事実をはっきりと認めさせられた。

一七世紀には、サンダル作りの店がたくさんあった。木のサンダル（ナリン）は平たい胡桃《くるみ》製か箱形のもので、両側の凹所に皮の帯を釘でとめていた。上等のものは紫檀・黒檀・白檀などの貴材に銀の釘を鏤め、金で縫い取りした色皮の帯を付けていた。

陛下のハレムのカドン（＊側室）たちのサンダルはさらに贅沢なもので、青貝や鼈甲をはめこみ、真珠やトルコ石を鏤めた皮帯をつけていた。いささかなまめかしいのは丈の高いサンダルを使ったことで、一七世紀に使われたヴェニス風のチャピンは半ヤード（*約四五センチ）くらいの高さがあった。* このチャピンはナポリでは一六、一七世紀頃広く使われ、当時の文学にはたえず語られていた。** イギリスではサンダル作りは早く一四〇〇年の記録に出ており、一四六九年には製造業者が独立した組合を作っていた。一八世紀になるまで、道路は汚く舗装されていなかったので、上流の女性にはサンダルが現実の必需品であった。コンスタンティノープルでの利用は西方からの伝来と見られる。アラブ人やペルシア人の使った木靴は高さが西方ほどでないから、浴場では新たに（*西欧風）サンダルが使われたものと思われる。

* トマス・コルヤート著『粗野な品』（ロンドン、一六一一年）一九〇五年版の第一巻、四〇〇頁
** たとえば、バシール著『五部作』のペンゼル・クロス版（一六三四年）（ロンドン、一九三二年）第一巻、六〇頁、注二

脱毛剤の使用

体毛除去といえば、一六五六年にテベノーが脱毛法をすこぶる詳細に興味深く述べている。

彼は、顎と腋の毛を剃り終えると、あなたに剃刀を渡して、その他の所を自分で剃らせる。そこであなたは両側の壁の間に間隔を置いて設けられている小さな部屋に入って、前垂れをはずして扉に掛ける。前垂れを見かけた者は中に誰かがいると知って、入ってくるのを控えるから、貴方は心置きなく剃ればよい。もしあなたが剃刀で傷を付けるのを恐れれば、浴場員からある種の鉱物の粉末と水と生石灰を練り合わせたルスマと呼ばれる軟膏を小量貰えばよい。あなたが毛を落とそうとす

る部分にそれを摩《す》りこみ、一〇分たらずの後湯をかけると、毛は全部軟膏と一緒に取れてしまう。彼らは湯をかけて毛を軟膏と一緒に落とすのは、どのぐらいの時間でいいかをよく弁《わきま》えている。軟膏を塗った場所を長くおき過ぎると、軟膏が毛を腐蝕させた上、皮膚を傷つけるからである。ルスマは鉄の錆滓《さびかす》のような鉱物で、トルコでは大量に使用され、販売されているので、その関税は陛下に巨額の財政収入をもたらしている。マルタではルスマの代わりに、生石灰を混ぜたオルピメント（*雄黄）を同じ用途に使っている。*

＊（テベノー著）『レバントへの旅』三一－三二頁。さらにド・ラ・モトレー著『ヨーロッパ横断旅行』第一巻、九五－九六頁とフレーシャ著『商業に関する観察』第一巻、四四三－四四四頁などを見よ。

このルスマは明らかにシリアのドワ*やエジプトのヌーラと同じものである。ヌーラについては、E・W・レーンがカイロの浴場を描いた秀れた章**に述べているし、バートン***も述べている。ルスマが明らかに砒素を含んでいることは、幾種かの著述で、注意深く見張っていないと〝肉を損なう〟危険があると指摘しているとおりである。今日ヨーロッパでは、砒素の硫化物を含有する脱毛剤の使用を危険だとしてほぼ完全に中止して、カルシウム、ストロンチウム、バリウムなどの硫化物を代わりに使っている。脱毛剤が剃刀にまさるのは、軟膏は毛穴の入口のところで毛を落とすが、剃刀は毛を皮膚の表面の位置で剃るので――どちらかというと以前よりも硬いのが――すぐ伸びるという不利があるからである。

＊　アレクサンダー・ラッセル著『アレッポの博物学』（第二版、ロンドン、一七九四年）一三四、三七八－三七九の各頁。

＊＊『現代エジプト人』（ロンドン、一八六〇年）、三三六－三四三頁

毛を抜くのに毛抜きを使うのは痛くて骨が折れるが、女性とくにペルシア女性はひどく好んでいる。タヴェルニエはいう、〝女性は〟

*** 『千夜一夜物語』初版本、第四巻、二五六頁、注一。さらに第二巻、一六〇頁、注三を見よ。

マホメットの禁止を冒して、その作業のために女奴隷を使っている。そして、われわれが髭を抜くのに使うのと同じ小形の毛抜きやねじ具を使って、あの土（ルスマ）が短時間で危険もなくしうることを、やや手数をかけ、しかし、少ない危険で行なっている。われらのスルタン妃はペルシアの貴婦人を真似るほど神経が細やかでないし、さらにトルコの男性も剃刀でなら何の支障もなく除けるのを、苦痛に堪えて毛を抜いたりするほど進歩的ではない。*

* 『新物語』四四頁

イスラム教徒の婦人は陰毛を剃ることを、現代の〝たしなみのいい〟女性が腋毛を剃るくらい絶対の必要としている。しかし、何か余分の生えものを除去することは、ただこの部分だけでなく、ことに鼻孔や耳の穴を含む体のすべての部分についても同じである。そこで、この習慣は奴隷か女友達の手を借りて、仔細に見ながら、十分に行なわれた。女友達の場合は替り合って友達の体に同じように丹念に作業を施したものである。こうした女性間の親近感は、ごく自然に同性愛の疑惑をひき起こすが、嫌疑は多くの場合ほとんど誤っていなかった。

浴場と悪習

妻の純潔と貞淑を願う夫は、妻が公衆浴場に行くのを許そうとはしなかったと、著述家はたえず述べているが、夫が自宅に浴場を設ける資力をもたぬかぎり妻が公衆浴場へ行くのを禁じることは——宗教的・衛生的の双方の理由から——ほとんど不可能であった。バッサーノ・ダ・ザラが一六世紀初頭に女性用浴場を描写しているが、その内容には興味をそそられる。

男性は浴場を認めているが、自分で体を洗おうとはしない。男性がこの点できわめて厳しかったので、奴隷ないし召使いを連れないで来た者を洗うための女性を雇っている。一方、女性の大部分は一時に二〇人くらいの集団で出かけ、親しくして互いに洗い合った——近くに住む者同士とか姉妹同士とかで——。しかし、体を洗ったり揉んだりする親密さの結果、多くの者が深い恋愛に陥ったことはよく知られている。そして女性同士が男女間のと同じように愛し合ったことがしばしばみられる。ギリシアやトルコの女性が、可愛らしい女性を見かけると、彼女の裸を見、手で触るために彼女を洗う機会を求めたことも知られている。また多くの女性が自宅の近くの浴場を使うのが習慣なのに、それをするために隣人と一緒に市中の浴場に出かけた。このようなのやその他の不倫が女性の体の洗い合いから生まれている。彼女たちはしばしば正午近くまでを浴場で過ごしたし(早朝から出かけたときは)、また午後出かけたときは夕刻ころまでそこにいる、といわれる。名家の女性は公衆浴場へは出かけず、彼女たちのセッラーグリ(*邸)中に自家用の立派な浴場をもっていたことを書き落とすわけにはいかない。……

私はここで中流階級の女性がどんなふうにして、また週に何回くらい浴場に出かけるのかを述べよう。中流階級の女性の多くは、浴場に週に四回出かけたが、三回の者も相当あり、誰もが週に一回は出かけている。でなければ身嗜みを欠き、汚れているとされる。出かけない者のない理由は二つある。第一に彼女たちは体を洗っていなければ礼拝堂で礼拝できない。第二に、それ以外には家から外出できないので、外出の口実ができる。この口実で、浴場に出かけるといって、実際には他所へ行くための外出もできる。……トルコの婦人は二、三人のキリスト教徒の奴隷か、元キリスト教徒の改宗者である奴隷を連れているのが習慣である。これらの奴隷のうち一人の頭上にそう大きくはないが便器と同じくらいの高さと大きさの銅製の器を載せさせる。*これの中に地上までとどくくらいの長さの木綿の肌着を入れている。肌着は織物の質によって一着が四から六スクーディ（*イタリアの銀貨、米貨九七セントくらい）するし、男性もそれを使う。彼女たちが入浴をすませた直後、シャツではなくそれを着て、皮膚の水分を全部とって体を乾かし、後でシャツをじかに着、衣服を着けられるようにした。

＊　ニコライ著『五巻本』の二二章の挿絵を見よ。

彼女たちは、別に白い肌着を一枚、長沓下一足、要るだけのタオルを持ってゆく。さらに彼女たちは、絹や金糸で草花文様の刺繡をしたリンネルの布で壺を包み、また美しい上質のカーペットや美しい座布団を持って出かける。浴場に着くと、彼女たちはまず浴場側が割当てた場所にカーペットを広げ、絹の外衣を脱ぐ。壺は小部屋の一つの床に、底を上にして女主人がそこに坐れるようにして据える。彼女がそこに坐ると奴隷は一人ずつが彼女の両脇に立って体を洗い始める。女主人は十分体を洗ったと思ったとき、軽く暖められた部屋の一つに移って休憩し、その間奴隷たちが互いに洗い合う。彼女たちが十分に時を過ごしたと思ったとき、肌衣やその他の衣服を壺に納めて、男性と同じだけの金額を支払って家路につく。女性によっては贅沢な食物を摂る者もいて、入浴の結果自然に催す食欲を充たすだけ浴場で食物を摂る。*

＊『トルコ人の生活の特殊な慣習と風俗』五 - 六頁

バッサーノはその情報を信頼できる出所から得たにちがいない。というのも一八、一九世紀の女性の観察者の物語でも、流暢な筆と鮮明に描く高い能力で、はるかに鮮明に情景を描き出した以上に、バッサーノに付け加えるものはほとんどなかったからである。

一七一七年メアリ・ウォートレー・モンタギュー夫人は次のように述べている。

第一に婦人の坐る長椅子は座布団と厚い絨毯で被われている。第二に、後に伴っている奴隷は、衣服によって地位の区別はできない自然のままの姿、英語であからさまにいえば、美醜を隠さないまったくの裸である。しかし、彼女たちは、いささかのみだらな笑みや、慎みない身振りも示さない。彼女たちはミルトンが描いた聖母マリアと同じような威厳をつけて優美に歩いて行く。彼女たちの中にはグィドやティティアンの描いた女神のどれとも同じくらいプロポーションのよいものがたくさんいる――多くの者の肌は白く光り、真珠かリボンで束ね幾本もの房に分けて肩まで垂らした美しい髪で引き立てられているだけであるが、完璧に美の女神の像を表現している。

私はここで、裸で歩くのが流行であったとしても顔面にはほとんど目が向けられないであろうという、私がしばしば行なった反省の正しいことを確信させられた。すこぶる美しい肌をもち、ごくたおやかな体形をした貴婦人こそ、美貌では多少同伴者より劣っているとしても、最大の賛辞を捧げていいように感じた。実をいえば、私は、ジャーヴィス氏（チャールズ・ジャーヴィス、アイルランド人の肖像画家で作家）の姿が見られねばよかったのにと、秘かに望むほどの邪念を懐いた。私は話していたり、働いていたり、コーヒーやシャーベットを飲んだり、座布団の上に無頓着に横たわっていたりして、種々の姿態をとっており、また奴隷たちに（普通一七、一八歳の美少女だ）女主人の髪を数種の美しい趣好のおさげに編むのに熱中させているあんなに多数の美女の裸姿を見たとすれば、彼の技術はもっと大幅に進歩したであったろうと考えた。要するに、巷間のあらゆるニュースが語り合われ、醜聞が考え出されるのは、婦人用のコーヒー店でであった。

約一二〇年後にパルドー嬢が似たような記述を残しているが、そこにも次のような活き活きとした光景が描かれている。

最初の瞬間から私は面くらった。浴場中に充満した重く濃厚な硫黄臭い蒸気、それに今にも私を息つまらせそうな叫び声、――浴場の広間のドームの反響の中でひときわ際立つ奴隷たちの叫ぶ、縞目の大理石さえ眼を醒ますほどの高い金切声、――さらに控え目な笑い声や、騒音の底でささやかれている婦人たちのつぶやくような会話、――また、ちょっとだけ衣服を着けてはいるが、それが蒸気ですっかり湿った上質のリンネルなので体の線をはっきり現わしている三百人近くの女性、――胴から上部をむき出し、両腕を胸の上に組み、縁どりと刺繡のある小形タオルを頭に載せて調子をとりながら行き来する女奴隷、――笑いころげ、しゃべり、甘い菓子・シャーベット・レモネードなどを飲んでいる可愛い少女の群、――私には息苦しいほどの重苦しい雰囲気を見たところまったく気にしないで遊び戯れる子供たち、――そしてすべてを圧倒するのは、荒っぽくかん高い、一つのトルコ風のメロディーの中に爆発的に混じってくる合唱音、――など、それらすべてが広間に反響し、溶けこんだり割れ合ったりして、悪魔の馬鹿騒ぎのような騒音と化し、またそれらのすべてが重なって幻想的走馬灯に似た光景を呈しているので、私はこれが現実なのか、それとも単に調子の狂った脳の作為なのかと、戸惑わされてしまった。……最後にようやく女性たちは外側の広間に出て、すぐ自分の長椅子に飛び乗る。そこでは待ち構えた奴隷が暖めた衣服で彼女を包み、毛髪に香水をふりかける。女性たちは湿気を逃がさぬようにしながらゆっくりと髪を巻き、それから刺繍のあるモスリン製の綺麗なハンカチーフを髪に被《かぶ》せ、香水を顔や手にふりかける。それからぐったりとした入浴者は、繻子かケワダガモの羽根かの上掛けをかけて、快いまどろみに沈む。部屋の中央部は市場の観を呈し、(固めた牛乳のバター、すなわちヨーグルトの椀と同じくらいたくさんの恋文を詰めた籠を手にした梅干婆の) 売り子が、砂糖菓子・シャーベット・果物などを売りながら、行きつ戻りつしている。黒人女が自分たちの女主人の食事かシブーク(*長煙管)をかかえて行き来する。秘め事がささやかれる――秘密の約束がされる――。そして、すべて光景は見たこともなく、目新しく、そのうえひどく興味を惹かれるので、ヨーロッパ人でトルコのハンマーム(*浴場)に行き、それに興味をもち、楽しまない者はない。*

* 『ボスフォラスの美しさ』一五 - 一六頁

ハーヴェ夫人著の『トルコのハレムとシルカシア人の家庭』*にも別の説明が見かけられるが、これまでで、混み合った女浴場がどんなであったかについて、十分の意見をまとめるに足るだけのことを伝えたと思う。

* ロンドン、一八七一年、七一 - 八一頁

女性の浴場（ザナーン・ナーメより）

新妻歓迎の裸の行列

しかし次には、全裸の乙女の行列が重要な役割を担う新妻の入浴の儀式と、はじめてスルタンの寝台に侍らされる乙女に課された行儀との二つの儀式、すなわちメアリー・ウォートレー・モンタギュー夫人がかつて直接見たのとほとんど違わない光景を、語らねばならない。

既婚者ないし結婚経験者が部屋のまわりの大理石の長椅子に座を占める。乙女は大急ぎで自分の衣服を脱ぎ捨て、真珠かリボンで房に編んだ長い頭髪の他は、飾りも被り物もなしに出てくる。二人の女性が戸口のところで、母親ともう一人の最近縁者に伴われて出てくる新妻を待っている。新妻は一七歳くらいの美貌の乙女で、豪華な衣服を着、宝石を輝かせているが、ここで待っていた女性たちの手で生まれたままの状態に戻される。別の二人が香水を満たした金製の壺を持って、行列の行進を始める。他の三〇人ほどが連なって後に続く。先導者たちは祝い歌の音頭をとり、他の者が合唱・唱和し、最後尾の二人が、床に目を伏せながら、見惚れるような慎《つつ》ましい動きをする、美しい新婦を先導する。この順序で、彼女たちは浴場の大形の室を廻り歩く。プロポーションの良い身体つきの者が多数おり、肌も白く、何回も入浴して一点の汚れもなくすべすべと磨かれた者たち全部で作るこの美しい光景を、筆で描き出すことは容易ではない。この廻り歩きの終わった後に、新婦は部屋の四周に立つ婦人たちの一人一人の前に連れてゆかれる。この婦人たちは祝詞のほかに、ある人は石、他の人は布地、ハンカチーフ、またはその種の小さな美服などの贈物を新婦に手渡す。新婦は彼女たちの手に吻《くちづけ》をして、謝意を表わす。

裸の行列というような魅力ある儀式の、これ以上の細かい説明はモンタギュー夫人の著書では省かれているが、現在大英博物館に所蔵されているジョン・リチャードの日記の原本から詳細が見出された。乙女が夫の寝台に侍る用意をする厳粛な機会には、友人たちを招いて浴場で祝儀を執り行なう。そのとき乙女は自分の体毛を除去する。この暑い国で、除毛はこのときが初めてであるが、その後は常時行なってゆく。どんなに慎み深く行なうかを語ることはできないが、それはひどく金のかかることと教えられた。*

* ストウの写本、四六二頁、脚注四二b

メアリ・ウォートレー・モンタギュー夫人の前記の記述によると、女性が入浴するときは完全な裸か、それに近い状態なのが慣習であった。〝ハレムの浴場〟を描いた芸術家たちを信じるなら、それにはいささかの疑いもない。しかし、それが真に事実であるかとなれば、もちろん答えかねる質問である。同時に、われわれが知ったとすれば興味があることだ。というのも、衣服を全然着けていなかったとすれば、それは公衆浴場の中だけでなく、数人が私宅ないし公衆浴場で一緒に入浴するときのトルコ人の間の普通の習慣とまったく違っているからである。このことは男性にも女性にも共通にいえることである。こう考えると、ハレムの住者と種々の方法で楽しむ習慣を明らかにもったマフムト一世（*一七三〇－五四年在位）に関する奇妙な物語を読むのは面白い。フレーシャ*によると、マフムト一世の冗談の一つに次のようなものがある。彼は浴場を見下ろす窓辺に秘かに坐り込んで、習慣どおり与えられたシュミーズを付けて、いつもと同じようだと思いながら入室して来る女性たちをよく待っていた。しかしずるい王は布切れを全部脱ぎすてさせるか、布地をしっかりと密着させるかした。それから大君は扉を閉めさせ、熱と蒸気が効いてくる成り行きを注目した。女性のある者は衣服がばらばらに落ちて離れるのに驚いて笑い出すが、他の者はひどく怒った。フレーシャによると、この物語は疑いもなく彼が友人の黒人宦官頭から聞いたもので、その宦官にスルタンはこうした楽しい経験をたしかに物語ったにちがいないから、完全に事実であったろう。ハレムは非常に多くの民族の出身者でなっていたから、彼らの訓練は厳しく、すべてのトルコ人的慣習が丹念に守られたことは記憶されねばならない。これとは別に不断の競争から生まれた偽の慎ましさから、スルタンの寵を競うライバルの前で衣服を全部脱ぐことを嫌う気持ちが生まれ、全裸嫌悪の傾向が根づいた。

＊『貿易の考察』第二巻、二八‐二九頁

しかしわれわれは、単に芸術家の想像の所産でしかありかねない事実を認めるには躊躇すべきであろう。

他方で、ファーズィル（‐イルディーズ、一八二四‐七三年）の著したザナーン・ナーメ＊（＊『女性史』）のイスタンブル大学所蔵の写本があり、それにはトルコの女性浴場の内部を描いた挿絵が載せられている。この挿絵は本書の三四五頁に掲げてあるが、秘所を隠そうとするような仕草はまったく見受けられない。侍女は胸を裸にして、腰のまわりに一片の布を付けている。整った全衣服を着けている来訪者が、ひどく高い木沓を穿いていることに注意してほしい。

＊ ザナーン・ナーメ、すなわち『女性史』のフランス語訳については、J・A・デクールドマンシェの翻訳、とくに「入浴客」と題する節、一二七‐一三三頁を参照。

ブルサの温泉

ブルサの温泉への関心

われわれはこれまでセラーリオに残っている浴場を考察し、その他の宮殿にある陛下の浴場を手短に説明してきた。また種々の時代の公衆浴場の歴史も検討してきた。

しかし、もう一つブルサにある天然温泉の検討が残されている。ブルサは、数種の観点で一般の関心が高いだけでなく、そこがセラーリオの歴史中で顕著な役割を担っていたからである。ブルサは、スルタンが頻繁すぎる戦争や放蕩に疲れきって、〝療養のために〟休養をとるか、激しいリュウマチの痛みや類似の病気の治療のために、訪れたところである。

さらにブルサは、トルコ人がはじめて浴場の価値を知ったところでもある。トルコ人の都がアドリアノープルに移された時期には、彼らはすでに十分に浴場の秘力を知っていたし、またコーランにおいて清潔を強く命じられていたので〝トルコ〟風呂が存在するようになっていた。しかも、ブルサでは浴場の形成が容易であった。ローマ人のような湯沸し法を使用する必要はなく、天然の熱い湯が手に入るので、それを使いたい浴場や給水盤までひいてきて、種々の温度に冷やし、その場所を何かの建物で囲むだけで浴場が作られた。

ブルサは侵略者の手で繰り返し破壊されたし、今日は往時の強力な存在の亡霊だけとなっているが、浴場は完全に使用できる形態で残っている。入浴者はルステム・パシャの大理石の浴場で、水泳をしたり、ビザンツ式やトルコ式の円形構造や豪華な多彩の壁面の美観を堪能することができる。いろいろな理由をつけて人々は今日もブルサに出かける（おそらくホテル・ド・アナトリアはすでにないからであろう！）。最近の一九三四年にも市長が自分の抽出から、六〇枚近い名刺を納めた帳簿を誇らしげにとり出して、人々が現在もこの町に来ている証拠として私に示した。幾世紀もの長い歴史の間に、この町は種々の悲運に晒されながら、その魅力と美しさを今日までもち続けており、今日その生活や施設は旧弊になったとはいえ、ブルサを訪れることなしにコンスタンティノープルに行く者はない状況である。浴場には関心のない観光客にしても、緑のモスクや初期のスルタンたちの墓廟の光輝は、旅行の煩瑣さや失費を償って余りがある。

そこでわれわれはまず町の過去の歴史を手短に一瞥し、さらに浴場そのものを詳しく説明したうえ、この〝陛下の水〟から今日も受ける実際の体験や驚きについて語っておきたい。

ブルサの温泉の歴史

ブルサ（またブルーサとも綴るが、トルコ人はブルサと呼んでいる）は、紀元前一九〇年にハンニバルがマグネシアの戦でアンティオコスに敗れて庇護を求めたときの、ビティニアの王プルシアスが建設したものである。この町は建設者の名をとってプルサと呼ばれ、長年ビティニアの諸王の都となっていた。（*アルメニアの王）ミトリダテスが撃破された後、この町はローマ人の手に陥ち、ビティニアの首都はニコメディアの下位にたつ二流の都市に転落した。しかしローマ人の支配下でも町は繁栄を持続し、その浴場は人々を惹きつけた。西暦一一一年にプリニウス二世がビティニアの知事に任命され、公共建築物を造営してブルサ（*ローマ人はプルサとも発音した）を大幅に美化した。その公共建築の中に公衆浴場が含まれていて、プリニウスはトラヤヌス皇帝にこの件について書簡を捧げ、計画中の浴場がどれほどこの都市の飾りとなるかを語っている。ニコメディアは引き続き最重要都市をなしており、ブルサ温泉の名声は広がり、エスキュラピウスとハイゲイアの神の神殿が湯元の近くに建立され、三世紀には知事や貴族たちがここへ来て療養している。

コンスタンティヌス帝の治世には、浴場の名声はすこぶる高まり、数人のビザンティウムの都の皇帝が〝陛下の水〟で治療するためにブルサを訪れた。ユスティニアヌスは初めて大規模な浴場と来訪者用の宮殿や宿館（ハーン）を建造した。温泉地域はピュシアと呼ばれていたが、後のコンスタンティヌス・ポルフィロゲニトスの時代に、湯の治癒力に感謝して、ソテロポリス（救世主の都）と改称された。入湯で恩恵をうけた要人の中にユスティニアヌスの妃テオドーラが挙げられている。彼女は事前にユスティニアヌスから入湯の効果と浴場の治癒力を説きつけられて、五二五年に四〇〇〇人の従者の行列を従え、金製の輿に乗り、一四日の旅をしてブルサを訪れた。

ブルサはローマ帝国とビザンツ帝国のもとで一〇世紀中葉まで繁栄し続けたが、このとき一年間の籠城の末、アレッポの君主サイフ・ッ・ダウラに攻略された。しかし間もなくギリシア人に奪回され、市街は復旧され、城壁も強化された。このころセルジューク・トルコ人もここに眼をつけ始め、町は一一世紀末葉セルジューク・トルコ人の手に落ちた。彼らは一二〇四年に十字軍がニケーヤを占領したときここを放棄したが、一三二六年に（*オスマン・トルコの）オルハンが一〇年間の包囲攻撃の末攻略して、ようやくここを奪還した。その時期以後、ブルサは防備を強化され、重要性を加えた。オスマン・トル

ブルサ近郊のチェキルゲにあるエスキ・カプリジャの浴場

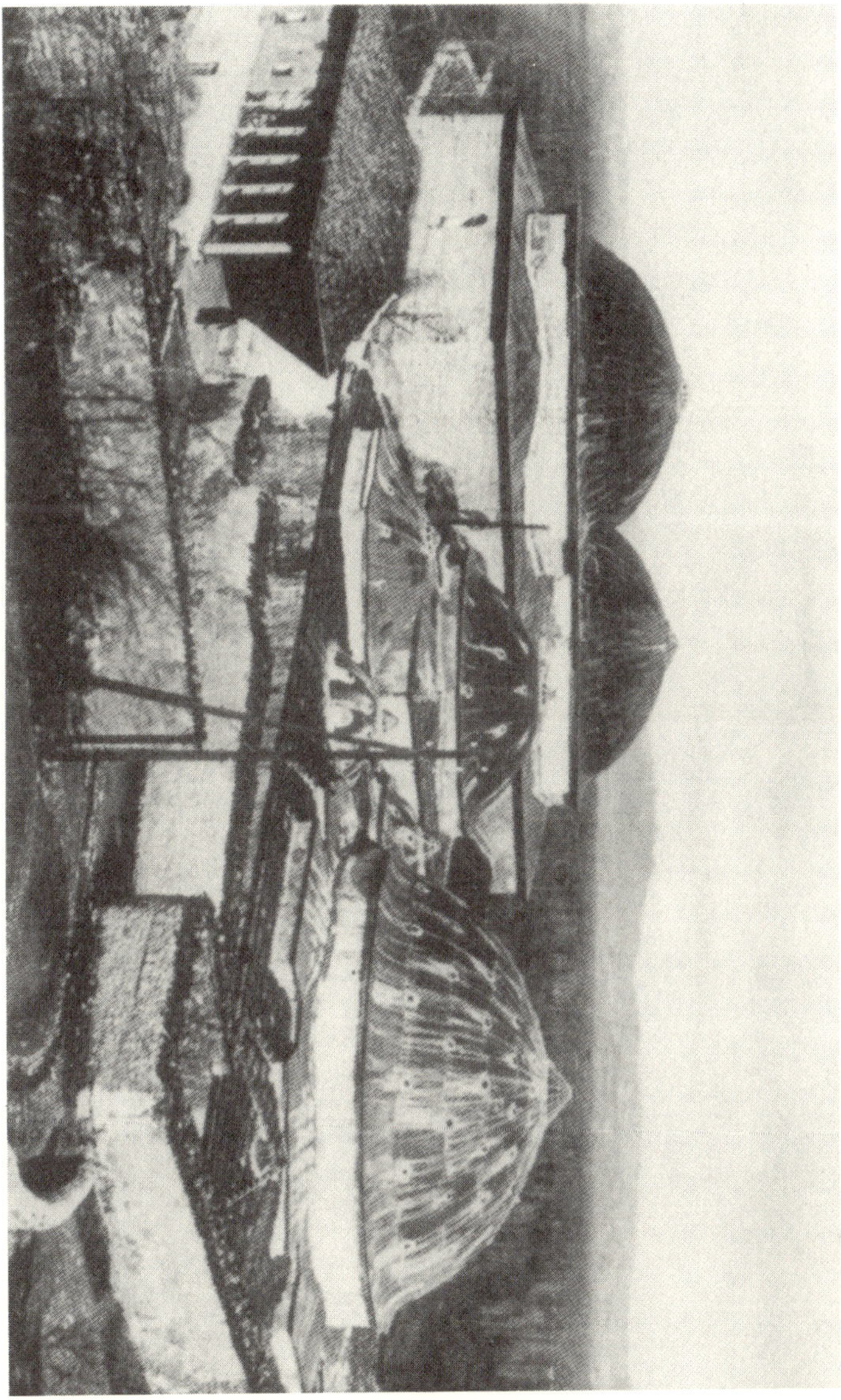

ブルサに近いムダニア街道に沿ってあるエニ・カプリジャの浴場全景

コ人はここに新首都を建設した。彼らは長い流浪と戦闘の末、ここに本拠を置き、その町を新帝国の都にふさわしく美化した。芸術家・詩人・建築家・歴史家・軍人たちが中東の各地から新首都に集まってきた。トルコ人は浴場の価値を学びとり、ジンギス汗の時以来続いた入浴忌避の時代を解消した。征服者はギリシア人の伝統と文化をすこしずつ吸収し、最後に一四五三年コンスタンティノープルを首都としたとき、ビザンツ人の制度――宮廷の隔離、面被《ヴェール》、ハレム、宦官、礼服、週一日のモスク参詣、鉛の屋根、公文書への赤インキ使用、その他一〇〇ほどの事柄――を踏襲し、変革を仕上げた。

しかし、その間には多くの事件が生じており、ブルサは長期の平和を続けられぬ宿命のもとに置かれた。ムラト一世は父の行なった西欧の征服を拡大する手段とするだけで、一三六一年都をアドリアノープルに移した。とはいえ、オスマン人の心は、彼らが最初のモスクと学林を建て、初期のスルタンたちの遺骸を葬っているブルサにとどまっていた。血に酔ったティムールが遠征してきて一三九六年バヤジトを撃破すると、ブルサは掠奪され一五世紀始めには廃墟と化した。またほんの一〇年後ブルサはカラマンの領主によってもう一度掠奪された。近世にも火災と地震がさらに破壊を広げ、セリム一世とスレイマンの復元した多くの建物が壊滅させられた。こうした浮沈にもかかわらず有名なブルサの浴場は存続した。われわれがひとたび、年輪を刻んだ壁の中に入ると、過去・現在の区別は失われ、世紀をいくらでも遡って、スレイマン大帝、征服者、オルハン、立法者ユスティニアヌスなどの誰にでも、思いを馳せることができる。

ペンザーの入浴体験

ブルサの浴場は町からムダニアの方向に一マイル半（＊二・四キロ）離れた小村チェキルゲ（いなご）の近くにある。ここが前述のようにかつてピュシアと呼ばれた場所である。全地区にオリンパス山の麓の斜面にある湯元から分かれた約六カ所の温泉が出す硫黄と鉄分が浸みこんでいる。

ブルサにはエスキ・カプリジャとカラ・ムスタファの浴場に湯を供給する二大鉄分温泉と、エニ・カプリジャとビュユク・キュキュリュトルの温泉の水源をなす二つの硫黄泉とがある。ブルサを離れてムダニア路を北東方向に約一マイル（＊一・六キロ）たどると、眼前に奇妙な丸屋根の建物が現われる。〝その最大のものはすこぶる大きく、鉛で葺かれ、穴あき杓子のように穴の開いた四つの大きな丸屋根であり、この丸屋根の穴は皆庭師がメロンを蔽うのに使うような鐘状のガラスで塞がれている〟＊。

＊　トゥールンフォール著『レバントへの航海』第三巻、三一〇頁

これが、スレイマンの婿であった宰相のルステム・パシャが、スルタンの痛風治癒に対する感謝の印として建造し、復興した、エニ・カプリジャである。温泉の温度が華氏一九五度（摂氏九〇度）に昇るので、温度はずいぶん高い。すぐ右側に女性用の小さなカイナルディアの浴場があり、またカラ・ムスタファの浴場が数歩右側のところにある。道路の南側には、ビュユク・キュキュルトルとキュチュク・キュキュルトルの硫黄泉の浴場があるが、その温泉の温度は華氏一七九度（＊摂氏八一度）の高さになる。これらが一団となっているところから、岐れ路をとるとチェキルゲの方に向かうが、そこにエスキ・カプリジャの浴場が唯一軒建っている。その近くにムラト一世のモスクと墓廟があって、オスマン帝国初期の時代に浴場を重視したことを偲ばせるが、伝承によると、この浴場こそがユスティニアヌス帝とテオ

ドーラ妃が六世紀に訪れたところである。湯は華氏一一七度の温度（摂氏四七度）で流出しているので、エニ・カプリジャ浴場でのように冷水をうめる必要はない。どの浴場でも、第一室が最も大形で、第二室が最小であるが、最高温の第三室は中形である。エスキ・カプリジャでは台輪からアーチを延び出させている、美しいビザンツ式柱頭が有名である。エニ・カプリジャは主として美しい多彩なファイヤンス焼と典形的トルコ風アーチで有名である。私は両方の浴場で、何時間も楽しい時を過ごしたが、私の浴場での体験の物語は、双方に同じように当てはまるものである。

（＊最大の浴場の）第一の部屋に踏み込むと、私はすぐ妙な雰囲気の変化に気づく。それは暖かい日には気にもかからない温度の変化によるだけでなく、当初は識別しにくい他の要因によるものであった。しかし四周を見回すと、私はそれが何であるかに気づき始めた。疑いもなく広さが第一の要因をなしている――二つの大形の丸天井と高い壁が作り出している、巨大な虚空の広がり――。次は静寂であり、たぶんそれが意識下で私に最も強い印象を与えたものである。さらに埋葬の番を待つ多数のミイラのようにみえるタオルをまとった不気味な影像が、明らかにその場の異様な雰囲気を増強している。静寂を破る唯一の音響は、中央部にある大理石の給水盤の水の迸《ほとばしり》と、木沓《ナリン》を履いた入浴者の誰かがより暖い部屋へ向かって歩むとき起こす時々の摺《すり》足の音とである。私も間もなく暖い部屋に案内されたのだが、広間をさらに見回すと、部屋は貧者と富者が別々に使う低い長椅子と仕切り部屋とが四周をとりまいて設けられている。広間のあちらの端には高いタオル干しの木枠があり、また、慣習が秀れたところでは、追加のタオルの列が広間を横断して、高いところに架けられている。

私は小部屋に入って衣服を脱ぐ。ここへは誰も立ち入らないから、自分の服をたたんで包む必要はない。しかし私が見たのは、一五二〇年にバッサーノが描いた仕方とまったく同じように、二人の兵士が自分の服をていねいにたたんで包み、その上に帽子を置いたことである。そのとき私はタオルを腰のまわりに巻き、足を木沓の帯の中に突っ込み、第二の部屋すなわちローマ風の低温浴室に摺足で進んだ。ここでは温度の上昇が明白に感じられ、かなりの程度に蒸気が立てられているが、間もなくその空気には馴染んでしまう。部屋の中央には温湯の給水盤があり、頭に水をかけるための大形の銅製の金盥《かなだらい》が置かれている。しかし、それは入浴後に使うので、今使うものではないと教えられた。私は、第一室のわずか半分の大きさで、丸天井のついた部屋を回って通り過ぎた。

左右両側に、入口のついた小部屋が並んでいる――いくつかは按摩《あんま》用と脱毛用で、その他は、厠用である――。〝手順を正しく踏もう〟ときめた者はここで按摩を呼ぶが、按摩はすぐ餌物を離れたところに連れてゆく。（＊その場所には）エスキ・カプリジャでは普通ビザンツ式列柱の間の一隅が選ばれるが、エニ・カプリジャでは広さはそれほど重視されなく、気の向くままの小部屋を選んで使う。私はすぐさま小さな大理石の浴槽に入れられ、約二〇分間我慢できないほど熱い湯で茹でられた。それから大理石の板台の上に連れてゆかれて、強い力のマッサージをされた。マッサージは手袋をつけたマッサージと、素手のマッサージとの二部分からなっている。第一のはごく快いもので、初心者は乾いた皮の丸棒と按摩師がとくとくと見せびらかす垢とに興をそそられる。次に手袋をはずして、力一杯の按摩が始まり――弱いものなら骨も砕けるような力を加えられる。力を籠めた指が肩甲骨にひびができるほど喰い込み、脊椎がきつく押されるので、客は声を出すのを辛うじて我慢し、何かシッペ返しをしたいという考えを起こす。実際私はそのときまでに按摩を友人ではなく、私にもわからない何かの理由で、できれば私の骨を取り除いてしまおうと決心している悪魔だと考えるようになっていた。しかも、苦痛はさらに続く。腕は伸びるかぎり一杯に引っ張られ、足も同じようにされた。両方ともが力一杯に扱われたので、私は腕と足が体からもぎとられていないのを知って驚いたほどであった。誰もが（*限りない苦しみを課された）宗教裁判の犠牲者に対する同情心を、たしかにこれまで懐いたことのないほど深められたろう。

しかし、これで最悪の事態は終わり、次の過程は天辺《てっぺん》から足の先まで全身を泡だてて洗う、ひどく安堵感を催させるものであった。私はここで自力回復に向かわせられるのだが、徐々に常態を回復するのに、驚きとともに、満足もした。そこで、私は第三の一番熱い部屋に進むように促される。エニ・カプリジャでは蒸気の抜け口がないので、ことに温度は熱過ぎた。この部屋に踏み込むとすぐ、私は——畏ろしさではないまでも、好奇心と羞恥心の混じりあった——ひどく奇妙な感覚を味わった。万事が今までとは一変した感じであった。空気が今や重くなった。人影が冥界の影のように横たわったり、のろのろと動いたりしている。私はユリシーズやエーネアスと同じように、蒸気の籠った薄暗闇の中で見え隠れする奇妙なおし黙った妖怪を、誰なのかといぶかしんだ。突然銅の水鉢のががらいう音、摺足で歩く木沓の騒音、泳ぐ者の水をはねる音などが、私の感覚を呼び戻した。そんな中にいるのは始めてだと気づいた異様な事物に私の眼がだんだん馴れるにつれて、私は部屋を見回し、その中に何かあり、次に自分が何をすべきかを考えられるようになった。というのも私はすでに一人にされていたからだ。私はただ押し込まれて、手を放された。

しかし、そうなっても私は、私がどこか地上でない場所におり、心ならずも何か間違った動きか行動をしており、私の無知と醜態を知った人々が浴びせる蒸気のような空虚な哄笑に晒され、神経質な恐怖にとらえられているという幻覚を、どう努めても拭いきれなかった。しかし、すべてはまぎれもない幻想であった。私がその部屋の中に踏み入り、中央の大理石造りの円形の浴槽の縁をそろそろと回って進んで、床上に俯せて横たわったり、片方の隅にうずくまったり、また壁沿いの副浴槽の傍に坐っていたり、摩術師の術で、等身大に拡大されたギリシア壺の絵にある人のように全世界を覗き見ようとして壁沿いの給水盤の上にかがみこんでいたりする、裸の人たちの傍を通り過ぎた。時間は停止してしまい、年老いた怠け者のように、私は明日のことは考えず、この浴場でのみ与えられる快い満足感と弛緩心の一杯になった異様な感覚を味わい始めていた。すこしでも動こうとすればヘラクレウスほどの努力を必要とするが、私はだんだん浴槽の近くににじり寄り、ゆっくりと浴槽に身を沈め、そこで煮える湯の中を泳いでいるような異常な感覚を味わった。（*これを抜け出そうとする）努力が私を昏迷から蘇らせたし、私が二番目の部屋に戻ったときには、そこは前に比べると冷たいように感じられた。ここで私は一鉢のぬるま湯の助けでだんだん体を冷やし、部屋の遠い隅の方に進んで、そこで、ここまで付けてきた赤いタオルを脱ぎ、三枚の新しいタオルを受け取って体にまとい、四枚目のタオルをターバンのように頭に巻き、五枚目のは、まだ手に持って顔面に吹き出る汗を拭っていた。

こうして入浴の効果がやってくる――肉体的満足感、清潔感、新鮮感は、生ある者の境界を越えて、天上の高さに押し上げるように感じられた――。私は自分の休息室に王者のように横たわり、東洋風そのままに手を叩いて、煙草とコーヒーを求めた。面倒なことも災厄も忘れ去った。煙草の煙が頭上の大空間に巻きあがったとき、私はただこの近代的供物の煙が、私がその裾に横たわっているオリンポス山のゼウスの巨大な住宅の玉座に届くように祈っていた。

11 第三宮殿域

玉座の御殿

大摑みにいって、第三宮殿域の広さは第二宮殿域のわずか半分ぐらいである。そこには、「宮廷学校」（今日の博物館）、君主個人の「宮廷財宝庫」、「預言者の外套と遺物の御殿」、モスク（今日の新図書館）などの、数々の建物が建てられているが、ことに二個の別棟の建物――すでにたびたび述べているアルズオダス（*玉座の御殿）とアフメト三世のキュテュプハネシ（図書館）と――がある。

私は最後の二つの建物のことを、まず説明したい。

アルズオダス（*玉座の御殿）は平屋造りの矩形の建物であり、建物の四周全部をとりまく大理石の列柱で支えられた庇の深い屋根を付けている。列柱は全部で二二本あり、大部分は大理石造りであるがいくつかは花崗岩製である。

地面が「幸福の門」から緩やかに下降しているので、アルズオダスの背面（*東北面）は階段を必要としている。階段は、両側についているが、一二段ほどある。建物は、ムスタファ二世、アフメト三世、アブデュル・メジトの治世毎に改修を重ねたが、メフメト二世が建てたときの総体的構造は保持されているし、建物の一部には一五世紀期の部分があるといわれる。建物の内部は大小二つの部分に分けられている。大きい部屋はハレム側にあって、実際に謁見に使われた「拝謁の間」であり、小さい方は明らかにスルタンに謁見を乞う外国の大使や要人用の控え室に使われたが、その壁も当初は金・銀張りの鏡板でできていた。「拝謁の間」は第二期タイルの秀れた壁面を多分にもっているが、とくに目につくのは素晴らしい暖炉で、ボンはこの暖炉を、〝全面銀板張りで、金で縁どった〟と書き留めている。さらにここには、興味をそそる段瀑状の泉水盤があり、段瀑は宮殿での伝統に従って、侍臣たちに会話を聞かれぬために、一つの水槽から次のに落ちる水の音が、君主の声を遮るように配置されていた。前の方の章で述べたように、玉座は背の低い四柱式寝台と形容するのが一番似つかわしい。玉座は今日でも柱と天蓋に華やかな装飾の一部をとどめていて、金飾りと宝石で重みをつけた、細く綯《な》った絹糸の房が垂れているが、昔はスルタンの頭上に下がっていたものである。玉座は部屋の左側の隅に置かれ、暖炉が左手、段瀑状の泉水盤が右手に設けられていた。

タヴェルニエによると、*玉座には八枚の異なった掛布があり、財宝庫（*ハズィネ、平面図105番）に収められていて、陛下の望みでそこから持ち出される。一枚目は真珠でふちどりされた黒色ビロード製、二枚目は溝や玉受けにルビーやエメラルドをはめた白ビロード製、三枚目はトルコ石と真珠を鏤めた深紅色のビロード製、他の三枚は金で刺繍した色違いのビロード製、最後の二枚は金糸を織りこんだ緞子製であった。一つ一つの掛布は大使の格の差に応じて取り替えられた。

＊『新物語』三八頁

玉座の御殿

遠征の間．現在は陶磁器コレクションの展示室をなす

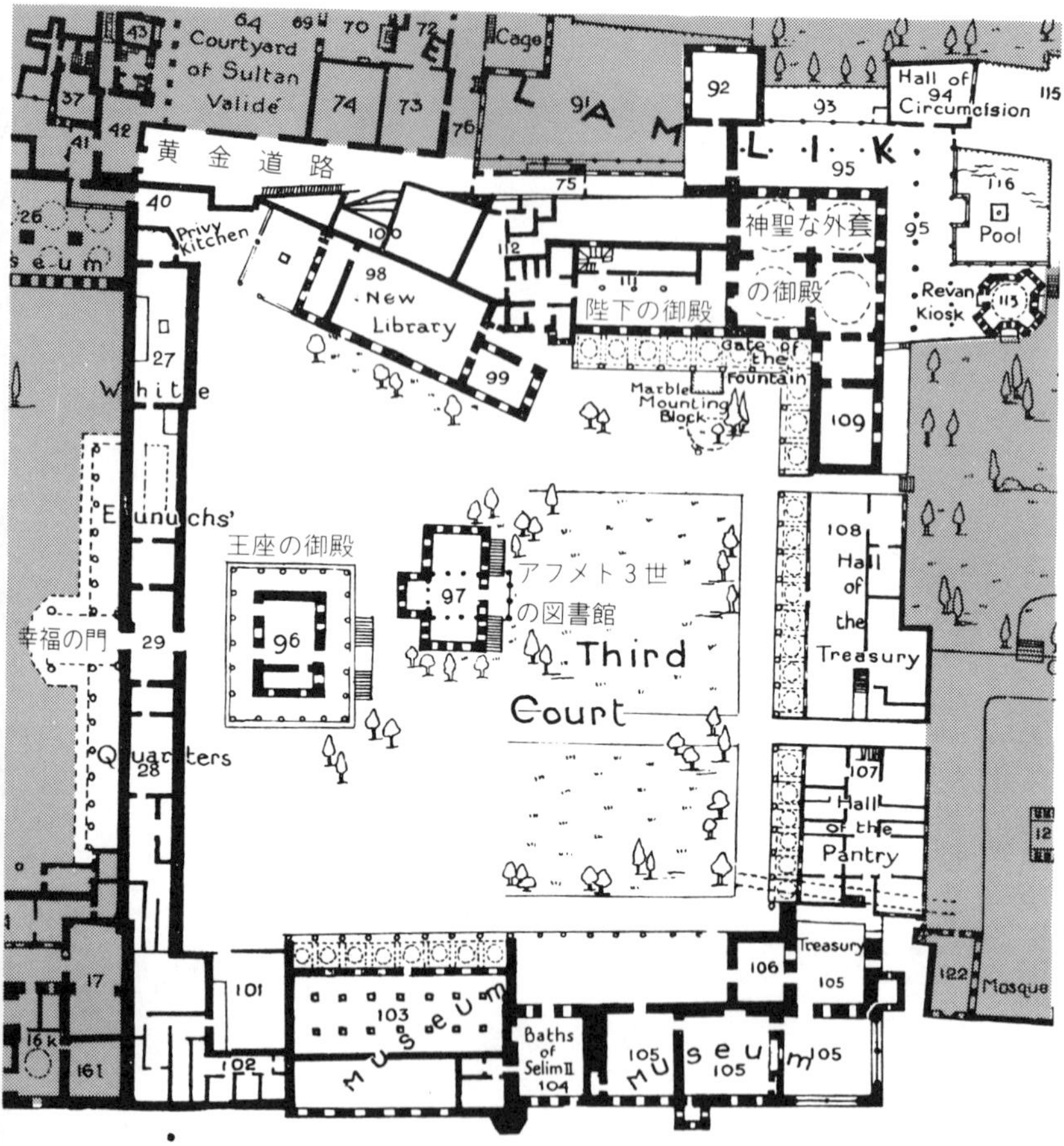
Courtyard of Sultan Validé
Cage
黄金道路
Privy Kitchen
New Library
Hall of Circumcision
Pool
Revan Kiosk
神聖な外套の御殿
陛下の御殿
Gate of the Fountain
Marble Mounting Block
White Eunuchs' Quarters
王座の御殿
幸福の門
アフメト3世の図書館
Third Court
Hall of the Treasury
Hall of the Pantry
Treasury
Mosque
Museum
Baths of Selim II
Museum

第3宮殿域

27 白人宦官の館
28 白人宦官頭のスウィート
29 幸福の門
92 セラームルクの接見室
93 ガラスの壁で囲まれたテラス
94 割礼の間
95 神聖な外套の御殿の列柱の広間
96 玉座の御殿
97 アフメト３世の図書館
98 新図書館
99 学生の閲覧室　旧アフメト・モスク
100 ハレムのモスク
101 中庭（タシュリク）
102 管理所長の宿舎，旧セリム２世の浴場湯沸し室
103 遠征の広間（現在陶磁器コレクション室）
104 セリム２世の浴場（現ガラス器・銀器コレクション室）
105 宮廷財宝庫（現セラーリオ博物館）
106 大使の財宝庫
107 食器の広間
108 財宝の広間（現在博物館収蔵庫）
109 聖器収蔵庫
110 神聖な外套の御殿

二つの部屋の間の通路にある、ほれぼれとするような壁面給水盤のことは省けない。左手に、上部に陛下のトゥグラ（花押）を付けた美しいタイル張りの鏡板をもっている。

アフメト三世の図書館

アルズオダスのすぐ奥でやや左寄り、すなわちハレム寄りにアフメト三世のキュテュプハネシ、すなわち「図書館」がある。数人の専門家はこの建物はムスタファ三世によって一七六七年に建てられたといっているが、おらくその場所には、それまで古い建物が立っていた。アフメト三世の図書館は十字架形の建物で、両側に分かれて付いた石段を使って昇り、美しい青銅製の扉を開けて、張り出しをもつ前室に入る。この入口に正対する張り出しは奥の壁面をなしており、窓をもち、裾に長椅子が置かれ、壁の上部はタイル張りになっている。両側の二つの張り出しは他の二つよりやや広く、壁はタイル張りであるが、壁の前にガラス扉の付いた大形書棚を置いている。高い丸天井を一二本の大理石の柱が支えており、天井から大きな灯明が吊り下げられている。火桶、コーラン書見台、風変わりな椅子、腰掛、二、三の書棚、広い絨毯、数枚の敷物などで、図書室の家具は全部である。蔵書そのものについては誤った説明もあるが、最近の調査によれば写本（それは全部で約五〇〇〇部にのぼる）中には、とくに価値高いものは何も見つかっていない。* ガスリーによると、最上のものは、コンスタンティノープル陥落を語った唯一のギリシア語原本であるクリトブーラスの写本である。

* F・ブラス著「コンスタンティノープルの旧セライル所蔵のギリシア語とラテン語写本」『ヘルメス』誌第二

レヴァン・キオスク．神聖な外套の御殿に続く

三巻（ベルリン、一八八八年）二一九–二三三頁。ステフェン・ガスレー著『コンスタンティノープルの旧セラーリオ所蔵のギリシア語写本』一四頁の小冊子（ケンブリッジ、一九一六年）。C・P・ウェグレールス著『ギリシア語入門』の五〇号、一七二–一八二頁。およびとくにD・A・ダイスマン著『セライでの調査と発見』（ベルリンおよびライプチッヒ、一九三三年）などを参照。

チャールズ・ホワイト*は一八四五年に著したこの図書館の概説中で、蔵書は首都のどの図書館よりも多領域にわたっていると述べている。その図書目録をみると、金属用紙に書かれた『アンタルのロマンス』の豪華本、サーディー著『グリスターン（*薔薇園）』の豪華本などを含む、あらゆる分野の主題にわたっている。また幾人かのカリフの転写したコーラン、大判の布地の巻物に描かれたスルタンの肖像のコレクションなども所蔵している。スルタンの肖像は、スルタンたちとその多数の子供たちの各人について、口上や頌詞をつけた肖像の原作を載せた四つ折判本からとられたものである。

＊『コンスタンティノープルの三年間』第二巻、一九二頁。

図書館は公開されていないが、私の見たかぎりでは印刷本はほとんどまったくない。書籍は今日では、この中庭の西側にある元の宮廷学校用のモスク（平面図98番、*新図書館）の建物内に納められている。思うに、アフメト三世は一七一九–二〇年に、モスクとカフェス（*幽閉所、平面図90番）の中間のどこかに、私用の図書室を建て、貴重な写本をそこに収納したようである。この図書室がアフメト一世のそれ（平面図88番）と何か関連をもつかどうかは、私には何ともいえない。

セラーリオにはいつも二種の主図書館、一つはスルタン用、一つは侍臣の利用する一般用のがあったようである。

セラーリオの二棟の図書館についての私の知りうる最古の叙述は、前に第二章で引用したヒエロソリミターノの写本（一六一一年）に載っている。これらの図書館の一つは〝公共用〟と称されて男性の館の側にあり、他のものは個人用として〝その奥側〟にあった。その一般的構造はアフメト三世の図書館にごく似ていたようである。ヒエロソリミターノは述べている。〝両側に、ガラスの扉をもった戸棚が二つあり、そこにいつも彼（スルタン）が読もうとする二ダースほどの金文字の書物が納められている。戸棚はひどく低いものなので、人はトルコ風にしゃがみこんで透明なガラスを透して本を見分け、簡単に本を取り出して読んだ。それぞれの戸棚の上には扉のない棚があり、これに毎週水曜日に貨幣を一杯詰めた三つの財布が置かれた。これは鋳造したての金貨を容れた財布が一つと、銀貨の財布二つで、贈与と布施に宛てられる。

戸棚の背後にあって係員と侍臣とが住んでいる図書室には、諸国語の種々の非常に美しい本が納められている。その中にはとくにコンスタンティヌス大帝に関する一二〇種の著作、横二エル（＊一エルは一一・五センチ、すなわち二三センチ）、縦三エル余（＊三四・五センチ）――絹のように薄い皮紙――のものがある。また新約聖書、旧約聖書、その他の歴史書、聖者の伝記の、いずれも金文字で書かれ、最高価格の宝石を象眼した銀表紙のものがある。何人《なんぴと》もそれには手を触れられない。＊

＊　フォリオ版、一〇四頁

一時セラーリオにはその他に多くの小図書室が存在した。それは各オダ（＊〝部屋〟の意、〝部局〟に当たる）がそれぞれの図書室をもっていたからである。かなり最近まで、アルズオダス（＊玉座の御殿）の前室にはごく多数の書物や写本が所蔵されていたが、ようやく数年前に全部の書物を一つの図書館に集めて、近代的方式で管理する方針がとられた。

ちょうど第三宮殿域に入った左手にある「宮廷学校」用のモスク（アガラル・ジャミ、*平面図98番）がこの新図書館（エニ・キュテュプハネシ）に充てられ、これに続いている小形のアフメト・モスク（スルタン・アフメト・ジャミ、*平面図99番）が立派な閲覧室（ミュタレア・サロヌ）に変更された。学生は、閲覧室で、この新総合図書館が所蔵するといわれる一万二〇〇〇巻の書物を自由に閲読することを認められた。この建物は矩形の赤煉瓦造りで、円筒状の丸屋根を戴いている。二階の窓から光が射して、明るさも十分である。古い泉水盤を中央に据えた低いセメントの囲壁が最近西端に建てられた。

建築学的見地からこの建物を調査研究したハリール・エドヘム*によれば、平面構造が当初矩形ではなく四角形をしていた新図書館は、中心に丸屋根をもち、それより低い小さな丸屋根が四方の側面に付いていた。

* 『スタンブールのわれらのモスク』（イスタンブル、一九三四年）五四頁

新図書館のすぐ背後にハレムのモスク（*平面図100番）があるが、この両者は格子窓付の壁で接続していた。

宮廷学校

宮廷学校の役割

第三宮殿域はまとめて「神聖な（*預言者の）外套と聖器収蔵庫の御殿」と呼ばれる建物群の他は、宮

廷学校用に使われたもので、種々の広間・宿舎・教室・浴場などからなっている。
　これらの今日残っている宮廷学校の建物は、すこぶる大幅に改築が行なわれたので、この特異な国政用軍事学校の歴史を予め熟知していないかぎり、研究者は今日見る建物から古いものを建築学的に復元することのむずかしさを感じずにはいられない。要約していえば、宮廷学校の元の各オダ、すなわち各「室」は現在、陶磁器・ガラス器・衣裳などの蒐集品所蔵室か、または博物館の管理部用に使われている。たとえその全部の調査をなしえたとしても、二階を取り壊して天井が高くされたとか、その他類似の改造が行なわれたとかで——おそらく、いわゆるセリム二世の浴場（*平面図104番）を除いては——現在の区画が昔の記述のどれにあたるかを確認することはむずかしい。同時に必要なことは、宮廷学校の運営の概貌を摑むことである。宮廷学校はセラーリオの諸機関の核心部分を構成し、ハレムの諸規則の弊害を大幅に阻止するという望ましい影響力をもったものである。宮廷学校についての最も秀れた現代の著述は、疑いもなくA・H・リビエール教授*とバーネット・ミラー博士**のものであるが、それはスパンドギノ、ジュニス・ベイ、ランベルティ、ゲウフロワ、ナヴァゲロ、メナヴィノのような人たちの一六世紀の記述を総括しているものである。

* 『スレイマン大帝時代のオスマン帝国の政府』七一―八九、一二六―一二八頁
** 『高貴な門の彼方で』四七―七一頁、および『マクドナルド献呈本』三〇五―三二四頁中の論文「トルコのスルタンたちの宮廷学校の教科課程」

　宮廷学校についての最古の記述はアンギオレッロ（一四七三―八一年）のものであり、最も詳しい説明はボボヴィ（一六六三年）のものであろう。* それゆえ私は上記のような（*改修の大きい）点を考えて、こ

こでは現在もなお第三宮殿域に建っている建物に関心の大部分を傾注し、宮廷学校の説明は簡略にしておきたい。

* 大英博物館、ハール写本集、三四〇九号

私は第4章で、ジャニサリ軍団の発生の実態を説明して、この組織の顕著な特徴は、キリスト教徒の児童を徴発し、それらを強制的に改宗させて、その職務のための特殊な訓練を加えた者で構成した軍団であることを解明しておいた。このジャニサリ軍団の全部が一時に成立したわけではない。初期のスルタンたちは、購入したか、捕虜から得たかした奴隷で、一種の親衛隊を編成したが、親衛隊の規模が拡大するにつれて、単一の集団でなく、数個の異なった師団に分けて編成し、訓練を行なった。各師団では、個々人に肉体および精神状態を披露させ、それぞれを技倆の熟達度に応じて、専門の師団に編入した。

こうした中で、眉目秀麗で、逞しい肉体をもち、素質と教育の秀れた子弟が、スルタンの宮廷の近習、またはシパーヒ・オウラーン、すなわち常備騎兵部隊の最高級の隊員として訓練をうけるように指名された。陛下の近習の学校は、最初アドリアノープルにあり、おそらくブルサにもあったが、コンスタンティノープルを征服し、セラーリオの丘の宮殿を建造した後、当時の最高度の教育を受けた人であるメフメトが、大規模な国立学校をここに設立しようと決心した結果形成された。その学校では、完全な知的教育と十分な軍事訓練ならびに肉体の完璧な発達を両立させる教科課程が施行された。この点でメフメト自身以上の、秀れたかつ適切な庇護者であり人間的手本である人は見出せなかったであろう。というのも、彼は第一流の言語学者・歴史と哲学の研究者であるだけでなく、万人の認めた戦術の師匠と兵

器の操縦者であった。したがって、陛下の近習を訓練するこの国営の学校は、当時のヨーロッパでも並ぶもののない教科課程を備えていた。

非イスラム教徒少年の徴用

宮廷学校には、教育史上で特説に値する独特の数種の秀れた要素があった。第一に、全組織中に一人のトルコ人もいなかった。少年には、オーストリア人、ハンガリー人、ロシア人、ギリシア人、イタリア人、ボスニア人、ボヘミア人、およびドイツ人やスイス人だけでなく、ジョルジア人、シルカシア人、アルメニア人、ペルシア人なども含まれていた。しかも肝心なのは、彼らがすべて奴隷であり、したがって国籍も家族ももたず、将来の望みも薄い者で、得られるものは、今仕える君主で主人であるスルタンの供与するものだけという環境にあったことである。ひとたび君主への忠誠が明白に確立されると、この高度に訓練された若者集団が無限の価値をもつことが明らかとなった。彼らは不断に拡大する帝国の官職要員を充たしたのみでなく、時とともに手強さを増してきたジャニサリを抑える上で、君主の後楯となったからである。

第二に、訓練が長期の苦難なものであった上、学校と生徒の関係が生涯を通じて不可分のものとなっていた。現代では大学生は学部の一つを卒業した後なんらかの専門の職業に就くか事業を始めると、事実上大学との結びつきを失ってしまう。彼が公立の学校を去り、教育が終了した後は、彼のもつ大学との唯一の繋がりは学校の卒業生という縁だけである。現在一人の青年が陸軍か海軍で生涯を送ろうと決心したなら、彼はサンドハーストかダートマスへ行かねばならず、そこで彼は一般的・宗教的・文化的教育を自分で選択して履修せねばならない。しかしトルコの宮廷学校の場合は、教育——精神的・肉体的・宗教的の——は、不断に全領域にわたって施される。宮廷学校は、私立学校・公立学校・大学であり、陸軍士官学校と海軍兵学校の統合されたものであった。もっとも、セラーリオ中には全生徒を収容するに足る教室はなかった。そこはわずか五〇〇人ないし八〇〇人のイチュ・オウラーン、すなわち「宮廷青年」と呼ばれた者を収容しただけであった。アドリアノープルとガラタの宮殿がいわば〝校外学校〟として使われ、それぞれ三〇〇名と四〇〇名の生徒を収容していた。ここの生徒は明らかにセラーリオの生徒より程度が低いと考えられ、その学校は予科校と見なされ、十分な成績を挙げた者だけがイチュ・オウラーン（*宮廷青年）に進級できた。さらにまたセラーリオの二つの広間隊——「大広間隊」と「小広間隊」——も予科的とされた。〝校外学校〟は上級中等学校として設けられたようで、その生徒は概してセラーリオに進むことはなく、卒業生は何かの下級の官職に登用されるだけであった。

宮廷学校の編成単位

セラーリオのオダ（*部屋、したがって隊）はメフメト時代は四つであったが、アフメト一世の治世の末年（一六一七年）までに六つに増やされた。オダの名称と機能は以下のようであった。

(1)ハス・オダ、すなわち「陛下の御殿隊」（ハス、すなわちハースは〝適切な〟〝純粋な〟ないし〝私的な〟という語意をもち〝陛下の〟という意味となった）。最高位の最も専門的集団であり、成員は三九人おり、スルタン自身が四〇人目をなしていた。セリム一世の時代から、彼らは「神聖な（預言者の）外套」の御殿にある神聖な遺品の警護者とされた。

(2)ハズィネ・オダ、すなわち「財宝の広間隊」。これは内廷のハズィネダール・バシュ（＊財宝庫頭）すなわち白人宦官の統轄下におかれ、六〇人ないし七〇人からなっていた。任務はスルタンの財宝庫の管理で、すべての支払いとその記帳を行なった。

(3)キレル・オダ、すなわち「食器の広間隊」。これはセラーリオの厨房業務を統轄するキレルジ・バシュ（＊食器長）の指揮下に置かれた。この学校の収容者数は増減があったが、平均して七〇人ないし一〇〇人であった。彼らの任務はスルタンの食膳の監視であり、スルタンが宮殿を離れるときはいつも随行した。

(4)ビュユク・オダ、すなわち「大広間隊」で、当初はエニ・オダ（＊新広間隊）と呼ばれていた。名称の変化は明らかにスレイマンがキュチュク・オダ、すなわち「小広間隊」を創設した結果生まれた。この大小の二広間の隊は、ともにもっぱら近習の教育だけに使われた。前述三個の広間に所属する栄誉ある地位は、ここでの成績に基づいて授けられた。

(5)キュチュク・オダ、すなわち「小広間隊」。前記の部屋に追加されたものである。大小両広間隊ともイキンジ・カプ・オウラーン、すなわち「第二の門の近習」の管轄下にあった。大広間隊の人数は当初一〇〇人と二〇〇人の間であったが、後には四〇〇人に増加された。そのとき小広間隊は約二五〇人のイチュ・オウラーン（＊宮廷青年）を擁していた。両広間隊とも一八世紀末には（＊制度近代化の結果）廃止された。

(6)セフェルリ・オダ、「遠征の広間隊」。アフメト一世*か、約一二年後即位したムラト四世**かによって制定された。この広間隊は地位の序列では実際に第三のキレル・オダ（＊食器の広間隊）に次ぐもので、その兵力（七〇人ないし一五〇人）を大広間と小広間の隊から抜擢した者で維持した。セフェルリ・オダ（遠征の広間隊）の近習は、スルタンの遠征用の衣服の洗濯と軍楽隊の管理との二役を担っていた。私は以前にこの広間隊といわゆる「セリム二世の浴場」との結びつきについて語っておいた。これらの最後の三つの広間隊には、サライ・アガス（*宮殿の司令）、すなわち全宮廷学校の副監督が最高指揮権をもっていた。

* ミラー『高貴な門の彼方で』五六頁

** リビエール『スレイマン大帝時代のオスマン帝国の政府』一二八頁、注一

アドリアノープルとガラタにあったと前に述べた補助的学校の他に、スレイマンの宰相イブラヒム・パシャが創設し、彼の名の付けられた第三の学校があった。これとアドリアノープルの学校とはスルタン・イブラヒム（*一六四〇-四八年在位）が廃止したが、ガラタのはその後も引き続き使われていた。セラーリオの近習の総数は三〇〇人を下ったことはなく、九〇〇人以上のこともあった。一四年以上にわたる勉学の普通の課程は、すべての広間に共通するものとしてトルコ語、アラビア語、ペルシア語があり、副科目として皮革細工、弓・矢・箙《えびら》作り、鷹狩、犬の飼育、音楽、洗髪、爪磨き、理髪、ターバンの洗濯などが、多数の者から選択種目として履修された。報酬は給与の形で常時与えられたので、上達を鼓舞するあらゆる方法がとられた。メナヴィノはエニ・オダとビュユク・オダについて述べて〝これらの少年は〟

第一年目は毎日の手当が二アスペル、第二年目に三アスペル、第三年目に四アスペルと、その手当を毎年引上げられた。彼らは、年に二回真紅の外套と夏用の白服の何枚かを与えられた。*

＊『衣裳概論』九一頁

訓練は厳しかったが、笞の使用は一日一回にとどめられた。近習は日夜を通して白人宦官の監視下におかれ、不自然な関係を阻むあらゆる予防策が講じられた。数人のスルタンが少年を寵愛するか、女性と少年の双方を愛したことはよく知られている。ジェノアの聖ジョルジュ銀行の文書館にある次の記録は、この問題にいささかもたれた疑念のすべてを払拭しよう。

彼ら（白人宦官）は、ひからびた老女のように何でも欲しがったし、大部分は痩せて皺くちゃであった。彼らの任務は、大君が威儀を整えて外出するときに扈従《こじゅう》することと、白人近習たちの間の秩序を維持させることであった。白人近習は、大部分、両親のもとから徴発されたキリスト教徒の若者であり、徴発される者の数は年々三〇〇名ないし四〇〇名にのぼった。これらの少年のある者はごく眉目秀麗で、豪華な衣服を着用させられていた。彼らの顔は赤色で、眉は墨を塗ってつなげていた。ひどく奇妙な行為が語られているが、そんなことはここでは日常茶飯事で、誰もさほど気にしていない。

ライコートはこの問題に短い章を割いて語っている。近習たちは自分たちだけに通じる合図の言葉を工夫して、情熱を吐露した。しかし露見したときは死にかねないほどの笞打刑を加えられ、セラーリオから追放された。想起してもらいたいのは、ハレムがセラーリオの内に移転し始めたのは一五四二年頃からであり、その時までは第三宮殿域内のすべての建物はスルタン自身と宮廷学校用に使われていた。この事実は、ハレムが中心宮殿域から隔てられた居住者の多い場所に置かれた理由をなしていよう。

宮廷学校の六つの教場は、いずれも固有の広間、宿舎、教室を備えていたが、さらに音楽学校、二つのモスク、幹部と近習頭などの共用部屋、管理室、セリム二世の浴場、アフメト三世の図書館などが建てられて、建物の数が増加した。これらの建物の大多数は一六五四年と一八五六年の大火とともに消失したが、平面図を一瞥すれば、今日残っている次のものを正確に知ることができる。

遠征の広間の美術品

以前に検討した図書館と、後に述べる「神聖な外套の御殿」を別にすると、現存する最古の広間はセフェルリ・コウシュ、すなわち「遠征の広間」(平面図の103番、コウシュは〝広間〟を指す近代的用語で、オダはむしろ〝会議室〟ないし〝学校〟を意味していた)である。この部屋は、その奥にある部屋とともに、浴場の一部であったが、今日は高価な中国陶磁器の蒐集品を収蔵している(チニ・ハズィネシ)。次の部屋(平面図104番)もまた浴場の一部で、今日では「銀器、ガラス器の蒐集品の展示室(ギュミュシュ・ヴェ・ビルール・サロヌ)」に使われている。宮殿域のこの辺にある他の五室は、宮廷財宝庫(*概ね税収以外の財宝を収蔵)を構成しているが、それのごく詳しい説明には宝石専門家のタヴェルニエ*を引用せねばならない。現在これらの部屋はセラーリオ博物館に転用されて、知りうるかぎりの種類の美術品、すなわち真珠とルビーを埋めた金造りのペルシアその他産の玉座から、茶壺、コーヒー・セット、時計、机用家具、短剣、煙草パイプ、巻煙草用パイプ、手洗用品、チェスの駒、インキ壺、東洋的書道の手本、針仕事用品、象牙彫刻、鼈甲象眼細工、その他数えきれないくらい多数の器物を収蔵している。ここは各種のコレクションを説明する箇所ではないが、有名な陶磁器のコレクションについて二、三述べておきたい。

宮廷財宝庫についてはいろいろ喰い違った説明がなされてきたが、最近ようやく実態を知ることができるようになった。直接蒐集品の展示方を監督したツィンマーマン教授の『コンスタンティノープルのトルコ博物館の逸品』が一九三〇年に刊行された結果であった。バルカン戦争後の一九一二年に展示品の配列を管理する委員会が設けられたが、世界大戦があったため展示品配列の完了には一九二五年までの歳月が流れた。次に出たのはセラーリオの官製案内書*に載った短い説明であった。最後に一九三四年に蒐集品を取り扱った二編の論文が出た。第一にR・L・ホブソン氏、第二にサー・パーシヴァル・デーヴィド氏の論文が『東洋陶磁器協会雑誌』に載った。二論文とも興味深いもので、それらから次にあげる短評を少数引用したい。

* 『トプカプ・サライ博物館報』六八頁以下。

セラーリオの東洋陶磁器は世界第三の大コレクションである。第一の世界無比のものは北京の紫禁城中にあるもので、第二はドレスデンのヨハンネウムのものである。したがって、熱心な研究者は研究を完成するためにイスタンブルを訪れる必要がある。というのも研究者はここで他で見られない素晴らしい見本を数多く見出せるからである。

サー・パーシヴァル・デーヴィドによると、イスタンブルにある中国陶磁器に関する最古の記録は、バヤジト二世の治世中の一五〇四年に作られた宮殿の財産目録中に載っているものである。これには二一品目が載せられているが、それは当時のほとんど全品目を網羅していた。もう一つの財産目録がセリム一世治下の一五一四年に作られたが、これにはタブリズのヘシュテベシュト宮殿から持ってきた六二の品目を記載している。コレクションはスレイマン大帝（一五二〇 - 一五六六年在位）の即位後大規模のものとなった。増加はスルタン自身の中国陶磁器に対する関心から生まれたもので、征服とかスルタンの愛顧を求める外国使臣の献上品で大量に追加された。陶磁器についてのその次の記述は一六八〇年まで欠けているが、この年中国の器物の大量のコレクションが一部はハズィネ（財宝庫、*宮廷財宝庫の略、以後同じ）に、一部はミュトファカト（厨房）に納められたという記録が見られる。

アブデュル・メジト（一八三九－六一年在位）の治世には、コレクションは財宝庫の穴倉に収納されており、ついでその一部がアブデュル・ハミト二世（一八七六－一九〇九年在位）によってイルディズ（*星の宮殿）に移された。しかし彼の廃位とともに全部がセラーリオに戻された。現在のコレクションは約一万点からなっている。そのうち一三〇〇点は青磁で、青磁以外の明代の陶磁器が三〇〇〇点あり、その他は明以後の時代の中国と日本の陶磁器である。トルコがペルシア、シリア、エジプトを征服したことで、当然コレクションは大幅に増加した。青色・白色の陶磁器がこのことを証明している。興味のあるのは、非常に多数の青磁の皿がセラーリオで日常使われたことである。この青色が選ばれたのは、その色が食物中の毒の存在を露見させるという、近東特有の迷信からだとされる。

コレクションの大多数は明朝（一三六八－一六四三年）のものであるが、元朝（一二八〇－一三六八年）と宋朝（九六〇－一二七九年）双方の秀れた作品も多数みられる。

食器の広間と財宝の広間

宮廷学校の建物の点検をつづけると、第四宮殿域の一番奥、すなわち東北側のほとんど全部を占めるすこぶる大形な二棟の建物に行きつく。その一番目はキレル・コウシュ、すなわち「食器の広間」であるが、これは現在セラーリオ管理部の事務所に使われている。私はここを二度訪れただけであるが、館長は親切にも私が平面図に挙げたいろいろな部分を案内してくれた。建物の内部装飾は改修の結果全部変化しているが、当初はすべてが現在のより簡素な状態であったにちがいない。ミラー博士は、メナヴィノ、バドアロ、ボボヴィなどの文章を引用しながら述べる。〝ここには次のものが収納されていた〟あらゆる種類の薬品、すなわちとりわけ強力な解毒剤、エジプト、アラビア、インド諸島から運ばれてきた珍稀で高価な香辛料、香水、セラームルクとハレムと宮廷モスクで灯明に使うワラキア産の大形蠟燭、大量のジャム、マーマレード、その他の砂糖菓子、二つのシャムリジャと古い宮殿の聖シモンの泉から持ってきた貯蔵飲用水、多種の宮中飲物の基礎となる「大カイロ」で注文製造された甘美なシロップ、愛好されたある種のシャーベット*の材料の一つとしてイエメンのパシャから送り届けられた竜涎香の大塊。

* 『高貴な門の彼方で』二一三頁

次の建物はハズィネ・コウシュ、すなわち「財宝の広間」（*平面図108番）であるが、キレル・コウシュ（*食器の広間、平面図107番）との間は、第三と第四宮殿域を繋ぐ通路で隔てられている。前に述べたように、これはハス・オダ（*陛下の御殿、平面図111番）につぐ最高格式の広間である。現在これは選別室と博物館倉庫とに使われ、当然一般に公開されてはいない。

宮殿域の北側を塞ぐようにエマーナト・ハズィネシ（聖器収蔵庫、*平面図109番）がある。これは早くはキリチュダール（またはシリフダール）すなわち「太刀持ち」が使い、後に「神聖な外套の御殿」の収蔵庫として使われたものである。建物は大形の正方形で、一番奥は四部屋に分けられている。「御殿」についてはすぐ後ほど語りたい。エマーナト・ハズィネシ（聖器収蔵庫）の次に、新図書館（平面図98番）までの間に広がっているハスオダリラル・コウシュ（陛下の御殿の広間、＊平面図111番）とその付属室がある。最初の建物はレヴァン・キオスク（＊エレヴァン・キオスク）の隣に建っていたが、現在の御殿はアブデュル・メジトが一九世紀中葉に再建したものである。「陛下の御殿」の主室は大きな矩形の広間で、六本の柱で支えられ、「神聖な外套の御殿」への連絡路がついている。これには付属した数個の部屋があり、その中にこのオダ（＊隊）の職員頭のいる小さなスウィートと病院などがある。この病院は「陛下の御殿」の所属者だけが利用できるもので、その他の近習は第一宮殿域のより大きな病院に入れられる。

預言者の外套の御殿

御殿の聖物

以上で宮廷学校の建物全部について説明したので、ここでただ一つ残した「神聖な預言者の外套」の御殿について見てみなければならない。

遺品を秘蔵・崇拝することは、偶像崇拝の一形態で、イスラムの精神と抵触するものであるが、手に触れられる預言者の記念物を懐かしみ崇敬しようとする誘惑は、（＊イスラムでも）まったく消滅しているわけではない。しかし、そうした遺品の数はごく少なく（たとえば仏陀の遺品などと比べると）、またアラビアではなく、民衆の全部ないし一部がマホメット教に入信しているアラビア以外の国で見出される。こうして、インドのデカン地方のビージャプールでは「預言者の髭」二本が尊崇され、絶対開けられない箱に納められて保存されている。それからシンド州のロホリーでは一本の毛が、一七四五年に特別に建てられた神殿に据えられた、宝石を鏤めた堅い金製の箱に納められている。この毛髪は、年に一回開示され、巧みな仕掛けのからくりでひとりで立ち上がったり倒れたりする。さらに別の毛髪が、これは三本であるが、チュニジアの一番興味深い都市のカイルワーン（カイロワーン、またはカイルアン）のすこし北西にある有名な「調髪師のモスク」に保存されている。このモスクは、全然調髪師などではなく、預言者のただの信奉者の一人にすぎないアブー・ゼマアー・エル・ベルーイに献納されたもので、モスクの正しい名称は「教友シディのモスク」という。三本の毛髪は、二本がアブー・ゼマアーの遺体の瞼の上、一本が舌の下に置かれて、遺体とともに埋葬されている。彼が生前いつもそれを身につけていたので、何か不可解な間違いから、彼は預言者の調髪者と呼ばれるようになった。後に見るように、ムハンマドの髭の残りはセラーリオに置かれている。

預言者の有名な「足痕」は、仏陀の足痕と同じようにインドの多くの場所に存在するが、その大きさと形にはかなり差異がある。これらの比較的重要性の薄い遺品の他に預言者の「軍旗」と「外套」、それに数々の物語のからむ彼の「剣」とからなるカリフたちに伝えられた神器*が、かつてカイロに存在した。ところで一五一六‐一七年にセリム一世がシリアとエジプトを征服し、カイロの住民約五万人を凄惨な血祭りにあげて勝利を締めくくったとき、スルタンはカリフの称号のみでなく、これらの神聖な遺品を手に入れた。征服者の酷い残忍さは、彼の宗教的謙虚さと篤信を装う悔悛行動でもっぱら埋め合わされた。彼はすべての時をエジプトのモスクやその他の宗教施設の中で過ごした。預言者の軍旗、すなわち「サンジャク・シェリーフ」はダマスクスに送られて、年々のメッカへの巡礼**に携行されたが、他の遺物（それが何であったか正確にはわからないが）はコンスタンティノープルに持ち帰られ、そこに今日まで存在している。

＊ アッバース朝の子孫である傀儡のカリフは、シルカシア人出身のマムルーク朝君主のもとでカイロに名目だけの宮廷を営むことを許されていた。〝カリフ〟の称号（より正確にはハリーフ、アラビア語のハリーファであり、〝補佐官〟、したがって〝代理人〟を意味するハーリフではけっしてない）は、当初ムハンマドの四人の継承者が使った。称号はそれからダマスクスのウマイヤ朝の一三代続いたカリフに、ついでバグダードのアッバース朝の三七代のカリフに受け継がれたが、アッバース朝はフラーグ（マルコ・ポーロの伝えるフビライ汗の弟）に率いられたモンゴル人によって一二五八年に滅ぼされた。エジプトにいた名目だけのカリフは、カイロで実権のない主権を保ち続けたが、一五一七年にセリム一世が最後のカリフ、ムタワッキルに迫って退位させて、自分に位を譲らせ、自らと自らの子孫の手にその位を奪い取った時終焉した。

＊＊ 軍旗は一五九五年にコンスタンチノープルに到着した（後述三八七頁を参照）。

それら（＊の聖遺品）はすぐにセラーリオに持ち込まれ、収納する特別の建物が作られた。この建物は「ヒルカイ・シェリーフ・オダス（神聖な外套の御殿）」と呼ばれた。それゆえ七七年後に神聖な軍旗が加えられるまで、ヒルカ（＊外套）は一番重要な遺物をなしていた。

前述のように、そこにどの遺物が置かれていたかには、いつも大幅な意見の違いがあったが、どの説明も外套と軍旗については意見が一致していた。異論のあったのはより小さな品についてであり、それらが誰のものであるか——預言者自身のものか、〝四教友〟アブー・バクル、オマル、オスマン、アリーの誰のものか——は確かでないようである。一七世紀での一番秀れた、かつ信頼できる唯一の説明は、財宝庫に長年勤務した二人の人から話を聞いたタヴェルニエのものである。彼らの一人は、実際の財宝庫頭で、その資格上遺物にかかわる儀式に列席した者であった。タヴェルニエは外套、軍旗、印璽および二本の剣を挙げている。より新しい説明では、ホワイトのものが最上だと私は考える。ホワイトの目録では、外套、軍旗、髭、歯、足痕を挙げており、彼は最後のものを自分で見ている。私はここでそれらを一つずつ取り上げ、さらに詳しく説明しよう。

聖物の種類

〔ヒルカ・シェリーフ、「神聖な外套」〕

これは預言者が、改宗させようと望んだ六人の一人であるカアブ・イブン・ズヘイルという名の異教徒のアラブ人に贈ったものと信じられている。ムハンマドは〝コーランより立派なものがある〟と彼らが書くことを許さなかった。六人のうち五人はそれのできないことを認めて改宗した。しかし、ズヘイルは聖書（*コーラン）の批判を続け、砂漠中に逃亡して洞窟に隠れた。その後ズヘイルが前非を悔いて一詩を書いたが、その詩の傑作なのにうたれて、預言者は自分の着ていたハリーム（*禁域、メッカ）で織られた外套を肩からはずして、詩人の肩にかけて与えた。詩人は改宗して、預言者の最も献身的な信奉者の一人となり、彼の詩は「バーナト・スアード」（*「スアードは行ってしまった」）の題名で後世に伝えられた。外套は、詩人の子からウマイヤ朝の創設者であるムアーウィヤ一世に売られ、アッバース朝になってバグダードに移され、ついでカイロに移され、最後にセリム一世の手に落ちて、コンスタンティノープルに運ばれた。

外套は、緑・黒・白の縞模様の外套であると書かれてきたが、ミラー博士は数人の宮廷の侍臣がそれは実際にはクリーム色だと断言したと述べている。

タヴェルニエは、外套は羊の毛で作った白色のらくだの毛織の袖の長い外衣だといっている。彼は外套にかかわる儀式を次のように描写している。

大君はそれを櫃から取り出し、深い敬意をこめて口づけして、カプ・アガ（*門の司令）の手中に置いた。カプ・アガは、玉璽の押印を受けた後、君主の命令で、この部屋にきていたのである。将校が財宝庫の監督を呼び出して、金の大釜を持参するように伝え、大釜が何人かの上席の近習の手でそこに運ばれる。彼らが私に語ったところによれば、釜はすこぶる大形のもので、六分の一トンの水が入り、その外面はところどころ、エメラルドやトルコ石で飾られている。この釜は上端から指六本分下のところまで水を満たし、カプ・アガがマホメットの外套をそれに入れ、しばらく浸したままにしておき、再び取り出し、強く、絞る。こうして浸みた水を鍋の中に絞り落とすが、非常に注意して水が鍋から地上に零《こぼ》れ落ちないようにする。それがすむと、上述の水を約半パイント（約四分の一リットル）入りのヴェニス産の水晶の瓶に詰める。水を詰めてしまうと、大君の玉璽でそれを封印する。その後近習たちは外套を、ラマダーンの二〇日までかかって染める。次に大君がそれを見にきて、もう一度櫃の中に納める。*

* 『新物語』七四頁

儀式の翌日、水の瓶が、一片の紙を封入して預言者の印で封印したもの（後に説明するように）を添えて、スルタン妃たちやコンスタンティノープルの要人たちに送り届けられた。彼らは紙を水に浸し、この分配分を飲むのであった。ボボヴィは（ミラー博士が引用しているように）つけ加えて、その水は兵站部の近習によって四月中に集められた露であって、熱やその他の病気の治療に効くと考えて使われ、また死者の口中にたらして墓の下での苦悩を防ぐ護符にされた、と述べている。時を経るにつれて、儀式はごく簡素となり、一六世紀の当初の慣習に従うのは行き過ぎだと考えられて（＊行なわれなく）なった。

〔サンジャク・シェリーフ、「神聖な軍旗」〕

数人のアラブの歴史家は、この軍旗は本来は預言者の愛妻アーイシャの天幕の入口にカーテンとして使われていたものであったという。普通認められている伝承では、ムハンマドの改宗した敵の一人で、ブライダと呼ばれたターバン巻き人に由来するという。

彼は、「聖遷（ヘジラ）」中にメッカの首長の派遣した騎馬隊の指揮者としてムハンマドを迎え撃った。しかし、彼は攻撃する代わり、ムハンマドの膝下に身を投げ出し、ターバンを解いて槍の先端に結びつけ、それをかざして自ら預言者に奉仕し、栄光の高揚に尽くした。軍旗は、外套と同じように最後にセリムの手に落ち、上記のようにダマスクスに送られたが、そこで大モスク中に安置され、年々巡礼隊の先頭に掲げてメッカに携行された。ムラト三世はその政治的効果を悟って、ハンガリーに送って彼の軍隊の鼓舞に充てた。軍旗は遠征の末年、ちょうど即位したばかり（一五九五年）のメフメト三世が、これをコンスタンティノープルに移した。この時以来、軍旗はオスマン帝国支配の象徴とされ、スルタンか宰相自身かが戦陣に加わったときとか、国民的危機（一八二六年）とか、宣戦布告のときにだけ掲げられた。宣戦布告のときの中には、連合軍に対して聖戦を布告した一九一五年がある。

軍旗は普段は竿からはずされ、鼈甲、青貝、その他の宝石のはめられたバラの木の櫃に納められている。軍旗はもう一振りの軍旗、すなわちオマルの軍旗の中に縫いこまれ、オマルの軍旗はさらに上質の布製の四〇枚の覆いの中に縫いこまれており、一番なかのものは金色の銘を刺繡した緑色の絹布でできている。

包み袋の数が、遺品の護衛者であるハス・オダ（*陛下の御殿）の近習の数と一致していることに、何か意味があるかどうかはわからない。ホワイトはまた外套もまた四〇枚の掛け布をもっているといっているが、この点では数は正確でない。櫃の鍵は神聖な都の監督官兼行政官としての業務上（一九二頁を参照）キスラル・アガ（*黒人宦官頭）が保管していた。ホワイトは実際に壁の隅に立て掛けられている棒、すなわち旗竿を見た。棒の頂上には銀メッキした中空の球が付けられてい、その中にはオマルが転写したとされるコーランの写本が納められていた。オスマンが転写したもう一冊の写本が二本目の軍旗に畳みこまれていた。ドーソン*は容器を描写して、林檎の形をしていて、オスマンの写したコーランとメッカのシェリーフがセリムに贈ったカアバ（*メッカの神殿）の鍵を容れていたと言っている。タヴェルニエは、軍旗はヒルカイ・シェリーフ・オダス（*神聖な外套の御殿）に隣接したスルタンの寝室の戸棚に納められていると言っている。

＊『全史』第一巻、二六五頁

〔ミュヒュル・シェリーフ、「神聖な玉璽」〕

玉璽とそれに関連する儀式についての説明は、一回タヴェルニエに出ているだけである。

上述の寝台の脚もとに（〝冬の館〟のディワーン、すなわち遺物のある主室）、壁そのものをくり抜いた一種の壁龕があり、その中に半フィート（*約一五センチ）四角くらいの小さな黒檀の箱が置かれており、箱の中にマホメットの玉璽が容れられている。玉璽は象牙で縁どりした水晶にはめこまれており、その全部で、長さ四インチ（*約一〇センチ）、幅三インチ（*七・五センチ）であろう。私は紙片上に押印されたものを見たが、押印を私に見せた人は、押印が重要な遺物と見なされているという理由だけから、私を紙に触らせようとしなかった。この部屋は、この仕事のために雇われている財宝庫の近習の手で、三カ月に一回清掃され、絨毯が取り替えられる。それから、ハスナダール・バシ（*財宝庫頭）が箱を開き、手に刺繍された布切れをもって、うやうやしく印璽を取り出す。一方、先任の近習が、ダイヤモンドとサファイアで飾った黄金製の杯を捧げ持つが、その頂上には一種の香水瓶が載せられていて、それによって部屋全体が芳香に満たされる。近習はこの杯を擦り合わせた掌に挟み、自分の頭より高く捧げる。そうすると列席した者は皆、尊崇の表明として、ただちに床にひれふす。彼らが立ち上がると共に、近習は自分の顎の下まで杯を下げる。そして財宝庫頭が玉璽を頭上にかかげると、室内にいる者は全部彼らのもとにある最も重要な預言者の一遺物を包んでいる水晶の器に吻《くちづけ》する。*

* 『新物語』七三―七四頁

タヴェルニエは玉璽そのものの素材についても彫刻についても説明をうけられなかった。ラマダーン（*断食の月）の一四日に、〝「磁器の皿」に入れたガム質のインキに彼（スルタンの太刀持ち）が指を浸して、それで玉璽をこすり、五〇枚の紙片に玉璽を押捺し、そしてこれらすべての押印文書を保管し〟、浸した外套の水とともに要人たちに送り届けた。

〔サカル、「髭」〕

これは預言者の死後その顎から、可愛がっていた調髪師のサルマンが、遺骸の薫香にあたったアブー・バクル、アリー、その他数人の弟子の前で剃ったものといわれる。それは白髪の混らない、淡褐色のほぼ三インチ（＊七・五センチ）の長さのものであった。髭はガラス製の聖器箱に入れ、密封し、豪奢に飾られて保存された。預言者の髭からとれた毛が諸地方にあることは前に述べてある。

〔預言者の歯の一本〕

この歯は、バドルの戦いの最中に闘斧の一撃で口から叩き出された四本の歯の一本といわれるが、バドルの戦いでは天使のガブリエルが三〇〇〇人の天使を率いて預言者側にたって戦ったといわれる。歯の二本は失われ、四本目はメフメト二世のテュルベ（＊廟）中にあるといわれている。

〔預言者の足痕〕

これをホワイトは実際に見ている。足痕は正方形の一片の石灰岩の上に付けられた足の踏み跡である。これはカーバの建立のために重い石を持ちあげようとした石工を預言者が助けようとしたとき、つけた足痕と信じられている。別の伝承によると、ムハンマドが有名な自分の馬ブーラークに乗るため鐙《あぶみ》に左足を置いたとき作られたものといわれている。

既述のように、タヴェルニエは二本の剣についても書いている。一本は緑の布で被われた鞘の中にある〝きわめてありふれた彎月短刀〟で、オマルの持物だったといわれている。他の一本は、〝エブー・ニスラム某の刀で、彼がそれで「マホメットの法」の中に異端の考えを拡げた者を切り刻んだ〟ことで崇められた短剣であった。

タヴェルニエは「神聖な外套の御殿」を構成する諸室の一部について物語っているが、取り壊しと再建の結果、彼の記述に挙げられているものはほとんど消滅している。御殿の正面玄関は、騎乗台の隣の列柱の下方にあり、シャディルヴァン・カプス、すなわち「噴水の門」と呼ばれる、凝って飾りたてた門を通って入る。そこからすぐ、丸屋根を戴いた正方形の四室の南端のものに入れるが、この部屋は中央に泉水盤をもつ接見室と思われる。残った三部屋のうちでは、私自身は一番北寄りのものを見たのと、その後L形の「列柱の広間」に向いて開いている格子付の窓を通してその御殿を一度ちらりと見ただけである。自分の判断したかぎりでは、壁は全面が素晴らしいタイル張りであるが、厚い壁掛けが垂れていて、より小さいいくつかの遺物を納めている陳列箱を隠していた。天井から灯明が下がり、厚い絨毯が床を被っていた。光がほとんどないので、私は実際「割礼の間」に案内される途中、すばやく目を向けたが、一瞬中を見ただけで、来た道——すなわち、エマーナト・ハズィネシ（聖器収蔵庫、平面図109番）の背面にあたる、第四宮殿域の隅の短い階段の上部にある小さな入口——から、外に出た。この後者の建物も、ハス・オダス（陛下の御殿）も、列柱の間から出たところのキオスクも、全部が儀式上も建築上も「神聖な外套の御殿」として連結・統合されている。各部分が時代毎にどういう役割を担ったかを正確に述べるのはむずかしい。私は次の章で、実際に第四宮殿域の一部をなすレヴァン・キオスク（エレヴァン園亭）について数言を追加したい。

12 第四宮殿域

第四宮殿域の概観

これでセラーリオの残った部分は、ドルデュンジュ・アヴル、すなわち「第四宮殿域」と呼ばれるところだけである。しかし、第四宮殿域という呼称は、実際便宜的に使われ、よりしばしばアブデュル・メジトのキオスクの周辺を指していて、ここでいう第四宮殿域の全部を指していないことがある。たしかに「神聖な外套の御殿」と美しいバグダード・キオスクを接続する大理石のテラスの建物はどう見ても第三宮殿域と異なる宮殿域とはいえず、反対にアブデュル・メジトのキオスクはルイ・フィリップ時代末期の様式の建物で、セラーリオの歴史にはどう見ても含めがたいものがある。

セラーリオのこの部分は、マルモラ海、ボスフォラス、王子の島々などを見渡す無比の景観を恣にしていて、天然の庭園と讃えられ、代々のスルタンが競って美化に努めたのが特色である。トプカプ宮殿の地盤の一番高い地点に、いくつかのキオスクが樹木や花々に囲まれて建てられた。ここでは幽《かすか》な微風でも肌に感じられ、スルタンたちは国事への関心を忘れ、国内の騒擾をよそに、完全な平安と私生活を

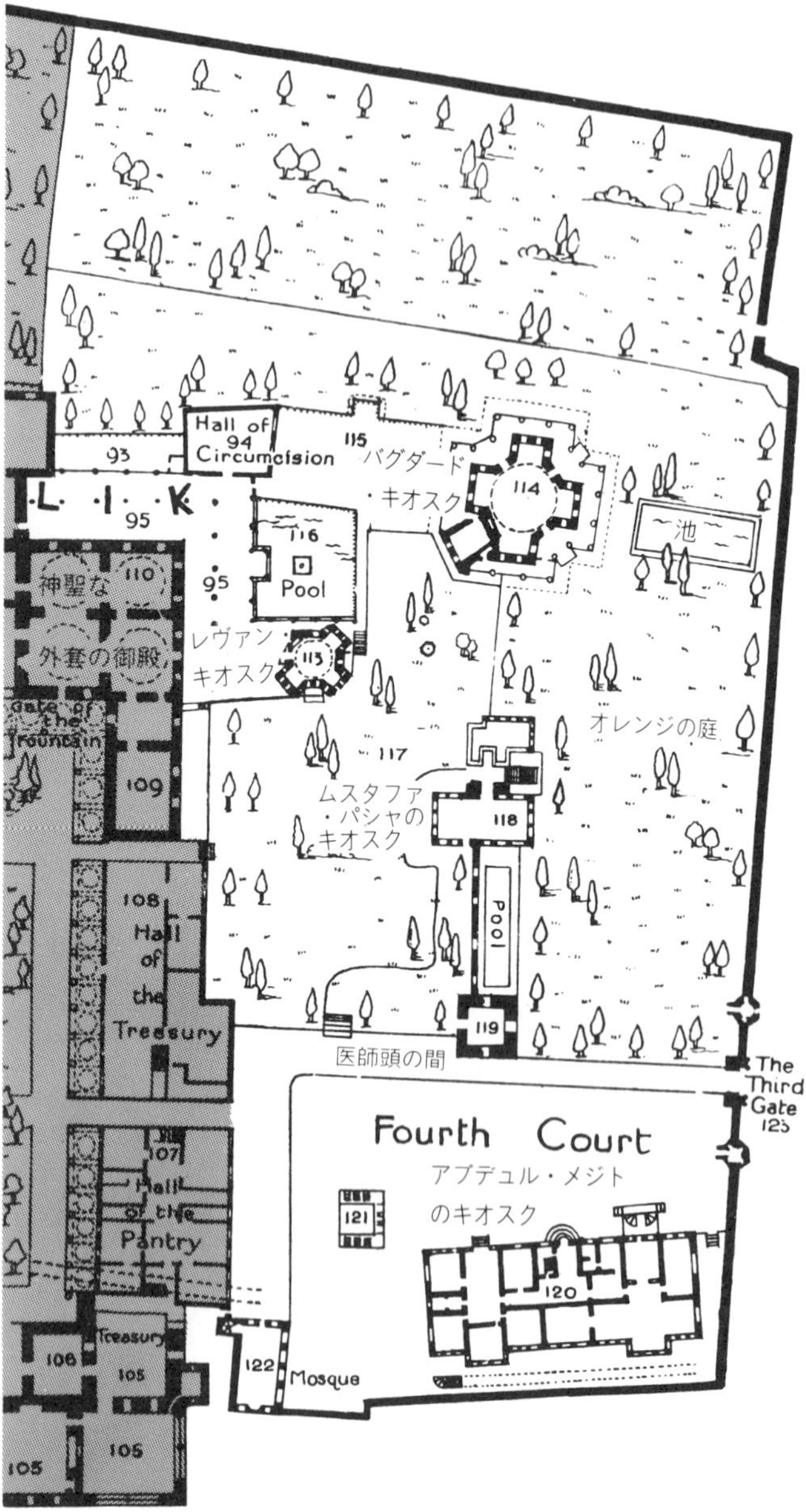
Hall of 94 Circumcision
93
115
バグダード・キオスク
114
L I K
95
116
Pool
池
95
110
神聖な外套の御殿
レヴァン・キオスク
113
Gate of the Fountain
109
117
オレンジの庭
ムスタファ・パシャのキオスク
118
Pool
108 Hall of the Treasury
119
医師頭の間
The Third Gate 125
Fourth Court
アブデュル・メジトのキオスク
121
107 Hall of the Pantry
120
Treasury
106
105
122
Mosque
105
105

第 4 宮殿域

94 割礼の間
95 神聖な外套の御殿の列柱の広間
113 レヴァン・キオスク
114 バグダード・キオスク
115 スルタン・イブラヒムのテラス（カメリエ）
116 池（ハウーズ）
117 旧チューリップの庭園
118 ムスタファ・パシャのキオスク
119 医師頭の間
120 アブデュル・メジトのキオスク
121 衣裳の間
122 神聖な外套の御殿の侍医のモスク
123 第三の門

堪能することができた。ここがスルタンの私的庭園であることは平面図を一瞥するだけで見分けられる。ここはセラーリオの他の建物と完全に隔離されていた。庭園を見渡すことができるのは「キレル・コウシュ（＊食器の広間）」と「財宝の広間」の裏窓からだけであるが、ハレムの住人（＊女性）たちが許されて庭園を散策したり、または庭園で祝宴のあるようなときには、この二つの建物の窓はしっかりと塞がれ、すべての扉は閉じられた。そのときハレムからの通行は「神聖な外套の御殿」のところで遮断され、宮廷学校所属の近習たちは粗相《そそう》のないように第三宮殿域内に足止めされた。冒頭の章でみたように、内密の訪問者はこの庭園に通じる一つの入口から案内された。庭園の一番北側にあったと述べられている、明らかに夏季のキオスクであった建物のいくつかは、時を経るにつれて崩れ去るか、でなければ一六三九年に「バグダード・キオスク」や、それに接する「スルタン・イブラヒム・カメリエシ（＊スルタン・イブラヒムの露台、平面図115番）」と呼ばれる大理石のテラスの敷地をとるために、取り壊されるかした。

「割礼の間」および「バグダード・キオスク」からセラーリオの外側城壁までにわたって、かつて存在し、長い間忘れ去られていた建物の、名残りの土台を蔽い隠している広い叢林のことは、前に述べておいた（三〇六頁）。

レヴァン・キオスクとバグダード・キオスク

第四宮殿域では、一八世紀の最初の四半世紀中に名を轟かせたアフメト三世のチューリップの庭園（＊平面図117番）を最初に語らねばならないのだが、その前にここに現存する建物を簡単に説明しておきたい。前章で述べたように「レヴァン・キオスク」は実際に「神聖な外套の御殿」と接続していた。レヴァン・キオスクはセラーリオ全域中の最も標高の高い地点を占めている。この丘にはセラームルクにきわめて近い夏季の避暑場として使われたいくつかの建物が、メフメト二世時代から確かに建っていた。この丘では庭園の甘美な香りと世界無比の美観をたえず楽しめた。

一六三五年の春、ムラト四世はアナトリア遠征に出陣し、異端（*シーア派）のペルシア人をオスマン帝国の諸都市から駆逐した。彼はアララート山の北方のトランスコーカシアの地にある政権の同名の都レヴァン（ペルシア語のリワン、英語のエリヴァンないしイルワン）を征服し、些少でも懈怠のあった州知事のすべてに、帰還途上で厳罰を加えた。スルタンはレヴァンでひどく好みに合ったキオスクを見かけ、都へ帰るや否や宮殿の庭園中にそれを真似たものを作るように命令を下した。場所をセラーリオ中の最高の地点に選んだ。これにムラトの勝利の地レヴァンの名を冠したが、これは別にサリク・オダス、すなわち「ターバンの間」とも呼ばれた。レヴァン・キオスクは十字架形をしており、バグダード・キオスクの縮小版ともいえた。しかし、それがけっして名のように「開放的な」ものでなく、エマーナト・ハズィネシ（*聖器収蔵庫）の裏側と大きな窓をつけた壁で繋がれていたことから、その最初の形態を嫌う悪評が生まれた。レヴァン・キオスクは、丸屋根を戴き上下二列に並ぶかなり狭い縦仕切りのある窓で明りをとる広間でなっていた。屋根が広く張り出した庇をもっているので、中央の広間だけでなく、キオスクの両袖の中間のバルコニーにまで陰りが出ていた。以前にチューリップの庭園を見渡していたバルコニーに小さな張り出し窓、すなわち窓のディワーンが作られた。キオスクの外壁の上部はタイル張りで、内部はバグダード・キオスクに似て、第二期のタイルや文字模様の絶品が張られていた。

ムラト四世は一六三八年に最終で最大のペルシア遠征に乗り出し、その頂点でバグダードを占領した。バグダードの都は昔スレイマン大帝が一五三四年にこれを奪取した後ペルシアに奪還されていたが、今やムラトがこれを奪還し、こうして古いカリフの都である大都会のバグダードを、君主自身の乗り出した時だけ奪取できるという、東方の奇妙な伝統を継続させた。

ムラトは常に建築美を見抜く目を備えていたので、このとき世界で最も完璧と思われる様式の建物を見出したと考えた。彼はコンスタンティノープルに凱旋した後、既存の一つのものの近くに、バグダードのものを見本としたキオスクを建てるように命令した。

建物の平面構造は、レヴァン・キオスクと同じ十字架であり、垂れ下がった広い屋根に覆われた周囲のアーケードは外側で十字架形を作っているが、袖の間に小さなバルコニーか張り出し窓を付けたので、八辺形の外観を呈している。その他の追加がまた最初の平面図を変えさせた。たとえば大理石のテラス側からキオスクを見ると、右側すなわち庭園側のアーケードには、中央キオスクのをそのまま模写したタイル張りで格子窓付きの壁が一杯に作られて、一種の外側前室を形成していた。バグダード・キオスクは一時は図書室に使われた。左側のアーケードは外壁をもたないが、この方向を回って歩くと、われわれはやがてガラスの鏡板を外側に張っている所に達する。このガラスの鏡板は南側の前室に接するところまで延びている。平面図を一瞥して、この説明を補足してほしい。

一括して考えて、レヴァン・キオスクとバグダード・キオスクは、ペルシアのものを原型とした一七世紀のトルコの建築様式の最高傑作の見本である。タイル細工は善美を極めていた。バグダード・キオスクでは外側は土台から庇までがタイル張りであるが、一方前述のように、レヴァン・キオスクでは外

バグダード・キオスク、スルタン・イブラヒムのテラスから望む

側の下半分をタイル張りにして、外壁全体の調和と均衡をとっており、また蓮形の柱頭装飾をもつ細身の柱で優雅さと明るさを加えていた。バグダード・キオスクではアーチの拱石《せり》は鋸状の縁をもった色大理石で作られ、アーチの間の小壁は表面に白大理石を嵌めた円形の浮き彫り模様で飾られている。頂上に灯明台を付けた金張りの丸屋根は、十字架形の四方の袖の開口部まで延びているアーチによって支えられている。金張りの飾り球（昔は灯明であったもの）が長い鎖で丸天井の中央から吊り下げられている。内部のタイル壁面はこの上なく高級であり、白地に緑色と濃淡双方の青色を配して、色彩に陰影をもたせて印象深い。文様は主として花模様である。暖炉の両側の鏡板に描かれた柘榴《ざくろ》の花や大形の葉を挿した双把手花瓶の絵は雄勁である。鳥の模様も特筆に値し、赤い嘴と明るい背景とのきらびやかな対照はいちじるしく目を惹く。

綺麗な青銅の暖炉は通常の天蓋付で、低く造られ、長椅子《ソファー》やディワーン（＊アラビア風長椅子）に坐る人々が暖まりやすいように作られている。バッサーノの語ったところでは、丸煙突が西欧で普通見るような横にでなく、垂直に付けられて、上方に空気抜きをもち、煙の籠らないようにされている。煙突は高いミナレ型で丸天井の一端から屋根へ抜けている。部屋の四方の壁にはクーフィク文字の幅広い帯状文様がめぐらされ、奥の龕まで延びている。龕の下部には豪華な刺繍のあるディワーン（長椅子）が並んでいる。これらの長椅子の背面と横には、象牙や青貝の象眼をもつ扉のついた戸棚が置かれている。同様な象眼のある壁龕には中国の陶磁器が並べられているが、そこはおそらく、煙管《きせる》、香水、種々の物品を置くのに使われた。キオスクの上方には飾り格子付の窓があり、窓は壁龕部分では二個一組、中間の壁部分では一個でなっている。部屋の中央には普通卓子か火桶が置かれているが、これは装飾用に用

バグダード・キオスク。内部の景観

いたまったく近代の備品である。キオスクは幾世紀もの間に、喫煙室、図書室、謁見室、牢獄などと、目的を変えられながら多種多様に使われた。

プールと庭園

バグダード・キオスクと「割礼の間」の間には大理石敷の広いテラスがあって、そこから左手のレヴァン・キオスクに向けて下がってゆく中間にハウーズ、すなわち「池」が作られていた。テラスの「割礼の間」に向かって右側には、美しい張り出し屋根が一個あるが、金張りの青銅製で、四本の細身の円柱の上に広がっている。定礎銘によると、テラスはイフタリエと名づけられていた。その名は断食期間中の日没後に摂る食事を指すイフタール(＊断食停止)を語源としており、イブラヒムがラマダーン(＊断食の月)の期間中ここで夕食を摂ったことからでている。また同じスルタンが息子の割礼の祝典の一部として布施を行なったのもここである。官製のセラーリオ案内書は二枚のすこぶる興味深い挿絵(同案内書一二八頁の対向頁)を掲げている。第一の挿絵では、スルタンがイフタリエの前面に立ち、数人の者がハウーズ(＊池)の近くで膝を折って投げられたバフシーシュ(喜捨、チップ)を拾っている。第二の絵では、池とひれ伏した人間とが見えているほか、九名の役人の列の彼方で、明らかに手術を終えたとわかる王子たちがディワーン(長椅子)に凭《もた》れており、スルタンが誰か高官、たぶん医師と話し合っている光景がみられる。この池は〝水の庭〟の中に現存する唯一のものであるが、往年の著述家もセラーリオのこの部分に池が存在したと書き残している。池には、テラス側に目隠しはないが、他の二側面は「列柱の広間」(＊「神聖な外套の御殿」の西北面をとりまいている)と「レヴァン・キオスク」の窓でとりまかれている。池の中央には魅力のあるピラミッド形の大理石製の噴水盤があり、下方の池の水中にたつ白大理石の手摺と円柱のきらめきとを反射する光は、水面上方のテラスにある静寂で威容のある建物のすべてに、冷気と静謐さを漂わさせている。テラスを出てレヴァン・キオスクの横にある大理石造りの短い階段を下りると、庭園の上に出る。庭園は起伏しながら第四宮殿域の全体に広がっており、北東はムスタファ・パシャのキオスク(平面図118番)、ヘキムバシュ・オダスすなわち「医師頭の間」(平面図119番)と呼ばれる館によって東北を仕切られている。「医師頭の間」は尖端を切りとった形の塔をもっている。私の確かめたかぎりではチューリップの庭園はレヴァン・キオスクとヘキムバシュ・オダス――すなわち平面図の113番と119番――との中間にあった。一方「オレンジの庭」はムスタファ・パシャのキオスクの背後にある低地に植えられた樹々の庭で、北方に向けてちょうどバグダード・キオスクの下方の低地にある矩形の大理石造りの「池」のところまで広がっていた。

もう一つのより小さい「池」が、ムスタファ・パシャ・キオスクとより低地にあるヘキムバシュ・オダスとを隔てている。

ムスタファ・パシャ・キオスクとヘキムバシュ・オダス

前者の建物(＊ムスタファ・パシャ・キオスク)は大きさの違う二つの部屋からなっており、両室の間に長い階段があって、オレンジの庭への出口をなしていた。二室は下方の庭園からだけ見かけられる細身の

ムスタファ・パシャのキオスク

大理石の円柱をもって建てられている。この建物の起源も、建造者の氏名も知られていないようだし、これに宰相ムスタファ・パシャの名を付けたのも、彼が後世に再建したところからであった。知りうる最古の時期は、これがアフメト三世によって初めて再建された一七〇四年であり、再建の年は銘に書かれている。この建物は別にソファ・キョシュキュすなわち「ソファーのキオスク」の名が付けられているが、この呼称の根拠は明らかでない。確かにこのキオスクの魅力の中心は下方の庭園を眺望できる大きなソファー付の窓であるが、ソファーの語は長椅子という意味のほか前室という意味でも使われている。キオスクの総体的にみた装飾はルイ一五世風で、これ以上の説明の必要はなかろう。あの宰相の印璽はここに保管されていたといわれる。

隣のヘキムバシュ・オダス（*医師頭の間）は二階建の建物で、ごく上方寄りに三重の軒蛇腹をもち、そのすぐ下に厳重に格子をはめた窓が並んでおり、「医師頭の間」というより牢獄のようにみえる。前述のように、古くあった塔の下方部分だといわれるが、宮廷の伝承によるとメフメト二世の時代の建造といわれている。

往時の医療器具のコレクションが今日も館内の戸棚中に並べられている。

アブデュル・メジトのキオスク

対照的にひどく風変わりなのはアブデュル・メジトのキオスク（メジディエ・キョシュキュ）とウチュンジュ・カプ、「第三の門」とであるが、これらは第四宮殿域の東南隅を占めている。両方ともここではまったく場違いに見える。ヴェルサイユにある方が似合っているようである。このキオスクは、ときには「新式の御殿」と呼ばれるが、一九世紀中葉にフランスの建築家が、これまで二棟のキオスク――チャディル、すなわち「天幕」のキオスクと、ウチュンジュ・エリすなわち「第三の場所」のキオスク――のあった跡地に建てたものである。ここには、（フランスの）第二帝国のものが圧倒的に多いが、* フランスの諸時代の風変わりな家具を集めている。

＊ これ以上の詳細は、現代トルコ語の案内書『トプカプ・サライ・ムゼシ・レフベリ（＊トプカプ・サライ博物館案内）』一五〇頁を参照せよ。

多数の金張りの時計、精巧な銀メッキの食卓飾、シャンデリア、象眼のある小箱、有名な凱旋門の複製品などが、ルイ一五世風暖炉や金張り卓子の上に置かれるか、部屋の中央部を占めるかしている。ここにはまたスルタンたちの肖像画のコレクションがあるが、ここの肖像画はまだ一般に公開されていない。キオスクからみる景観が比類ないことは断る必要はない。後の時代、このキオスクはセラーリオへの重要な訪問者を迎える接待室に使われ、各宮殿域を視察する前に、ここでコーヒー、煙草、バラの花びら製のジャムなどでもてなしがなされた。

この宮殿域で唯一つ残る建物はエスヴァプ・オダス、すなわち「衣裳の間」（それは明らかにメジディエ・キョシュキュで行なわれる歓迎等にあたって礼服を着るために使われた。＊平面図121番）と、ソファ・ジャミ、すなわち「神聖な外套の御殿」の侍臣たちの使うモスク（＊平面図122番）とである。

チューリップの祭

最後に庭園について語り、マフムト一世の治世中名の轟いた「チューリップの祭」を簡単に説明したい。大方のスルタンはセラーリオの庭園に深い関心を寄せ、まったく新しい庭園を設けるか、何かこれまで見られない植物や樹木を持ち込むかした。イブラヒムはチューリップをとりわけ愛好したし、メフメト四世はシリアの各地や地中海諸島のパシャ〔知事〕が根や種子を送ってきたキンポウゲ類を愛好した。しかし、バラ、カーネーション、ヒヤシンス、ライラックなどの花々がこの庭園のみでなく、セラーリオ岬に近い「夏の宮殿」でも多く植えられ、眺めて嘆称されたにちがいなかった。

今では往年の美観の跡は見られないし、一つの箱垣根と何本かの木がちらほらみえるだけである。しかしアフメト三世の治世には、チューリップの愛好が隆盛をきわめ、重要な民族的祝祭よりも重視され、実際に国政を妨害し、見境ない華美な祭で国費を蕩尽させ始めたように見える。次のマフムト一世の治世にもチューリップの礼讃は続き、程度は落ちたが持続された。フレーシャが視察しているのもこの時期のことであった。彼はチューリップの祭のことを詳細に語っているが、その記述はここに挿入するのに十分値する。

祭は四月に行なわれる。新セライルの中庭に木造の建物〔ないし〝桟敷〟〕が建てられ、チューリップを挿した花瓶を置く棚の列が、両側に円形劇場の形で設けられた。花瓶の間には燭台が置かれ、最上段の棚からはカナリア籠が吊り下げられ、それに水を入れた種々の色のガラスの球が添えられている。燭台の残影は日中でも夜間に劣らず美しい眺めをなしている。木造の建物の囲いの中を遠くまで歩くと、処々に設けられたピラミッド、塔、花で作った小亭など、種々の麗しい形の建物が目に入る。

技巧は幻想を創り出して、これらの美しい場所を生き生きとさせるので、人は夢の宮殿に突然連れ込まれたような幻想を抱く。

スルタンのキオスクすなわち「園亭」が中央にあり、宮中の顕臣が献上した贈物がここに展示される。陛下に向けてそれを一々指し示して、出所が説明される。祭は人の欲望を示す良い機会となっている。野心と競争心から何か新奇なものを創り出す努力が傾けられる。いずれにせよ、独創性や新奇さの乏しい場合には、高価さと豪奢さで埋め合わせがされる。

準備が万端整うと大君はカルヴェト〔単独かハレムの者を連れてかにせよ、完全な閉鎖状態〕を布告させる。庭園に入るセラーイルのすべての門が閉じられる。外部ではボスタンジ（*庭園士）、内部では宦官が警護にあたる。スルタンの後からカレム（*ハレム）を出た全スルタン妃がそこにくる。ケスラル・アガ（*黒人宦官頭、キスラル・アガの訛）が他の宦官の先頭に立って行事を進める。女性たちはあらゆる方向に走り出すが、その様子は花にとまり、見つけた蜜にたえずとどまっている蜂の群のようである。各種各様の女性たちが多数いる。こうした機会のお祭り騒ぎは彼女らがもっている腕前や技術をすべて引き出し、どんな形ででも楽しますものを見せびらかすようだと、何回かケスラル・アガは私に語ってくれた。詩人がキューピッドやニンフのために工夫したこうした小さな遊びは、何かちょっとした着想を生むこともあった。各人が目立とうとし、多量の魅力を発散し、同じように芸を示そうと狙っている。愛する者を虚栄心からか、とくに生まれながらの好き心からかで誘惑しようとする若い女性が、知慧の泉をこんなに深くまで掘り下げるのを、われわれは他所で見かけたことはない。優雅な舞踏、リズムに乗った声、諧調に富む音楽、衣裳の優美さ、機智ある会話、狂喜、繊弱さ、恋情——付言すれば最高の賢さと媚態が案出した最も挑発的なもの——のすべてが、スルタンの目の下のこの観楽地で一体となって示されている。

最後にキアヒア・ジャーデン（*女管理人）が一番スルタンの好みにあった女性をスルタンの前に進ませる。彼女は成功をかちとるためにはどんな辛苦もいとわない。彼女は自分のもつあらゆる享楽的才能を進んで披瀝する。スルタンが彼女にハンカチーフを投げたなら、彼女と二人だけになりたい意向を示すものである。

そこでスルタンが坐っているソファーを隠すカーテンが降ろされる。ケスラル・アガがとどまっていて最初に合図してそれを片付けさせる。あちこちに散らばって熱中していた他の女性全部が——あるいはダンス、あるいは歌唱、あるいは自らの楽器を奏で、また飲物をとっている——その瞬間キオスクに馳せ寄り、スルタンに敬意を表し、新しい寵姫に喜びを述べる。祭はそれからしばらく続き、ケスラル・アガが主君の望みに添って、宝石・織物・装身具などを分け与えることで閉じられる。この贈物は、スルタンが堪能した快楽に比例している。しかし、マフムトはいつも気を配って、女性たちが感謝し満足してカレム（*ハレム）に帰れるだけの価値のある贈物を与えている。

スルタンはその夜宮中の主要職員や帝国内の顕臣の祝賀を受けて過ごす。各人はその位階に応じた部屋に入り、セラーイル全部に灯明がつけられる。*

＊『貿易についての考察』第二巻、二〇‐二四頁

フレーシャはその情報の大部分を友人のケスラル（＊キスラル）・アガから入手したから、説明は信頼できると断言できる。そうとすれば、報告は側室を選ぶのに、「ハンカチーフを投げ与える」慣習の存在したことの、もう一つのいっそう秀れた証拠となる。

訪問者は、第三の門を通って庭園から出ると、やがてゴート人の円柱の正面にいることに気づくであろう。この円柱は岬のもつ往時の比類ない栄光を思い出させるためのように光っている。

索　引

1 排列は50音順とした.
2 事項名はトルコ語と邦訳語の双方を掲げ，かつ相互に（　）内にトルコ語ないし訳語を添付した.
3 事項名・人名とも，別称ないし関連深い事柄を［　］内に付記した.
4 人名・事項名において，以下のようなグルーピングを行なった.

　　アフメト三世
　　　――の食堂　298
　　　――の泉水盤　128
　　　――の図書館　366,368,378
　　キオスク
　　　アライ（行列の）・――　72,92-96
　　　インジリ（真珠の）・――　87,88,90,97
　　　ムスタファ・パシャの――　403-405

5 本文中に文献からの引用文のある事項には，できるだけ頁数の後に［　］で著者名を付して表示した.

　　厨房
　　　――の料理法　165［ニコライの引用文］
　　　――の料理材料　166,167［ボンの引用文］

6 グルーピングによる重複の場合や，同一事項に呼称が複数ある場合には ⇨ をもって主たる掲載頁数を示した.

あ

挨拶の館(スルタンの常住の館)　⇨セラームルク
挨拶の門（バーブ・ッ・サラーム）　⇨中央の門（オルタカプ）
アーイシャ（預言者の娘）　387
アイユーブの間（着剣式の式場）　292
アイユーブ・モスク　186
青隊（投槍試合のチーム名）　89
アガ（将軍，部隊長）　125,127,129,167
アガディウス［ビザンツ期の著名浴場を描いた］　329
アガラル・ジャミ（武将のモスク）［宮廷学校のモスクと同じ］　370
アクアガラル・カプス（白人宦官の門）［幸福の門と同じ］　170　⇨幸福の門，門
アークアンジェル・ミハエルの教会　88
悪魔（ジン）の協議場　299,306
アクロポリス［ビザンティウムの］　6,63,84
アジェム・オウラーン（外国人の青年）［教育中のジャニサリ兵士］　31,75,122,165,197

アシュチュ・バシュ（料理長） 123,165
アスペル（金銭）［トルコの小額貨幣］ 273
アタテュルク（ムスタファ・ケマル） 223
アタナシウス 201
アタルガティス 201
アッシリア［宦官の発生地］ 200,202,208
アッバース朝 385
アドリアノープル［トルコ語ではエディルネ］ 46,69,70,179,199,354,372,374,376
アナスタシウス 67,329
アナトリア 12,14,397
アビシニア（の宦官） 205,206,208
アブー・ゼアマー・エル・ベルーイ 383
アブデッ・サラーム［セリム一世の財務官］ 76
アブデュル・アジズ 323
アブデュル・ハミト一世 78
アブデュル・ハミト二世 10-12,14,93,200,380
アブデュル・メジト 106,194,362,382
——のキオスク（メジディエ） 15,59,226,393,405 ⇨キオスク
——のキオスクのテラス 15
——の御殿［メジディエに同じ］ 15 ⇨キオスク
アブデュル・ラハマン・シェリフ・エフェンディ［近代のセラーリオ研究家］ 59,91
アブー・バクル［預言者の教友で初代カリフ］ 384,390
アフメト一世 38,84,87,115,284,297,374,375
——の図書室 298,317,368
アフメト三世 7,77,128,297,368,396,405,407
——の食堂 298
——の泉水盤 128
——の図書館 366,368,378
アフメト・モスク［青のモスク］ 128,328 ⇨モスク
アフメト・モスク［トプカプ宮殿内の］ 370 ⇨モスク
アフメト・ラシム［セラームルクの記録者］ 307
アホル・カプ（厩舎の門） 72,73,92,128 ⇨門
アミアヌス・マルセリヌス［去勢の研究者］ 200
アライ・キオスク（行列のキオスク） 72,92-96 ⇨キオスク
アラバ・カプス（御車の門）［ハレムの入口］ 185,228 ⇨門
アラビアン・ナイツ 2,14,98,218,275
アラモン（ガブリエル・ド・） 23
アリー［預言者の教友で第四代カリフ］ 384,390
アレクサンダー大王 66
アルカディウス［ローマの皇帝］ 67,204,329
——の浴場 88
アルズオダス（玉座の御殿） 15,56,59,147,152,170,178,361,366,369
アルテミス 201
アルメニア人 67,204,257,258
——の奴隷 176
アルハンブラ宮殿［グラナダの］ 178,191,312
アンギオレッロ 9,371
アンシロン（・オリンカン伯爵） 221
アンテリ（エンタリ，女性の上着） ⇨女性の衣裳
アントニナ（ビザンティウムの一時の呼称） 67

い

イクバル（寵妾） 263,264
池［ハウーズ］ 39［ボンの引用文］,402,403

医師頭　198
医師頭の間（ヘキム・バシュ・オダス）403,405
衣裳　24［ニコライの引用文］,111,129［メリングの絵］,240,241［服装の規則］,242［リビエールの引用文］
　カプ・アガの——　174
　黒人宦官頭の——　193,194
　ジャニサリ兵の——　120
　女性の——　240-260　⇨女性の衣裳
　スルタンの——　275
　白人宦官頭の——　57
衣裳の間（エスバプ・オダス）　406
イスニク［タイルの産地］　105
　——のチニリ・モスク　105
イスラム　138,275
　——教徒　5
　——法　1,121,205
　——の名号　138
イスラム長官（シェイフ・ル・イスラーム）127
異端［シーア派を指す］　397
いちじくの木　161
イチュ・オウラーン（宮廷の近習，宮廷の青年）　44,163,319,374
イチュハズィネ　155　⇨宮廷金庫
一夫多妻制　1,199,220
井戸　118,119,179
イフタリエ（円柱の天蓋）　402［官制案内書中の絵］
イブラヒム［狂気のスルタン］　72,93,101,278,284-290,308,376,402,407
　——の愚行　285-287
イブラヒム［スレイマンの宰相］　96,263,376
イブン・バトゥータ［アラブ人の名旅行家］　121
医療器具のコレクション［医師頭の間に収蔵］　405
衣類調達者頭（バゼルキアン・バシュ）193［フレーシャの引用文］
イルディズ（星の）宮殿　11,12,380
　——の浴場　323
印
　スルタンの——　148,156,174　⇨玉璽
印璽（ミュヒュル）　389［タヴェルニエの引用文］
　預言者の——　389　⇨玉璽
遺品（神聖な）崇拝　382
インジリ・キョシュキュ（真珠のキオスク）　87,88,90,97　⇨キオスク

う

ヴァドリ（去勢者）　209　⇨去勢，去勢者
ヴァレ（ピエトロ・ド・ラ・）　10
ウィザース（ロバート・）［ボンの翻訳者］35-37,162
ヴィトルヴィウス（ローマ浴場の設計者）330
ウェイ・チュン・シェン（魏忠賢）［中国の宦官出身の大宰相］　220
ヴェズィネダール（貨幣の計量者）　193
ヴェズィネダール（処刑人）　193
ヴェズィネダール・バシュ（国庫の監督官）　193
ヴェニス（人）　29,33,34,36-38,68,146,282-284,288,336
　——の使節（バイロス）　33
　——の大使　34,284
ヴェルサイユ宮殿　406
ウェルビー（フランシス・）嬢　35
魚の池［第四宮殿域の］　32,44
ウォルシュ（R.）　90
ウシュクダル［スクタリのトルコ語名］178,321
ウスタ（女性の頭）　274
ウチュンジュ・エリ・キオスク（第三の場所のキオスク）［メジディエ・キョシュキュの故地の建造物］　406　⇨キオスク

ウチュンジュ・カプ（第三の門） 56,66,405,410 ⇨門
ウッド（A.C.） 29
乳母頭（ダディ・ウスタ） 230-234
——のスウィート 18,230-232
——の部屋のバルコニー 230,233,234
ウマイヤ朝 385
海の門 ⇨海馬の門
埋もれた浴場（チュクル・ハンマーミ） 329

え

エウゲニウスの塔（と門） 97
エウトロピウス［クラウディウスに非難された去勢した聖職者］ 204
エヴリヤ・エフェンディ 121,169,321,330
エシュケンジ［19世紀創始の新常備軍団］ 127
エシル・ジャミ（緑のモスク） 104
エスキ・カプリジャ［ブルサの浴場］ 355-357
エスキ・サライ（旧サライ） 7,70,199,226,266,278
——への隠退者 266
エスヴァプ・オダス（衣裳の間） 406
エドヘム（ハリール・） 370
エト・マイダーン［馬の広場］ 127,128
エニ・カプリジャ（ブルサの浴場名） 355-358
エニ・キュテュプハネシ（新図書館） 370 ⇨図書館
エニ・サライ（新サライ） 7,70
エニ・チェリ（新しい兵士）［ジャニサリのトルコ語］ ⇨ジャニサリ
エフェソス 41,216
エマーナト・ハズィネシ（聖器収蔵所） 381,391,397
エミール（大族長，知事） 69,199
エメク・オダス（食堂） 237
アフメト三世の—— 298
スルタン・ワーリデの—— 237
エメニー（女性帽子の2本の飾り長布） ⇨女性の衣裳
エリザベス女王 29,30
L字形の広間［列柱の広間に同じ］ 32
エレク（女性のチョッキ） ⇨女性の衣裳
エンスレ［夏の宮殿の造園師名］ 78
遠征の広間（セフェルリ・コウシュ） 174,317,375,378
エンタリ（アンテリ） ⇨女性の衣裳
煙突 164,238
厨房の—— 164［トゥールンフォールの引用文］
暖炉の前室の—— 238
バグダード・キオスクの—— 400

お

王子たちの牢獄［ないし格子牢，初期の旅行者の表現］ 55 ⇨カフェス
王子の学問所 17,20,188
王子の島 74,393
王子の幽閉所（カフェス） 33,44,54［フレーシャの引用文］,55,107,285,289,299-306
——の中庭 305
——の庭園 54
黄金道路（アルトゥン・ヨル） 26,42,46,55,181,191,228,238-240,291,299,303,308
黄金の角（豊饒の角の意） 66
黄金の門（夏の宮殿の門） 79
大釜［ジャニサリ各隊の］ 124,125,127
大広間隊（ビュユク・オダ） 374,375
奥の玉座室［陛下の談話室の別称］ 291 ⇨ヒュンカール・ソファス
オク・マイダーン（矢場） 40,89
オジャク（竈，軍団） 125
オジャクリ・ソファ（暖炉の前室） 238,239

オスマン［預言者の教友で第三代カリフ］ 384,388
オスマン［オスマン朝の始祖］ 54,120,384,388
オスマン二世 284
オスマン三世 49,300,303
——のキオスク 294,297
オスマン家の紋章（トゥグラ） 323
オスマン帝国 2,3,8,68,126,142,192,195,241,282,285,354,387,397
オダ（部屋，広間の意味で） 31,267,369,371,374
（部隊，兵営の意味で） 124-126
オダ・ララ（黒人宦官の事務長） 196
オダリスク（部屋子，女奴隷） 82
オドン・カプ（木材の門） 102 ⇨門
帯（クシャク） ⇨女性の衣裳
オマル［預言者の教友で第二代カリフ］ 384,388,390
——の軍旗 388
オルガン［列柱の間への設置］ 30,32,33
オルタ（軍の大隊） 124
オルタカプ（中央の門） 9,57,74,96,108,110,114,125,133,136,139,153,156 ⇨門
オルハン［オスマン朝二代目君主］ 69,120,122,241,351
オルヨル［ロシアの去勢宗派の村名］ 202
オリゲニウス［去勢した聖職者］ 201,210
オリンカン（伯爵） 221
オレンジの庭 403
女奴隷 176,229,236
——の頭 232
——の補充 176
——の館［または宿舎］ 82,229,233
——の館の中庭 229

か

カアバ［メッカの］の鍵 388
カアブ・イブン・ズヘイル 385
カイナルディアの浴場［ブルサの女性用浴場］ 355
海馬の門 39［海馬は馬頭魚尾の怪魚］
海浜のキオスク 94,97 ⇨ヤリ・キオスク
開放回廊［列柱の広間の別称］ 44［チシュルの引用文］
花押（トゥグラ） 138,366
鏡板の壁面装飾 138,366
アフメト三世の食堂の木の—— 298
黄金道路の—— 239
王子の学問所の—— 191
割礼の間の—— 308
玉座の御殿の—— 366
黒人宦官のモスクの—— 185
スルタンの浴室の—— 315
陛下の談話室の—— 297
籠作り人のキオスク（セペトジレル・キョシュキュ） 100,101 ⇨キオスク
カサッチ・スルタン（スルタンの正妃） 272
カザリン・ド・メディチ 282
カザン（釜） 123,124,125,127 ⇨大釜，釜
菓子職人 162
カス・オダル（ハス・オダルの訛，陛下の御殿の近習） 51 ⇨ハス・オダル
カステラーヌ（伯爵） 49
カストラティ（切断者，すなわち去勢者） 201,210
カストロ（去勢） 209
カスナ［ハズィネの訛，イチュハズィネに同じ］（金庫） 156
割礼の儀式［スルタン嗣子の］ 242
割礼の間（シュンネト・オダス） 18,32,291,307,308,391,402
カディキョイ（カルケドン） 321
カーディー・レスチエリ［カーディー・アスケルの訛］ 147-152
カドン（側室，夫人） 116,163,229,238,262,264,266-269,274,278,312

——のスウィート　238
——のスウィートの数　27［ヒエロソリミターノの引用文］
——の浴場　312
第一——　82,238,262,269,281,282
カドンラル・スルタナティ（女性の支配）281-290
カヌーン・イ・テシュリファト（儀式の法）241
カプ・アガ（門の司令）　163,171,173,174,193,198,386
——の部屋　171
——の服装　174
——の権限　174
カフェス［格子囲いの場，王子の幽閉所］33,44,240,285,289,299-306,368　⇨王子の幽閉所
カプジュ（門衛兵）　31,75,108,132,136
カプジュ・バシュ［主任門衛兵の意，侍従］　154
カプジラル・キアイアス（侍従長）　152
カフターン（女性の上着）　154,251他　⇨女性の衣裳
ガブリエル［天使の名］　390
釜　123　⇨カザン，大釜
カミング（E.D.）博士　222
カラ・カプ（黒い門）［ギュルハーネ・カプの別称］　72
カラ・ムスタファ［イブラヒムの愚行を抑制した宰相］　285
——の浴場　355
カラムッサリ（大商人）　168
ガラタ［金角湾の北岸地区］　46,95,376
——橋　200
ガラン（アントワーヌ・）　2,98
カリダリウム（高温浴室）　315
ガーリット（コルネリウス・）教授　58,59,62,76,103
カリフ［継承者の意で，イスラムの教主の称号］　383,398
カルヴェト（閉鎖）　408
ガルゾニ［16世紀のイスタンブル研究者］23
カルボニャーノ（コミダス・ド・）　95,100
カルワーンサラーイー［キャラヴァンサライのペルシア語］　6
カレム（ハレムの訛）　52［フレーシャの引用文］,54
厠　160,230,232,313,315
宦官　11,47,49,110,114,172,175,176,181,197,200,202,207,208,214,408
——の激情　215
——の結婚　214［J.リチャードの引用文］
——の語源　208,210
——の自慰　219
——の終焉　220
——の情報の欠如　208
——の忠誠心　202［クセノフォンの引用文］
——の排撃　204［クラウディウスの詩の引用文］
——の発生　199,202［クセノフォンの引用文］
——の復讐心　216
——の文献　221
——のモスク　186
キリスト教界の——　201
宗教的——　201
中国の——　205,211,220
ローマの——　204［ギボンの引用文］
カンテミル（デメトリウス・）　286

き

キアト・カーネト［ヨーロッパの清水］89［デミル・カプおよび矢場の近くに出る］
キアヒア・ジャーデン（ハレムの女管理人）　409
キアヤ（ハレムの女管理人）　266

キウセム（またはキオセム）・スルタン［スルタン・ワーリデの名］　284,285,287-290
キオスク（園亭）　28［ヒエロソリミターノの引用文］,32,42,44,51,52,69,73,75-77,226,294,403
　アライ（行列の）・——　72,92-96
　アブデュル・メジトの——　59,226,393,405
　インジリ（真珠の）・——　87,88,90,97
　ウチュンジュ・エリ（第三の場所の）——　406
　ギュルハーネ（薔薇館の）・——　102,106
　シナン・アガの——　99,100［グレロの引用文］
　セプトジレル（籠作り人の）・——　100,101
　チャディィル（天幕の）・——　406
　バグダード・——　⇨バグダード・キオスク
　ハッサン・パシャの——　79
　ムスタファ・パシャの——　403-405
　レヴァン・——　⇨レヴァン・キオスク
　ヤリ（海浜の）・——　94,96-98
儀式の法（カーヌーン・イ・テシュリファト）　241
キスラル・アガ（黒人宦官頭）　49,51,52,82,132,173,181,188,192,191-195,240,265,279,281,287,288　⇨黒人宦官頭
キッピコ［ジャニサリについての史家］　121
ギッリウス　329
ギボン（エドワード・）　204
キャプテン・パシャ（海軍提督）　99
キャベツ組［投槍試合のチーム名］　90
木槍（ジェリード）投げ　89
キャラヴァン・サライ　6
キャン（マキシム・ド・）　57
穹隅（すみ折り上げ）
　アフメト一世の図書室の——　298
　ディワーンの広間の——　144
　陛下の談話室の——　292
球形の石［覗き眼鏡式］　44［チシュルの引用文］,45
旧サライ　7,8　⇨エスキ・サライ
厩舎　28,92,157
　——の中庭　161
　——の門　92,128
　大——　157
　陛下の——　25,157
給水施設　118
給水盤　39,312,313,317-319,321,332,356,357
旧セラーリオ　8,11,226
宮廷学校　10,18,23,25,114,122,169,173,174,307,317,361,370,380,396
　——の隊の構成　374,375,376
　——の教科課程　60,372
宮廷金庫（イチュハズィネ）［国庫を指す］　17,155,156［ボンの引用文］
宮廷財宝庫（ハザーネ・ハース）　322,（ハズィネ）　361,378　⇨財宝庫
旧約聖書　201,208,369
キュクロープスの城壁　63
キュチュク・オダ（小広間隊）　375
キュチュク・キュキュルトル（ブルサの硫黄泉）　355
キュチュク・セラ（小バスケット）　101
キュテュプハネシ　⇨図書館，図書室
ギュネギオン（猟場）　84
キュプリュリュ家　290［トルコの名宰相の家系］
ギュルハーネ（薔薇館）
　——・カプ　72,92　⇨カラ・カプ
　——・キオスク　102,106　⇨キオスク
行列のキオスク（アライ・キオスク）　⇨キオスク

行列の門（冷たい噴水の門の別称） 93
漁業の館（バルク・ハーネ） 90
——の門 72,90 ⇨門
玉座 154,292,297
——の八枚の掛布 362
玉座の御殿（アルズオダス） 38,56,57,59,147,154,170,178
——の拝謁の間 362
玉璽（ミュヒュル・シェリーフ）［預言者の］ 174,388,389［タヴェルニールの引用文］
玉璽［スルタンの］ 174
去勢（ヴァドリ，カストラティ，サーリース，シヤス，スパドネス，スペードイ，スラシアエ，スリビアス，トミアス，ニスラタなどの諸語がある） 175,176,202,204,206
——の種類 210
——の施術 209,211,212
——の発生 200-205
中国の—— 204,211,212［ステントの引用文］
去勢者 175,201,206-219
——の心理 212,215［モンテスキューの引用文］
——の性格 212
——の性行為 214,217-219
——の肉体 213
宗教的—— 202
スコプト派の—— 202
法王庁聖歌隊の—— 201
ギュミュシュ・ヴェ・ビルール・サロヌ（銀とガラス器の展示室） 318,378
ギリチュダール（シリフダールの訛，太刀持ち） 158,381
キリスト教徒の児童［ジャニサリの供給源］ 121,372,377
キリスト教徒の捕虜 120,125
キリスト教徒の奴隷 341
キルス 202-204
キレル・オダ（食器の広間隊） 375
キレル・コウシュ（食器の広間） 380,381,396
キレルジ・バシュ（厨房員頭） 173,174,375
金角湾 73,76,89,93,94,96,99,188,296
金細工人 118
金細工人と宝石職人用の建物 116
近習頭（ハスオダ・バシュ，陛下の御殿隊頭）［白人宦官五幹部の一人］ 173,174
銀とガラス器の収集品の展示室 378
キンポウゲ 407

く

偶像崇拝 382
靴［女性の］ 244,251 ⇨女性の衣裳
クシャク（クーシャク，クセック，帯） 256 ⇨女性の衣裳
クシュハーネ・カプス（鳥小舎の門） 228,290 ⇨門
グズデ（目にとまった） 268
クセノフォン［キルスの宦官観について］ 202
クセルクセス 216
クッベアルト（円蓋の下部） ⇨ディワーンの広間
首斬り人頭 108
首斬り人の泉水盤 108
グーフィエ（ショワシュール・） 95
クーフィク文字［とその帯状装飾］ 185,191,238,292,297,400
クラウディウス（・ゴシックス） 204
グラナダ 178,292
グリーヴス（ジョン・） 35,36
グリスターン（薔薇園） 368［イランの名詩集］
クリトブーラスの写本 366［コンスタンティノープルの陥落に関する］
グリムストーン（エドワード・） 25,37
クルク（女性の毛の外套） 257 ⇨女性の

衣裳
クルデー（女性の外衣） 251 ⇨女性の衣裳
クルバン・バイラム（犠牲祭） 99
グレゴリウス（ニッサの） 201
グレロ（J. N.） 26,74,77,94,95,98,99
グロヴナー（E. A.） 101,109,162
黒貂 194,251,286
——の王 286
軍旗 383,385,387
軍事学校［宮廷学校を指す］ 4

け

警護兵（チアウシ）［貴人の護衛者］ 148
ゲインスフォード（トマス・） 25
ゲウフロワ（アントワーヌ・） 371
ゲズィルミエン・エルレル（公開されない場所） 16
ゲズィレン・エルレル（公開される場所） 16
ケスラル・アガ（キスラル・アガの訛） 409 ⇨黒人宦官頭
解毒剤 381
ケトフダー（ハレムの女管理人）［キアヤに同じ］ 266
ケレケ［男性用式服］ 154
剣［預言者の］ 383 ⇨神聖な剣
健康の水［聖救世主教会の聖水］ 87
元朝（ユアン朝） 380
乾隆帝（チェン・ルン帝） 220

こ

コヴェル（ジョン・）博士 278
高貴な門［宰相の館，トルコ政府］ 59,60,72,93,95,111
公衆浴場 324,330,340 ⇨浴場
幸福の御殿［第三宮殿域の全殿館を指す］ 8,9,33,291
幸福の門（バーブ・ッ・サアーデトまたはバーブ・イ・サアーデト） 8,9,10,42,55,59,125,146,147,154,169,170,173,361
——の通行 173［ボンの引用文］
護衛兵室（ネベティエリ） 191,228,229,240
氷の補給 169
コーカサス［女奴隷の供給地］ 176
コギア［王子の教師］ 188
故宮殿 ⇨旧サライ，トプカプ・サライ
国璽長官（ニサンジー・パシャ） 148,149
黒人宦官 18,25,26,27,47,51,52,176,177,181,197-199,240,264,271
——の数 196
——の教育 197［ボンの引用文］
——の館 17,51［フレーシャの引用文］,158,177,181,186,188,226,228
——の館の中庭 186-188,191
黒人宦官頭（キスラル・アガ） 18,49,52,91,94,132,154,188,191,192,193,195,196,265,267
——支配下の幹部 192,193
——と女奴隷の物語 287
——の権力 192
——のスウィート 188
——の任務 191
——の服装 193,194
——の役得 195
黒人奴隷 205,206,236
国政会議 ⇨ディワーン
国政庁 ⇨ディワーン
黒海 166
——の森林 102
小遣い銭（パシュマクルク） 266
ゴート人の円柱 42,48,66,306,410
コーヒー室 160,162
黒人宦官の館の—— 187
女性の病院の—— 234
槍斧兵兵営の—— 160
大厨房の—— 162
コマンダメント・イン・マノ（支払手形）

116
コンスタンティウス（帝） 67,204
コンスタンティウス（史家） 99
コンスタンティヌス九世（・モノマルクス） 86
コンスタンティヌス大帝 67,71,85,88,204,329,351,369
——の浴場［ブルサの］ 351
コンスタンティヌス・ドカス 91
コンスタンティヌス・ドラガセス 68
コンスタンティノープル（イスタンブル） 各所

さ

宰相（グランド・ヴェズィール） 91,114,132,147,149,153,154,155,289
——の館 95
サイフ・ッ・ダウラ［セルジューク朝スルタン］ 351
財宝庫（ハズィネ） 174,318,375,380［宮廷財宝庫の略］
財宝庫頭（ハズィネダール・バシュ）［白人宦官次長］ 173,174,193,375,389
財宝庫次長（ハズィネ・ヴェキール） 196
財宝の広間（ハズィネ・コウシュ） 381,396
財宝の広間隊（ハズィネ・オダ） 174,375
サカル（預言者の髭） 389
サクニシス（露台，見晴らし台） 53,93
サーディー［グリスターンの作者］ 368
サッカ（水運び人） 165
サッカ・バシュ（水運び頭） 123
砂糖菓子 169
ザナーン・ナーメ（ファーズィル作） 348
サフィエ（サフィー，バッファ） 282
ザラ（バッサーノ・ダ・） 10,171,243,331,336,340,342,357,400
サライ（サラー，サラーイの変化） 5-7
サライ・アガス（宮殿の司令） 376［白人宦官五幹部の一人］
サライル［セラーイル，サライに同じ］ 25 ⇨セラーイル
サライ・ブルヌー（サライの岬） 102
サルヴァル（女性のズボン） ⇨女性の衣裳
サリク・オダス（ターバンの間） 397［レヴァン・キオスクの別称］
サーリース（去勢者）［サ・レーシの変化］ 201,208
サルマン［預言者の調髪人］ 390
サロニカ［アブデュル・ハミトの亡命地］ 13,14
サンジャク・シェリーフ（預言者の軍旗） 384,387
サンジャク・ベイ（県知事）［旗の隊長の意］ 166
サンディース（ジョージ・） 25,97-99
サンダリ（完全に切り落した去勢者） 210
サンバー（R.） 221
三本羽根［パシャの位を示すターバンの飾り］ 129,196
サンムラマート［セミラミスに同じ，アッシリアの女王］ 200

し

シップシップ（チプシプに同じ，スリッパ） ⇨女性の衣裳
シェイフ・ル・イスラーム（イスラム長官） 127
シェデル（ハルトマン・） 136
ジェノア人 29
ジェブヘル・アガ［最醜貌の宦官］ 200
ジェメグラン（アジェム・オウラーンの訛） 31 ⇨アジェム・オウラーン
ジェラート・オダス（処刑人の間） 139
ジェリード（木槍） 88,89
——の広場 88
シェリーフ（メッカの大守） 388
紫禁城
——の宦官 205

　——の陶磁器のコレクション　379
死者の門（メイット・カプ）　157
シナン（ミマル・）［トルコ最大の建築家］　119,179
シナン・アガ（またはシナン）のキオスク　95,99,100［グレロの引用文］　⇨キオスク
シナン・パシャ［ムラト三世の宰相］　87,97,98
シパーヒ（騎馬兵）　153
シパーヒ・オウラーン（青年騎馬兵）　372
支払手形（コマンダメント・イン・マノ）　116
シブーク（浴場の女性用長煙管）　344
シベレ・アティス［豊饒の女神とその愛を受けた牧童］　201
島の門（ポルタ・デ・イソーレ）　74
シャディルヴァン・カプス（噴水の門）［神聖な外套の御殿の入口］　391
ジャニサリ　3,31,42,75,89,94,108,109,119-129,142,155,170,284,289,373
　——のアガの服装　123
　——の釜　123,125
　——の木　103,108,109
　——の起源　119-122,372
　——の規律　121,126
　——の規律の弛緩　126
　——の職制名　123
　——の組織　119
　——の反乱　94,125,127,302
　——の兵員数　126
　——の撲滅　125-127
　——の前庭　107,109,119
　——の歴史　119
シャーベットの保管人　196
シャラブダール（杯奉持人）　132
シャルヴァル（女性のズボン）　254　⇨女性の衣裳
シャルコンディル（ジャニサリの研究者）　121
シャルダン（サー・ジョーン・）　214
十字軍　67,68
ジュムレ・カプス（ハレムの正面の門）　228
シューラ（門番）　121
シュンネト・オダス　⇨割礼の間
鍾乳石形装飾　178
少年聖歌隊［去勢された］　201
小広間隊（キュチュク・オダ）　375
城壁　51,67,68,93,96,101,106,157,396
　内城——　71,133,156
　外城——　51
　海側（岸）——　69,71,72,86,94
　陸側——　69,71,72,92,94
燭台［立っている灯明］　51［フレーシャの引用文］
食堂（エメク・オダス）
　アフメト三世の——　298
　スルタン・ワーリデの——　237
処刑人の間（ジェラート・オダス）　139
女性の衣裳　240-260,243-245［ザラの引用文］,249-250［ダラムの引用文］,251,252［モンタギュー夫人の引用文］
女性の衣裳の絵　246［ニコライの絵］
女性の衣裳の構成
　①ギョムレク（ギウムリク，上着）　252,255
　②ウシュクル（紐）　254
　③エメニー（帽子の飾布）　258
　④エレク（チョッキ）　255
　⑤エンタリ（アンテリ，上着，夜会服）　244,254-256
　⑥カフターン（外衣）　254
　⑦クシャク（帯，クセック）　256
　⑧クルデー（外衣）　251
　クルク（毛の外套）　257
　⑨シップシップ（屋内用スリッパ）　257
　チェディク（庭園用の靴）　257
　パプチュ（戸外靴）　257

⑩シャルヴァル（長いズボン） 254,256
⑪ディズリク（ズボン） 252,254
⑫フェラジェー（戸外の外衣，フェリジェー） 259
⑬フォタザ（帽子，タルボク） 257
⑭ヤシュマク（面被，マフラマ，サリーム） 258
女性の頭［黒人宦官頭］ 192,197,264
女性の支配（カドンラル・スルタナティ） 281-290
——の終焉 290
女性の病院 18,313
女性の館 18,223
食器の広間（キレル・コウシュ） 380,381［ミラー博士の引用文］
食器の広間隊（キレル・オダ） 375
シラーフ・ミューゼシ（兵器博物館） 18,138,155,158
シリフダール（太刀持ち） 132,158,285
シリフダール・パシャ（太刀持ち頭） 285
シルカシア人［白人奴隷の供給源］ 12,14,205,219
——の奴隷 176,177
親衛隊［ジャニサリの萌芽］ 69,372
神器 383
ジンギス汗 354
新式の御殿［メディジエの別称］ 406
寝室の作法 269-270
神聖な泉（アギアスマ） 87
神聖な外套（ヒルカ，またはヒルカイ・シェリーフ） 383,385-387
——の洗濯 386［タヴェルニールの引用文］
——の洗濯の儀式の終焉 387
神聖な［預言者マホメットの］外套の御殿（ヒルカイ・シェリーフ・オダス） 10,18,32,240,307,308,370,381,382-391,393,396,397
神聖な剣 383,390
神聖な歯 385,390
神聖な場所（ハレムリク） 5
神聖な旗（サンジャク・シェリーフ） 383,387,388
新図書館（エニ・キュテュプハネシ） 361,370
神父オットマン 288
ジン・ミュシャーベレト・マハッラ 299,306 ⇨悪魔の協議場
新約聖書 369

す

水槽（浴場の） 318,321,333,334
出納婦頭（ハズィネダール・ウスタ） 266
スカマティ（半ズボン） 250 ⇨女性の衣裳
スクタリ（トルコ語名はウシュクダル） 75,85,178,321
スクーディ［通貨，米貨97セント］ 341
スコプト派［ロシアの去勢信奉宗派］ 202
すずかけの木 109,141
スッラリヤ（スッラルヤ）［セラーイルの訛］ 31 ⇨セラーイル
ステント（カーター・）［中国宦官の研究者］ 211,270
スパドネス［去勢の一形態］ 210
スパンドギノ（テオドロ・カンタカシア・）［宮廷学校の記録者］ 371
スープ分配長（チョルバジュ・バシュ，軍団長） 123
スミルナ（トルコ語名はイズミル） 41,45,49,206
ズュルュフリ・バルタジレル（巻き毛の槍斧兵） 129,158
スラシアス（スリビアス，スリビアエに変化，去勢者） 209,210
スルタナ 247,273
スルタナ・スポルカ（汚れたスルタン妃） 278
スルタン 3,9,11,12,154,178,192,195,196,263,274,275,317,324,407

——の衣裳　154,275
——のキオスク　408
——の厩舎　92,157
——の肖像のコレクション　368,406
——の寝室　27［ヒエロソリミターノの引用文］
——の富　53
——の部屋　38,52［フレーシャの引用文］
——の浴場　178,239,311,314-316
スルタン・イブラヒム・カメリエシ［別称，大理石のテラス］　396
スルタン・スレイマンの門　96　⇨門
スルタン妃　38,75,82,115,116,163,386,408
——のキオスク　98
——の御殿（館）　53,197
——の浴場　311,314,316
スルタン・ワーリデ（スルタンの母后）　82,163,164,192,196,228,262,265,268,281,282-290,302
——の衣裳　247
——の権力　261,262
——の権力闘争　281-290
——の食堂　237
——の寝室　237
——のスウィート　236,237
——の中庭　177,191,228,229,236-238,240
——の浴場　312
ズ・ル・ヒッジャ（回暦12月，巡礼の月）　99
スレイマン一世　141,145,196,262-264,354,375,376
スレイマン大帝（一世に同じ）　2,76,97,106,144,193,379,398
スレイマン二世　289,301
スレード（サー・アドルフス・）副提督　55-56

せ

聖アムブロシウス　201
聖イレネ教会（堂）　6,108,116,194,240
聖救世主教会　87
セイク（陛下の帆船）　76,100
青磁　380
聖ジェローム　201
聖シモンの泉　381
静粛［前庭の静寂］　109［ニコライの引用文］,110［トゥールンフォールの引用文］
聖ジョージ（の修道院）　86
聖水［預言者の外套を浸した水］　175
聖遷（ヘジラ）　387
聖ソフィア寺院　24,178,328
——の建造者　179-180
聖デメトリウスの教会　74
青年トルコ党　59
聖パウロの教会堂　97
聖バルバラの門　73,85
製パン所　108,115［ボンの引用文］
征服者（メフメト二世）　68,354
製粉所　4,84,115
——の門　78,115　⇨門
聖マリ（・ホディギトリア）の教会堂　87
聖マルコ教会堂［ヴェニスの］の青銅馬像　68
セイマン［体に密着した上衣］　257　⇨女性の衣裳
西洋茜　50
聖ヨハネ騎士団　288
聖ラザルスの教会堂　87
ゼウキップスの浴場［ヒポドローム付近にあったローマの代表的な浴場］　328,329
セグバン・バシュ（猟犬隊長，ジャニサリの将校の位）　129
セッラリオ（セラーリオと同語）　74,75
セフェルリ（洗濯人，遠征者）　318
——・オダ（遠征の広間隊）　174,319,375

——・コウシュ（遠征の広間） 317, 378
セプティミウス・セヴェルス 71, 84, 329
——の小劇場 66
セペト（籠） 101
セペトジレル・キョシュキュ（籠作り人のキオスク） 100, 101
セミラミス（サンムラマート，アッシリアの女王） 200
セラームルク（挨拶の場所，トプカプ宮殿の男子の居住区域） 5, 8, 17, 18, 25, 26, 28, 31, 38, 40, 48, 59, 103, 106, 118, 158, 173, 181, 228, 239, 274, 291-308, 312, 316, 317, 397
セラスケスラト（陸軍省） 7
セラーリオ（ないしセラーイル，トプカプ宮殿と同じ，訛にスッラリヤなど） 各所, 24-25［ニコライの引用文］, 27-28［ヒエロソリミターノの引用文］, 31, 32［ダラムの引用文］, 38-40［ボンの引用文］, 42-44［チシュルの引用文］, 46-47［モトレーの引用文］
——公開・非公開の区域 16
——の案内書 15
——の井戸 118, 119
——の丘 17, 61, 95, 107, 233, 372
——の職人 118
——の艇庫 100, 102
——の塔 77
——の博物館 314, 361, 378
——の岬 6, 7, 33, 45, 48, 62, 63, 68, 71, 73, 76, 77
——の門 408
——の浴場 311, 317
セラーリオ（私邸） 153
セリム一世 307, 318, 354, 374, 379, 383, 385, 387, 388
——のブルサのモスクとテュルベ 105
セリム二世 263, 282
——の浴場 317, 318-321［タヴェルニールの引用文］, 321, 322［エヴリヤ・エフェンディの引用文］, 371, 378
セリム三世 78, 90, 126, 132, 144, 226, 264, 275, 302
セルジューク・トルコ人 69, 351
1001本の円柱（ビンビル・ディレク）の水槽 178
前室
黒人宦官のモスクの—— 186
暖炉の—— 238, 239, 291, 292
噴水の—— 238, 291
泉水盤 108, 128
洗濯婦頭 230

そ

ソウク・チェシュメ・カプ（冷たい噴水の門） 72, 93 ⇨門
宋（スン）朝 380
送水所［宮殿の水源］ 108, 118
槍斧兵（バルタジ，複数形がバルタジレル） 129, 156-158, 313
——の頭 192
——の兵営 156, 157, 181
——の兵営の食堂 160
造幣所 28, 108, 116
即位宣言の場［幸福の門］ 170
ソコリ［宰相名］ 96
袖（衣裳の） 245 ⇨女性の衣裳
ソテロポリス（救世主の都）［ブルサを指す］ 351
ソファーのキオスク［ムスタファ・パシャのキオスクに同じ］ 405
ソルバ（スープ） 152

た

第一宮殿域 107-132, 110［ボンの引用文］
大厩舎［将兵用厩舎］ 92, 157
第三宮殿域 361-391
第三の丘 116

第三の場所のキオスク　406
第三の門（ウチュンジュ・カプ）　56,66,405,410　⇨門
大使の謁見　139,147,153-155［メリングの引用文］
大使の広間［アルハンブラの宮殿］　292
大厨房　161-169　⇨厨房
第二宮殿域　133-180
第二の門の近習（イキンジ・カプ・オウラーン）　375
大砲の門　⇨トプ・カプ
第四宮殿域　393-410
第四の丘　329
大理石のキオスク（マルモル・キオスクに同じ）　76,82
大理石のテラス（スルタン・イブラヒム・カメリエシに同じ）　396
タイル　102-106［タフシン・チュクルの引用文］
　——産業　104,239
　——産業の第一期　104,105
　——産業の第二期　106,362,397
　——産業の第三期　104
　——のキオスク　102,103
タイルの壁面装飾
　黄金道路の——　239［タフシン・チュクルの引用文］
　暖炉の前室の——　239,292
　チニリ・キオスクの——　104,105
　バグダード・キオスクの——　400
　浴室の廊下の——　239
　レヴァン・キオスクの——　397
タヴェルニエ　25,102,114,157,163,168,214,318,321,339,362,378,385,386,388,389,390,391
タオル（アシウガトイオ）　246
タタル人　6,154
太刀持ち兵（シリフダール，またはキリチュダール）　132,158
脱毛　244,335,337-338［テベノーの引用文］,339［タヴェルニエの引用文］,347
脱毛剤　243,337,338
ターバン　57,142,154,174,241,257,332
ターバンの間（サリク・オダス）［レヴァン・キオスクの別称］　397
タプス（大皿）　149
タフシン・チュクル［セラーリオ博物館長］　103,105,116,239
タフト・カプス（玉座の門）［セラームルクの入口］　238　⇨門
タブリズ　379
ダマスクスの大モスク　387
　——の神聖な遺物［預言者の外套・軍旗など］　384,387
ダラム（トマス・）　29-33,42,249,307,308
ダリウス・ヒスタスペス　66
タルタルス　49
タルハン（スルタン・ワーリデの一人）　281,289,290
タルポク（女性の帽子）　251　⇨女性の衣裳
タンコワーニュ（J.M.）　132
男性ソプラノ歌手［去勢者の］　202
タンディール（こたつ，火皿）　264
段瀑状（壁面）泉水盤　297
　スルタンの浴場の——　315
　拝謁の間の——　362
　ムラト三世の広間の——　297
暖炉
　アブデュル・メジトのキオスクの——　406
　黒人宦官の館の廊下の——　187
　拝謁の間の——　362
　バグダード・キオスクの——　400
　ムラト三世の広間の——　297
暖炉の前室（オジャクリ・ソファ）　238,239,291,292

ち

チアイア［ボンの友人の庭園士頭］　38

チアウシ（警護兵） 148
チアウス・バシュ（またはパシャ，警護兵頭） 139,148,152
チェキルゲ村 355
チェキルゲ・モスク［ブルサの］ 105
チェシュメリ・ソファ（噴水の前室） 237,291 ⇨噴水の前室
チェディク（女性の半長靴） 257 ⇨女性の衣裳
チェルアガン宮 323
チェルボサ［草のビール］ 245
治外法権 30
地下室の貯水槽［マンガナ周辺の］ 86
チシュル（エドモンド・）卿 41-45,50,95
チニ・ハズィネシ（中国陶磁器収蔵庫） 378 ⇨中国陶磁器
チニリ・キオスク（タイルのキオスク） 57,59,102,103,105［タフシン・チュクルの引用文］,239 ⇨キオスク
チニリ・モスク（イスニクの） 105 ⇨モスク
チャディル・キオスク（天幕のキオスク） 406［アブデュル・メジト・キオスクの敷地の旧建造物］ ⇨キオスク
チャディル・ミフテル・バシュ（天幕と御殿の頭） 193
チャスニジル・バシュ（味見頭） 165
チャンバレーン（H.R.M.） 222
中央の門（オルタカプ） 9,42,74,96,133,135,136,138,139,141,153,170,193 ⇨門
中国
——の宦官 204,205,211［ステントの引用文］
——の絹 67
——の宮廷の寝室の作法 270
中国陶磁器（のコレクション） 378-380
柱頭装飾 177
鍾乳石形—— 178,314
直線形—— 178
蓮形—— ⇨蓮形の柱頭装飾
蜂窩形—— 178
ビザンツ式—— 179,356
厨房（ムトファカト） 4,28,57,119,142,155,161-169
——員頭（ムトバフ・エミニ） 165,174
——の煙突 164
——の器具 167,168
——の諸室 161-164
——の要員 165［ランベルティの報告］
——の料理室区分 163［ボンの報告］
——の料理材料 166,167［ボンの引用文］
——料理長 123,161
女奴隷の館の—— 230
女性の病院の—— 234
柱廊玄関 74,170
幸福の門の—— 170
チュクル・ハンマーミ（埋もれた浴場） 329
チュセッシュ（スカーフ） 245 ⇨女性の衣裳
チューリップ
——の愛好 407
——の庭園 396,397
——の祭 407-409［フレーシャの引用文］
調髪師のモスク 383 ⇨モスク（教友シディーのモスク）
チョカダール（陛下の衣裳奉持者） 132
チョルバジュ・バシュ（スープ分配長，軍団長） 123

つ

ツィンマーマン（陶磁器収集家） 379
通訳官 154,155
冷たい噴水の門（ソウク・チェシュメ・カプ） 72,93,95,103 ⇨門

て

庭園　24,28,31,39,42,48,54,78,79,96,230,294,396,397,402,405,408
庭園士（ボスタンジ）　74,75,407　⇨ボスタンジ
ディオクレティアヌス（帝）　204,331
ディオメデスの軍馬　328
低温浴室（テピダリウム）　315,316,357
艇庫（御座船の）　100,102
ディズリク（女性のズボン）　252　⇨女性の衣裳
ティムール　354
デイルメン・カプ（製粉所の門）　78,83,115　⇨門
ディワーン
　(国政会議)　141,146,147-153［ボンの引用文］,168,171,286,289
　——の構成員　147,148
　——の終焉　146
　(国政庁)　42,56,59,114,125,133,139,141,144-146,152,155,156,181,226,282,312
　——の格子窓［スルタンの覗き見用の］　145,282
　——の厨房　155
　——の塔　17,144,146,158,181,186,228
　——の広間　39,40,143,144,148,154,186,226
　公共の——　147-153［ボンの引用文］
ディワーン（広間）［レヴァン・キオスクの敷地の旧建造物］　39,40［ボンの引用文］
ディワーン（長椅子）　256,323,400,402
　窓の——　397
デーヴィド（サー・パーシヴァル・）　379
テオドシウス一世　67
テオドシウス二世（帝）　67,71
　——の城壁　71
　——の広場　70［最初のサライ建設の場］
テオドーラ（ユスティニアヌス帝の妃）　351,355
テオフィルス帝　72
テクフール・サライ（ビザンツ朝の宮殿）　104
鉄格子の窓［女性の部屋の］　32,53
鉄の門（デミル・カプ）　85,86
　陸側の——　96
テピダリウム（低温浴室）　315,316,357
デフテルダール（財務官）　76,148,149,152,168
デフテルハーネ（登録庁）　144
テベノー（ジャン・ド・）　26,114,336,337
デミル・カプ　⇨鉄の門
テュルベ（廟）
　メフメト王子の——　105
　メフメト二世の——　390
　メフメト・パシャの——　105
デルヴィシュ（修道僧）　120
デルフィ（の神託）　62,63
デルフィヌス（・ヒエロニムス）　221
天然温泉　349
天幕（チャディル）のキオスク　406　⇨キオスク
天幕と宮殿の管理人頭（チャディル・ミュフテル・バシュ）　193

と

塔　18,71,74,75,85,95,107,136,144,146,181,186
　エウゲニウスの——　97
　セラーリオの——　77
　ディワーンの——　144
　マンガナの——　86
トゥグラ（トルコ語ではトゥウラ，花押）　138,366
陶磁器博物館　15
胴蛇腹　296

投水　279,281
イブラヒムによる300人の女性の——　279
メフメト三世による7人の女性の——　299
トゥールンフォール（ジョセフ・ピットン・）　162,164
灯明　28,40,400
東洋陶磁器協会雑誌　379
登録庁（デフテルハーネ）　144
ドカス（史家，宦官）　121
ド・キャン（マキシム・）　57
時計　46,47,53,292,406
図書館（キュテュプハネシ，単独の建物の時）　18,56,57,59,179
——の構造　369［ヒエロソリミターノの引用文］
アフメト三世の——　56,57,59,361,366,368
新——　370
図書室（キュテュプハネシ，建物の一部の時）
アフメト一世の——　297,298,368
ドーソン（イグナース・ムーラジャ・）　95,164,192,197,269,388
ドッリマノ（上衣）　245　⇨女性の衣裳
トプカプ（またはトプ・カプ，大砲の門）　7,15,57,73,76,77,82,90,96,102
——宮殿　⇨夏の宮殿
——サライ　⇨夏の宮殿，セラーイル
トミアス（去勢者名）　209
ドミティアヌス（帝）［去勢禁止者］　198,204,217
ドモ（御殿，広間）　318,319
ドラプリ・クッペ（丸天井の前室）　185
トラヤヌス（帝）　351
鳥小舎の門（クシュハーネ・カプス）　228,290
奴隷　38,82,121,176,236,339,343,344,373
——市場　205,282
——商人　176,205,206,282
——制　3
——の館　46
——貿易　205
トルコ（人）　5,7,10,61,85
——菓子　169
——人の衣裳　240-242
——美術　297
——料理　168
トルコ会社（英国の）　41
トルコの革命　200
トルコの赤色染料　50
トルコ・タイル　⇨タイル
トルコ帝国　3,194,199,258,284
——の海軍　56
——の常備軍　119
トルコ風呂（浴場）　⇨浴場
トルコ文字［西欧アルファベット式］　6
ドルマ・バフチェ宮殿　54,322
——の浴場　323［パルドー嬢の引用文］
トレビゾント　176
ド・ロワール　95
ドワ（脱毛剤の名）　338

な

ナズィール（ワクフの監督者）　192
ナヴァゲロ（ベルナルド・）　371
中庭　15,229
王子の幽閉所の——　303,305
オスマン三世のキオスクの前面の——　297
女奴隷の館の——　229,230
女奴隷の病院の——　233,234
厩舎の——　161
黒人宦官の館の——　228
スルタン・ワーリデの館の——　228,229
槍斧兵の兵営の——　160［別称に噴

水の中庭]
夏の宮殿（トプ・カプ・サライ） 7,8,51,77,78［プークヴィーユの引用文],83,227,407
ナーディル・アガ［最痩身の宦官］ 200
七つの丘 70
ナリン（浴場の木のサンダル） 336,337,356
ナルギーレ（水煙草管） 160,314,316 ⇨ペルシャ

に

新妻の浴場儀式 346 ⇨浴場
ニカの反乱 329
肉切り人（セシグナー） 165
ニケタス・クロニアテス（ビザンツ史家）85
ニコメディア 350,351
ニコライ（ニコラス・ド・） 23-26,109,123,164,243,246,247,256
ニサンジー・パシャ（国璽長官） 148,149
ニジェル（ペセニウス・） 66
ニッサの戦い［ローマ，ゴート人を撃破］66
ニューレンベルク 144
ニラスタ（宦官名） 209

ぬ

ヌーラ（脱毛剤の名） 338
ヌール・バヌ・スルタン［スルタン・ワーリデの一人］ 281,282

ね

ネア［バシルの新教会堂］ 89
ネベティエリ（護衛兵室） 191,228,229,240
ネルヴァ（帝）［去勢禁止者］ 204

の

軒蛇腹 78,82,322,405
　スルタン・ワーリデの間の―― 82
　ドルマ・バフチェ宮浴場の―― 322
　夏の宮殿の―― 78
　ヘキムバシュ・オダスの―― 405
覗き窓［ディワーンの広間上方のスルタン用の］ 186

は

歯（預言者の） 385,390
拝謁の間（アルズオダスの） 147,362
バイラクダール（・パシャ） 126,302
バイロス（使節，大使） 26
ハーヴェ夫人 324,344
パウサニアス（スパルタ人） 66
ハウーズ（池） 39,402
パーカス（サミュエル・） 35,36
白人宦官 114,147,154,158,172,173,175,192,198,199,205,207,219,375,376,377
　――の宿舎 169,171
　――の門［幸福の門の別称］ 170
　――の充員 175,176
白人宦官頭 57［キャンの引用文],94,114,154,158,173-177,192
　――の指揮下の幹部宦官 374-376
　――の任務 174
　――の服装 174
バグダード 385,398
バグダード・キオスク 15,18,25,28,32,40,44,59,177,296,303,306,307,393,396,398-402
バーグレー（ウィリアム・セシル・）［イギリス使節］ 30
ハクルート協会 31,36
ハザーネ・ハース（宮廷財宝庫，ハズィネに同じ） 322 ⇨宮廷財宝庫
ハジ・サーリフ・パシャ 91
ハジ・ベクタシュ 49,120-123
パシャ 110,111,115,116,127,129,139,147,148,149,152,153,176,192,278
バシュカドン（第一カドン） 238

バシュカドン・ヴェ・カドンラル・ダイレシ［第一カドンとカドンたちの館］ 238
バシュ・カプ・オウラーン（門衛兵頭） 196
バシュ・ムサーヒブ（侍従長） 196
バシル一世 86
バシルの新教会堂 89
ハズィネ（財宝庫） 174,380 ⇨財宝庫
ハズィネ・ヴェキール（財宝庫次長） 196
ハズィネ・オダ（財宝の広間隊） 174,375
ハズィネ・コウシュ（財宝庫の広間） 331,381
ハズィネダール・アガ（財宝庫頭，ハレム中心の）［黒人宦官次長］ 196
ハズィネダール・ウスタ（ハレムの出納婦頭） 18,266
ハズィネダール・バシュ（財宝庫頭，宮廷中心の）［白人宦官次長］ 173,174,193,375,389
ハス・オダ（陛下の御殿隊） 174,374,381,391
ハス・オダ・バシュ（陛下の御殿隊頭） 173,174
ハス・オダラリ・コウシュ（陛下の御殿の広間） 18,382
ハス・オダル（陛下の御殿の近習） 51
蓮形の柱頭 177,186,229,232,238,400
　黒人宦官の館の―― 86
　バグダード・キオスクの―― 400
　ハレムの女奴隷の館の―― 229
ハストラル・カプ（病院の門） 84
パストロマニ（羊肉叩き） 166
ハスニジル（味見役） 165
ハスラック（F.W.） 120
バセルキアン・バシュ 49（筆頭商人），193［宮廷の衣類調達者］
旗竿の球［軍旗の頂に付けたコーランを納めた球］ 388
バッサーノ（・ダ・ザラ） ⇨ザラ
ハッサン・パシャのキオスク 79［プークヴィーユの引用文］
ハッセキ［のマドラサ］ 105
ハッティ・シェリーフ（尊い勅令） 106
バッファ（サフィー，サフィエ）［スルタン・ワーリデの一人］ 281,282
バッフォー家 282
パッラヴィチニ・マルキオネス侯爵妃 60
ハディージェ・スルタン［スルタン・ワーリデの一人］ 226
バドル（ベドル）の戦い 390
バートン（エドワード・） 30
バートン（リチャード・） 210,218,219,338
バーナト・スアード［ズヘイルの詩］ 385
パニオニウス［宮廷宦官の復讐を蒙ったクセルクセスの寵臣］ 216,217
バビロン 202
バーブ・イ・サアーデト（幸福の門，バーブ・ッ・サアーデト） 8,146,154,170
バーブ・イ・ヒュマーユーン（陛下の門） 8,71,92,107,128,139
バーブ・ッ・サラーム（挨拶の門）［中央の門の別称］ 138 ⇨門
パプチュ（バブチ，パプーシュ，女の黄色い沓） 257 ⇨女性の衣裳
バフミアジ（投槍試合の緑の莢チーム） 90
ハーボーン（ウィリアム・）大使 29,30
バヤジト一世 2,70,263,354
バヤジト二世 72,379
バヤゼット［バヤジトの訛］ 24,25
バラタ（ペラのユダヤ人居住区） 187
ハラーム（不法な，禁じられた所） 4,5
ハラール（合法的な，許された所） 4
バリオ（大使のイタリア語） 38
張出し庇
　オスマン三世のキオスクの―― 294
　中央の門の裏側の―― 140［パルドー嬢の引用文］
　レヴァン・キオスクの―― 397
ハリール（エドヘム・） 370

バルク・ハーネ・カプ（漁業の館の門） 72,91
バルタジ（槍斧兵） 192,195,196 ⇨槍斧兵
バルドー（ジュリア・）嬢 140,323,324,343
バルバルース提督 246
ハルーン・アッ・ラシード 275
ハレム 各所
——の衣裳係の女主人 266,268
——の陰謀 282,283
——の乳母頭 18,230,233
——の女奴隷 176,229,232,233,236
——の観察 79-82［プークヴィーユの引用文］
——の管理者 262,266,267
——の規則 2,223,226
——の区域 8,226,228
——の警護 196,197
——の刑罰 279-281
——の光景 264,265［メリングの絵］
——のコーヒー沸し頭 268
——の支配者 262
——の終焉 11-14［マックーラフの引用文］
——の諸館室 31,32［ダラムの引用文］，51-54［フレーシャの引用文］
——の職人 118
——の女性 181,243-245,267
——の女性の解放 11-14
——の女性の数 196,197
——の女性の病院 18,233-235
——の出納婦頭 266
——の洗濯婦頭 230
——の倉庫管理人 266
——の要員 230,266
——の厨房 234
——の投水刑 279,281,300
——の宝石管理人 266,268
——のモスク 240,265
——の門 79,228 ⇨御車の門，鳥小舎の門，総門
——の浴場 53［フレーシャの引用文］,234
バロック式装飾 144
バロッツィ（N.） 34
パン 115,116,149
ハンカチーフ（メンディール，ヤウリク） 14,270-272,344,346,409,410
——の重視 270,271
パントップル（女性の半長靴） 250 ⇨女性の衣裳
パンニクス 217
ハンマー（フォン・） 62,158
ハンマーム ⇨浴場
ハンマーム・ヨル（浴場の廊下）［ハレムの］ 291 ⇨浴場
パン焼き場 4,84

ひ

ヒエロソリミターノ（ドメニコ・） 10,26-29,33,369
火桶 160,275,400
東の門［大砲の門の別称］ 74
髭［預言者の］ 383,385,389
ビザス 63,66
ビザンツ時代 63
——の建築家 179
——の柱頭装飾 178-179
——の美術 179
ビザンツ帝国 29,68,71
ビザンティウム 6,63,67
——の建設 62
——の終焉 68
ビージャプール［預言者の髭を保存するモスクのあるインドの都市］ 383
ビティニア（人，州） 66,115,350
秘部の毛 244［ザラの引用文］
ヒポドローム［エト・マイダーン］ 66,89,328

碑銘［陛下の門の］ 108
ヒーメン（アモイか） 27
ピュシア（ブルサのチェキルゲの旧名） 351,355
ビュユク・アホル（大厩舎） 92,157
ビュユク・オダ（大広間隊）［別名エニ・オダ］ 375,376
ヒュンカール・ソファス（陛下の談話室） 238,274,291,314,315
ヒュンカール・ハンマーミ（スルタンの浴場） 311,314
病院
　女性の―― 18,313
　第一宮殿域の―― 4,108,110,111,114［タヴェルニールの引用文］,174,175
　デイルメン・カプ脇の―― 84
病院の門 84,85
ヒルカ(イ)・シェリーフ（神聖な［預言者の］外套） 11,385
ヒルカイ・シェリーフ・オダス（神聖な外套の御殿） 10,384,388
ピンダー（サー・ポール，大使） 36
ビン・ビル・ディレク（1001本の円柱） 178

ふ

ファイヤンス焼 186,318,356
ファーズィル［女性史の著者］ 348
フィリップ（ジョン・） 42
フィリップ（マケドニア王） 66
フィリップ三世 38
フィルマン（カリフの認可状） 57
フェザーン（男性宦官の供給地） 206
フェトヴァ（ムフティーの命令） 290
フェラジェー（フェリジェー，女性外衣） 259 ⇨女性の衣裳
フォタザ（女性の頭布） 257 ⇨女性の衣裳
プークヴィーユ（F.C.） 78,79,82,83
ブスタンジバッシ［ボスタンジ・バシュの訛］ 167
葡萄酒 245
フナー（ヘナ，赤色染料） 244
ブハイト（最初の宦官） 218
フビライ汗 384
冬の館［神聖な外套の御殿の別称］ 388
ブライダ［預言者のターバン巻き人］ 387
ブーラーク（預言者の馬の名） 390
プラテーエの戦い 66
フランス風装飾 144,191,226,292,294
プリアプス［精力の神］ 218
プリニウス（父） 63
プリニウス（子） 350,351
プルコ（女性の面被） 259 ⇨女性の衣裳
ブルサ 104,105,115,176,247,336
　――の温泉の歴史 350-354
　――の入浴体験 355-359［ペンザー自身の］
　――の〝陛下の水〟 351
ブルサの粉［上質の小麦粉］ 115
ブルサのタイル 104-106 ⇨タイル
ブルサの錦織 247,254,256
プルシアス（ビティニア王） 350
フルフィ教［ジャニサリ守護僧の宗派］ 122
フレーシャ（ジャン・クロード・） 48-55,306,347,348,407,410
プロコピウス［ヒポドロームについての描写］ 90
噴水 27,39
　――の前室 238,291［スルタン・ワーリデの中庭の出口の］
　――の中庭 160［槍斧兵の兵営の］
　――の門 391［神聖な外套の御殿の］
　ブルサの浴場の―― 356
噴水盤 47,51［フレーシャの引用文］
　黒人宦官のモスク前室の―― 186
　夏の宮殿の―― 79

へ

陛下の花押　138
陛下の厩舎　157
陛下の小遣い銭　167
陛下の御殿隊　174, 374, 388　⇨ハス・オダ
陛下の諮問会議　178　⇨マーフィル・イ・ヒュマーユーン
陛下の接見室　307　⇨マベイーン・ヒュマーユーン
陛下の弾薬袋　93
陛下の談話室　⇨ヒュンカール・ソファス
陛下の水（ブルサの温泉の）　350
陛下の門（バーブ・イ・ヒュマーユーン）　8, 71, 72, 92, 95, 96, 107, 108, 111, 128, 133, 136, 139, 170, 303, 313
陛下の浴室　228, 292, 322　⇨ヒュンカール・ハンマーミ
兵器庫（マンガナ）　83, 85, 86
兵器博物館　18, 155, 158
ヘイズ（ルイ・ド・）　162［厨房の報告］
ペイク（使い番）　129
ベイレルベイ宮殿　323
壁龕
　オスマン三世のキオスクの——　296
　女奴隷の館の——　230
　スルタン・ワーリデの中庭の——　238
　バグダード・キオスクの——　400
　冬の館の——　388
　ムラト三世の広間の——　297
壁面給水盤　265, 312, 313, 315, 316, 317
　オスマン三世のキオスクの——　296
　玉座の御殿の——　366
　スルタンの浴室の——　315, 316
　暖炉の前室の——　239
　ムラト三世の広間の——　297
ヘキムバシュ・オダス（医師頭の間）　403, 405
北京［宦官と宮殿］　204, 205
ベシクタシュ宮殿　54, 82
ベシュケシュジ・バシュ（贈物管理人）　193
ヘシュテベシュト宮殿［タブリズの］　379
ベシル・アガ　157
　——のモスク　157
ベゼスターン（市場）　247
ペセニウス（・ニジェル）　66
ペソ（ペシ）［貨幣単位］　168
ベネディクト一四世　201
蛇の円柱　66, 67
ペラ［ガラタの西欧人居住地区］　6, 28, 46, 155, 178, 244
ヘラクレス　328, 329
ヘリオドロス［外科医］　218
ベリーダンス　275
ペリッス（女の毛の長外套）　257　⇨女性の衣裳
ヘリベルトス（ジョアンヌ・）　221
ペルシア
　——絨毯　40, 48, 314
　——水煙草管　⇨ナルギーレ
ベルヘト（G.）　34
ヘルモティムス［復讐に成功した宦官］　216
ヘロドトス　204, 216
変容祭　87

ほ

法
　イスラム——　1, 121, 205
　儀式の——　241
蜂窩形柱頭　178
帽子（フォタザ，タッケなど）　257, 258　⇨女性の衣裳
帽子の袖形の垂布［ジャニサリの帽子飾り］　120, 123, 129
豊饒の角［黄金の角，すなわち金角に同じ］　66
宝石職人　116
ボスタンジ（庭園士）　75, 76, 125, 127, 279,

408
——・カプ 74,75,96
——・キオスク 77
——・バシュ 31,75,167,279
ボスフォラス 10,17,18,42,63,76,82,85,127,128,157,185,227,230,237,243,275,279,281,296,322,393
ボスフォール・スルタン［スルタン・ワーリデの一人］ 263,264
ボーディエ（ミシェル・） 37,162
ホブソン（R.L.） 379
ボボヴィ（アルバート・） 371,381,387
ボラク［ブーラークの訛］ 390 ⇨ブーラーク
ポルタ・デ・イソレ（島の門） 74
ポーロ（マルコ・） 384
ポロ競技場（チュカニステリオン） 88
ホワイト（チャールズ・） 102,168,368,385,388,390
ボン（オッタヴィアノ・） 26-40,41,141,146,147,153,157,166,170,171,175,188,197,271,274,306,362

ま

巻物の罪状文（ヤフタ） 139
マグネシアの戦［ハンニバルの敗北］ 350
幕の門（ペルデ・カプス） 185 ⇨門
マスバタ（安定用）列拱［聖ソフィア寺院の］ 178
マックーラフ（フランシス・） 11,14
マッサージ［浴場の］ 313,334,357
マッサワ［奴隷輸出地］ 206
マヌエル（・コムネヌス） 67,72,86
マーフィル・イ・ヒュマーユーン（陛下の諮問会議） 178 ⇨陛下の
マベイーン・ヒュマーユーン（陛下の接見室） 307 ⇨陛下の
マフムト一世 49,77,347,407
——の浴室覗き見 347
マフムト二世 55,76,89,90,127,128,144,194,302,323
マホメット（預言者ムハンマドのヨーロッパ訛） 121,339,386,389
——教 121,382
眉毛 244
眉墨（コフル） 244
丸天井 47,144,156,185,322,333
丸屋根 17,20,47,97,142,164,292,318,400
マンガナ（兵器庫） 85
——の宮殿 86
——の修道院 86
——の塔 86
マンバリー教授 86

み

御車の門 185,228
御輿かつぎ 175
水煙草管 187,275 ⇨ペルシャ
水の庭 402
水運び人 165
——の頭 123
見せしめの石 108
蜜［諸産地の］ 166
ミード博士 41
緑隊［投槍試合のチーム名］ 89
ミトリダテス 350
緑のモスク（エシル・ジャミ）［ブルサの］ 104
ミハエル二世 72
ミハエル三世 67,92
ミハエル八世（・パレオログス） 68
ミハエル（・プロトベスタリウス）の裏門 92
見晴らし台（サクニシス） 93
ミュタレア・サロヌ（閲覧室）［新図書館の］ 370
ミュヒュル・シェリーフ（預言者の印） 383,388［タヴェルニールの引用文］,388
ミラー（バーネット・）博士 26,44,60,

89,91,94,95,98,111,160,307,371,381,387
ミラン（リシャール・）博士　208,222
ミリマ・パシャのモスク　178
ミリンゲン（アレクサンダー・ファン・）62,85
ミール・アーレム（軍旗隊長，待従長）155
明（ミン）朝　380

む

ムアーウィヤ一世［ウマイヤ朝の］　385
ムサーヒブ（侍従）　196
ムシャーヴェル・パシャ（サー・アドルフス・スレードのトルコ名）　56
ムスタファ一世　284
ムスタファ二世　269,361
ムスタファ三世　366
ムスタファ四世　302
ムスタファ・パシャ　405
——・キオスク　403
ムダニア 355
ムタワッキル［アッバース朝のカリフ名］384
笞打刑　187,377
ムトファカト（厨房）　380　⇨厨房
ムハンマド［預言者のアラビア語発音］210,385,387,390
——の遺品　382-391
——の去勢への見解　210
ムフティー（法学長官）　289,290,307
ムラッサ・アルトン・ベシク（金張りの揺り籠）　232
ムラト一世　69,120,199,354,355
——のモスク　354,355
ムラト二世　70,120,121
ムラト三世　10,26,30,87,126,144,192,196,282,297,299,317,387
——の寝室　20
——の広間　297-299,303
ムラト四世　93,284,285,301,321,375,397,398
ムンディー（ピーター・）　25,36

め

メイット・カプ（死者の門）　157　⇨門
メガラ　62
メジディエ・キョシュキュ（アブデュル・メジトのキオスクの略称）　406　⇨キオスク
メソポタミア　200,201
メゾーレレ（木皿）　149
メッカ　4,192,206
——巡礼　288,384
——のシェリーフ（大守）　388
——の地図　191
メディナ　4,192
メナヴィノ　10,24,25,196,371,381
メフメト一世　70,105
——の緑のテュルベ［ブルサの］　104
メフメト二世　7,68-70,102,108,124,136,156,161,329,362,372,374,390,397,405
——征服者　72
メフメト三世　30,33,284,287,299,387
メフメト四世　281,289,290,321,407
メフメト五世　72
メフメト王子のテュルベ　105
メフメト・キュプリュリュ［宰相名］　290
メフメト・パシャのテュルベ　105
メリング（アントワーヌ・）　76,78,79,83,84,88,89,94,95,99,110,111-115,124,128,129,132,146,147,153,154,164,226,264,303
面被（ヴェール）［プルコ，リサーム，マフラマ，ヤシュクなどの呼称あり］　259,354
メンディール（ハンカチーフ）　272

も

モーア人の女性［スルタンの寝室の番人］

272
木材　102,110
——の門　102
——の置場　108,111
モスク　4,28,84,157,158,162,178,192,292,361
アフメト・——　370［第三宮殿域の］
アフメト・——　128,328［エト・マイダーンの］
アブ・ゼアマーの——　383［カイラワーンの］
宦官の——　186
宮廷学校の——　4,18,370
教友シディの——　383
征服者の——　105
セラーリオ内の——　4
セリムの——　105
チニリ・——　105［イスニクの］
ハレムの——　240,265,368
ベシル・アガの——　157
ルステム・パシャの——　178
モトリブ・ハーン（楽士たちの部屋）　162,321
モトレー（オーブリ・ド・ラ・）　45-48
モルドマン（初期のセラーリオの報告者）62
門
——の奴隷　121
挨拶の——（中央の門に同じ）　⇨中央の門
厩舎の——　72,92,128
漁業の館の——　72,91
玉座の——　238
幸福の——　⇨白人宦官の門
宰相ソコリの——　96
死者の——　157
スルタン・スレイマンの——　96
聖デメトリウスの——　74
聖バルバラの——　73,85
製粉所の——　78,115
第三の——　56,66,405,410
冷たい噴水の——　72,93,95,103　⇨行列の門
庭園士の——　75,96
鳥小舎の——　228,290
白人宦官の——　170［幸福の門の別称］
噴水の——　391
陛下の——　⇨陛下の門
御車の——　185,228
木材の——　102
門衛兵（カプジュ）　31,75,108,132,136
門衛兵頭（カプジュ・バシュ）　139
モンタギュー（メアリ・ウォートレー夫人）　250,254,255,257,269,324,342,346
モンテスキュー（シャルル・セコンダ・）214,215

や

ヤイラク・バシュ・カプ・オウラーン（門衛兵頭次長）　196
ヤカシズ（カラーを持たない）・バルタジレル　158
ヤカリ（カラーを持つ）・バルタジレル　158
ヤシュマク（戸外のヴェール）　258,259　⇨女性の衣裳
ヤタク・オダス（寝室）　237,265
矢場（オク・マイダーン）　40,89
ヤフタ（巻物の罪状文）　139
ヤフールト（ヨーグルト）　344
ヤリ（海浜の）・キオスク　94,95-97［サンディースの引用文］,98［グレロの引用文］,98［カルボニャーノの引用文］
ヤング（サー・ジョージ・）　10

ゆ

ユヴェナリス［宦官論者］　217,218
雄黄（脱毛剤の名）　338
幽閉所（王子のカフェス）　18,240,285,

299-302 ⇨カフェス
——のオスマン三世 300
——の虐殺 302［イブラヒム］, 302［セリム三世］
——のスレイマン二世 300
——の悲史 300-302
ユスティニアヌス（帝） 67, 71, 329, 351, 355
立法者—— 354
ユニス・ベイ 23, 196
ユーノイコス（宦官）［寝台の管理者の意］ 208
弓の弦［幽閉所の王子の絞首刑刑具］ 289, 301, 302
揺り籠 230
湯沸し釜（カザン） 115 ⇨大釜，カザン
湯沸し室 312

よ

養心殿（ヤン・シン・ツィエン）［北京の清朝の王宮の寝殿］ 270
浴場（ハンマーム）
①セラーリオの浴場 311-322
——の数 312（約30）
女性の館の—— 6, 229, 313
スルタンの—— 239, 292, 311, 314
スルタン妃の（あるいはスルタンの母后の）—— 311, 313, 314, 316
スルタン・ワーリデの—— 312
セリム二世の—— 317, 318-321［タヴェルニールの引用文］, 376 ⇨セリム二世
槍斧兵兵営の—— 161, 313
第一宮殿域の—— 313
第二宮殿域の—— 313
第三宮殿域の—— 317
厨房の—— 313
病院の—— 313
ムラト三世の—— 317
②セラーリオ以外の宮殿の浴場 322, 323
イルディズ宮の—— 323
ドルマ・バフチェ宮の—— 322 ⇨ドルマ・バフチェ宮
③公衆浴場 324-348
——の構造 331-335［バッサーノの引用文］
——の数 330
——の給水盤 321, 323, 334
——の休息室 359
——の心付け 335
——の小窓 316, 320
——のサンダル 335-337
——の脱衣の間 319, 332, 356
——の脱毛室 335, 337 ⇨脱毛
——のマッサージ 313, 334, 357
——の浴場員 333, 334
——の理髪室 319
——の料金 335
④女性の浴場 340-348
——の光景 340-342［ザラの引用文］, 342, 343［モンテスキューの引用文］, 348［ザナーン・ナーメの絵］
新妻の入浴儀式 346-348［モンタギュー夫人の引用文］
入浴女性の魅力 342, 343［モンタギュー夫人の引用文］, 343, 344［パルドー嬢の引用文］
⑤ローマの浴場の遺跡
アキレウスの—— 329
アナスタシウスの—— 329
アルカディウスの—— 329
カラ・ムスタファの—— 355
コンスタンティヌスの—— 67, 329
ゼウキップスの—— 328
ディオクレティアヌスの—— 331
ディディムムの—— 329
⑥ブルサの浴場 349 ⇨ブルサ
ヨーロッパの清水（キアト・カネート）［金角湾の奥の］ 89

四教友［アブー・バクル，オマル，オスマン，アリー］ 384

ら

ライコート（サー・ポール・） 278,287,377
礼拝の姿勢 265
ラグサン人 116,246
ラハト・ロークム［喉を休めるもの］ 169
ラハナジ（キャベツ組）［投槍試合のチーム名］ 90
ラマダーン（断食および断食の月） 386,389,402
ララ・パシャ（侍従のパシャ）［王子の学問所の監督］ 191
ランベルティ（ベネディット・） 23,165,371

り

陸軍省（セラスケラト） 7
リコー（去勢者） 212
リゴス（ビザンティウム） 63
リサーム（リサーン）［トアレグ人女性の面被］ 259
リチャード（ジョン・J.） 214,347
リビエール（A.H.）教授 242,371
竜涎香 286,381
劉宰相 220
リュシッポス（青銅の馬像） 68
料理
——器具 167
——材料 166-168［ボンの引用文］
——長 123,165
——法 168,274
ディワーンの会食の—— 149,152［ボンの引用文］

る

ルイ一四世 296
ルイ一五世 145,294,296,405
ルステム・パシャ 355
——のモスク 178
——の浴場［ブルサの］ 349
ルスマ（脱毛剤の名） 337,338 ⇨ヌーラ，ドワ

れ

レアンダーの塔（乙女の塔） 85
レイノー（テオフィロ・）［ジョアンヌ・ヘリベルトスの雅号］ 221
レヴァン・キオスク 18,25,32,40,307,396,397［ターバンの間の別称］,398,402,403
レオ（アルメニア人の皇帝） 67
イサウリアの—— 72
レオ一三世 201
レキシウス・コムネーヌス 87
レスビアン 265,339
列柱
玉座の御殿の22本の—— 361
幸福の門の16本の—— 170
女奴隷の館の9本の—— 229
セリム二世の浴場の休憩室（遠征の間）の14本の—— 317
槍斧兵の兵営の7本の—— 160
ハレムの病院の8本の角柱の—— 233
列柱の広間 240,307,308,391,403
レッロ（ヘンリー・） 30,36
レバント会社 29,41
レーン（E.W.） 338［カイロの浴場に関する引用文］

ろ

廊下
悪魔の協議場といわれる—— 299,305
黒人宦官の館の—— 186,189
厨房の—— 162
浴場の—— 227,291,314
牢獄 54,402,405
蠟燭 381

ロクセラーナ　96,199,262,281
ロココ風装飾　191,294,322
ローズダール（H.G.）　30
ロータンダ（ローマ風円形浴漕）　332
ロックヒル（W.W.）　60
ロードス島　288
ロホリー（預言者の毛髪を祀る神殿の所在するシンド州の町）　383
ローマ　204,217,328
ロワール（シュール・ド）　76

わ

ワクフ（宗教寄進財）　192
　——の監督者　192

訳 者

岩永 博（いわなが ひろし）

1915年広島県に生れる．1939年東京大学文学部西洋史学科を卒業．現在法政大学名誉教授．著書に，『西洋史』（法政大学出版局），『中東現代史』，『ムハンマド・アリー』，『アラブ首長国連邦』（共著），『エジプト』（共著），訳書に，キールナン『秘境アラビア探検史』上下，クロー『ムガル帝国の興亡』（共訳），同『メフメト二世』（共訳），フィルビー『サウジ・アラビア王朝史』（共訳），マッキーン『バビロン』，ハリデー『イラン』（共訳），『現代アラビア』（共訳）（以上法政大学出版局），ヒッティ『アラブの歴史・上下』その他がある．

イスラーム文化叢書 8

トプカプ宮殿の光と影

1992年 1 月25日 初版 第 1 刷発行
2010年 6 月15日 新装版第 1 刷発行

著者 N. M. ペンザー
訳者 岩永 博
発行所 財団法人 法政大学出版局
〒102-0073 東京都千代田区九段北3-2-7
電話03（5214）5540／振替00160-6-95814
製版，印刷 三和印刷
ベル製本

ISBN 978-4-588-23808-6
Printed in Japan